职业教育1+X证书
会计职业资格培训教材

经济法基础

环球网校会计学院 / 组编

中国人民大学出版社
· 北京 ·

本书编委会

主　编　伊贵业

副主编　陈泽鹏　李　娟　张　湧

编　委　王聪华　蔡晓毅　杨佳钰　陈益蓉

黄江玉　黄飘迎　潘杰鹏　崔志越

张梦婷　黄山恩　彭楚芳　冯洁玲

前　言

近年来，随着初级会计资格考试制度的不断完善与深入，参加初级会计资格考试的人数逐年增加，但考试通过率仍处于较低水平。据统计，初级会计资格考试平均通过率约为20%。大多数考生因工作繁忙或其他原因，备考时间极其有限。因此，在短时间内快速掌握重要考点并顺利通过考试成为所有考生的期盼。

为了满足广大考生的备考需求，环球网校倾力打造了这套紧扣最新考试大纲、提炼精华考点、重点难点突出的考试用书。

本套考试用书可以帮助考生达到如下目标：

◇ 使考生真正了解考试——考情分析重点突出

本套考试用书着眼于考试现状，在每章的开篇对考情进行分析，明确每年考试各章节所占分值，并根据考试特点和考试内容，对关键知识点进行标注，做到基础知识与精华考点相结合。

◇ 打造全方位学习体系——思维导图、考点提炼、例题详解、同步练习，一步到位

编者通过整理分析历年真题，结合最新的会计准则和财税政策，紧扣考试大纲，重新梳理合并知识点，对知识结构进行优化，既保留了考试大纲中的知识点，又繁简有度，可以帮助广大考生缩小复习范围，轻松备考。

◇ 帮助考生从“0”到“1”——图文并茂、逻辑清晰，便于理解识记

本套考试用书中巧妙运用大量图表，对易混点进行对比，并增设经典例题，使学习者告别枯燥乏味的学习过程，帮助零基础考生轻松入门，提升学习效率，逐一突破重难点、常考点、易错点，同时本套书还对考点内容进行梳理、归纳、总结，方便考生理解记忆，

真正帮助考生实现从“0”到“1”的跨越。

◇ 备考少走弯路——汇集多位专家学者的教学研究成果

本套考试用书的编者均为环球网校特聘的实践经验丰富和专业水准高超的一线教师，他们能够准确把握初级会计资格考试的重点考查方向，让广大考生在学习时能更加得心应手，在备考方面少走弯路，顺利通过初级会计资格考试。

本套考试用书中难免存在疏漏和不当之处，欢迎广大读者指正。

环球网校会计学院

“精” 学初会

本书主要通过优化知识结构，对每个章节的考点进行筛选、辨析，其最大的亮点是将重难点内容以图文并茂的形式展现，采用“小贴士”和精选的例题帮助考生理解知识点，同时又提供“同步练习”巩固知识点，确保考生能够在有限的时间内高效率地学习。

环球网校会计学院建议考生按照如下方法使用本书：

■ 精做学习计划，合理科学备考

本书每一章开篇均有考情分析，考生可以从中了解各章知识点的重要程度，以制订科学、合理的备考计划。对于重要的知识点，考生应安排更多的时间学习，达到完全掌握的程度；对于非重点和需要记忆的内容，考生可以利用零碎的时间进行学习。

■ 精研每个考点，掌握考试内容

本书汇集考纲所有精华内容，将重难点、常考点、易错点一网打尽。针对本书提炼出来的内容，考生一定要一步一个脚印、扎扎实实地掌握知识点，切忌走马观花。每章前均有思维导图，可帮助考生理清章节脉络，进而有侧重地进行学习。

■ 精读“小贴士”，辨析易混考点

本书在重难点及易混点处均设置了“小贴士”，旨在帮助考生更加轻松地理解知识点。考生可巧妙利用“小贴士”进行学习，深刻领悟每个考点的精髓，不留任何知识盲点。

■ 精思重要例题，强化高频考点

本书中的例题是根据重要考点所做的拓展与补充，从不同的出题角度帮助考生把握潜在的出题套路，使考生夯实基础，做到学深悟透、融会贯通。

■ 精练"同步练习"，巩固学习效果

本书每节结束部分均配有"同步练习"，考生在学完考点后可借助"同步练习"检验自身对所学知识点的掌握程度。考生应善于总结、勤于思考，科学、系统地进行学习，学会举一反三。

希望本书能够帮助广大考生在短时间内掌握考试重点，胸有成竹地应对考试。学习是一个痛苦与快乐并存的过程，痛苦在于要一点一点、一遍一遍地学习并理解每个考点，快乐在于天道酬勤，考生在这个过程中能时刻体会到获得知识的喜悦。

考生朋友们，让我们一起加油吧！

编者

目 录

第一章

总　论

章节简介

本章考试分值约8分，一般考查单项选择题、多项选择题和判断题。本章整体难度不大，灵活度也不高，属于比较容易得分的一章。第二节“经济纠纷的解决途径”是本章的重要考点，需要记忆的内容较多，建议进行对比学习。

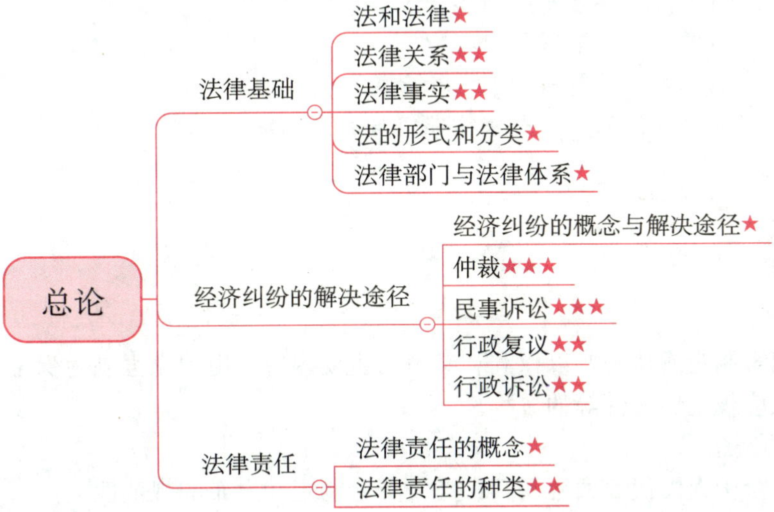

考情分析

近三年题型题量分析表

年度	单项选择题		多项选择题		判断题		不定项选择题		合计
	数量	分值	数量	分值	数量	分值	数量	分值	
2019 年	1	1.5	1	2	2	2	0	0	5.5
2018 年	1	1.5	1	2	2	2	0	0	5.5
2017 年	2	3	1	2	2	2	0	0	7

第一节　法律基础

本节考点

1. 法和法律（了解法和法律的概念）
2. 法律关系（熟悉法律关系的内容）
3. 法律事实（掌握法律事实的内容）
4. 法的形式和分类（了解法的形式和分类）
5. 法律部门与法律体系（了解法律部门与法律体系的内容）

【考点1】 法和法律★

（一）法和法律

1. 法的概念

法是由国家制定或认可，以权利和义务为主要内容，由国家强制力保证实施的社会行为规范及其相应规范性文件等的总称。

2. 法律的概念

法律是由全国人民代表大会及其常务委员会制定和发布的规范性文件。

小贴士

在法学理论中，法和法律会进行严格区分。在本教材中，不对法和法律进行严格区分。

（二）法的本质与法的特征

1. 法的本质

法是统治阶级的国家意志的体现。

（1）法所体现的统治阶级的意志，是由统治阶级的物质生活条件决定的，是社会客观需要的反映。

（2）法体现的是统治阶级的整体意志和根本利益，而不是统治阶级每个成员个人意志的简单相加。法所体现的也不是一般的统治阶级意志，而是法律的统治阶级意志，也就是统治阶级的国家意志。

2. 法的特征

法的特征如图 1－1 所示。

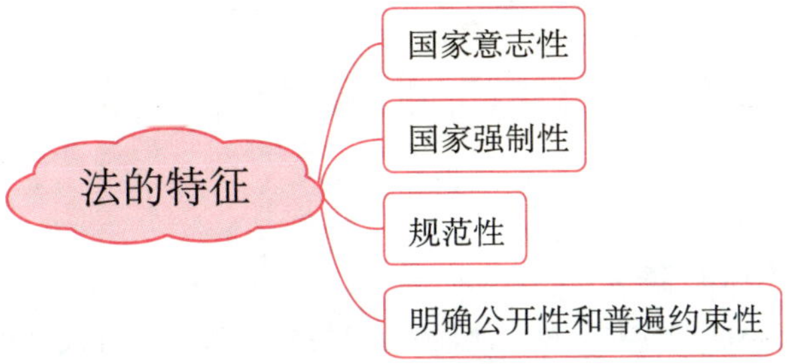

图 1－1　法的特征

【例题】下列关于法的本质与特征的表述中，不正确的是（　　）。

A. 法是由国家制定或认可的规范

B. 法是全社会成员共同意志的体现

C. 法由统治阶级的物质生活条件所决定

D. 法凭借国家强制力的保证获得普遍遵行的效力

【答案】B

【解析】法不是全社会成员共同意志的体现，而是统治阶级整体意志的体现。

【考点 2】 法律关系★★

法律关系，是指法律规范在调整人们的行为过程中所形成的具有法律上权利义务形式的一种社会关系。

（一）法律关系概述

（1）调整平等主体之间的财产关系和人身非财产关系而形成的法律关系，称为民事法律关系。

（2）调整行政管理关系而形成的法律关系，称为行政法律关系。

（3）调整因国家对经济活动的管理而产生的社会经济关系，称为经济法律关系。

（二）法律关系的要素

法律关系是由法律关系的主体、法律关系的内容和法律关系的客体三个要素构成的，具体内容如图 1－2 所示。

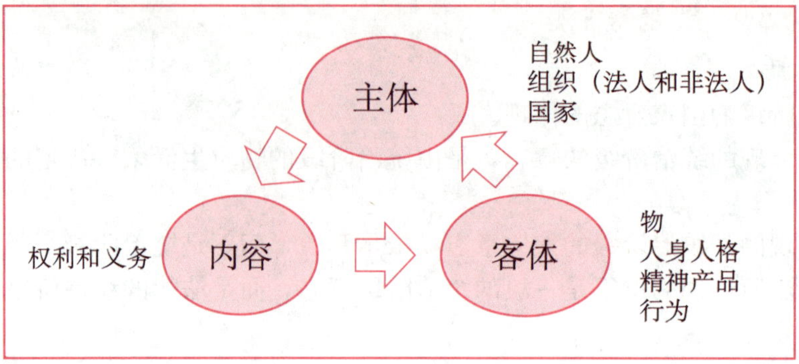

图 1－2　法律关系的要素

小贴士

缺少任何一个法律关系的要素，都不能构成法律关系。

1. 法律关系的主体

（1）法律关系的主体的概念。

法律关系的主体又称法律主体，是指参加法律关系，依法享有权利和承担义务的当事人。

小贴士

任何一个法律关系都至少要有两个主体。

（2）法律关系主体的种类。

法律关系主体的种类如图 1－3 所示。

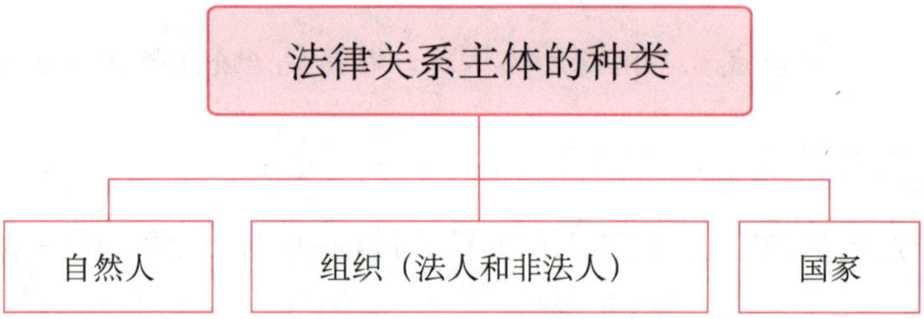

图 1－3　法律关系主体的种类

1）自然人。自然人既包括中国公民，也包括居住在中国境内或者在中国境内活动的外国公民和无国籍人。

2）组织（法人和非法人组织）。组织的分类如图 1－4 所示。

3）国家。在国内，国家是国家财产所有权唯一和统一的主体；在国际上，国家作为主权者是国际公法关系的主体，也可以成为对外贸易关系中的债权人或债务人。

（3）法律关系的主体资格。

法律关系的主体资格包括权利能力和行为能力两个方面。

【提示】法人的权利能力和行为能力都是成立时产生的，法人终止时消灭。

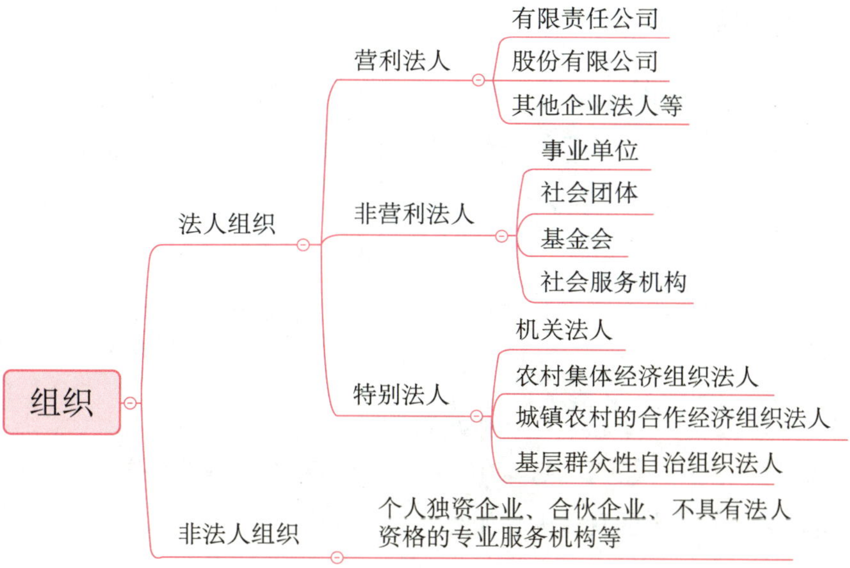

图 1-4　组织的分类

1）权利能力。它是指自然人或组织能够成为法律关系主体的资格，是任何个人或组织参加法律关系的前提条件。

2）行为能力。自然人民事行为能力的判定主要看两个因素：年龄和精神状态（与是否残疾、智力等不直接相关），具体如表 1-1 所示。

表 1-1　民事行为能力的判定

<table>
<tr><th>年龄 X</th><th>智力健全</th><th>不能完全辨认自己行为</th><th>完全不能辨认自己行为</th></tr>
<tr><td>X<8 周岁</td><td>无行为能力人</td><td>无行为能力人</td><td rowspan="4">无行为能力人</td></tr>
<tr><td>8 周岁≤X<18 周岁</td><td>限制行为能力人</td><td rowspan="3">限制行为能力人</td></tr>
<tr><td>16 周岁≤X<18 周岁（自己有劳动收入）</td><td>视为完全行为能力人</td></tr>
<tr><td>X≥18 周岁</td><td>完全行为能力人</td></tr>
</table>

智力健全的自然人的民事行为能力分类如图 1-5 所示。

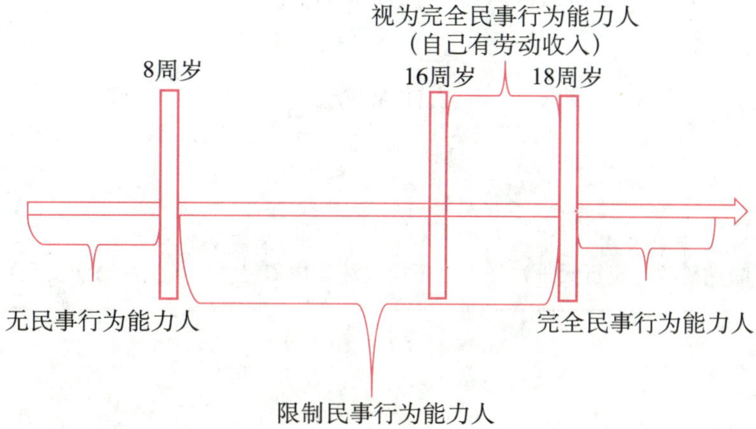

图 1-5　民事行为能力的分类（1）——智力健全的自然人

智力不健全的自然人的民事行为能力分类如图 1－6 所示。

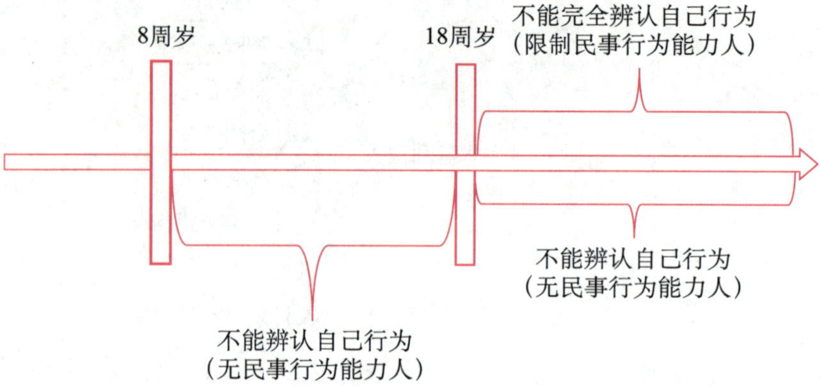

图 1－6　民事行为能力的分类（2）——智力不健全的自然人

以刑事责任能力来分类的具体内容如表 1－2 所示。

表 1－2　刑事责任能力的分类

年龄 X	具体情形	是否负刑事责任
14 周岁≤X<16 周岁	犯故意杀人、故意伤害致人重伤或者死亡、强奸、抢劫、贩卖毒品、放火、爆炸、投毒罪的（行为恶劣）	√
14 周岁≤X<18 周岁	犯罪	从轻或减轻处罚
X≥18 周岁		√
X≥75 周岁	故意犯罪	可以从轻或减轻处罚
	过失犯罪	应当从轻或减轻处罚
精神病人	完全不能辨认或者不能控制自己行为时犯罪	×
	精神正常时犯罪	√
	尚未完全丧失辨认或控制行为能力	可以从轻或减轻处罚

2. 法律关系的内容

法律关系的内容是法律主体所享有的权利和承担的义务。

法律义务分为积极义务和消极义务，具体如图 1－7 所示。

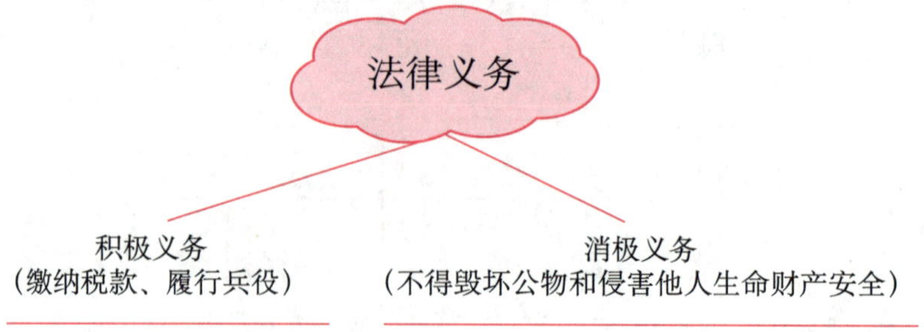

图 1－7　法律义务

3. 法律关系的客体

法律关系的客体是指法律关系主体之间的权利和义务所指向的对象【特征：能为人类所控制并对人类有价值】。

法律关系的客体的具体内容如图 1－8 所示。

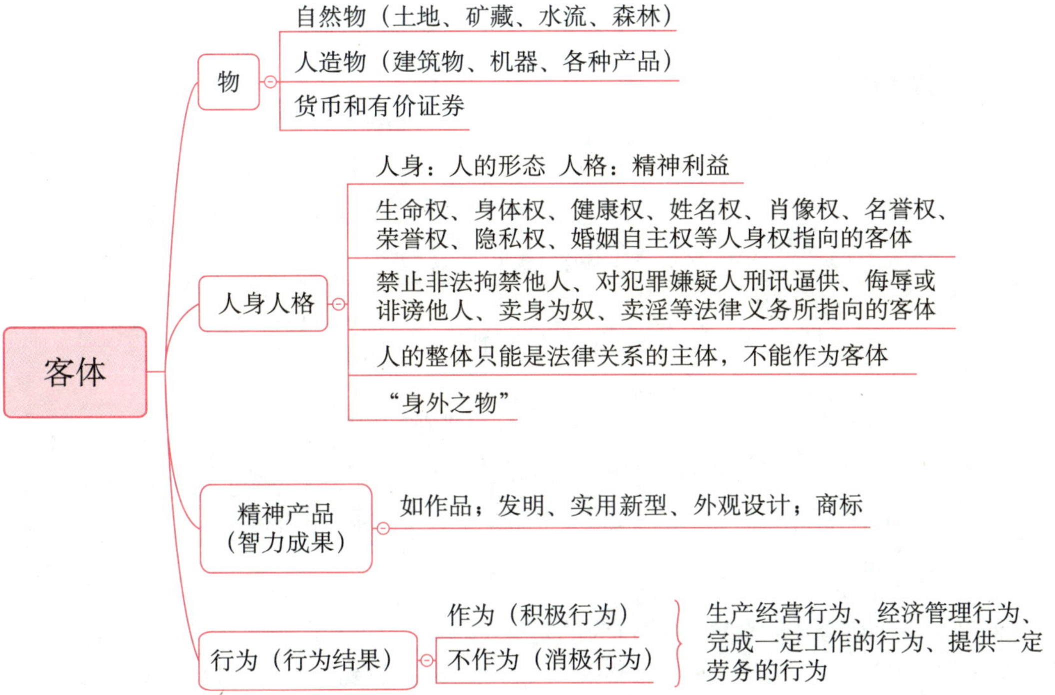

图 1－8　法律关系的客体

小贴士

精神产品，是一种精神形态的客体，是一种思想或者技术方案，不是物，但通常有物质载体，如书籍、图册、录像、录音等。

【例题】甲公司和乙公司签订买卖合同，向乙公司购买 3 台机器设备，总价款为 60 万元，该买卖合同法律关系的主体是（　　）。

A. 3 台机器设备　　B. 甲公司和乙公司

C. 买卖合同　　D. 60 万元货款

【答案】B

【解析】选项 C 属于法律关系；选项 A 和 D 属于买卖法律关系的标的物和对价，选项 A 称为该买卖合同的客体。

【考点 3】 法律事实★★

法律事实，就是法律规定的，能够引起法律关系产生、变更和消灭的现象【任何法律关系的产生、变更和消灭，都要有法律事实的存在】，具体如图 1－9 所示。

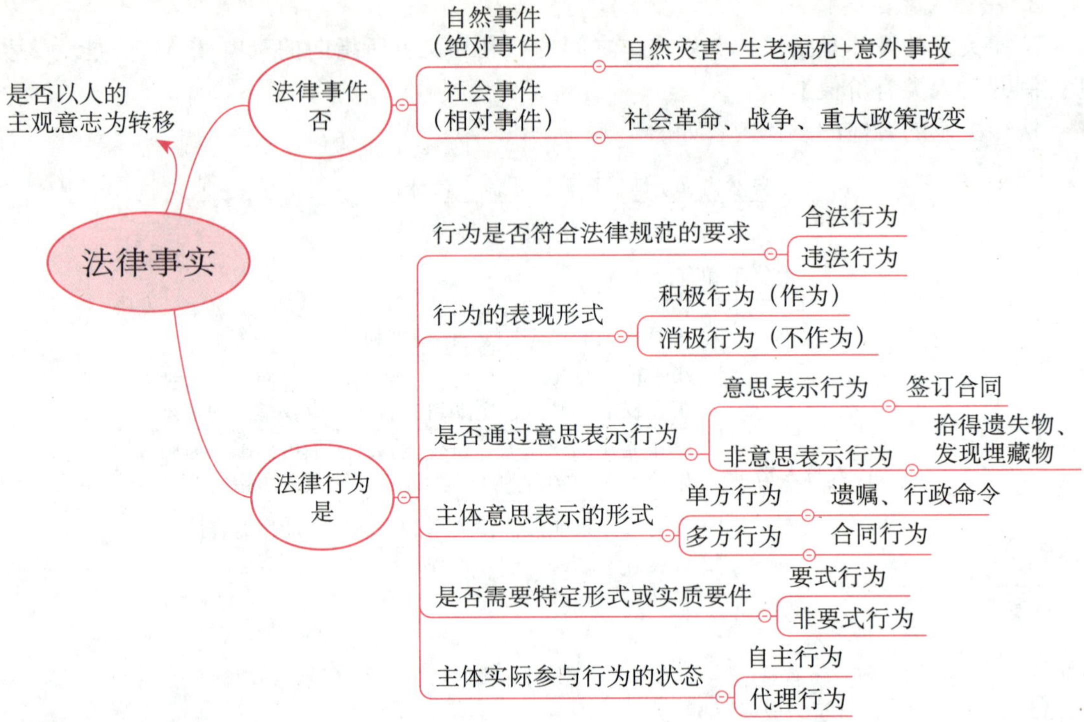

图 1-9　法律事实

【例题】下列各项中，属于法律行为的是（　　）。

A. 流星陨落　　B. 签发支票　　C. 火山爆发　　D. 台风登陆

【答案】B

【解析】选项 A、C、D 均属于法律事件。

【考点 4】 法的形式和分类★

（一）法的形式（法的渊源）

法的形式，以往也被称为法的形式渊源，是指由一定的有权国家机关制定的各种规范性法律文件的表现形式。

1. 我国法的主要形式

我国法的主要形式见表 1-3。

表 1-3　法的主要形式

形式	制定机关	效力等级
宪法	全国人民代表大会	最高法律效力
法律	基本法律：全国人民代表大会	地位和效力仅次于宪法
	其他法律：全国人大及其常委会	
行政法规	国务院	地位仅次于宪法和法律，高于地方性法规

续表

形式	制定机关	效力等级
地方性法规	地方人大及其常委会	效力高于本级和下级地方政府规章
自治条例和单行条例	自治区（州、县）人大	—
特别行政区的法	全国人大制定的特别行政区基本法；特别行政区依法制定并报人大常委会备案；规范性法律文件	
规章	部门规章：国务院各部、委、行、署及直属机构	部门规章之间、部门规章与地方政府规章之间具有同等效力，在各自的权限范围内施行
	政府规章：地方人民政府	
国际条约	属于国际法，不属于国内法的范畴	

小贴士

（1）宪法是国家的根本大法，具有最高的法律效力。

（2）我国不实行判例制度，最高人民法院的判决不属于法的形式。

（3）地方性法规的制定权：

1）省、自治区、直辖市人大及其常委会。

2）设区的市、自治州人大及其常委会。

3）经济特区是所在地的省、市的人大及其常委会。

（4）各种法的效力等级如图 1-10 所示。

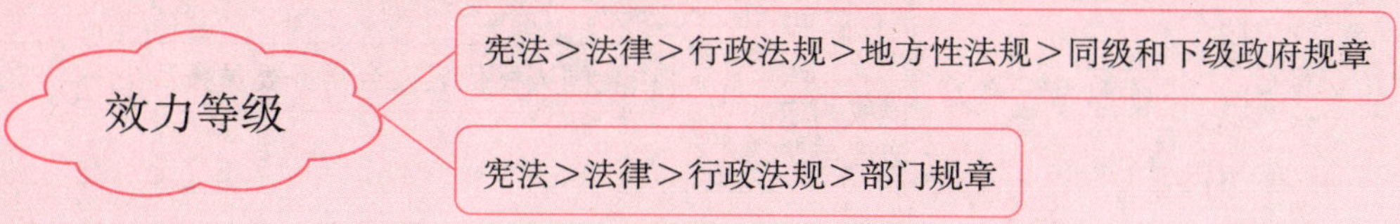

图 1-10　法的效力等级

下列事项只能制定法律：

（1）国家主权的事项。

（2）各级人民代表大会、人民法院、人民检察院的产生、组织和职权。

（3）民族区域自治制度、特别行政区制度、基层群众自治制度。

（4）犯罪和刑罚。

（5）对公民政治权利的剥夺、限制人身自由的强制措施和处罚。

（6）税种的设立、税率的确定和税收征收管理等税收基本制度。

（7）对非国有财产的征收、征用。

（8）民事基本制度。

（9）基本经济制度以及财政、海关、金融和外贸的基本制度。

（10）诉讼和仲裁制度。

（11）必须由全国人大及其常委会制定的法律的其他事项。

2. 法律效力等级及其适用规则

法律效力等级及其适用规则如图 1－11 所示。

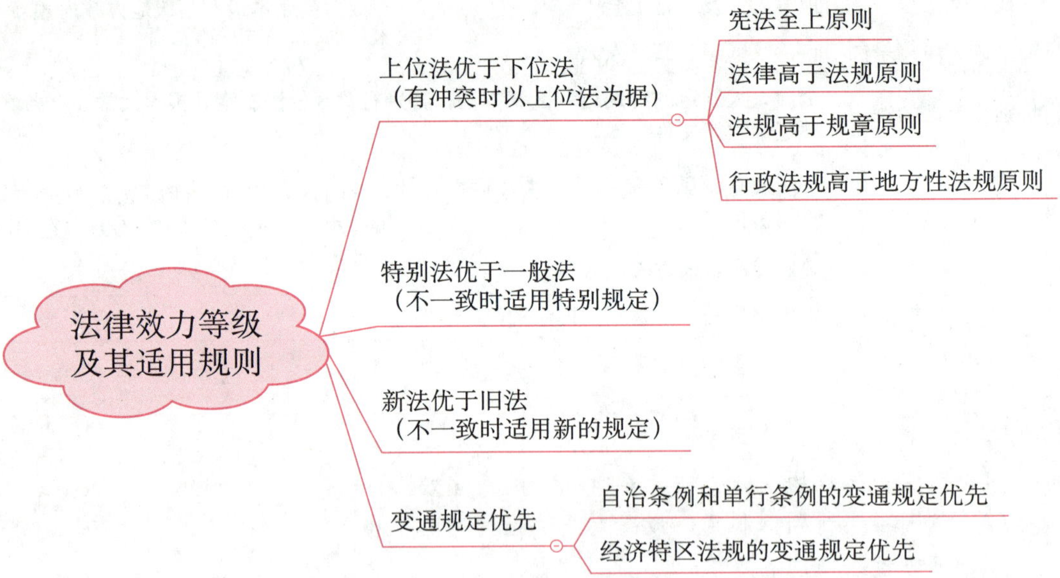

图 1－11　法律效力等级及其适用规则

同一事项之间的新的一般规定与旧的特别规定不一致时的处理如图 1－12 所示。

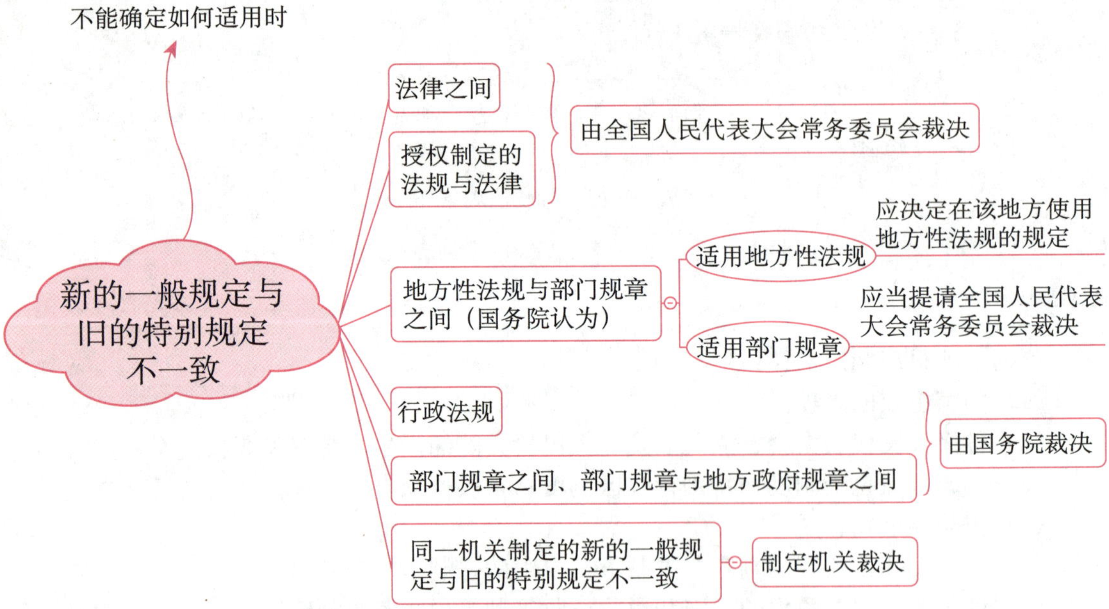

图 1－12　新的一般规定与旧的特别规定不一致时的处理

（二）法的分类

法的分类的具体内容如表 1－4 所示。

表 1-4　法的分类

标准	分类	举例
创制方式和发布形式	成文法和不成文法	—
法的内容、效力和制定程序	根本法和普通法	宪法与其他法律
法的内容	实体法和程序法	民法与民事诉讼法
法的空间效力、时间效力或对人的效力	一般法和特别法	民法与公司法
法的主体、调整对象和渊源	国际法和国内法	—
法律运用的目的	公法和私法	刑法与民法

【例题】以下法律文件由国务院颁布的是（　　）。

A.《会计法》　　B.《总会计师条例》

C.《会计档案管理办法》　　D.《企业财务会计报告条例》

【答案】BD

【解析】全国人大常委会颁布《会计法》，国务院颁布《总会计师条例》《企业财务会计报告条例》，财政部和国家档案局颁布《会计档案管理办法》，财政部颁布《代理记账管理办法》等。

【考点 5】 法律部门与法律体系★

我国现行法律体系大体可以划分为七个主要的法律部门，具体内容如图 1-13 所示。

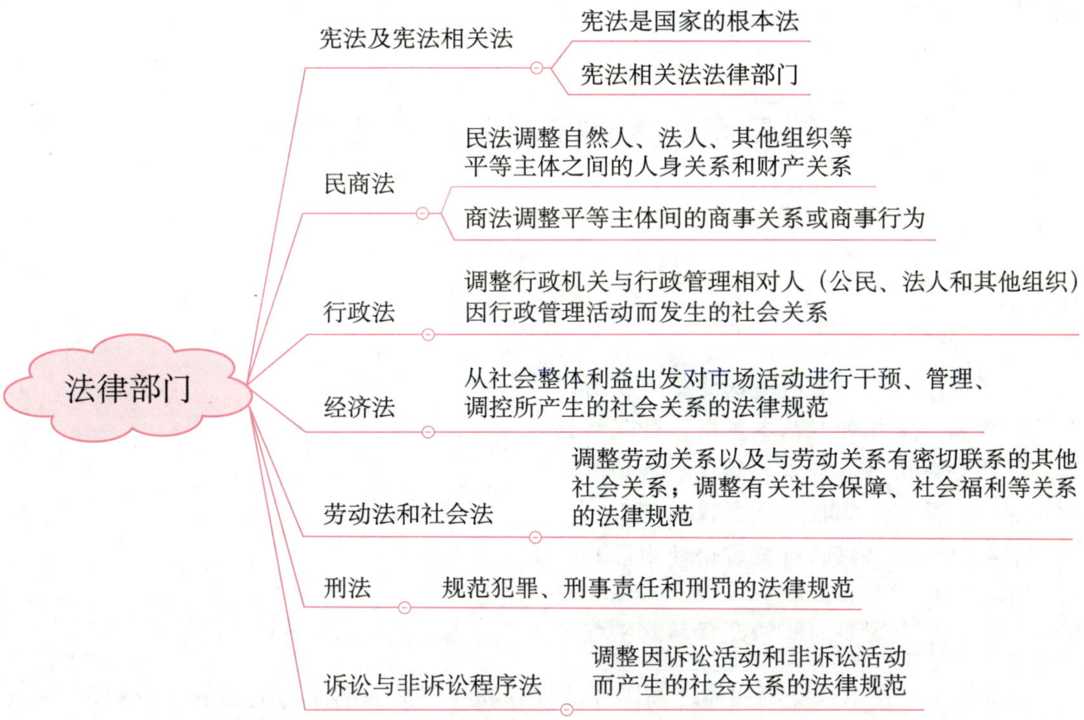

图 1-13　法律部门

同步练习

【1-多选】下列各项中，能够引起法律关系发生、变更和消灭的事实有（　　）。

A. 自然灾害　　B. 公民死亡　　C. 签订合同　　D. 提起诉讼

【2-单选】下列规范行为中，属于行政法规的是（　　）。

A. 全国人民代表大会常务委员会通过的《中华人民共和国会计法》

B. 全国人民代表大会通过的《中华人民共和国民事诉讼法》

C. 中国人民银行发布的《支付结算办法》

D. 国务院发布的《企业财务会计报告条例》

答案及解析

1. 【答案】ABCD

【解析】法律事实，是指由法律规范所确定的，能够产生法律后果，即能够直接引起法律关系发生、变更或者消灭的情况。依据是否以人们的意志为转移标准，法律事实可以划分为两大类：法律事件和法律行为。选项 A、B 属于法律事件，选项 C、D 属于法律行为。

2. 【答案】D

【解析】行政法规是由国家最高行政机关即国务院在法定职权范围内为实施宪法和法律而制定、发布的规范性文件，通常冠以条例、办法、规定等名称，如国务院令第 287 号发布的《企业财务会计报告条例》。

第二节　经济纠纷的解决途径

本节考点

1. 经济纠纷的概念与解决途径（了解经济纠纷的基本内容）
2. 仲裁（掌握仲裁基本原则、仲裁协议和程序）
3. 民事诉讼（掌握审判制度和诉讼时效）
4. 行政复议（掌握行政复议的范围）
5. 行政诉讼（熟悉行政诉讼的内容）

【考点1】经济纠纷的概念与解决途径★

经济纠纷是指市场经济主体之间因经济权利和经济义务的矛盾而引起的权益争议，包括平等主体之间涉及经济内容的纠纷和公民、法人或者其他组织作为行政管理相对人与行政机关之间因行政管理所发生的涉及经济内容的纠纷。

经济纠纷的解决途径如图 1－14 所示。

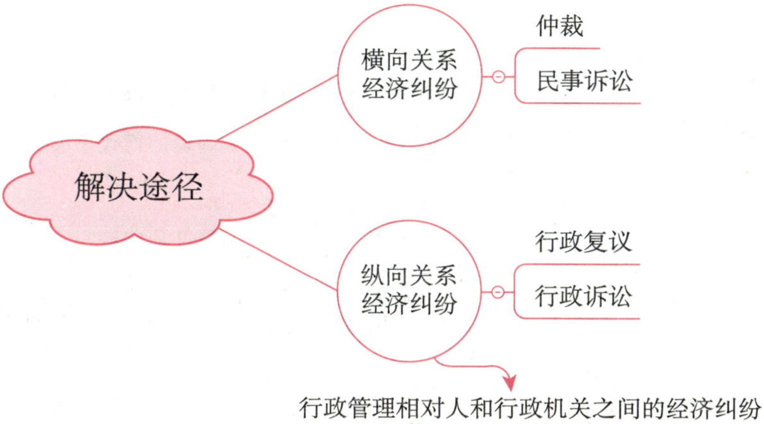

图 1－14 经济纠纷的解决途径

【考点 2】 仲裁★★★

（一）仲裁的概念和特征

仲裁是当事人根据他们之间订立的仲裁协议，自愿将其争议提交由非司法机构的仲裁员组成的仲裁庭进行裁判，并受该裁判约束的一种制度。

仲裁的特征如图 1－15 所示。

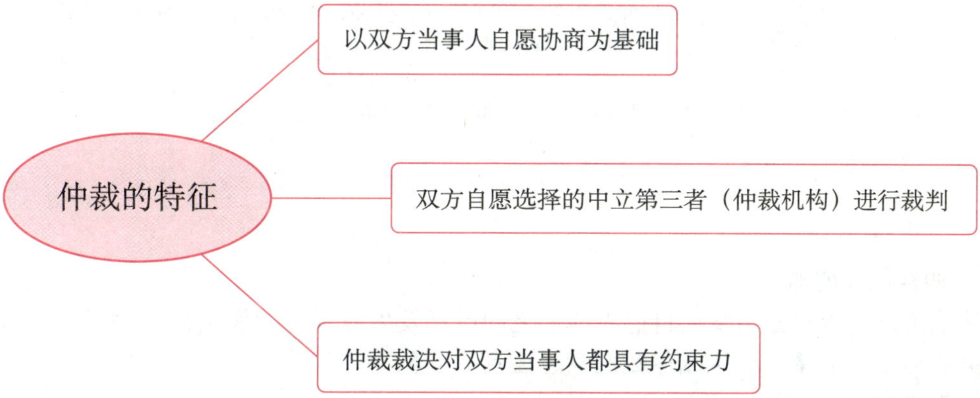

图 1－15 仲裁的特征

（二）仲裁的适用范围

仲裁的适用范围如图 1－16 所示。

（三）仲裁的基本原则

（1）自愿原则。当事人采用仲裁方式解决纠纷，应当双方自愿，达成仲裁协议。没有仲裁协议，一方申请仲裁的，仲裁委员会不予受理。

（2）依据事实和法律，公平合理地解决纠纷的原则。

（3）独立仲裁原则。仲裁机构不依附于任何机关而独立存在，仲裁依法独立进行，不受任何行政机关、社会团体和个人的干涉。

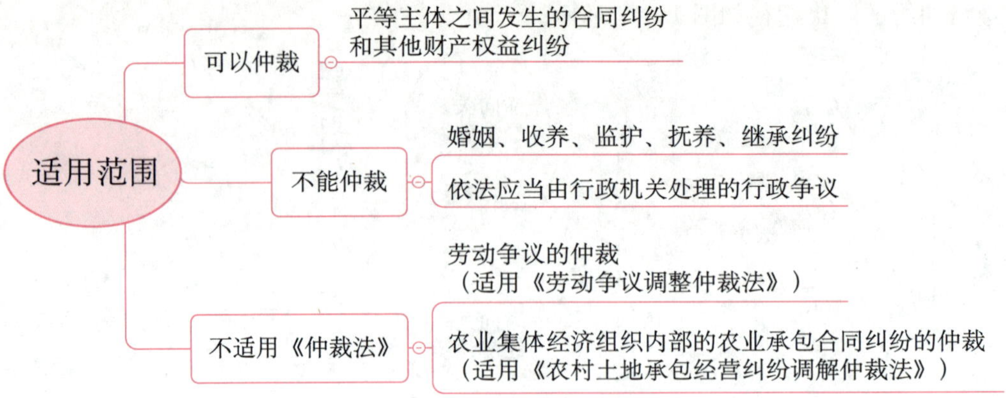

图 1－16　仲裁的适用范围

（4）一裁终局制度。仲裁庭作出的仲裁裁决为终局裁决。仲裁裁决作出后，当事人就同一纠纷再申请仲裁或向人民法院起诉的，仲裁委员会或者人民法院不予受理。

（四）仲裁机构

仲裁机构的主要内容如图 1－17 所示。

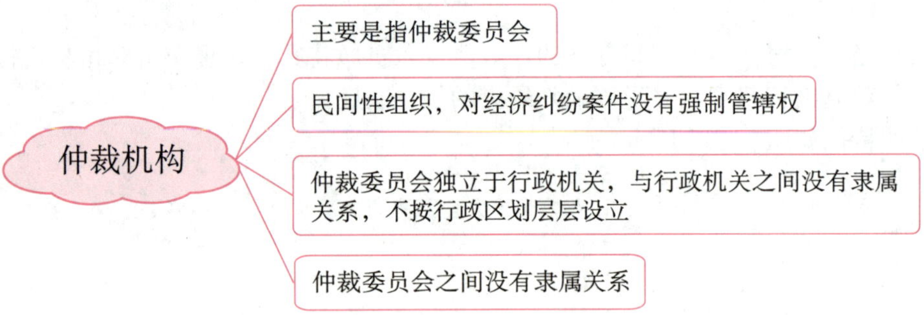

图 1－17　仲裁机构的主要内容

（五）仲裁协议

1. 仲裁协议的概念

仲裁协议是指双方当事人自愿将他们之间已经发生或者可能发生的可仲裁事项提交仲裁裁决的书面约定【口头达成仲裁的意思表示无效】。

2. 仲裁协议的内容

仲裁协议的内容如图 1－18 所示。

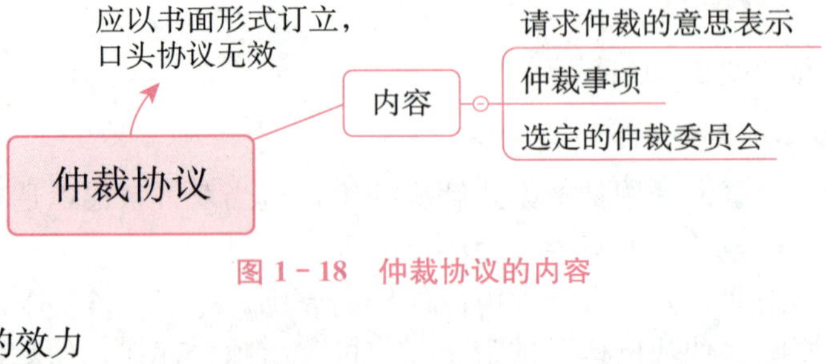

图 1－18　仲裁协议的内容

3. 仲裁协议的效力

（1）仲裁协议独立存在，合同的变更、解除、终止或无效，不影响仲裁协议的效力。

（2）当事人对仲裁协议的效力有异议时，可以请求仲裁委员会作出决定或者请求人民法院作出裁定【2 选 1】。一方请求仲裁委员会作出决定，另一方请求人民法院作出裁定的，由人民法院裁定。当事人对仲裁协议的效力有异议的，应当在仲裁庭首次开庭前提出。

（3）当事人达成仲裁协议，一方在向人民法院起诉时未声明有仲裁协议的，人民法院受理后，另一方在人民法院首次开庭前提交仲裁协议的，人民法院应当驳回起诉，但仲裁协议无效的除外；若另一方在首次开庭前未对人民法院受理该案提出异议的，视为放弃仲裁协议，人民法院应继续审理。

（六）仲裁裁决

（1）仲裁不实行级别管辖和地域管辖，仲裁委员会由当事人协议决定。

（2）仲裁庭由 3 名或者 1 名仲裁员组成。由 3 名仲裁员组成的，设首席仲裁员。

小贴士

当事人约定由 3 名仲裁员组成仲裁庭的，应当各自选定或各自委托仲裁委员会主任指定 1 名仲裁员，第 3 名仲裁员由当事人共同选定或共同委托仲裁委员会主任指定，第 3 名仲裁员为首席仲裁员。当事人约定由 1 名仲裁员成立仲裁庭的，应当由当事人共同选定或者共同委托仲裁委员会主任指定。

（3）当事人没有在仲裁规则规定的期限内约定仲裁庭的组成方式或者选定仲裁员的，由仲裁委员会主任指定。仲裁庭组成后，仲裁委员会应将仲裁庭的组成情况书面通知当事人。

（4）仲裁应当开庭进行；当事人协议不开庭的，仲裁庭可以根据仲裁申请书、答辩书以及其他材料作出裁决。

（5）仲裁不公开进行；当事人协议公开的，可以公开进行，但涉及国家秘密的除外【开庭不公开】。

（6）申请仲裁后，当事人可以自行和解。达成和解协议的，可以请求仲裁庭根据和解协议作出裁决书，也可以撤回仲裁申请。当事人达成和解协议，撤回仲裁申请后又反悔的，可以根据仲裁协议申请仲裁。

（7）仲裁庭在作出裁决前，可以先行调解。当事人自愿调解的，仲裁庭应当调解。调解不成的，仲裁庭应当及时作出裁决。调解达成协议的，仲裁庭应当制作调解书或者根据协议的结果制作裁决书，调解书与裁决书具有同等的法律效力。调解书经双方当事人签收后，即发生法律效力。在调解书签收前当事人反悔的，仲裁庭应及时作出裁决。

（8）仲裁裁决书应当按照多数仲裁员的意见作出；仲裁庭不能形成多数意见，裁决应当按照首席仲裁员的意见作出。裁决书自作出之日起发生法律效力。

（9）当事人应当履行裁决。如果一方当事人不履行仲裁裁决的，另一方当事人可以按照《民事诉讼法》的有关规定向人民法院申请执行。

仲裁员需要回避的情形如图 1－19 所示。

【例题】根据《仲裁法》的规定，下列关于仲裁制度的表述中，正确的有（　　）。

A. 仲裁裁决对双方当事人都具有约束力

B. 仲裁实行一裁终局

C. 仲裁实行级别管辖和地域管辖

D. 平等主体之间发生的合同纠纷和其他财产权益纠纷，可以仲裁

【答案】ABD

【解析】选项 C 错，仲裁不实行级别管辖和地域管辖，仲裁委员会由当事人协议选定。

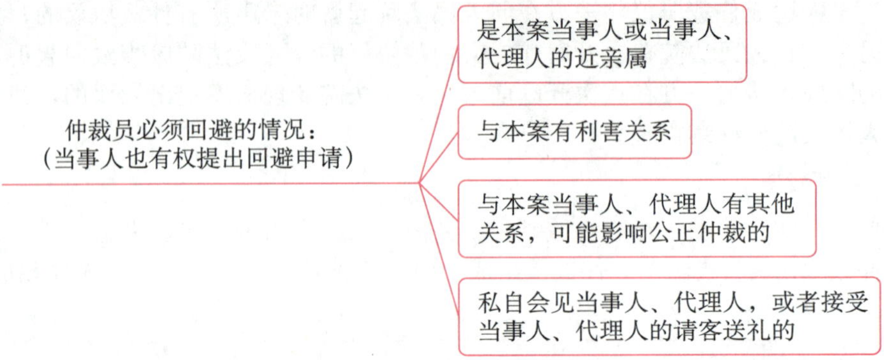

图 1－19　仲裁员需要回避的情形

【考点 3】民事诉讼★★★

扫码看视频

民事诉讼是指人民法院、当事人和其他诉讼参与人，在审理民事案件的过程中，所进行的各种诉讼活动，以及由这些活动所产生的各种关系的总和。

（一）民事诉讼的适用范围

公民之间、法人之间、其他组织之间以及他们相互之间因财产关系和人身关系发生的纠纷都可以采用诉讼方式提起。

民事诉讼的适用范围如图 1－20 所示。

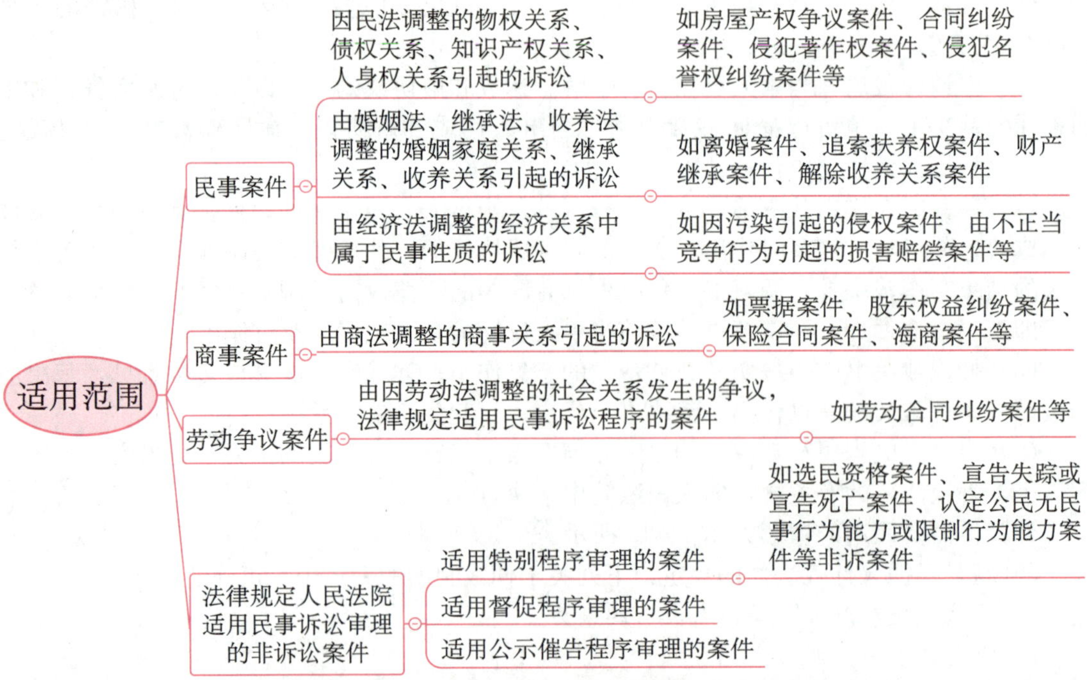

图 1－20　民事诉讼的适用范围

小贴士

与人身有关的婚姻、收养、监护、扶养、继承纠纷，不能提请仲裁，但是可以提起民事诉讼。

（二）审判制度

审判制度的具体内容如图 1－21 所示。

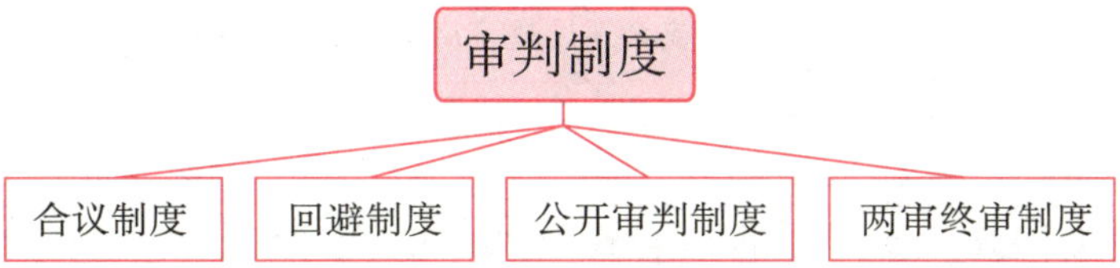

图 1－21　审判制度的内容

1. 合议制度（**3 名以上审判人员**）

（1）法院审理第一审民事案件，除了如图 1－22 所示的一人独审案件由一人独任审理外，一律由审判员、陪审员共同组成合议庭或者由审判员组成合议庭。

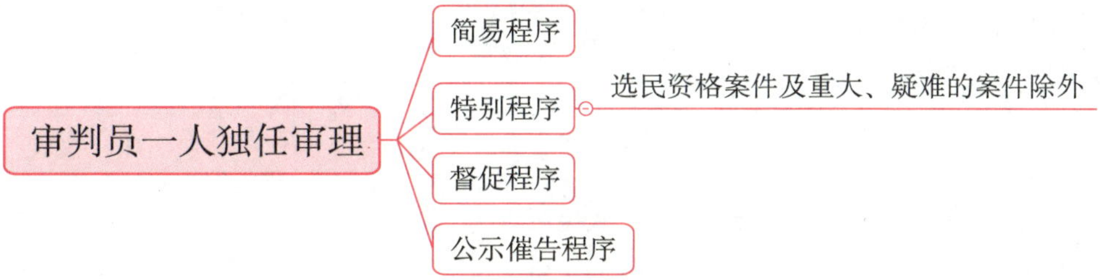

图 1－22　一人独审案件

（2）选民资格案件或重大、疑难的案件，由审判员组成合议庭。

（3）人民法院审理第二审民事案件，由审判员组成合议庭。

（4）合议庭的成员，应当为**3 人以上的单数**。

2. 回避制度

回避制度，是指审判人员和其他有关人员在遇有法律规定的情形时，退出对某一案件的审理活动的制度。回避制度是为了保证案件获得公正审判而设立的一项制度。根据法律规定，回避的人员包括审判人员、书记员、翻译人员、鉴定人和勘验人等。

回避情形的具体内容如图 1－23 所示。

3. 公开审判制度

（1）人民法院审理民事案件，除涉及国家秘密、个人隐私或者法律另有规定的以外，应当公开进行**【开庭又公开】**。

（2）离婚案件、涉及商业秘密的案件，当事人申请不公开审理的，可以不公开审理。

上述公开审判制度的特例如图 1－24 所示。

（3）公开审判包括审判过程公开和审判结果公开两项内容，不论案件是否公开审理，一律公开宣告判决【与仲裁开庭不公开对比】。

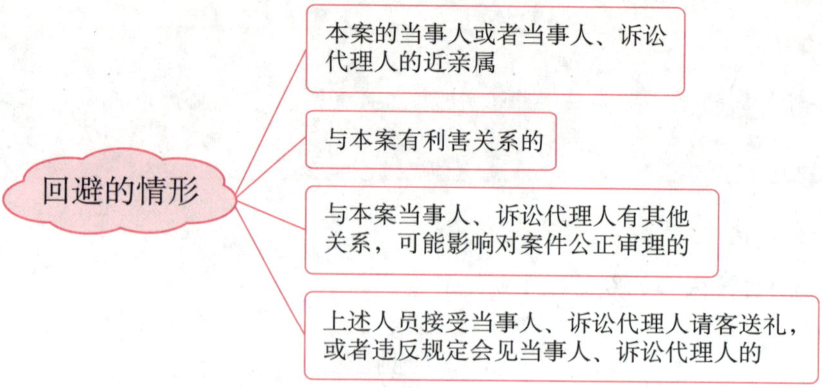

图 1－23　民事诉讼中需要回避的情形

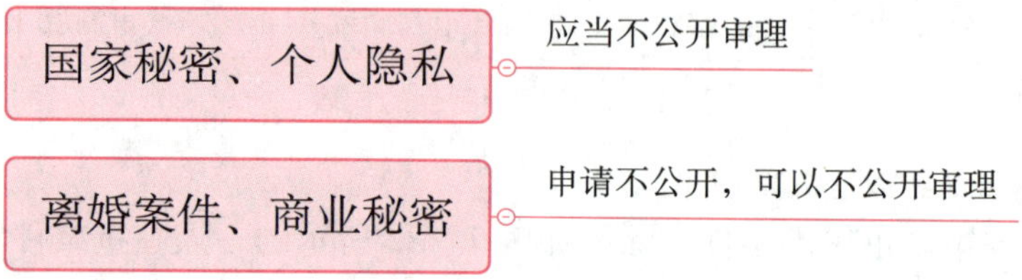

图 1－24　公开审判制度的特例

4. 两审终审制度

我国法院的等级如图 1－25 所示。

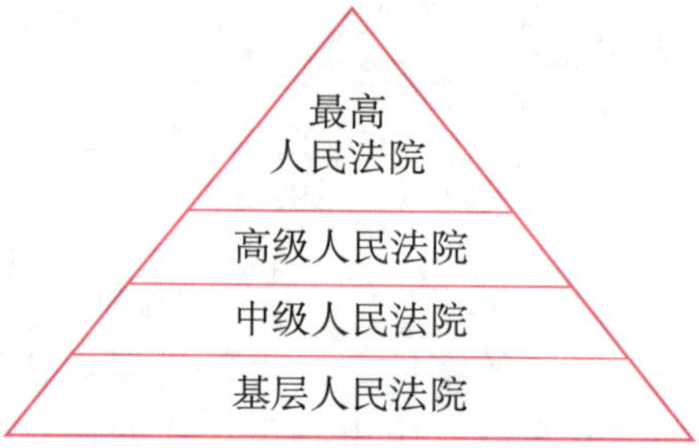

图 1－25　我国法院的等级

两审终审制度是法院审理案件的一种审级制度，指一个案件需经两级法院审判后方可宣告终结并发生法律效力。

（1）一个案件经第一审法院审判后，当事人如果不服，有权在法定期限内向上一级法院提起上诉，由该上一级法院进行第二审。

（2）二审法院的判决、裁定是终审判决、裁定。

（3）对终审判决、裁定，当事人不得上诉。

（4）如果发现终审裁判确有错误的，可以通过审判监督程序予以纠正。

（5）例外情况如图 1－26 所示。

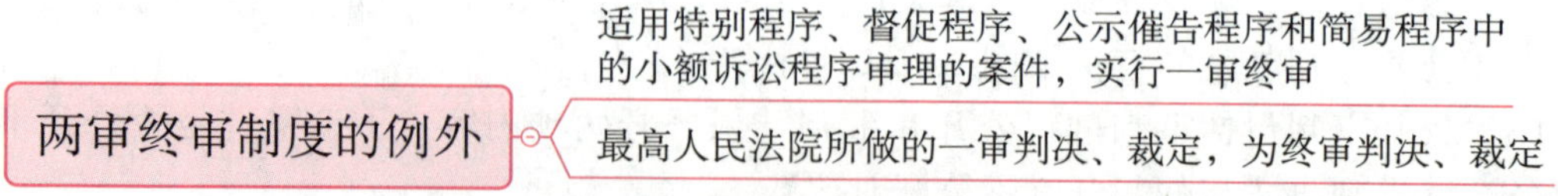

图 1－26　两审终审制度的例外

小贴士

经济仲裁实行一裁终局制度

仲裁裁决作出后，当事人就同一纠纷再申请仲裁或向人民法院起诉的，仲裁委员会或者人民法院不予受理。

（三）诉讼管辖

诉讼管辖可以按照不同的标准进行多种分类，其中最重要、最常用的是级别管辖和地域管辖，具体内容如图 1－27 所示。

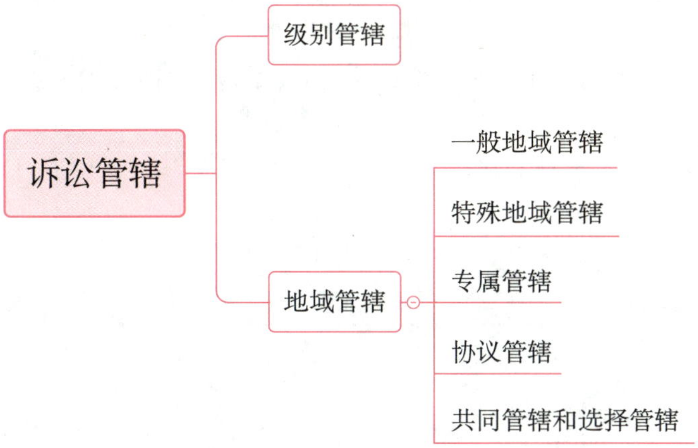

图 1－27　诉讼管辖

1. 级别管辖

级别管辖是审判管辖中的一种，是各级审判机构对第一审案件管辖范围的划分，主要根据案件性质、情节轻重和影响范围大小来确定（大多数民事案件均归基层人民法院管辖）。

2. 地域管辖

（1）一般地域管辖（普通管辖）。

一般地域管辖通常遵循“原告就被告”的原则，即由被告住所地法院管辖；被告住所地与经常居住地不一致的，由经常居住地人民法院管辖。

小贴士

下列诉讼由原告住所地人民法院管辖：

（1）对不在中华人民共和国领域内居住的人或者对下落不明或者宣告失踪的人提起的有关身份关系的诉讼。

（2）对被采取强制教育措施或者被监禁的人提起的诉讼。

（2）特殊地域管辖。

特殊地域管辖的具体内容如表 1－5 所示。

表 1－5　特殊地域管辖

<table>
<tr><th>诉讼</th><th colspan="2">管辖地</th></tr>
<tr><td>合同纠纷</td><td>合同履行地</td><td rowspan="7">被告住所地</td></tr>
<tr><td>保险合同纠纷</td><td>保险标的物所在地</td></tr>
<tr><td>票据纠纷</td><td>票据支付地</td></tr>
<tr><td>铁路、公路、水上、航空运输和联合运输合同纠纷</td><td>运输始发地、目的地</td></tr>
<tr><td>侵权行为诉讼</td><td>侵权行为地（包括侵权行为实施地、侵权结果发生地）</td></tr>
<tr><td>船舶碰撞或者其他海事损害事故请求损害赔偿诉讼</td><td>碰撞发生地、碰撞船舶最先到达地、加害船舶被扣留地</td></tr>
<tr><td>铁路、公路、水上和航空事故请求损害赔偿诉讼</td><td>事故发生地或车辆、船舶最先到达地、航空器最先降落地</td></tr>
<tr><td>公司设立、确认股东资格、分配利润、解散等纠纷诉讼</td><td colspan="2">公司住所地</td></tr>
<tr><td>海难救助费用诉讼</td><td colspan="2">救助地或被救助船舶最先到达地</td></tr>
<tr><td>共同海损诉讼</td><td colspan="2">船舶最先到达地、共同海损理算地或航程终止地</td></tr>
</table>

小贴士

因侵权行为提起的诉讼，由侵权行为地（包括侵权行为实施地、侵权结果发生地）或者被告住所地法院管辖。

信息网络侵权行为实施被诉侵权行为的计算机设备所在地，侵权结果地包括被侵权人住所地。

因产品、服务质量不合格造成他人财产、人身损害提起的诉讼，产品制造地、产品销售地、服务提供地、侵权行为地和被告人住所地人民法院均有管辖权。

3. 专属管辖

专属管辖是指法律强制规定某些特殊类型的案件只能由特定的人民法院管辖，其他法院无管辖权，当事人也不得协议变更管辖法院。专属管辖的具体内容如图 1－28 所示。

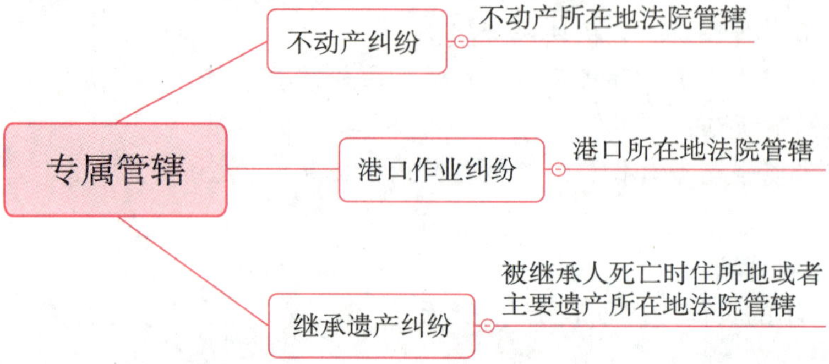

图 1－28　专属管辖的具体内容

4. 协议管辖

协议管辖是指双方当事人在合同纠纷或者财产权益纠纷发生之前或之后以协议的方式来选择解决他们之间纠纷的管辖法院。

合同或其他财产权益纠纷的当事人可以书面协议选择“被告住所地、合同履行地、合同签订地、原告住所地、标的物所在地”等与争议有实际联系的地点的法院管辖，但不得违反《民事诉讼法》对级别管辖和专属管辖的规定。

5. 共同管辖和选择管辖

两个以上法院都有管辖权（共同管辖）的诉讼，原告可以向其中一个法院起诉（选择管辖）；原告向两个以上有管辖权的法院起诉的，由最先立案的法院管辖。

（四）诉讼时效

1. 诉讼时效的概念

诉讼时效是指民事权利受到侵害的权利人在法定的时效期间内不行使权利，当时效期间届满时，义务人获得诉讼时效抗辩权。诉讼时效期间是指权利人请求法院或者仲裁机关保护其民事权利的法定期间。

小贴士

诉讼时效期间届满，权利人丧失胜诉权，但权利人的实体权利并不消灭，债务人自愿履行的，不受诉讼时效的限制。

(1) 诉讼时效的期间、计算方法以及中止、中断的事由由法律规定，当事人约定无效。

(2) 人民法院不得主动适用诉讼时效的规定。

2. 诉讼时效期间

民事诉讼时效期间的相关规定如表 1-6 所示。

表 1-6 民事诉讼时效期间

分类	期限	具体规定	起算时间
普通诉讼时效期间	3 年	根据法律规定，向人民法院请求保护民事权利的诉讼时效期间为 3 年，法律另有规定的除外	自权利人知道或应当知道权利受到损害以及义务人之日起计算。法律另有规定的除外
最长诉讼时效期间	20 年	自权利受到损害之日起超过 20 年的，人民法院不予保护；特殊情况的人民法院可以根据权利人的申请决定延长	

3. 诉讼时效的中止【最后 6 个月→暂停→继续计算】

在诉讼时效期间的最后 6 个月内，因图 1-29 所示的障碍，不能行使请求权的，诉讼时效中止。

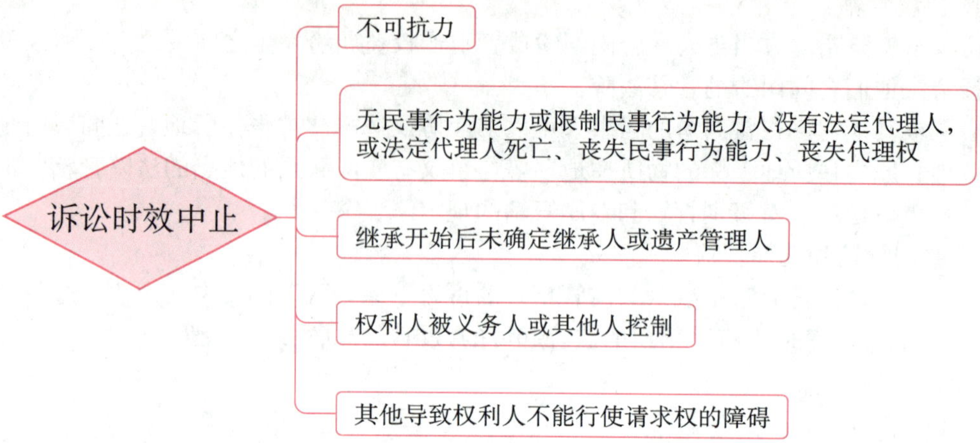

图 1-29　诉讼时效中止

自中止时效的原因消除之日起满 6 个月，诉讼期间届满。

4. 诉讼时效的中断【清零→重新计算】

有图 1-30 所示情形之一的，诉讼时效中断，从中断、有关程序终结时起，诉讼时效期间重新计算。

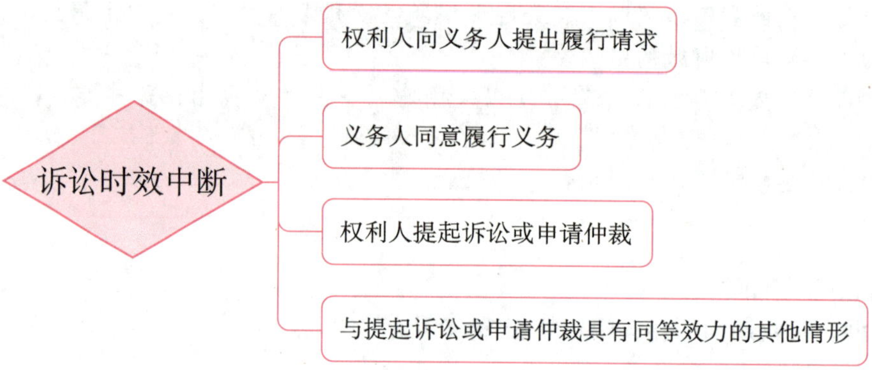

图 1-30　诉讼时效中断

5. 请求权不适用诉讼时效

请求权不适用诉讼时效的情形如图 1-31 所示。

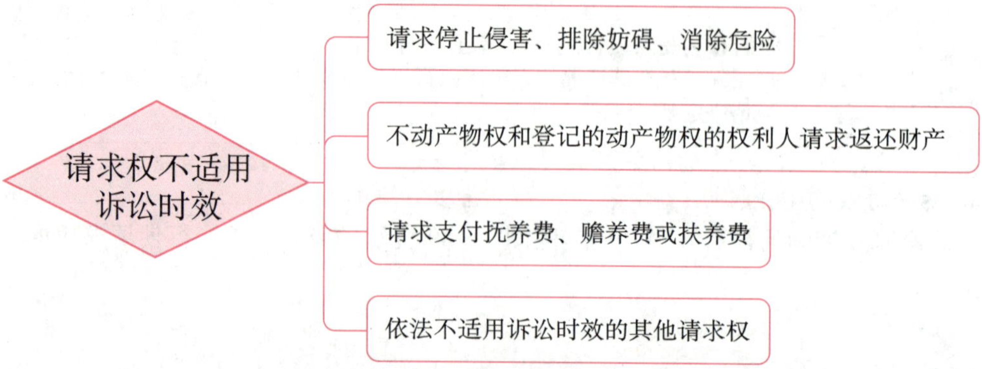

图 1-31　请求权不适用诉讼时效的情形

（五）判决和执行

1. 调解

法院审理民事案件，根据当事人自愿的原则，在事实清楚的基础上，分清是非，进行调解。当事人一方或者双方不愿调解的，应当及时裁判。

民事案件分应当调解和不应调解两种情况，具体如图 1－32 所示。

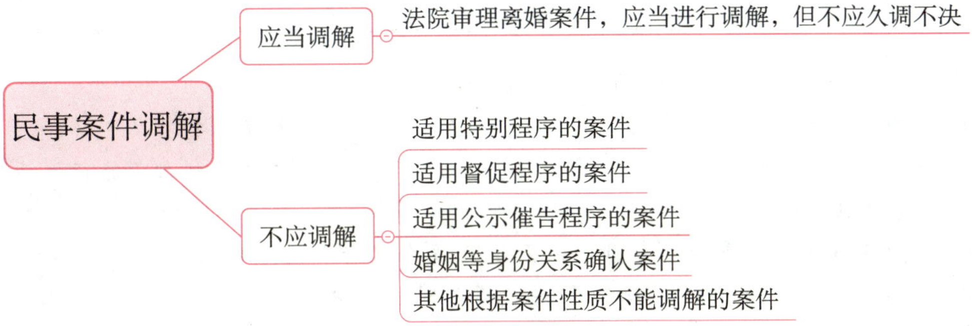

图 1－32　民事案件调解制度

小贴士

（1）除特别情况外，调解达成协议的，人民法院应当制作调解书。

（2）调解书应当写明诉讼请求、案件的事实和调解结果。

（3）调解书由审判人员、书记员署名，加盖人民法院印章，送达双方当事人。调解书经**双方当事人签收**后，即具有法律效力。

2. 判决

当事人不服地方人民法院第一审判决的，有权在判决书送达之日起**15 日**内向上一级法院提起上诉。

发生法律效力的判决如图 1－33 所示。

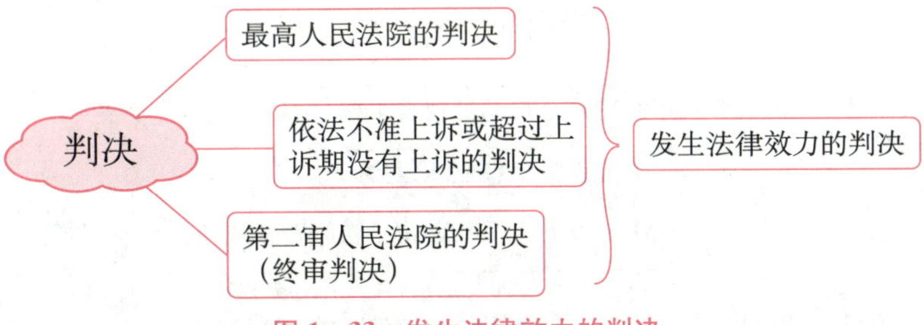

图 1－33　发生法律效力的判决

3. 执行

发生法律效力的民事判决、裁定，当事人必须履行。一方拒绝履行的。对方当事人可以向人民法院申请执行，也可以由审判员移送执行员执行【2 选 1】。

调解书和其他应当由人民法院执行的法律文书，当事人必须履行。一方拒绝履行的，对方当事人可以向人民法院申请执行。

小贴士

(1) 对于发生法律效力的民事裁决、裁定，以及刑事裁决、裁定中的财产部分，由第一审人民法院或与第一审人民法院统计的被执行的财产所在地人民法院执行。

(2) 法律规定由人民法院执行的其他法律文书，由被执行人住所地或被执行人的财产所在地法院执行。

【例题】以下（　　）能引起诉讼时效的中断。

A. 当事人提起诉讼　　B. 当事人一方提出要求

C. 当事人一方同意履行义务　　D. 因不可抗力使权利人不能行使请求权

【答案】ABC

【解析】在诉讼时效最后6个月内，因不可抗力或者其他障碍致使权利人不能行使请求权的，导致诉讼时效的中止。选项D属于诉讼时效的中止。

【考点4】行政复议★★

行政复议是指公民、法人或者其他组织不服行政主体作出的具体行政行为，认为行政主体的具体行政行为侵犯了其合法权益，依法向法定的行政复议机关提出复议申请，行政复议机关依法对该具体行政行为进行合法性、适当性审查，并作出行政复议决定的行政行为。

（一）行政复议范围

1. 可以申请行政复议的事项

可以申请行政复议的事项如图1－34所示。

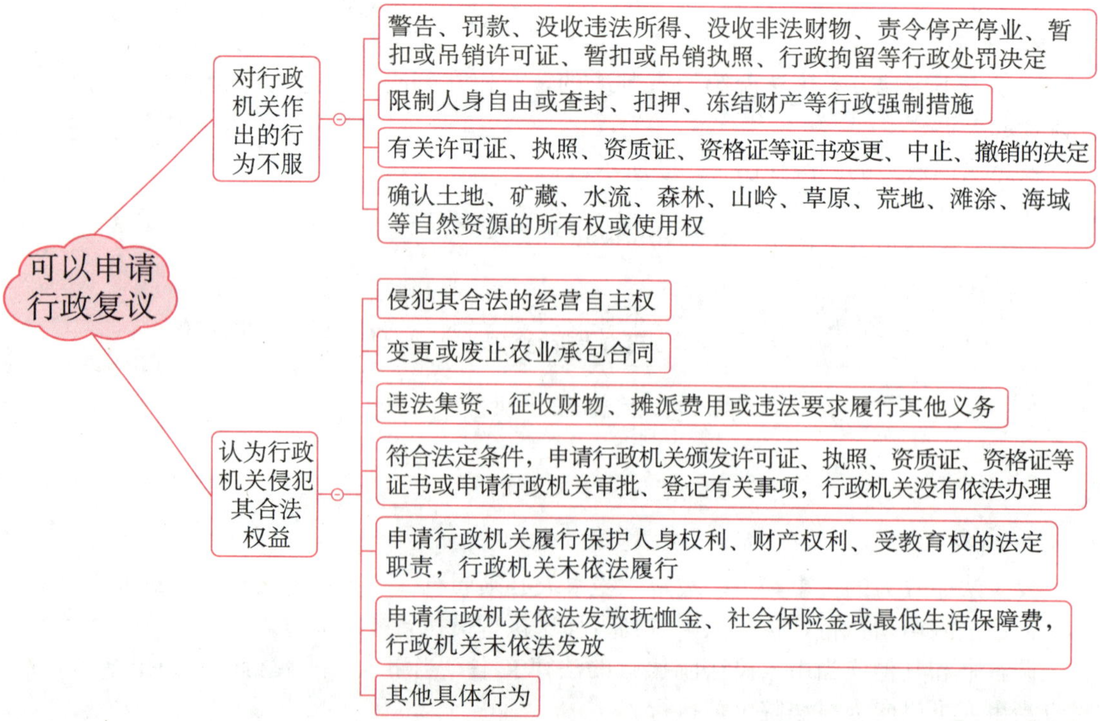

图1－34　可以申请行政复议的事项

小贴士

图 1－34 所列规定不含国务院各部委规章和地方人民政府规章。规章的审查依照法律、行政法规办理。

申请人认为行政机关的具体行为所依据的下列规定不合法，在对具体行政行为申请行政复议时，可以一并向行政复议机关提出该项规定的审查申请：

（1）国务院部门的规定。

（2）县级以上各级人民政府及其工作部门的规定。

（3）乡、镇人民政府的规定。

2. 行政复议的排除事项

（1）当事人不服行政机关作出的行政处分或其他人事处理决定时，不能提起行政复议。

（2）当事人不服行政机关对民事纠纷的调解或其他处理时，可以依法申请仲裁或向人民法院提起民事诉讼，但不能提起行政复议。

（二）行政复议申请与审理

（1）当事人认为具体行政行为侵犯其合法权益的，可以自知道该具体行政行为之日起**60 日内**提出行政复议申请，但是法律规定的申请期限超过 60 日的除外。

（2）因不可抗力或其他正当理由耽误法定申请期限的，申请期限自障碍消除之日起继续计算。

（3）行政机关受理行政复议申请，不得向申请人收取任何费用。

（4）**行政复议申请可以是书面申请，也可以是口头申请**。

口头申请的，行政复议机关应当当场记录申请人的申请情况、行政复议请求、申请行政复议的主要事实、理由和时间。

小贴士

区分仲裁、民事诉讼、行政诉讼

当事人申请仲裁必须有书面的仲裁协议；当事人提起民事诉讼、行政诉讼可以是书面的，也可以是口头的。

（5）当事人向人民法院提起行政诉讼，人民法院已经依法受理的，不得申请行政复议。

（6）行政复议期间具体行政行为不停止执行。但是，有图 1－35 所示情形之一的，可以停止执行。

（三）行政复议参加人和行政复议机关

（1）行政复议参加人包括申请人、被申请人和第三人，具体内容如图 1－36 所示。

（2）行政复议机关。对**县级以上地方及各级人民政府工作部门**的具体行政行为不服的，申请人既可以向该部门的**本级人民政府**申请行政复议，也可以**向上一级主管部门**申请行政复议【2 选 1】。对海关、金融、税务、外汇管理等实行垂直领导的行政机关和国家安全机关的具体行政行为不服的，向上一级主管部门申请行政复议。

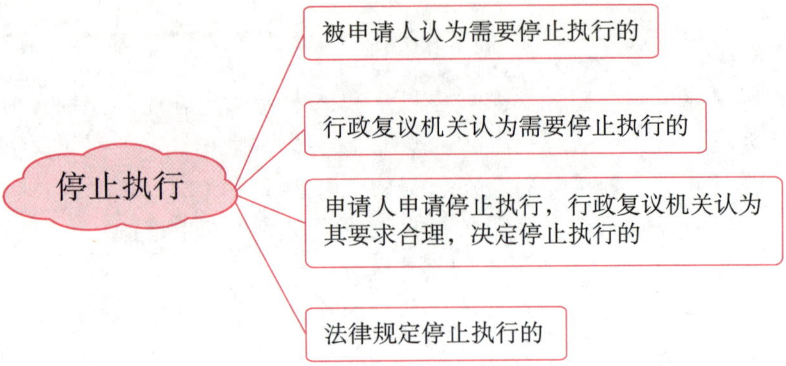

图 1 - 35　可以停止执行的情形

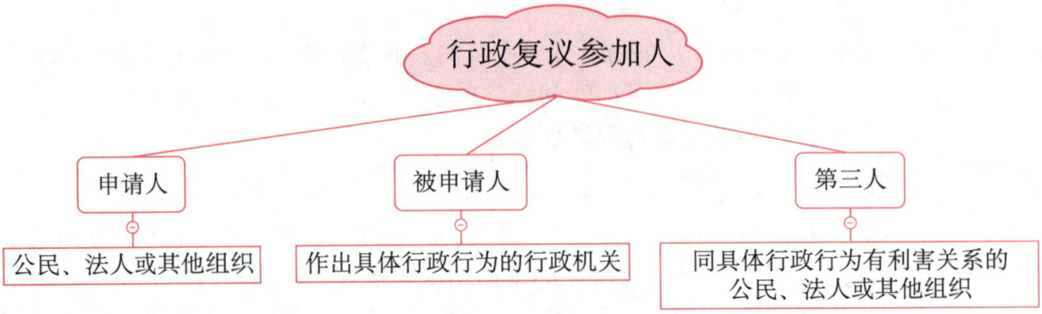

图 1 - 36　行政复议参加人

小贴士

对国家税务总局的具体行政行为不服的，向国家税务总局申请行政复议。

（3）对**地方各级人民政府**的具体行政行为不服的，向**上一级人民政府**申请行政复议。对省、自治区人民政府依法设立的派出机关所属的县级地方人民政府的具体行政行为不服的，向该派出机关申请行政复议。

（4）对**国务院部门或省、自治区、直辖市人民政府**的具体行为不服的，向**作出该具体行政行为的国务院部门或省、自治区、直辖市人民政府**申请行政复议。

对行政复议决定不服的，可以向人民法院提起行政诉讼，也可以向国务院申请裁决。国务院的裁决为最终裁决。

（四）行政复议决定

（1）行政复议原则上采取的是书面审查的方法，但申请人提出要求或者行政复议机关负责法制工作的机构认为必要时，可以向有关组织和人民调查情况，听取申请人、被申请人和第三人的意见。

（2）行政复议的举证责任，由被申请人承担。

（3）申请复议受理：行政复议机关应当自受理申请之日起 60 日内作出行政复议决定，但是法律规定的行政复议期限**少于 60 日**的除外。情况复杂，不能在规定期限内作出行政复议决定的，经行政复议机关负责人批准，可以适当延长，但延长期限**最多不得超过 30**

日【60＋30】。

小贴士

当事人认为具体行政行为侵犯其合法权益的，可以自知道该具体行政行为之日起60日内提起行政复议申请，但是法律规定的申请期限超过60日的除外。

（4）行政复议的类型。

1）具体行政行为认定事实清楚、证据确凿、适用依据正确、程序合法、内容适当的，决定维持。

2）被申请人不履行法定职责的，决定其在一定期限内履行。

3）具体行政行为有图 1－37 所示情形之一的，行政复议机关应决定予以撤销、变更或确认其违法。

应撤销、变更或确认其违法

- 主要事实不清、证据不足的
- 适用依据错误的
- 违反法定程序的
- 超越或滥用职权的
- 具体行政行为明显不当的

图 1－37　应撤销、变更或确认违法的情形

小贴士

决定撤销或确认该具体行政行为违法的，可以责令被申请人在一定期限内重新作出具体行政行为。

（5）被申请人不按照法律规定提出书面答复，提交当初作出该具体行政行为的证据、依据或者其他资料的，视为该具体行政行为没有证据、依据，决定撤销该具体行政行为。

（6）行政复议机关责令被申请人重新作出具体行政行为的，被申请人不得以同一事实和理由作为与原具体行政行为相同或基本相同的具体行政行为。

（7）行政复议决定书一经送达，即发生法律效力。

【例题】行政复议期间具体行政行为不停止执行，但是有（　　）的情形可以停止执行。

A. 复议机关认为需要停止执行的　　B. 申请人要求停止执行的

C. 被申请人认为需要停止执行的　　D. 法律规定停止执行的

【答案】ACD

【解析】选项 B，申请人申请停止执行，行政复议机关认为其要求合理决定停止执行的，可以停止执行。

【考点5】行政诉讼★★

行政诉讼，是指公民、法人或者其他组织认为行使国家行政权的机关和组织及其工作人员所实施的具体行政行为侵犯了其合法权利，依法向人民法院起诉，人民法院在当事人及其他诉讼参与人的参加下，依法对被诉具体行政行为进行审查并作出裁判，从而解决行政争议的制度。

（一）行政诉讼的适用范围

1. 可提起行政诉讼的情形

人民法院应当受理公民、法人或者其他组织提起的如图1－38所示的行政诉讼。

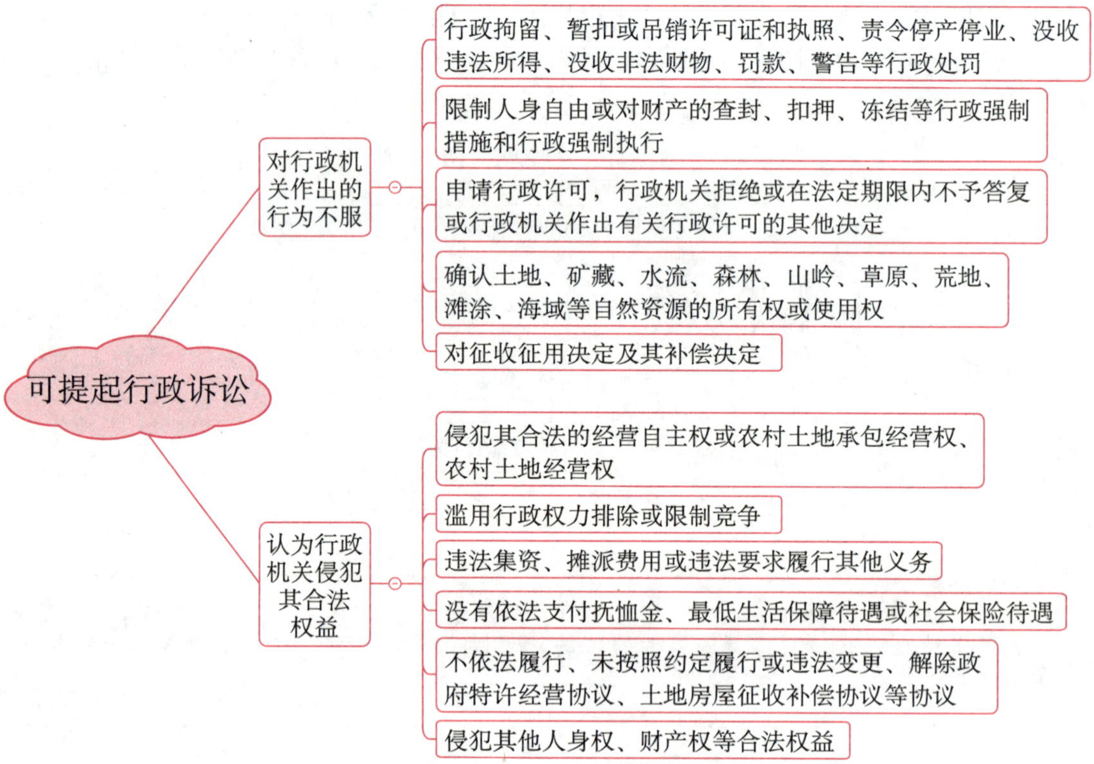

图1－38 可提起行政诉讼的情形

2. 不受理事项

人民法院不受理当事人提起的行政诉讼的具体事项如图1－39所示。

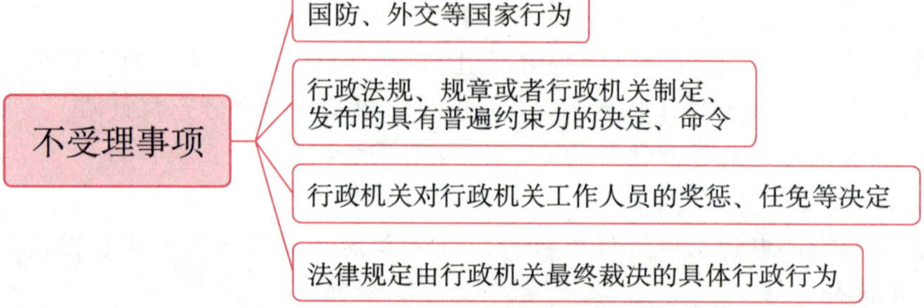

图1－39 不受理事项

(二)行政诉讼管辖(级别管辖十地域管辖)

1. 级别管辖

行政诉讼的级别管辖的具体内容如图 1－40 所示。

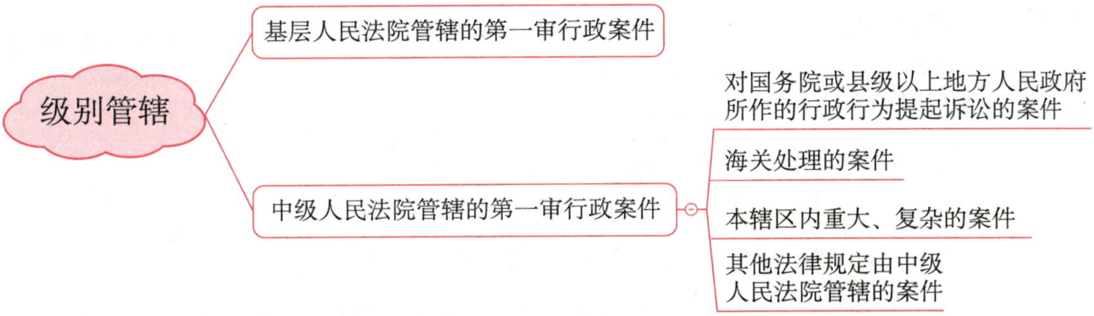

图 1－40 行政诉讼的级别管辖

2. 地域管辖

行政诉讼的地域管辖的具体内容如图 1－41 所示。

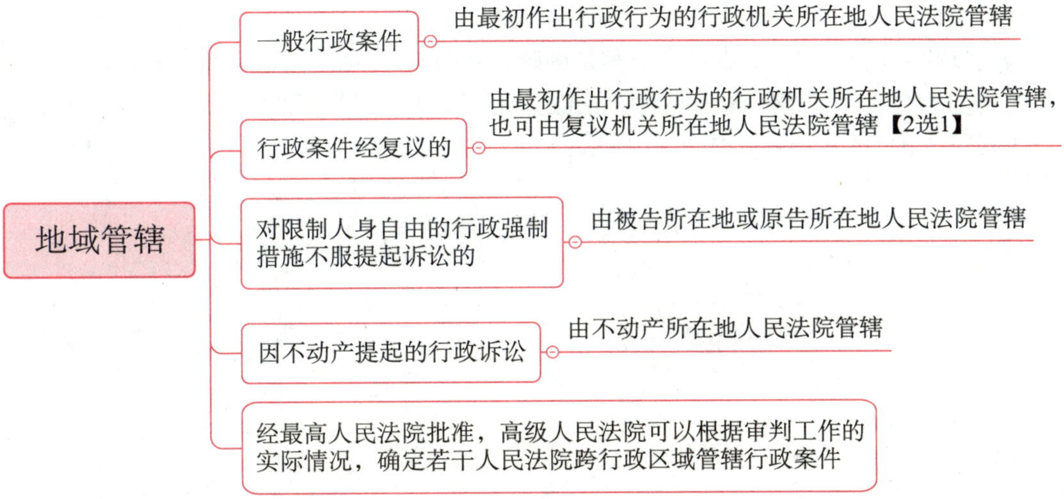

图 1－41 行政诉讼的地域管辖

(三)起诉和受理

对属于人民法院受理范围的行政案件的起诉和受理如图 1－42 所示。

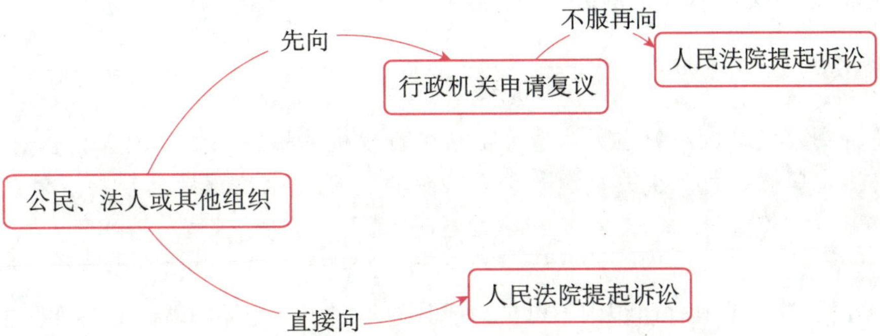

图 1－42 人民法院受理范围的行政案件(选择复议)

公民、法人或其他组织申请行政复议的要求如图 1－43 所示。

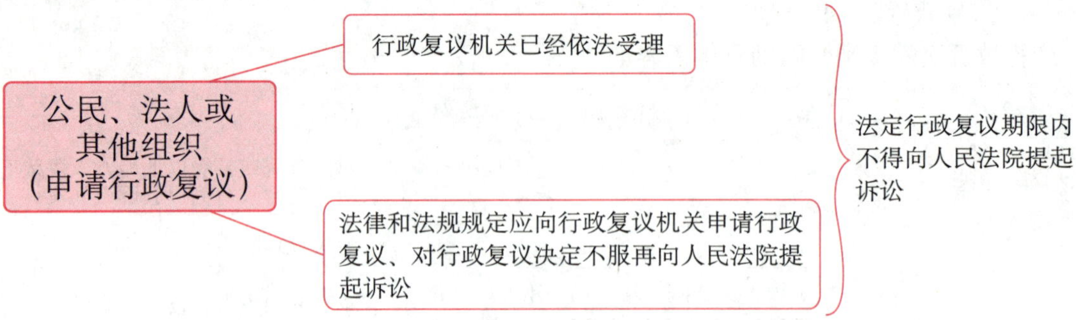

图 1－43　公民、法人或其他组织申请行政复议的要求

（1）法律、法规规定应当先向行政复议机关申请行政复议、对行政复议决定不服再向人民法院提起行政诉讼的**【必经复议】**，行政复议机关决定不予受理或受理后超过行政复议期限不作答复的，公民、法人或其他组织可以**自收到不予受理决定书之日起或行政复议期限届满之日起 15 日内**，依法向人民法院提起行政诉讼。

（2）公民、法人或其他组织**直接**向人民法院提起诉讼的，应当**自知道或应当知道**作出行政行为之日起**6 个月内**提出，法律另有规定的除外。因不动产提起诉讼的案件自行政行为作出之日起超过 20 年，其他案件自行政行为作出之日起**超过 5 年**提起诉讼的，人民法院不予受理。

诉讼期限的具体内容如图 1－44 所示。

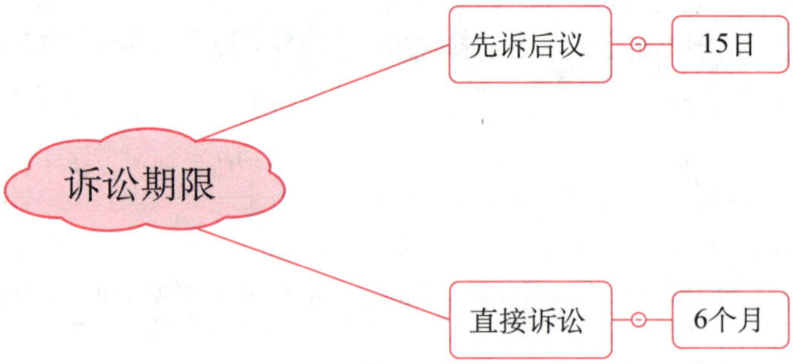

图 1－44　诉讼期限的具体内容

（3）公民、法人或其他组织申请行政机关履行保护其人身权、财产权等合法权益的法定职责，行政机关在接到申请之日起**2 个月内不履行**的，公民、法人或其他组织可以向人民法院提起诉讼（另有规定的除外）。

> **小贴士**
>
> 公民、法人或其他组织在紧急情况下请求行政机关履行保护其人身权、财产权等合法权益的法定职责，行政机关不履行的，提起诉讼不受上述规定期限的限制**【可以立即诉讼】**。

（4）公民、法人或其他组织因不可抗力或其他不属于自身原因耽误起诉期限的，被耽误的时间不计算在起诉期限内。公民、法人或者其他组织因上述情形以外的其他特殊情况耽误起诉期限的，自障碍消除后10日内，可申请延长诉讼期限，是否准许由人民法院决定。

（5）起诉情况：起诉应当向人民法院递交起诉状，并按照被告人数提起副本。**书写起诉状确有困难的，可以口头起诉**，由人民法院记入笔录，出具注明日期的书面凭证，并告知对方当事人。

小贴士

仲裁协议必须采用书面形式。

民事诉讼、行政复议、行政诉讼原则上采用书面形式，有困难的可以采用口头形式。

（6）人民法院接到起诉状时的具体做法如图1-45所示。

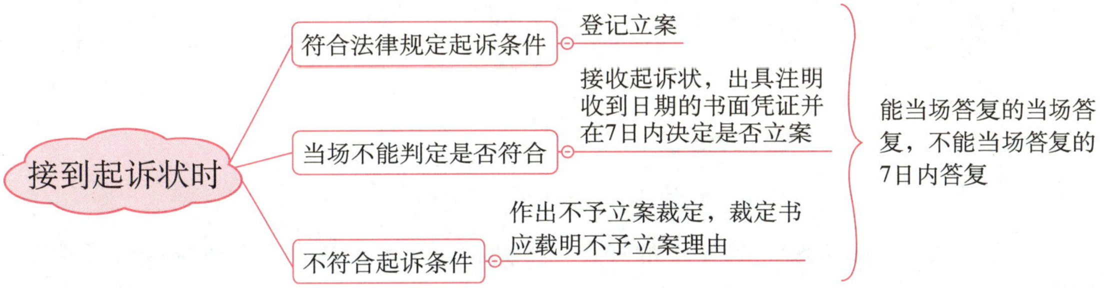

图1-45 人民法院接到起诉状时的具体做法

（7）公民、法人或其他组织认为行政行为所依据的国务院和地方人民政府及其部门制定的规范性文件（不含规章）不合法，在对行政行为提起诉讼时，可以一并请求对该“规范性文件”进行审查。

（四）审理和判决

（1）人民法院公开审理行政案件，但涉及国家秘密、个人隐私和法律另有规定的除外；涉及商业秘密的案件，当事人申请不公开审理的，可以不公开审理。

小贴士

人民法院审理民事案件，但涉及国家秘密、个人隐私或法律另有规定的除外，应当公开进行。离婚案件、涉及商业秘密的案件，当事人申请不公开审理的，可以不公开审理。

经济仲裁不公开进行；**当事人协议公开的，可以公开进行**，但涉及国家秘密的除外。

（2）当事人认为审判人员、书记员、翻译人员、鉴定人、勘验人与本案有利害关系或有其他关系有可能影响公正审判的，有权申请上述人员回避。上述人员认为自己与本案有利害关系或其他关系的，应当申请回避。

（3）法院审理行政案件不适用调解，但是行政赔偿、补偿以及行政机关行使法律、法规规定的自由裁量权的案件可以调解。

小贴士

法院审理离婚案件，应当进行调解，但不应久调不决。

适用特别程序、督促程序、公示催告程序的案件，婚姻等身份关系确认案件以及其他根据案件性质不能调解的案件，不得调解。

（4）当事人不服判决时的具体做法如图 1－46 所示。

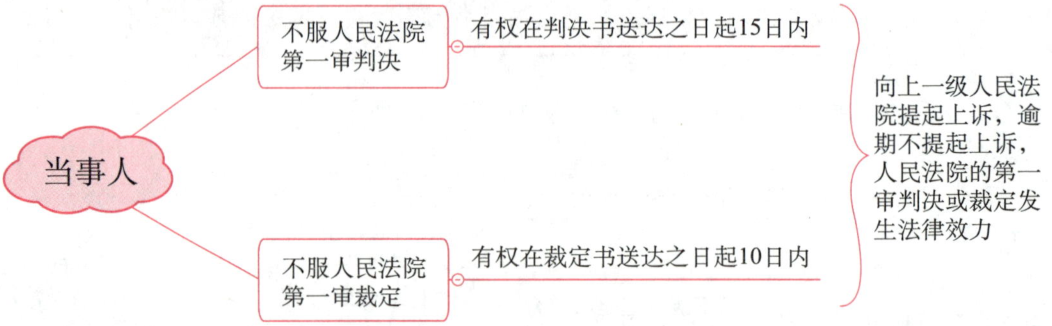

图 1－46　当事人不服一审判决时的具体做法

【例题】根据行政诉讼法律制度的规定，下列纠纷中，不属于人民法院行政诉讼受理范围的是（　　）。

A. 对环境保护管理部门作出的罚款决定不服引发的纠纷

B. 对公安机关作出的行政拘留决定不服引发的纠纷

C. 对税务机关采取的阻止纳税人出境措施不服引发的纠纷

D. 对工商行政管理机关作出的任免决定不服引发的纠纷

【答案】D

【解析】行政机关对行政机关工作人员的奖惩、任免等决定，不属于行政诉讼的受案范围。

同步练习

【1－多选】下列关于仲裁审理的表述中，符合仲裁法律制度规定的有（　　）。

A. 除当事人协议外，仲裁开庭进行　　B. 仲裁员不实行回避制度

C. 当事人可以自行和解　　D. 仲裁庭可以进行调解

【2－单选】根据民事法律制度的规定，在诉讼时效期间的一定期间内，因不可抗力或者其他障碍致使权利人不能行使请求权的，诉讼时效期间暂停计算，该期间为诉讼时效的（　　）。

A. 最初 1 个月　　B. 最初 3 个月　　C. 最后 6 个月　　D. 最后 9 个月

【3－单选】下列情形中，当事人不能申请行政复议的是（　　）。

A. 甲公司不服市环保局对其作出的罚款决定

B. 王某不服所任职的市教育局对其作出的降级决定

C. 赵某不服市公安局对其作出的行政拘留决定

D. 乙公司不服市工商局对其作出的责令停产停业决定

【4-多选】根据行政诉讼法律制度的规定，下列关于行政诉讼地域管辖的表述中，正确的有（　　）。

A. 经过行政复议的行政诉讼案件，可由行政复议机关所在地人民法院管辖

B. 因不动产提起的行政诉讼案件，由不动产所在地人民法院管辖

C. 对限制人身自由的行政强制措施不服提起的行政诉讼案件，由被告所在地或者原告所在地人民法院管辖

D. 对责令停产停业的行政处罚不服直接提起行政诉讼的案件，由作出该行政行为的行政机关所在地人民法院管辖

答案及解析

1. 【答案】ACD

【解析】仲裁员有下列情形之一的，必须回避，当事人也有权提出回避申请：是本案当事人或者当事人、代理人的近亲属；与本案有利害关系；与本案当事人、代理人有其他关系，可能影响公正仲裁的；私自会见当事人、代理人，或者接受当事人、代理人请客送礼的。

2. 【答案】C

【解析】诉讼时效期间的中止，是指在诉讼时效期间的最后6个月内，因不可抗力或者其他障碍致使权利人不能行使请求权的，诉讼时效期间暂时停止计算。

3. 【答案】B

【解析】不服行政机关作出的行政处分或者其他人事处理决定，可依照有关法律、行政法规的规定提出申诉，不能申请行政复议。

4. 【答案】ABCD

【解析】选项A、D，行政案件由最初作出行政行为的行政机关所在地人民法院管辖。经复议的案件，也可以由复议机关所在地人民法院管辖；选项B，因不动产提起的行政诉讼案件，由不动产所在地人民法院管辖；选项C，对限制人身自由的行政强制措施不服提起的诉讼，由被告所在地或者原告所在地人民法院管辖。

第三节　法律责任

本节考点

1. 法律责任的概念（了解法律责任的基本概念）
2. 法律责任的种类（熟悉法律责任的分类及其主要内容）

【考点1】 法律责任的概念★

法律责任有广义和狭义之分。广义的法律责任是指任何组织和个人均所负有的遵守法律，自觉地维护法律的尊严的义务。狭义的法律责任是指违法者对违法行为所应承担的具有强制性的法律上的责任。

【考点2】 法律责任的种类★★

（一）法律责任的分类

法律责任的具体分类如图1-47所示。

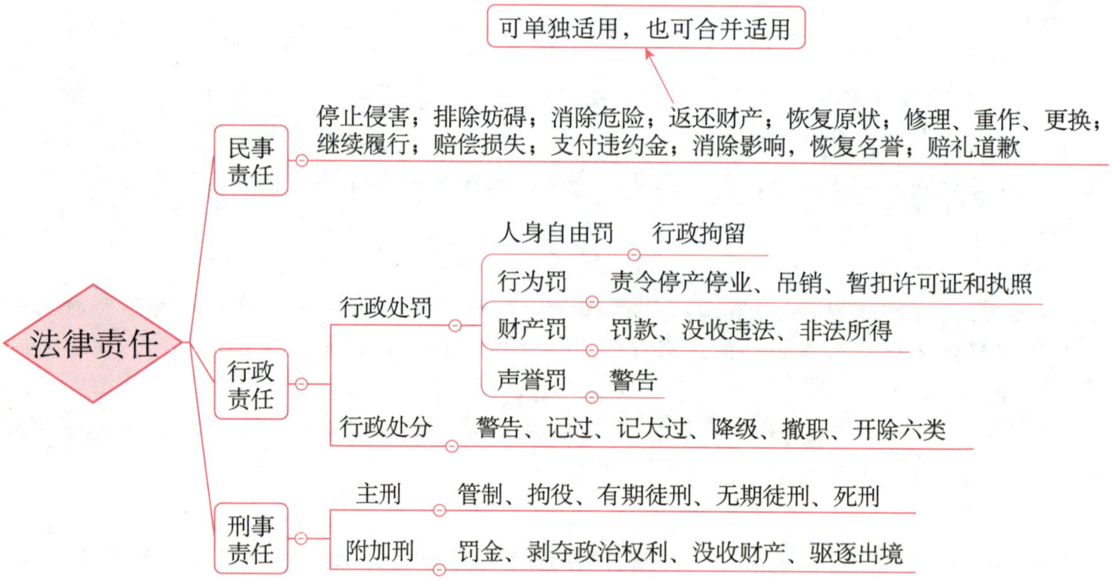

图1-47 法律责任的具体分类

1. 刑事责任主刑

（1）管制：对罪犯不实行关押，但限制其一定自由，交由公安机关管束和监督的刑罚。期限为3个月以上2年以下，数罪并罚时不得超过3年。

（2）拘役：剥夺犯罪分子人身自由，就近拘禁并强制劳动的刑罚方法。期限为1个月以上6个月以下，数罪并罚不得超过1年。

（3）有期徒刑：剥夺犯罪分子一定期限的人身自由，实行劳动改造的刑罚。除特殊情况外，期限为6个月以上15年以下。有期徒刑总和刑期不满35年的，最高不得超过20年；总和刑期在35年以上的，最高不得超过25年。

（4）无期徒刑：剥夺犯罪分子终身自由，实行劳动改造的刑罚方法。

（5）死刑：剥夺犯罪分子生命的刑罚方法（死刑分为立即执行和死刑缓期两年执行）。

2. 刑事责任附加刑

（1）附加刑可以附加于主刑之后做主刑的补充，同主刑一起适用，也可以独立适用。

（2）如果数罪中有判处附加刑的，附加刑仍须执行，其中附加刑种类相同的，合并执行；种类不同的，分别执行。

（3）剥夺政治权利的具体内容如图 1－48 所示。

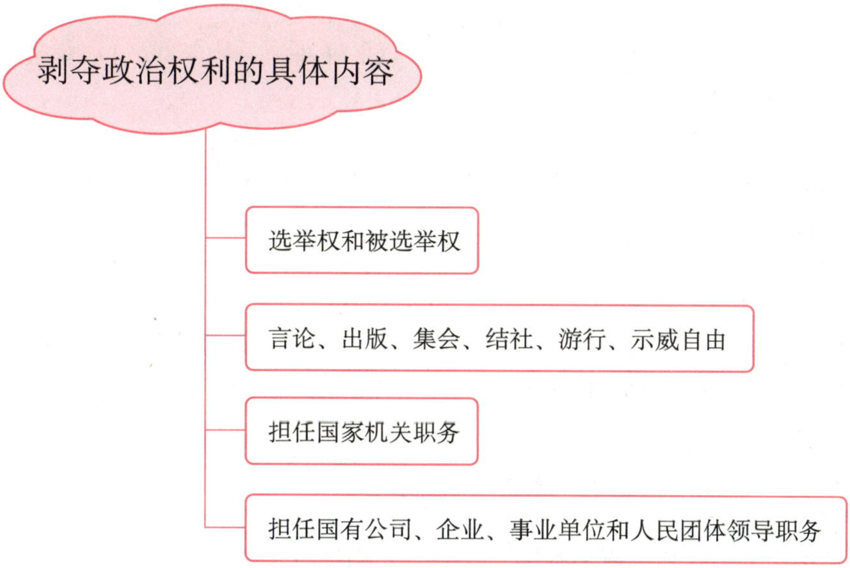

图 1－48　剥夺政治权利的具体内容

小贴士

行政责任与刑事责任（见图 1－49）

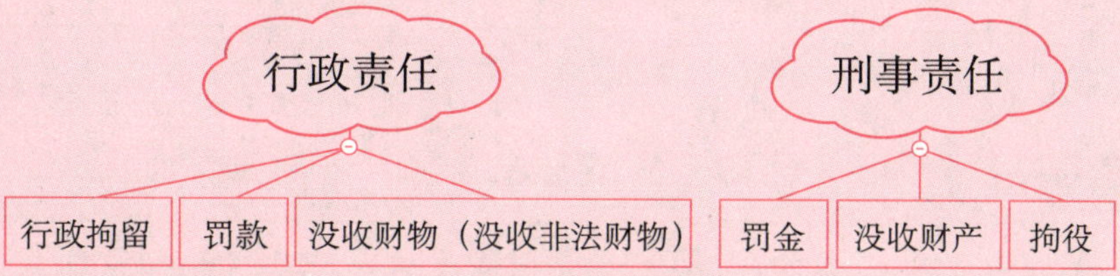

图 1－49　行政责任与刑事责任的对比

没收财物与没收财产

（1）没收财物是指由行政主体实施的将行政违法行为人的部分或全部违法收入、物品或其他非法占有的财物收归国家所有的处罚方式。

（2）没收财产是指将犯罪分子个人所有财产的一部分或者全部强制无偿地收归国家的刑罚方法。

【例题】下列法律责任形式属于民事责任的是（　　）。

A. 暂扣许可证　　B. 拘役　　C. 继续履行　　D. 没收非法财物

【答案】C

【解析】A、D 选项属于行政责任，B 选项属于刑事责任中的主刑。

同步练习

【1-单选】下列法律责任形式中，属于行政处罚的是（　　）。

A. 记过　　B. 罚款　　C. 开除　　D. 降级

【2-单选】下列法律责任形式中，属于民事责任的是（　　）。

A. 支付违约金　　B. 责令停产停业　　C. 没收违法所得　　D. 罚款

【3-多选】下列刑事责任形式中，不属于主刑的有（　　）。

A. 无期徒刑　　B. 拘役　　C. 驱逐出境　　D. 罚金

答案及解析

1. 【答案】B

【解析】选项A、C、D属于行政处分。

2. 【答案】A

【解析】选项B、C、D属于行政责任——行政处罚。

3. 【答案】CD

【解析】选项C、D属于附加刑。

第二章

会计法律制度

章节简介

本章内容较多，但整体来说学习难度不大，部分内容需考生准确记忆，学习时需要注意细节。本章考试分值6～8分，一般考查单项选择题、多项选择题和判断题，也会出现不定项选择题。第五节违反会计法律制度的法律责任中的罚款数额需要准确记忆。

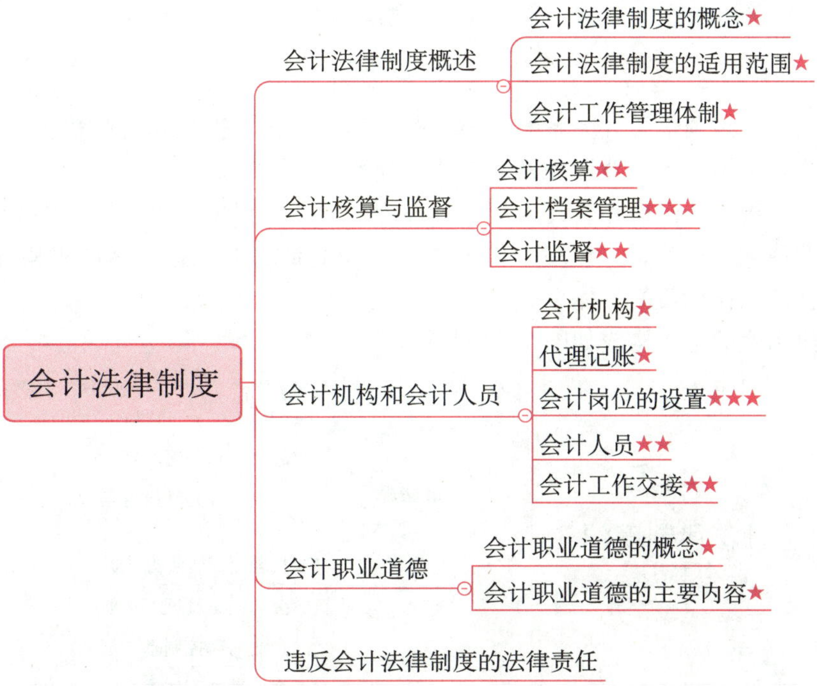

考情分析

近三年题型题量分析表

年度	单项选择题		多项选择题		判断题		不定项选择题		合计
	数量	分值	数量	分值	数量	分值	数量	分值	
2019 年	2	3	2	4	2	2	0	0	9
2018 年	2	3	2	4	1	1	1	8	16
2017 年	——	——	——	——	——	——	——	——	——

第一节　会计法律制度概述

本节考点

1. 会计法律制度的概念（了解会计法律制度的概念）
2. 会计法律制度的适用范围（了解会计法律制度的适用范围）
3. 会计工作管理体制（熟悉会计工作管理体制）

【考点1】 会计法律制度的概念★

会计法律制度是调整会计关系的法律规范，是国家权力机关和行政机关制定的会计工作的法律、法规、规章和规范性文件的总称，简称“会计法规”。

会计关系是指会计机构和会计人员在办理会计事务过程中，以及国家在管理会计工作过程中发生的各种经济关系。在一个单位中，会计关系的主体是指会计机构和会计人员，客体是指与会计工作相关的具体事务。

会计法律制度的主要构成如图 2－1 所示。

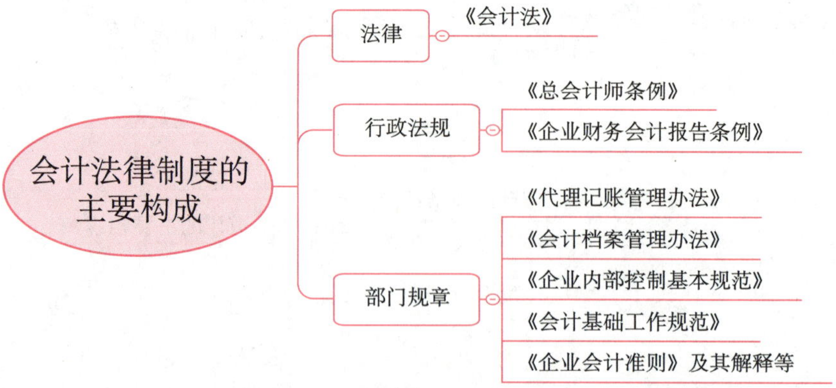

图 2－1　会计法律制度的主要构成

【例题】我国会计工作行政管理的主管部门是（　　）。

A. 财政部　　B. 国家统计局　　C. 审计署　　D. 国家税务总局

【答案】A

【解析】国务院财政部门主管全国的会计工作，县级以上地方各级人民政府财政部门管理本行政区域内的会计工作。

【考点2】会计法律制度的适用范围★

会计法律制度的适用范围如图2－2所示。

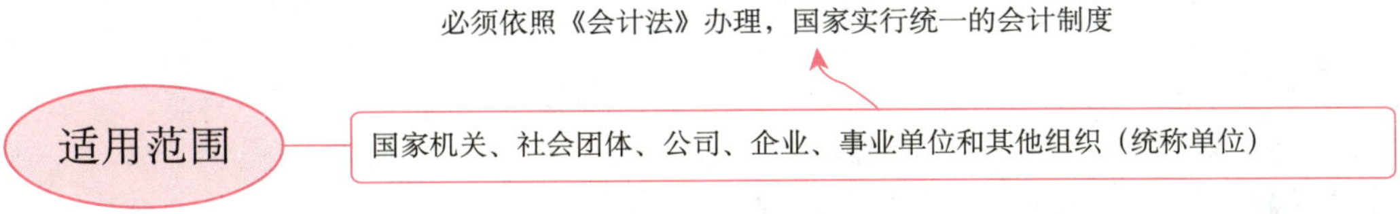

图2－2　会计法律制度的适用范围

小贴士

国家统一的会计制度，是指国务院财政部门根据《会计法》制定的关于会计核算、会计监督、会计机构和会计人员以及会计工作管理的制度。

【考点3】会计工作管理体制★

（一）会计工作的行政管理

会计工作行政管理的具体内容如图2－3所示。

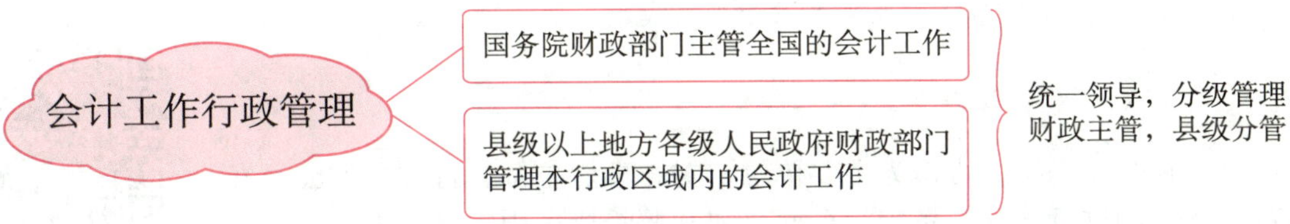

图2－3　会计工作行政管理

（二）单位内部的会计工作管理

单位内部的会计工作管理的具体内容如图2－4所示。

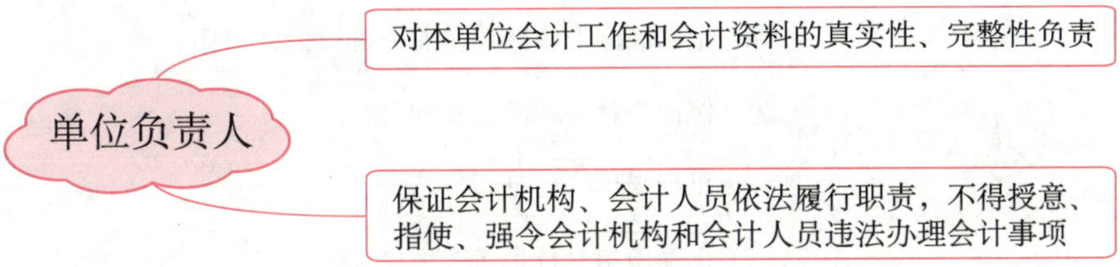

图2－4　单位内部的会计工作管理

小贴士

单位负责人是指单位法定代表人或法律行政法规规定代表单位行使职权的主要负责人【法定代表人、职权负责人】。

同步练习

【1 -判断】单位负责人对本单位的会计工作和会计资料的真实性、完整性负责。(　　)

【2 -判断】县级以上地方各级人民政府财政部门管理本行政区域内的会计工作。(　　)

答案及解析

1. 【答案】√

【解析】本题表述正确，符合会计法律制度规定。

2. 【答案】√

【解析】本题表述正确，符合会计法律制度规定。

第二节　会计核算与监督

本节考点

1. 会计核算（熟悉会计核算的基本要求和内容）
2. 会计档案管理（掌握会计档案管理的步骤）
3. 会计监督（熟悉会计监督的分类）

【考点1】 会计核算★★

扫码看视频

会计核算，是指以货币为主要单位，对企事业单位、行政单位已经发生的经济活动进行连续、系统、全面反映和监督所采用的方法。

（一）会计核算的基本要求

会计核算的基本要求如图 2-5 所示。

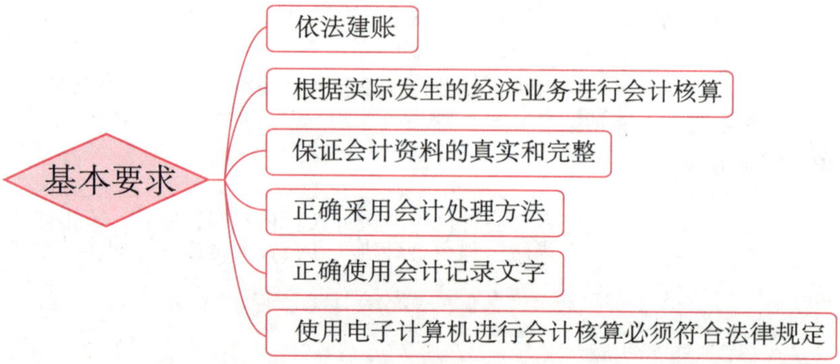

图 2-5　会计核算的基本要求

1. 依法建账

依法建账的具体要求如图 2－6 所示。

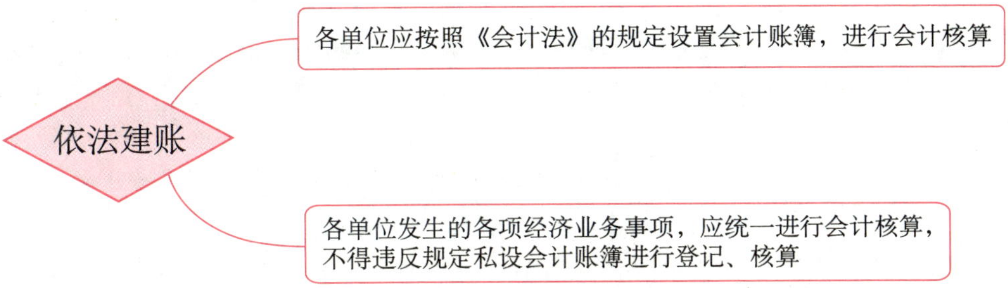

图 2－6　依法建账的具体要求

2. 根据实际发生的经济业务进行会计核算

会计核算的要求如图 2－7 所示。

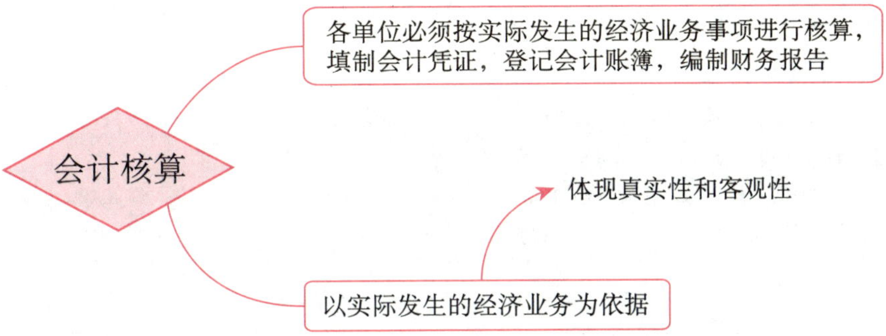

图 2－7　会计核算的要求

小贴士

会计核算的具体要求是根据实际发生的经济业务，取得可靠的凭证，并据此登记账簿，编制财务会计报告，形成符合质量标准的会计资料（会计信息）【会计信息质量要求——可靠性】。

3. 保证会计资料的真实和完整

会计资料是指在会计核算过程中形成的，记录和反映实际发生的经济业务事项的会计专业资料，主要包括会计凭证、会计账簿、财务会计报告和其他会计资料。

会计资料的基本内容如图 2－8 所示。

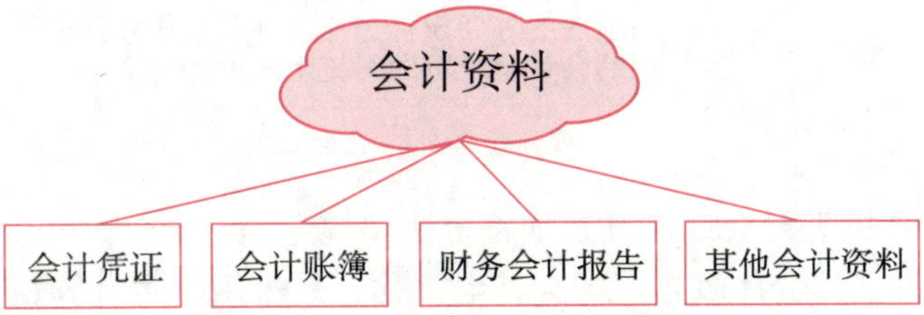

图 2－8　会计资料的基本内容

小贴士

(1) 会计资料的**真实性和完整性**是会计资料最基本的质量要求。

会计资料的真实性主要是指会计资料所反映的内容和结果，应当同单位实际发生的经济业务的内容及其结果相一致。

会计资料的完整性主要是指构成会计资料的各项要素都必须齐全，以使会计资料如实、全面记录和反映经济业务发生情况，便于会计资料使用者全面、准确了解经济活动情况。

(2) 造成会计资料不真实、不完整的原因可能是多方面的，但**伪造、变造**会计资料是重要手段之一。

1) 伪造包括伪造会计凭证和会计账簿，是指以**虚假**的经济业务为前提来编制会计凭证和会计账簿，旨在**以假充真**。

2) 变造包括变造会计凭证和会计账簿，是指用**涂改、挖补**等手段来改变会计凭证和会计账簿的真实内容，以**歪曲事实真相**。

(3)《会计法》规定：

1) 任何单位或个人不得以任何方式授意、指使、强令会计机构、会计人员伪造、变造会计凭证、会计账簿和其他会计资料，提供虚假财务会计报告。

2) 任何单位和个人不得伪造、变造会计凭证、会计账簿及其他会计资料，不得提供虚假的财务会计报告。

4. 正确采用会计处理方法

《会计法》和国家统一的会计制度规定，各单位采用的会计处理方法，前后各期应当一致，不得随意变更。

确有必要变更的，应按照国家统一的会计制度的规定变更，并将变更的原因、情况及影响，在财务会计报告中说明【会计信息质量要求——**可比性**】。

5. 正确使用会计记录文字

会计记录的文字使用要求如图 2－9 所示。

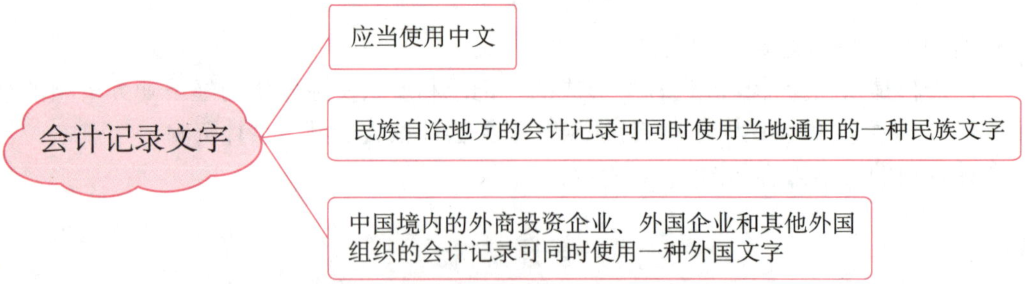

图 2－9　会计记录的文字使用要求

6. 使用电子计算机进行会计核算必须符合法律规定

使用电子计算机进行会计核算，即会计电算化，是采用电子计算机替代手工记账、算账、报账以及对会计资料进行电子化分析和利用的现代记账手段，具体如图 2－10 所示。

图 2-10 财务处理程序

为保证计算机生成的会计资料真实、完整、安全，《会计法》对会计电算化作出如下规定：使用电子计算机进行会计核算的，其软件及其生成的会计凭证、会计账簿、财务会计报告和其他会计资料，必须符合国家统一的会计制度的规定。

（二）会计核算的内容

会计核算的内容如图 2-11 所示。

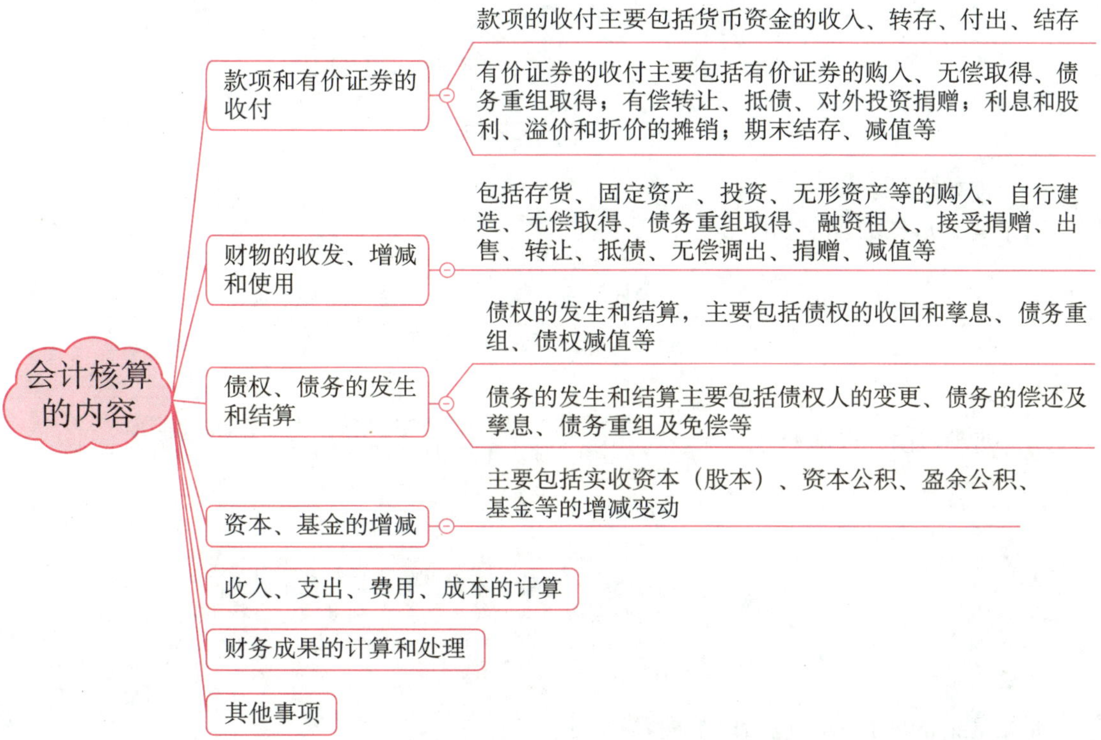

图 2-11 会计核算的内容

（三）会计年度

会计年度，是指以年度为单位进行会计核算的时间区间，是反映财务状况、核算经营成果的时间界限。

根据《会计法》的规定，我国以公历年度作为会计年度，即以每年公历 1 月 1 日起至

12 月 31 日止为一个会计年度，每一个会计年度还可以按照公历日期具体划分为半年度、季度、月度。

（四）记账本位币

记账本位币，是指日常登记账簿和编制财务会计报告用以计量的货币，即单位进行会计核算业务时所使用的货币。

根据《会计法》的规定，会计核算以人民币为记账本位币。

业务收支以人民币以外的货币为主的单位，可以选定其中一种货币作为记账本位币，但编报的财务会计报告应折算为人民币。

（五）会计凭证和会计账簿

1. 会计凭证

会计凭证分为原始凭证和记账凭证（见图 2－12）。

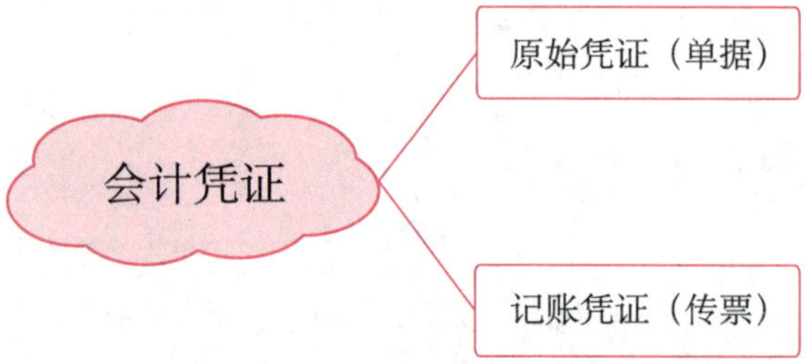

图 2－12　会计凭证的分类

（1）原始凭证。

原始凭证审核的规定如图 2－13 所示。

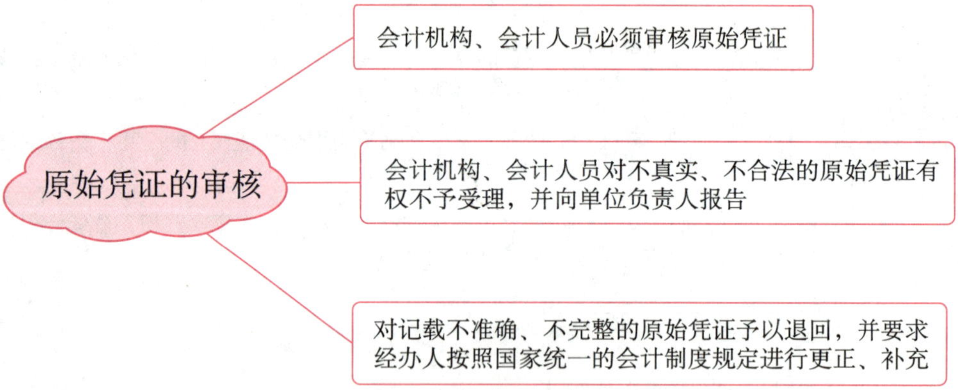

图 2－13　原始凭证的审核

原始凭证的内容必须包括以下内容：

1）凭证的名称。

2）填制凭证的日期。

3）填制凭证单位名称或填制人姓名。

4）经办人员的签名或盖章。

5）接受凭证单位名称。

6）经济业务内容。

7）数量、单价和金额。

从外单位取得的原始凭证，必须盖有填制单位的公章，从个人取得的原始凭证，必须有填制人员的签名或盖章。对外开出的原始凭证，必须加盖本单位公章。凡填有大写和小写金额的原始凭证，大写和小写金额必须相符。购买实物的原始凭证，必须有验收证明。支付款项的原始凭证，必须有收款单位和收款人的收款证明。

原始凭证的填制要求如图2-14所示。

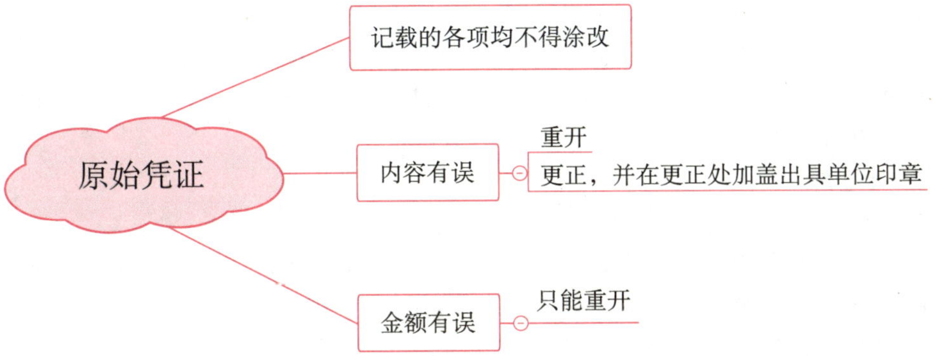

图2-14 原始凭证的填制要求

（2）记账凭证。

记账凭证，是会计人员根据审核无误的原始凭证，对经济业务事项按其性质加以归类，并据以确定会计分录后所填制的会计凭证，是登记会计账簿的直接依据（具有分类归纳原始凭证和满足登记会计账簿的作用），会计凭证可分为收款凭证、付款凭证和转账凭证，也可使用通用记账凭证。

记账凭证必须具备以下内容：

1）填制凭证的日期。

2）凭证编号。

3）经济业务摘要。

4）会计科目。

5）金额。

6）所附原始凭证张数。

7）填制凭证人员、稽核人员、记账人员、会计机构负责人（会计主管人员）签名或盖章。

【提示】收款和付款记账凭证还应由出纳人员签名或盖章。

小贴士

填制记账凭证时，应当对记账凭证进行连续编号。一笔经济业务需要填制两张以上记账凭证的，可采用分数编号法编号。不得将不同内容和类别的原始凭证汇总填制在一张记账凭证上。除结账和更正错误的记账凭证可以不附原始凭证外，其他记账凭证必须附有原始凭证。

如果在填制记账凭证时发生错误，应当重新填制。

（3）会计凭证的保管

1）会计凭证登记完毕后，应当按照分类和编号顺序保管，不得散乱丢失。记账凭证应连同原始凭证或原始凭证汇总表，按编号顺序装订成册，按要求装订完成后由装订人在装订线封签外签名或盖章。

2）原始凭证不得外借，其他单位如因特殊原因需要使用原始凭证时，经本单位会计机构负责人、会计主管人员批准，可以复制。向外提供复制件时须在专设登记簿上登记并由提供人员和收取人员共同签名或盖章。

3）从外单位取得的原始凭证如有遗失，应取得原开出单位盖有公章的证明，并注明原来凭证的号码、金额和内容等，由经办单位会计机构负责人、会计主管人员和单位领导人批准后，代作原始凭证。

2. 会计账簿

（1）会计账簿的种类。

会计账簿是以会计凭证为依据，对全部经济业务进行全面、系统、连续、分类的记录和核算的簿籍，是由专门格式并以一定形式联结在一起的账页所组成的。

会计账簿的种类如图 2－15 所示。

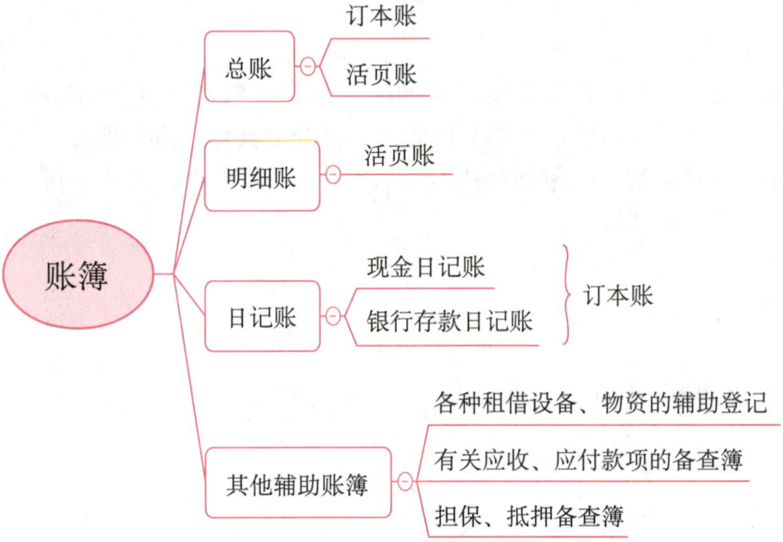

图 2－15　会计账簿的种类

（2）启用会计账簿的基本要求。

启用会计账簿时，应当在账簿封面上写明单位名称和账簿名称，并在账簿扉页上附启用表。记账人员或者会计机构负责人、会计主管人员调动工作时，应当注明交接日期、接办人员或监交人员姓名，并由交接双方人员签名或盖章。

启用订本式账簿，应当从第一页到最后一页顺序编订页数，不得跳页、缺号。使用活页式账页的，应当按账户顺序编号，并须定期装订成册。装订后再按实际使用的账页顺序编定页码，另加目录，记明每个账户的名称和页次。

（3）登记会计账簿的基本要求。

登记会计账簿的基本要求如表 2－1 所示。

表 2-1　登记会计账簿的基本要求

内容	基本要求
登记会计账簿时	（1）将会计凭证日期、编号、业务内容摘要、金额和其他有关资料逐项记入账内，做到数字准确、摘要清楚、登记及时、字迹工整 （2）账簿中书写的文字和数字上面要留有适当空格，不要写满格，一般应占格距的 1/2
登记完毕后	在记账凭证上签名或者盖章，并注明已经登账的符号，表示已经记账

小贴士

登记账簿要用蓝黑墨水或者碳素墨水书写，不得使用圆珠笔（银行的复写账簿除外）或铅笔书写。下列情况可以用红色墨水记账：按照红字冲账的记账凭证，冲销错误记录；在不设借贷等栏的多栏式账页中，登记减少数；在三栏式账户的余额栏前，如未印明余额方向的，在余额栏内登记负数余额；根据国家统一会计制度的规定可以用红字登记的其他会计记录。

各种账簿按页次顺序连续登记，不得跳行、隔页。如果发生跳行、隔页，应当将空行、空页划线注销，或者注明“此行空白”“此页空白”字样，并由记账人员签名或盖章。实行会计电算化的单位，用计算机打印的会计账簿必须连续编号，经审核无误后装订成册，并由记账人员和机构负责人、会计主管人员签字或盖章。

（4）账簿记录发生错误的更正方法。

账簿记录发生错误，不准涂改、挖补、刮擦或者用药水消除字迹，不准重新抄写，必须按照表 2-2 所示的方法进行更正。

表 2-2　账簿记录发生错误的更正方法

错误原因	更正方法
登记账簿时发生错误	将错误的文字或者数字划红线注销，但必须使原有字迹仍可辨认 在划线上方填写正确的文字或者数字，并由记账人员在更正处盖章
	对于错误的数字，应当全部划红线更正，不得只更正其中的错误数字
由于记账凭证错误而使账簿记录发生错误	应当按更正的记账凭证登记账簿

（5）结账。

各单位应当按规定定期结账。结账前，必须将本期内所发生的各项经济业务全部登记入账。结账时，应结出每个账户的期末余额。年度终了结账时，所有总账账户都应结出全年发生额和年末余额。

年度终了，要把各账户的余额结转到下一会计年度，并在摘要栏注明“结转下年”字样，在下一年度新建有关会计账簿的第一行余额栏内填写上年结转的余额，并在摘要栏注明“上年结转”字样。

（六）财务会计报告

财务会计报告是指单位会计部门根据经过审核的会计账簿记录和有关资料，编制并对外提供的反映单位某一特定日期财务状况和某一会计期间经营成果、现金流量等会计信息的总结性书面文件。

1. 财务会计报告的构成

财务会计报告由会计报表、会计报表附注和财务情况说明书组成，具体如图 2－16 所示。

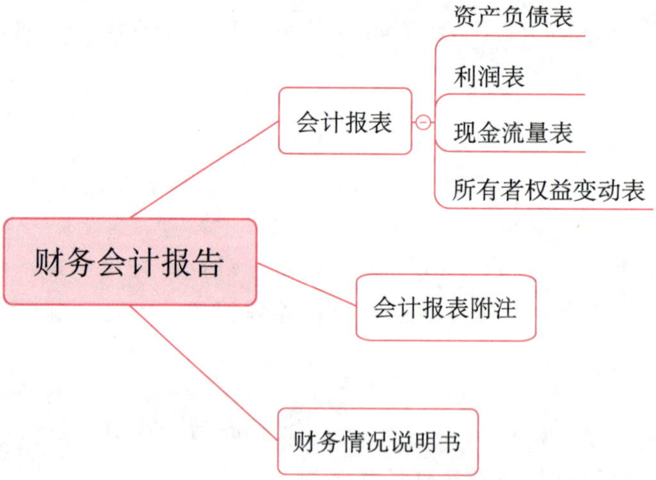

图 2－16　财务会计报告的内容

2. 企业财务会计报告的对外提供

（1）企业对外提供的财务会计报告需要单位领导人、会计主管人员、会计机构负责人、总会计师签名或盖章。单位领导人对财务会计报告的合法性、真实性负法律责任。

（2）接受企业财务会计报告的组织或个人，在企业财务会计报告未正式对外披露前，应当对其内容保密。

（七）账务核对及财产清查

1. 账务核对

账务核对，是指有关财产物资明细账的结存应定期同实存量核对相符，是账务处理的重要环节，是防止账务差错，保证核算正确和资金安全的重要措施。

小贴士

各单位应当定期将会计账簿记录与实物、款项及有关资料相互核对，保证会计账簿记录与实物及款项的实有数额相符【账实相符】、会计账簿记录与会计凭证的有关内容相符【账证相符】、会计账簿之间相对应的记录相符【账账相符】。

2. 财产清查

在编制年度财务会计报告之前，必须进行财产清查。

财产清查制度是通过定期或不定期、全面或部分地对各项财产物资进行实地盘点和对库存现金、银行存款、债权债务进行清查核实的一种制度【为了做到账实相符，保证会计资料的真实性】。

【例题】下列应在财务会计报告上签名或盖章的人员包括（　　）。

A. 单位领导人　　B. 企业会计机构负责人

C. 会计主管人员　　D. 总会计师

【答案】ABCD

【解析】在财务会计报告上签名或盖章的人员包括：单位领导人、会计主管人员、会计机构负责人、总会计师。

【考点2】会计档案管理★★★

（一）会计档案的概念

会计档案是指会计凭证、会计账簿和财务会计报告等会计核算专业资料，是记录和反映企事业单位经济业务发生情况的重要史料和证据，属于单位的重要经济档案，是检查企事业单位过去经济活动的重要依据，也是国家档案的重要组成部分。

（二）会计档案的归档

1. 会计档案的归档范围

会计档案的归档范围如图2-17所示。

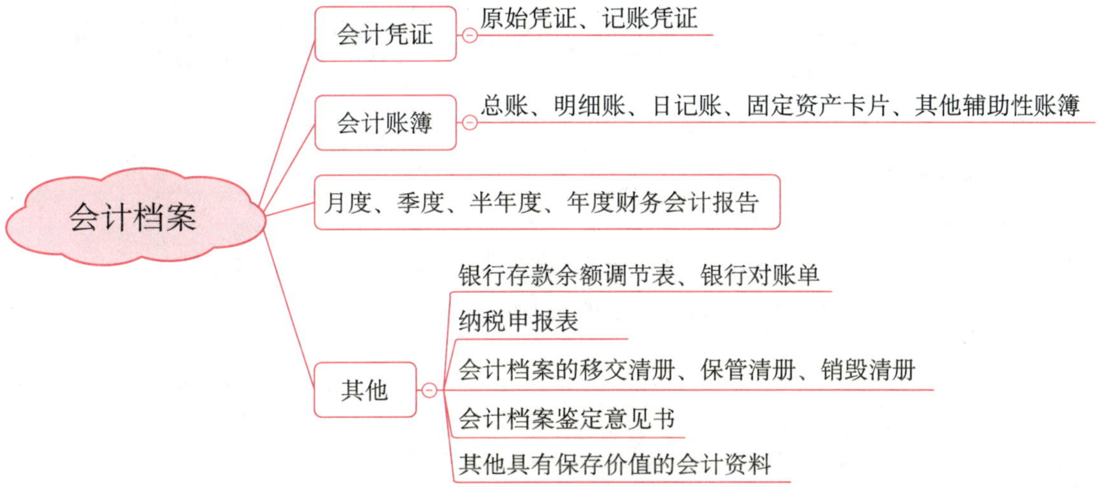

图2-17　会计档案的归档范围

2. 会计档案的归档要求

（1）对于电子档案，其保存形式如图2-18所示。

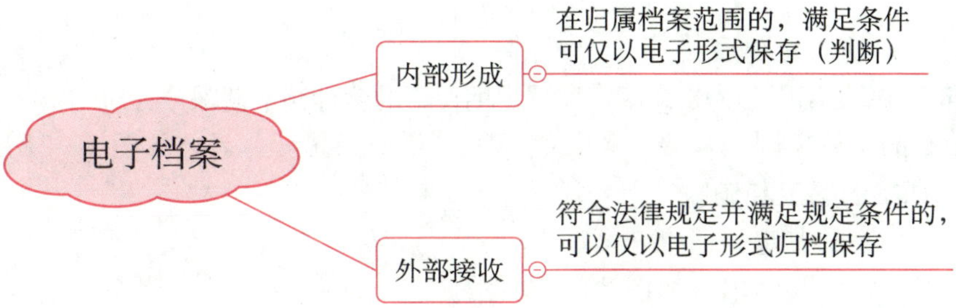

图2-18　电子档案的保存形式

（2）单位会计管理机构按照归档范围和归档要求，负责定期将应当归档的会计资料整理立卷，编制会计档案保管清册。

（3）当年形成的会计档案，在会计年度终了后，可由单位会计管理机构临时保管1年，再移交单位档案管理机构保管。

因工作需要推迟移交的，应当经单位档案管理机构同意。单位会计管理机构临时保管会计档案最长不超过3年。

【提示】出纳人员不得兼管会计档案。

3. 会计档案的移交和利用

（1）会计档案的移交。

会计档案移交的具体内容如图2－19所示。

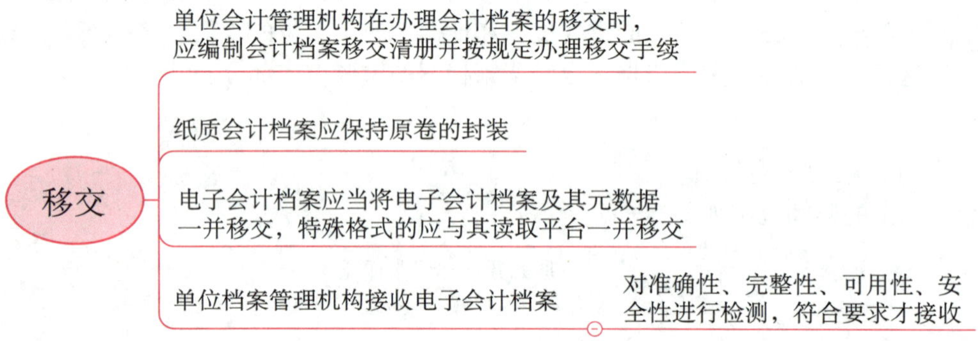

图2－19　会计档案的移交

（2）会计档案的利用。

会计档案利用的具体内容如图2－20所示。

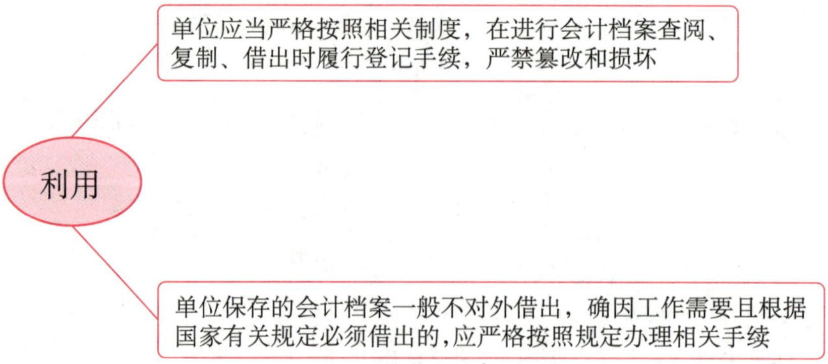

图2－20　会计档案的利用

4. 会计档案的保管期限

会计档案的保管期限分为永久和定期【定期保管的会计档案期限分为10年和30年】两类。会计档案的保管期限，从会计年度终了后的第一天算起，具体如图2－21所示。

5. 会计档案的鉴定和销毁

（1）会计档案的鉴定。

会计档案鉴定的具体内容如图2－22所示。

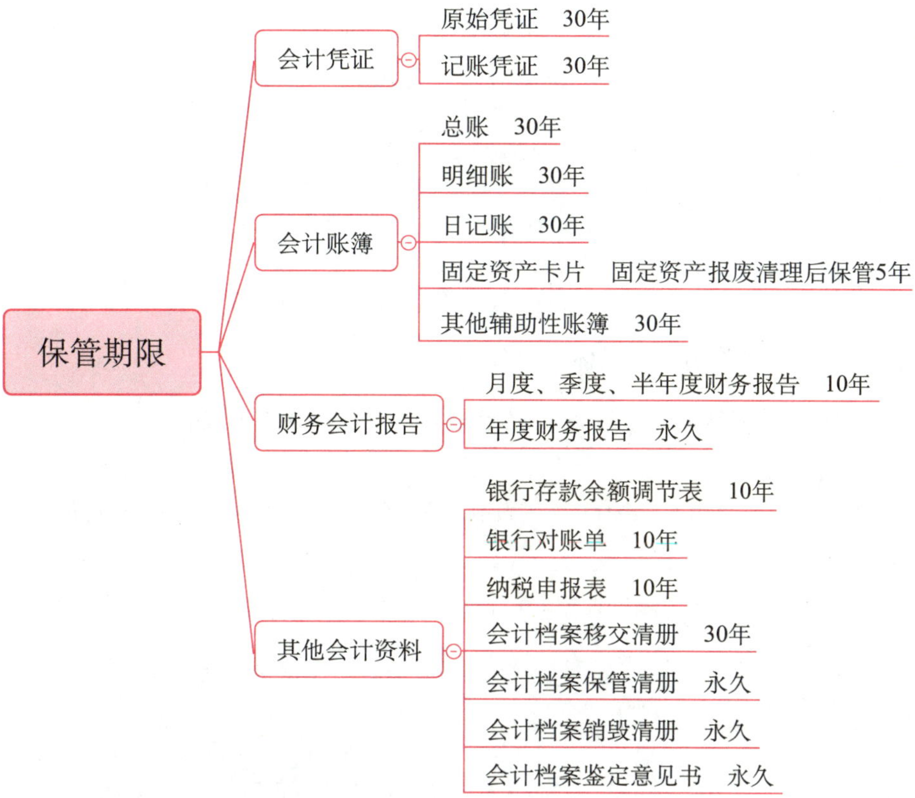

图 2－21 会计档案的保管期限

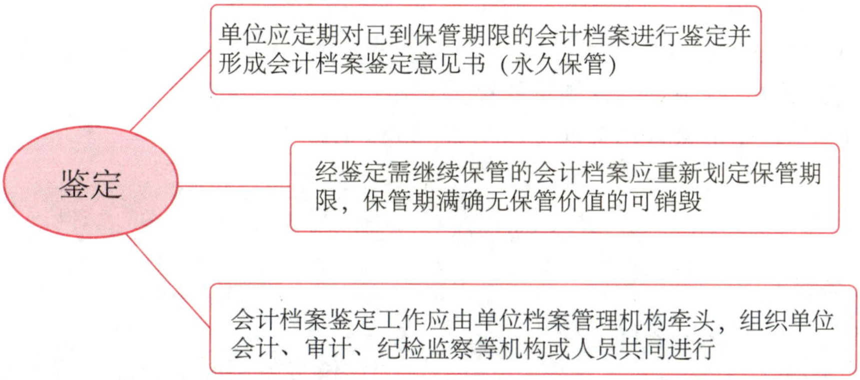

图 2－22 会计档案的鉴定

（2）会计档案的销毁。

经鉴定可以销毁的会计档案，应按下列程序销毁：

1）单位销毁档案管理机构编制会计档案销毁清册，列明拟销毁会计档案的名称、卷号、册数、起止年度、档案编号、应保管期限、已保管期限和销毁时间等内容。

2）单位负责人、档案管理机构负责人、会计管理机构负责人、档案管理机构经办人、会计管理机构经办人在会计档案销毁清册上签署意见【三个负责人两个经办人，3＋2】，具体如图 2－23 所示。

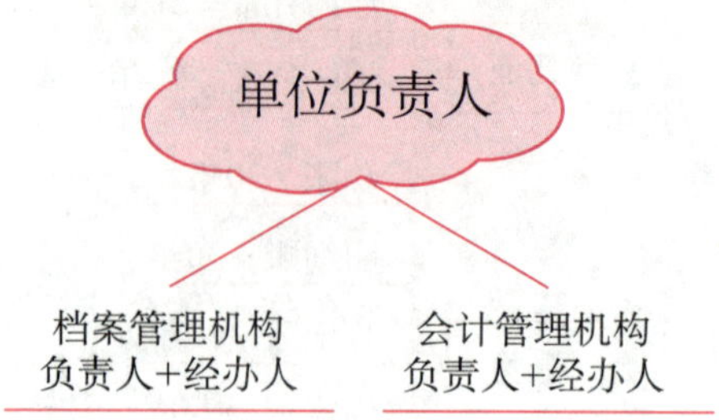

图 2-23　会计档案销毁清册上签署意见的人员

3）会计档案需要监销，其具体内容如图 2-24 所示。

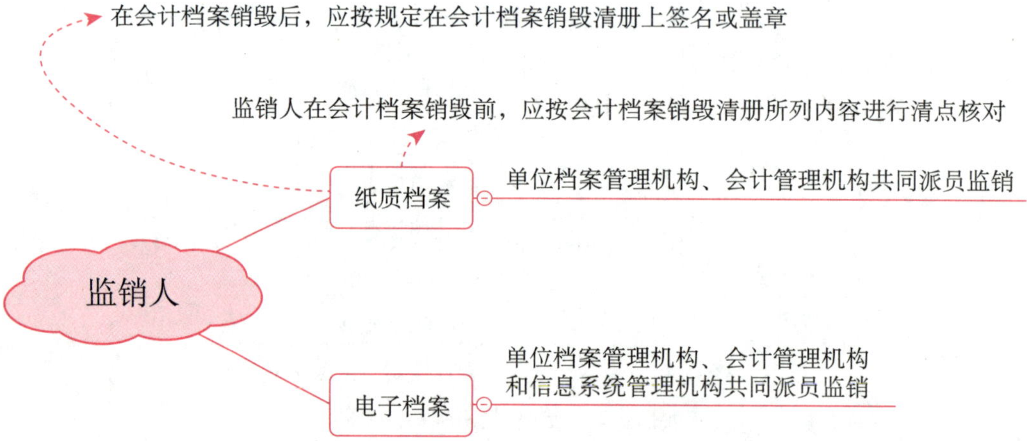

图 2-24　会计档案的监销

6. 特殊情况下的会计档案处置

（1）单位分立情况下的会计档案处置。

单位分立情况下的会计档案处置如图 2-25 所示。

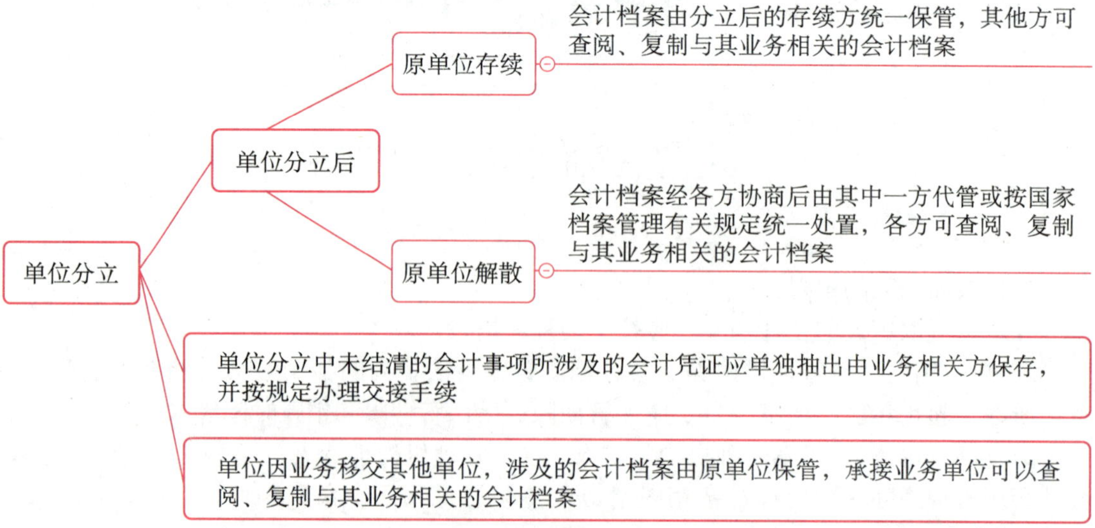

图 2-25　单位分立的会计档案处置

（2）单位合并情况下的会计档案处置。

单位合并情况下的会计档案处置如图 2－26 所示。

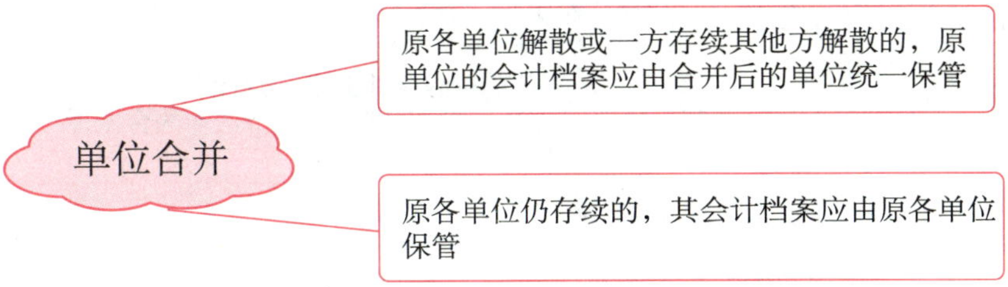

图 2－26　单位合并情况下的会计档案处置

（3）建设单位项目建设会计档案的交接。

建设单位在项目建设期间形成的会计档案，需移交给建设项目接收单位，应当在办理竣工财务决算后及时移交，并按照规定办理交接手续。

（4）单位之间交接会计档案的手续。

单位之间交接会计档案时，交接双方应当办理会计档案交接手续。

移交会计档案的单位，应当编制会计档案移交清册。交接双方经办人和监督人在交接完毕后，应当在会计档案移交清册上签名或盖章。

【例题】会计档案的鉴定工作应由（　　）牵头组织进行。

A. 单位档案管理机构　　　　B. 单位会计管理机构

C. 单位审计机构　　　　D. 单位纪检监察机构

【答案】A

【解析】单位应当定期对已到保管期限的会计档案进行鉴定，并形成会计档案鉴定意见书。会计档案鉴定工作由档案管理机构牵头，组织会计、审计、纪检监察等机构共同进行。

【考点3】会计监督★★

会计监督，是指单位内部的会计机构和会计人员、依法享有经济监督检查职权的政府有关部门、依法批准成立的社会审计中介组织，对国家机关、社会团体、企事业单位经济活动的合法性、合理性和会计资料的真实性、完善性以及本单位内部预算执行情况所进行的监督。

会计监督分为内部监督和外部监督，具体如图 2－27 所示。

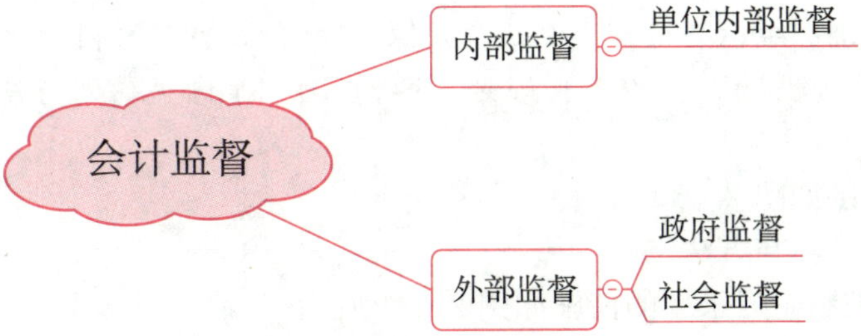

图 2－27　会计监督

（一）会计工作的单位内部监督

1. 会计工作的单位内部监督的内容

会计工作的单位内部监督的内容如图 2－28 所示。

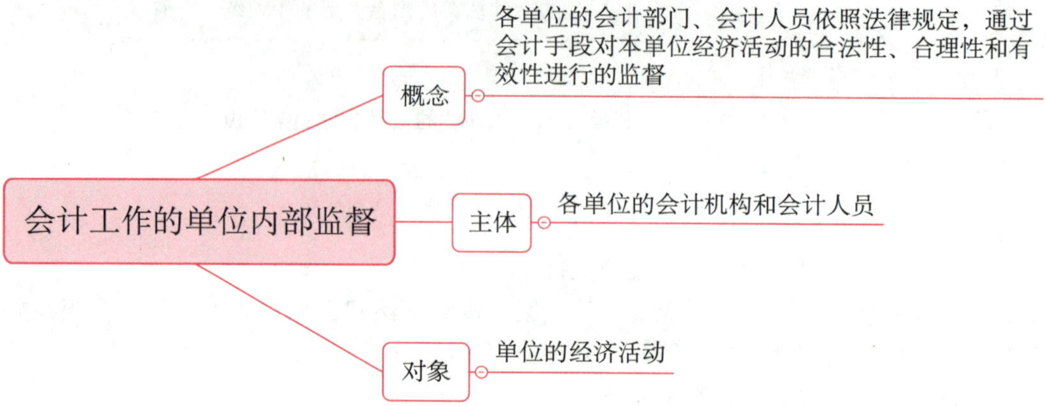

图 2－28　单位内部会计监督

2. 会计工作的单位内部监督的要求

（1）各单位应当根据实际情况建立、健全本单位内部会计监督制度。

（2）会计机构、会计人员违反《会计法》和国家统一的会计制度规定的会计事项，有权拒绝办理或按照职权予以纠正。

（3）账实不符时，按图 2－29 所示的处理方法处理。

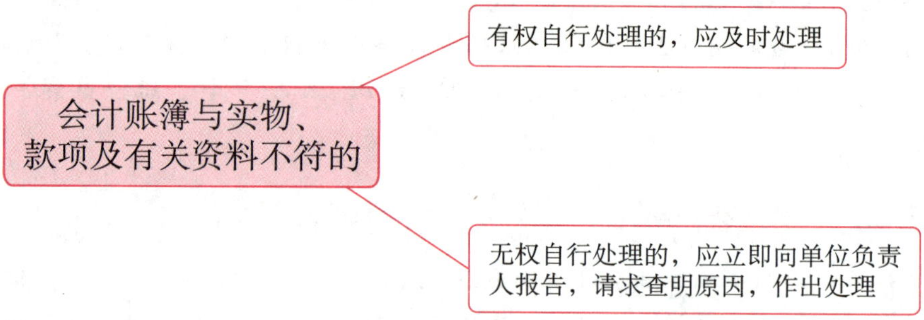

图 2－29　账实不符的处理方法

3. 单位内部控制制度。

（1）内部控制的概念和原则。

内部控制，是指一个单位为了实现其经营目标，保护资产的安全完整，保证会计信息资料的正确可靠，确保经营方针的贯彻执行，保证经营活动的经济性、效率性和效果性而在单位内部采取的自我调整、约束、规划、评价和控制的一系列方法、手段与措施的总称。

内部控制的原则如图 2－30 所示。

（2）内部控制措施与方法。

1）企业内部控制应当采取的措施如图 2－31 所示。

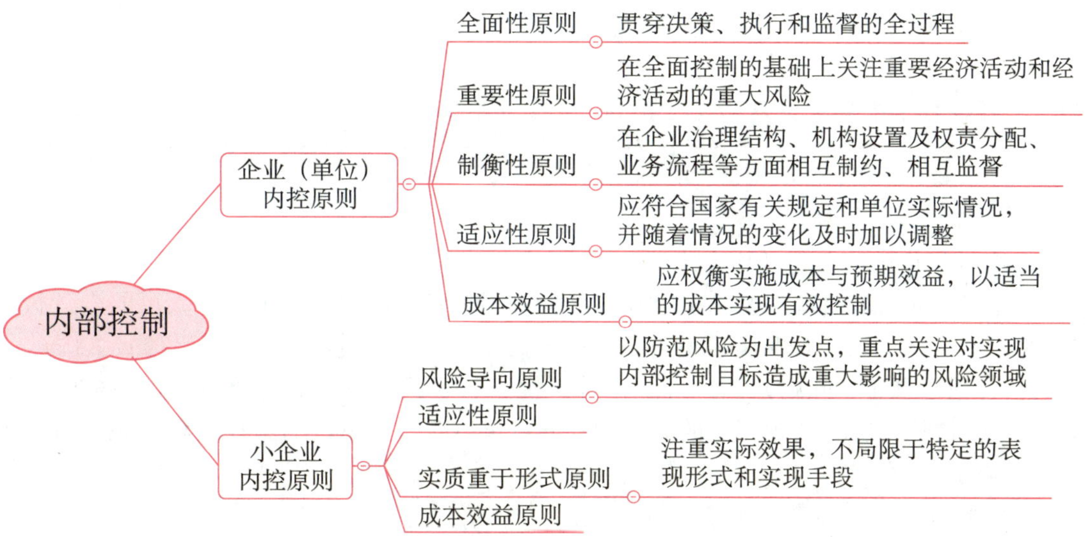

图 2-30　内部控制的原则

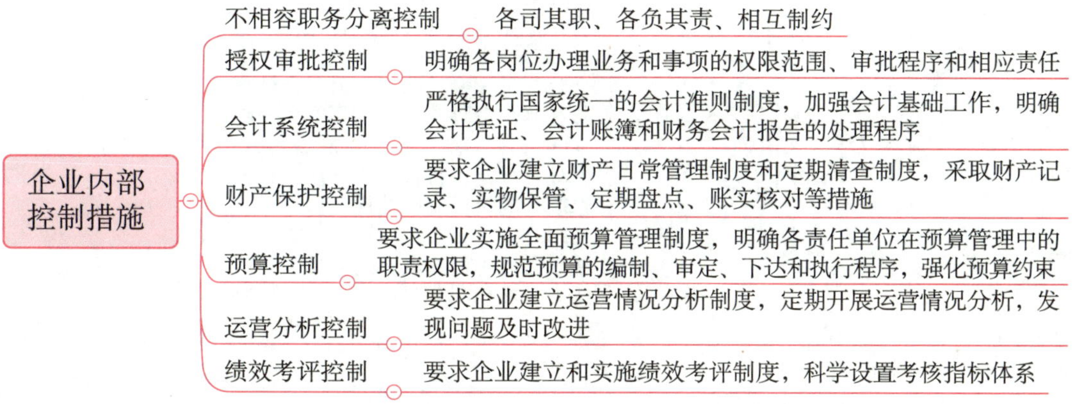

图 2-31　企业内控措施

2）行政事业单位内部控制采取的方法如图 2-32 所示。

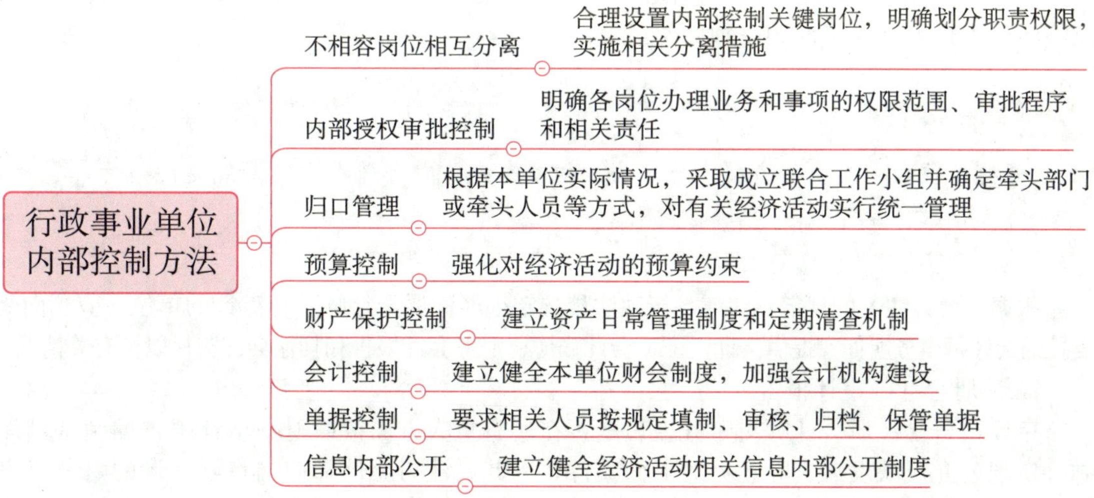

图 2-32　行政事业单位内部控制方法

小贴士

内部授权审批控制和归口管理属于行政事业单位内部控制方法。

（二）会计工作的政府监督

1. 会计工作政府监督的概念

会计工作的政府监督主要是指财政部门代表国家对单位和单位中相关人员的会计行为实施的监督检查，以及对发现的违法会计行为实施的行政处罚，是一种外部监督。

《会计法》规定，除财政部门外，审计、税务、人民银行、证券监管、保险监管等部门依照有关法律、行政法规规定的职责和权限，可以对有关单位的会计资料实施监督检查【没有工商部门】。

2. 财政部门会计监督的主要内容

财政部门会计监督的主要内容如图 2－33 所示。

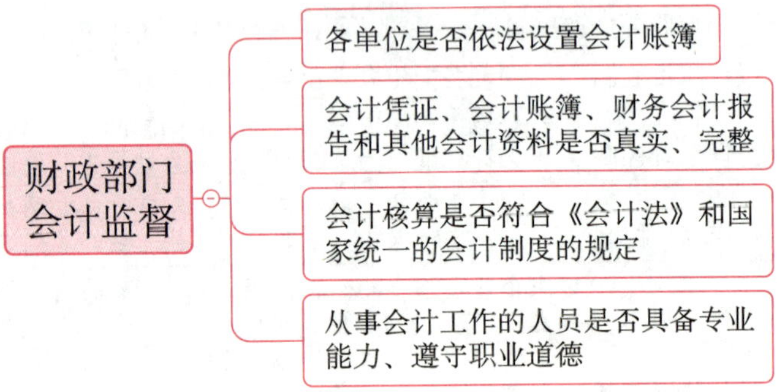

图 2－33　财政部门会计监督的主要内容

（三）会计工作的社会监督

1. 会计工作社会监督的概念

会计工作社会监督主要是指由注册会计师及其所在的会计师事务所依法对委托单位的经济活动进行审计、鉴证的一种外部监督。

小贴士

任何单位和个人检举违反《会计法》和国家统一的会计准则制度规定的行为，也属于会计工作社会监督的范畴。

根据《会计法》的规定，法律、行政法规规定须经注册会计师进行审计的单位，应当向受委托的会计师事务所如实提供会计凭证、会计账簿、财务会计报告和其他会计资料以及有关情况。

2. 注册会计师审计报告

审计报告是注册会计师对财务报表是否在所有重大方面按照财务会计报告编制基础编制并实现公允反映发表实际意见的书面文件，因此，注册会计师应当将已审计的财务报表附于审计报告之后，以便于财务报表使用者正确理解和使用审计报告，并防止被审计单位替换、更改已审计的财务报表。

审计意见可分为两类，具体如图 2-34 所示。

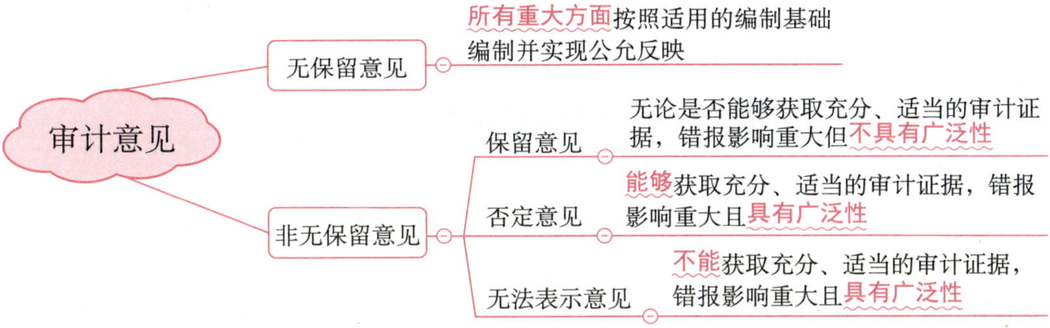

图 2-34　审计意见

【例题】 根据会计法律制度的规定，注册会计师已经获取被审计单位充分、适当的审计证据作为形成审计意见的基础，但认为未发现的错报对财务报表可能产生的影响重大且具有广泛性时，应发表的审计意见是（　　）。

A. 保留意见　　B. 无法表示意见　　C. 否定意见　　D. 先保留意见

【答案】 C

【解析】 在获取充分、适当的审计证据以作为形成审计意见的基础，但认为未发现的错报（如存在）对财务报表产生的影响重大且具有广泛性时，注册会计师应当发表否定意见。

同步练习

【1-单选】 根据会计法律制度的规定，下列关于账务核对的表述中，不正确的是（　　）。

A. 保证会计账簿记录与实物及款项的实有数额相符

B. 保证会计账簿记录与年度财务预算相符

C. 保证会计账簿之间相对应的记录相符

D. 保证会计账簿记录与会计凭证的有关内容相符

【2-多选】 根据会计法律制度的规定，下列各项中，属于会计档案的有（　　）。

A. 原始凭证　　B. 记账凭证　　C. 会计账簿　　D. 年度预算

【3-多选】 下列各项中，属于行政事业单位内部控制方法的有（　　）。

A. 会计控制　　B. 归口管理　　C. 单据控制　　D. 预算控制

答案及解析

1. 【答案】B

【解析】《会计法》规定，各单位应当定期将会计账簿记录与实物、款项及有关资料相互核对，保证会计账簿记录与实物及款项的实有数额相符（选项 A）、会计账簿记录与会计凭证的有关内容相符（选项 D）、会计账簿之间相对应的记录相符（选项 C）、会计账簿记录与会计报表的有关内容相符。

2. 【答案】ABC

【解析】 各单位的预算、计划、制度等文件材料属于文书档案，不属于会计档案。

3. 【答案】ABCD

【解析】行政事业单位内部控制方法包括：不相容岗位相分离、内部授权审批控制、会计控制、财产保护控制、预算控制、归口管理、单据控制、信息内部公开。

第三节　会计机构和会计人员

本节考点

1. 会计机构（熟悉会计机构的概念和内容）
2. 代理记账（掌握代理记账的业务范围）
3. 会计岗位的设置（熟悉会计岗位的设置要求）
4. 会计人员（熟悉会计人员的一般要求及规定）
5. 会计工作交接（熟悉会计工作交接的内容）

【考点1】会计机构★

会计机构，是指各单位办理会计事务的职能部门。根据《会计法》的规定，各单位应当根据会计业务的需要，设置会计机构，或者在有关机构中设置会计人员并指定会计主管人员；不具备设置条件的，应当委托经批准从事会计代理记账业务的中介机构代理记账。

【考点2】代理记账★

（一）代理记账机构的审批

除会计师事务所以外的机构从事代理记账业务，应当经县级以上人民政府财政部门（简称“审批机关”）批准，领取财政统一规定样式的代理记账许可证书。

会计师事务所及其分所可以依法从事代理记账业务。

（二）代理记账的业务范围

代理记账的业务范围如图 2-35 所示。

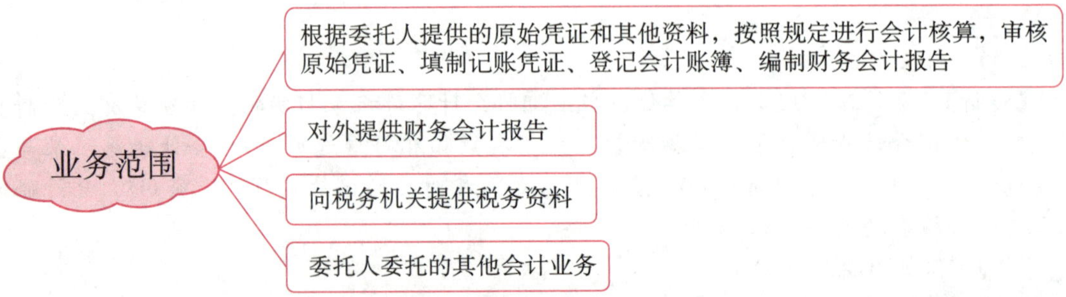

图 2-35　代理记账的业务范围

（三）委托人、代理记账机构及其从业人员各自的义务

委托人委托代理记账机构代理记账应当在相互协商的基础上，订立书面委托合同。

（1）委托人应当履行如图 2－36 所示的义务。

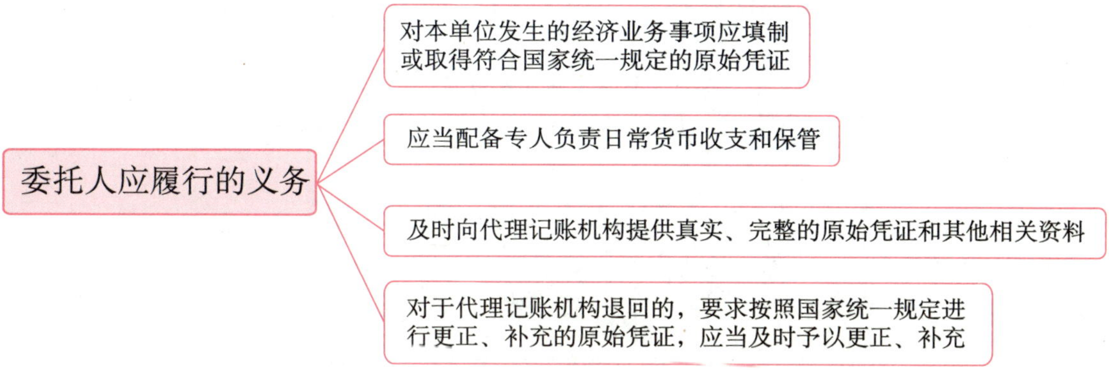

图 2－36　委托人的义务

（2）代理记账机构及其从业人员应履行如图 2－37 所示的义务。

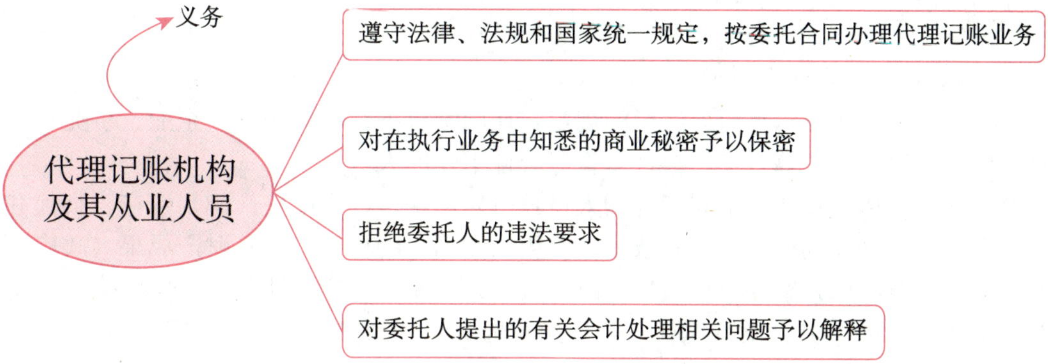

图 2－37　代理记账机构及其从业人员的义务

【例题】代理记账机构可以接受委托人的委托对外提供财务会计报告。（　　）

【答案】该说法正确。

【考点 3】会计岗位的设置★★★

（一）会计工作岗位设置要求

会计工作岗位，是指一个单位会计机构内部根据业务分工而设置的职能岗位【按需设岗】。

会计工作岗位可以一人一岗、一人多岗或一岗多人。但出纳人员不得兼管稽核、会计档案保管和收入、费用、债权债务账目的登记工作。

（二）会计人员回避制度

国家机关、国有企业、事业单位任用会计人员应当实行回避制度（需回避的直系亲属包括：夫妻关系、直系血亲关系、三代以内旁系血亲以及配偶亲关系），具体如图 2－38 所示。

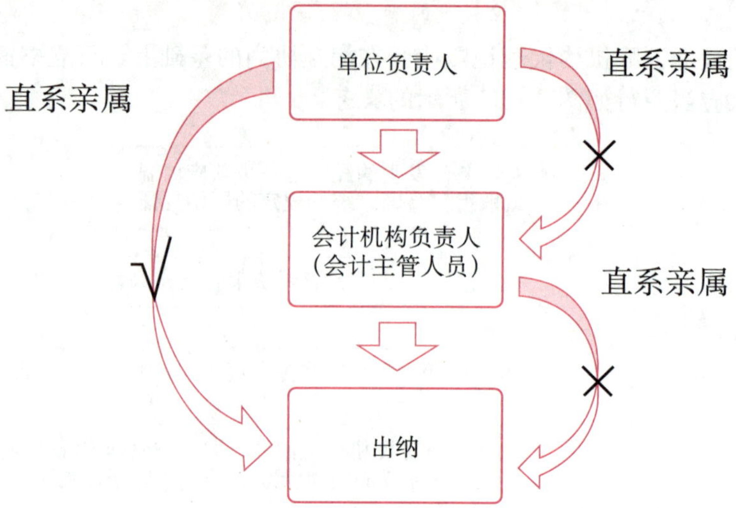

图 2－38　会计人员回避制度

【考点4】 会计人员★★

（一）会计人员的概念和范围

会计人员，是指根据《会计法》的规定，在国家机关、社会团体、企业、事业单位和其他组织中从事会计核算、实行会计监督等会计工作的人员。

会计人员具体包括从事下列行为的人员：（1）出纳；（2）稽核；（3）资产、负债和所有者权益（净资产）的核算；（4）收入、费用（支出）的核算；（5）财产成果（政府预算执行结果）核算；（6）财务会计报告（决算报告）编制；（7）会计监督；（8）会计机构内会计档案管理；（9）其他会计工作。担任单位会计机构负责人（会计主管人员）、总会计师的人员，属于会计人员。

（二）对会计人员的一般要求

会计人员从事会计工作需要遵守的要求包括以下方面：

（1）遵守《会计法》和国家统一的会计制度等法律法规。

（2）具备良好的职业道德。

（3）按照国家有关规定参加继续教育。

（4）具备从事会计工作所需要的专业能力。

会计机构负责人的任职要求如图 2－39 所示。

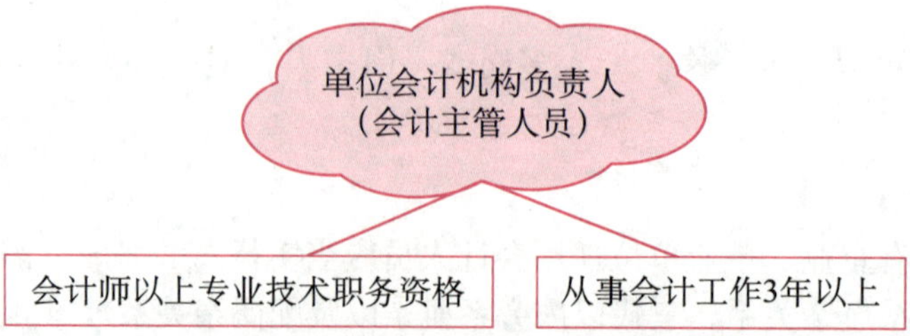

图 2－39　会计机构负责人的任职要求

（三）会计工作的禁入规定

会计工作的禁入规定具体如表 2-3 所示。

表 2-3 会计工作的禁入规定

内容	相关处罚
因有提供虚假财务会计报告，做假账，隐匿或故意销毁会计凭证、会计账簿、财务会计报告，贪污、挪用公款，职务侵占等与会计职务有关的违法行为被依法追究刑事责任	不得再从事会计工作
因伪造、变造会计凭证、会计账簿，编制虚假财务报告，隐匿或故意销毁依法应保存的会计凭证、会计账簿、财务会计报告	尚不构成犯罪的，5 年内不得从事会计工作
会计人员具有违反国家统一的会计制度的一般违法行为	情节严重的，5 年内不得从事会计工作

（四）会计专业职务与会计专业技术资格

1. 会计专业职务（会计职称）

会计人员职称层级分为初级、中级、副高级和正高级。初级职称只设助理级，高级职称分设副高级和正高级，形成初级、中级、高级层级清晰、相互衔接、体系完整的会计人员职称评价体系。目前，初级、中级、副高级和正高级职称名称依次为助理会计师、会计师、高级会计师和正高级会计师。

2. 会计专业资格

会计专业技术资格分为初级资格、中级资格和高级资格，分别对应初级、中级、副高级会计职称（会计专业职务）的任职资格。目前，初级、中级资格实行全国统一考试制度，高级会计师资格实行考试与评审相结合制度。

（五）会计人员继续教育

会计专业技术人员应当适应岗位需要和职位发展要求，积极参加继续教育，提升专业水平，用人单位应当保障专业技术人员参加继续教育的权利。

专业技术人员参加继续教育，每年累计不少于 90 学分。其中，专业科目一般不少于总学分的 2/3【**累计≥90，专业≥2/3**】。会计专业技术人员参加继续教育取得的学分，在全国范围内当年度有效，不得结转以后年度。国家对会计专业技术人员参加继续教育情况实行登记管理。

会计人员继续教育工作的管理机制和具体内容如图 2-40 所示。

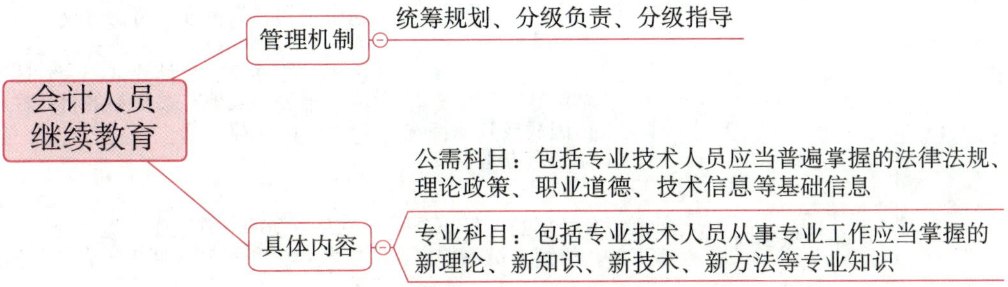

图 2-40 会计人员继续教育工作的管理机制和具体内容

（六）总会计师

总会计师是主管本单位会计工作的行政领导，是单位行政领导成员，协助单位主要行政领导人工作，直接对单位主要行政领导人负责。总会计师组织领导本单位的财务管理、成本管理、预算管理、会计核算和会计监督等方面的工作，参与本单位重要经济问题的分析和决策，总会计师不属于会计专业职务。

【提示】国有的和国有资产占控股地位的或者主导地位的大、中型企业必须设置总会计师。

【例题】根据会计法律制度的规定，下列各项中，属于会计职称的有（　　）。

A. 初级职称　　B. 中级职称

C. 副高级职称　　D. 注册会计师

【答案】ABC

【解析】注册会计师不属于会计职称。

【考点5】会计工作交接★★

（一）会计工作交接的概念与责任

1. 会计工作交接的概念

会计工作交接，是指会计人员工作调动或因故离职时，与接管人员办理交接手续的一种工作程序。

2. 会计工作交接的责任

会计工作交接的责任如图 2－41 所示。

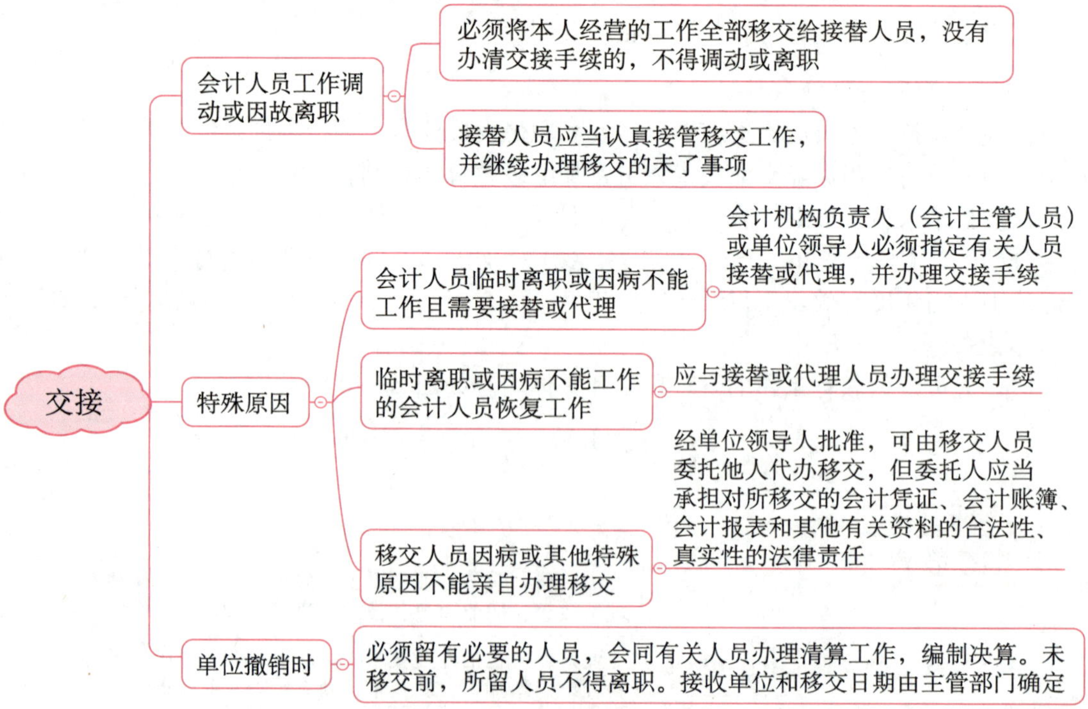

图 2－41　会计工作交接的责任

（二）会计工作移交前的准备工作

会计工作移交前的准备工作如图 2－42 所示。

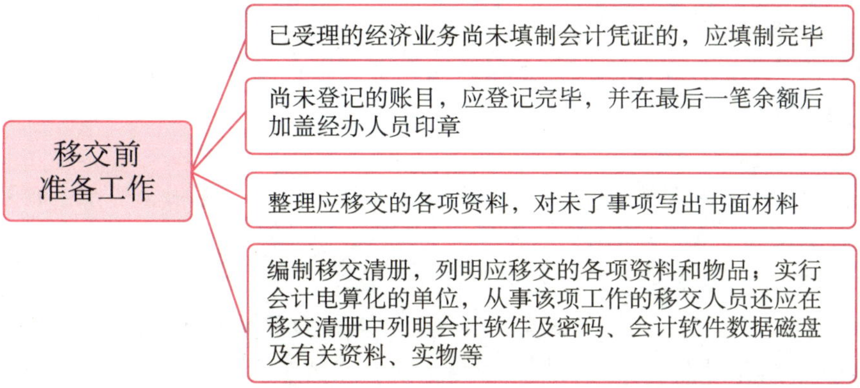

图 2－42 会计工作移交前的准备工作

（三）会计工作交接与监交

（1）会计人员办理交接手续，必须由监交人负责监交。监交的具体要求如图 2－43 所示。

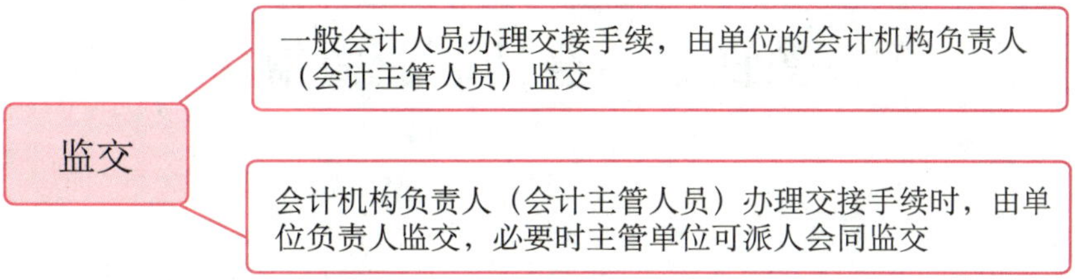

图 2－43 监交的具体要求

（2）移交人员在办理移交时，要按移交清册逐项移交；接替人员要逐项核对点收。

（3）交接完毕后，交接双方监交人在移交清册上签名或盖章，并应在移交清册上注明单位名称，交接日期，交接双方和监交人的职务、姓名，移交清册页数以及需要说明的问题和意见等。移交清册一般应填制一式三份，交接双方各执一份，存档一份。

（4）接替人员应继续使用移交的会计账簿，不得自行另立新账，以保证会计记录的连续性。

同步练习

【1－多选】根据会计法律制度的规定，下列各项中，代理记账机构可以接受委托，代表委托人办理的业务事项有（　　）。

A. 填制和审核原始凭证　　B. 登记会计账簿

C. 编制财务会计报告　　D. 出具审计报告

【2－多选】下列各项工作出纳不得兼任的有（　　）。

A. 会计档案保管　　B. 稽核

C. 收入费用账目的登记工作　　D. 债权债务账目的登记工作

【3－单选】不属于会计专业职务的是（　　）。

A. 助理会计师　　B. 高级会计师

C. 正高级会计师　　D. 总会计师

答案及解析

1. 【答案】BC

【解析】选项 A，代理记账机构办理的业务事项不包括填制原始凭证；选项 D，属于注册会计师及其所在的事务所的业务事项。

2. 【答案】ABCD

【解析】出纳人员不得兼任稽核，会计档案保管和收入、支出、费用、债权债务账目的登记工作。

3. 【答案】D

【解析】选项 D，总会计师是主管本单位会计工作的行政领导，是单位行政领导成员，协助单位主要行政领导人工作，直接对单位主要行政领导人负责，组织领导本单位财务管理、成本管理、预算管理、会计核算和会计监督等方面的工作，参与本单位重要经济问题的分析和决策。总会计师不属于会计专业职务（助理会计师、会计师、高级会计师、正高级会计师）。

第四节　会计职业道德

本节考点

1. 会计职业道德的概念（了解会计职业道德的概念及与会计法律制度的联系、区别）
2. 会计职业道德的主要内容（熟悉会计职业道德的主要内容）

【考点1】 会计职业道德的概念★

会计职业道德是指在会计职业活动中需要遵守的、体现了会计职业特征的、用于调整会计职业关系中发生各种经济关系的职业行为准则和规范，是一般社会公德在会计工作中的具体体现，引导、制约会计行为，调整会计人员与社会、会计人员与不同利益集团以及会计人员之间关系的社会规范。

会计职业道德与会计法律制度的联系如图 2－44 所示。

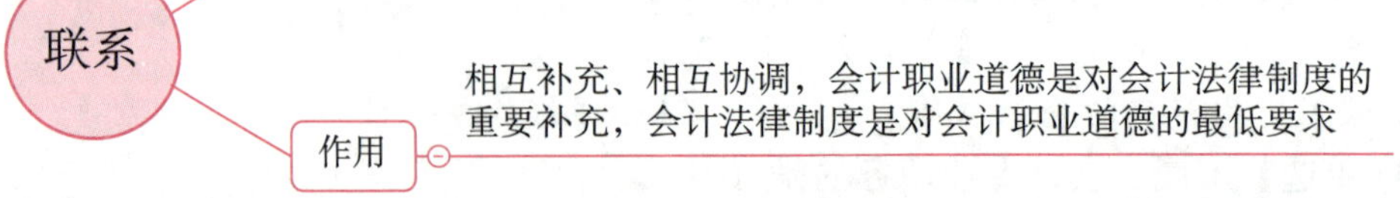

图 2－44　会计职业道德与会计法律制度的联系

会计职业道德与会计法律制度的区别如图 2－45 所示。

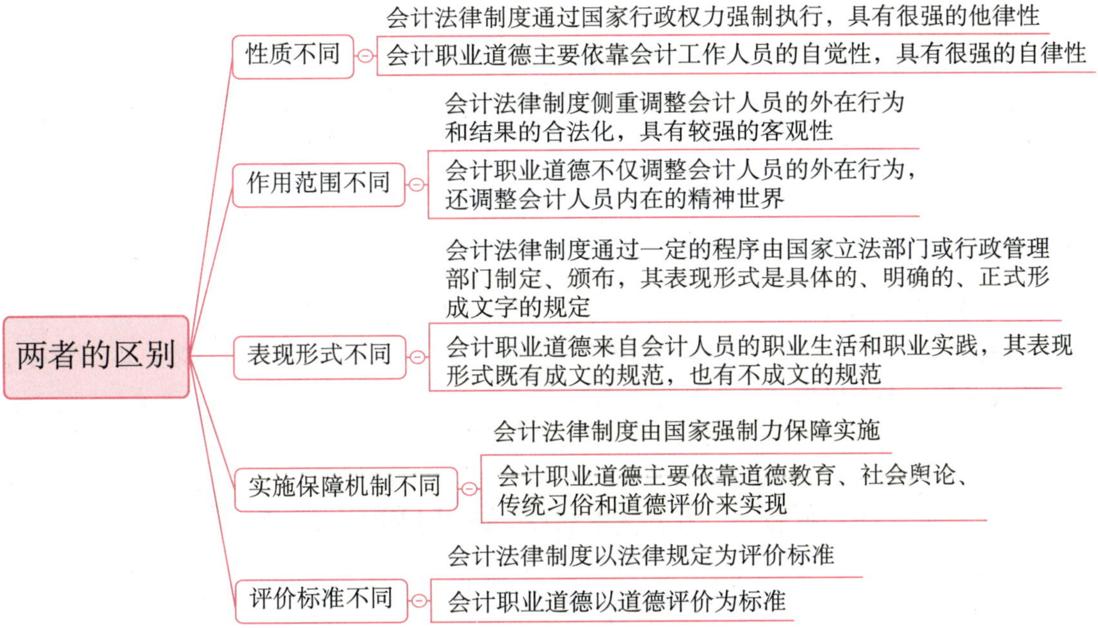

图 2－45　会计职业道德与会计法律制度的区别

【考点 2】 会计职业道德的主要内容★

会计职业道德的主要内容包括爱岗敬业、诚实守信、廉洁自律、客观公正、坚持准则、提高技能、参与管理、强化服务等八个方面的内容，具体如图 2－46 所示。

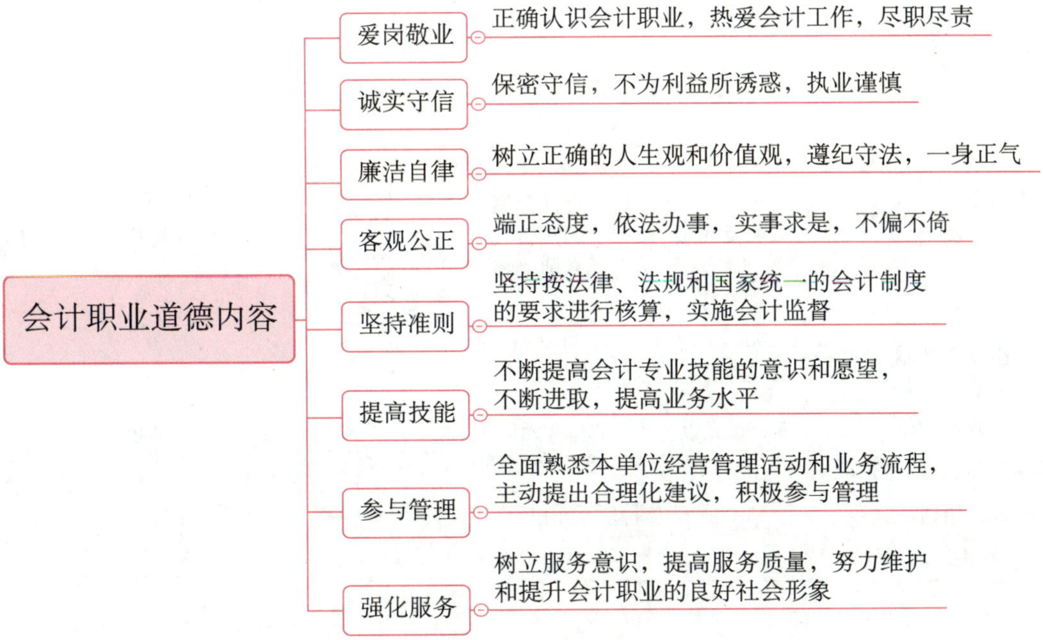

图 2－46　会计职业道德内容

同步练习

【例题-多选】根据会计法律制度的规定，下列各项中，属于会计职业道德内容的有（　　）。

A. 坚持准则　　　　B. 客观公正

C. 参与管理　　　　D. 廉洁自律

答案及解析

【答案】ABCD

【解析】会计职业道德主要包括爱岗敬业、诚实守信、廉洁自律、客观公正、坚持准则、提高技能、参与管理、强化服务等内容。

第五节　违反会计法律制度的法律责任

本节考点

违反会计法律制度需要承担的法律责任（熟悉违法行为所需承担的法律责任）

【考点】违反会计法律制度需要承担的法律责任★

（一）法律责任

违反会计法律制度需要承担的法律责任如表2-4所示。

表2-4　违反会计法律制度需要承担的法律责任

<table>
<tr><th>类别</th><th>单位罚款</th><th>直接负责的主管和其他人员</th><th>情节严重，(5年内)不得从事会计工作</th><th>构成犯罪</th><th>行政处分</th></tr>
<tr><td>违反会计制度</td><td>3 000元以上5万元以下</td><td>2 000元以上2万元以下</td><td>√</td><td rowspan="5">追究刑事责任</td><td rowspan="5">√</td></tr>
<tr><td>伪造、变造</td><td rowspan="2">5 000元以上10万元以下</td><td rowspan="2">3 000元以上5万元以下</td><td>√</td></tr>
<tr><td>隐匿、故意销毁凭证</td><td>√</td></tr>
<tr><td>授意、指使、强令</td><td colspan="2">5 000元以上5万元以下</td><td>——</td></tr>
<tr><td>打击、报复</td><td colspan="2">——</td><td>——</td></tr>
</table>

（二）具体行为

违反国家统一会计制度的法律责任如表 2－5 所示。

表 2－5　违反国家统一会计制度的法律责任

违反国家统一会计制度行为	行政责任	刑事责任
（1）不依法设置账簿 （2）私设账簿（账外账、小金库、两本账） （3）未按规定填制、取得原始凭证或原始凭证不符合规定 （4）以未经审核的会计凭证为依据登记账簿或登记账簿不符合规定 （5）随意变更会计处理方法 （6）向不同使用者提供的财务会计报告编制依据不一致 （7）未按规定使用会计记录文字和记账本位币 （8）未按规定保管会计资料，致使会计资料毁损、灭失 （9）未按规定建立并实施单位内部会计监督制度，拒绝依法实施的监督，或者不如实提供有关会计资料及有关情况 （10）任用会计人员不符合规定	（1）责令限期改正（县级以上） （2）罚款（单位 3 000 元～5 万元，个人 2 000 元～2 万元） （3）给予行政处分（公务员） （4）会计人员 5 年内不得从事会计工作（情节严重）	构成犯罪的，依法追究刑事责任

其他违法行为的相关责任如表 2－6 所示。

表 2－6　其他违法行为的相关责任

其他违法行为	行政责任	刑事责任
伪造、变造会计资料	（1）通报 （2）罚款（单位 5 000 元～10 万元，个人 3 000 元～5 万元） （3）给予撤职直至开除的行政处分 （4）会计人员 5 年内不得从事会计工作	构成犯罪的，依法追究刑事责任
隐匿或故意销毁依法应保存的会计资料		个人犯罪：处 5 年以下有期徒刑或者拘役，并处或者单处 2 万元以上 20 万元以下罚金 单位犯罪：对单位判处罚金；对直接负责的主管人员和其他直接责任人的处理同个人犯罪
授意、指使、强令他人伪造、变造或隐匿、故意销毁依法应保存的会计资料	（1）罚款（5 000 元～5 万元） （2）给予降级、撤职、开除的行政处分	构成犯罪的，依法追究刑事责任
单位负责人对会计人员打击报复	给予行政处分 补救措施：恢复被打击报复人员的名誉和原有职务、级别	构成打击报复会计人员罪，处 3 年以下有期徒刑或者拘役
财政部门及有关行政部门工作人员职务违法行为：滥用职权、玩忽职守、徇私舞弊、泄露国家秘密或商业秘密	不构成犯罪的，依法给予行政处分	构成犯罪的，依法追究刑事责任

同步练习

【1-单选】对于变造、伪造会计凭证，下列说法中正确的是（　　）。

A. 对单位罚款 3 000 元以上 5 万元以下

B. 对个人罚款 3 000 元以上 5 万元以下

C. 对单位罚款 5 000 元以上 5 万元以下

D. 对个人罚款 5 000 元以上 10 万元以下

【2-多选】下列关于会计机构负责人采取虚增营业收入等方法调整财务会计报告行为的性质及法律后果的表述中，正确的是（　　）。

A. 可对该负责人处以罚款

B. 该行为属于编制虚假财务会计报告

C. 该负责人 5 年之内不得从事会计工作

D. 可对该负责人处以行政拘留

答案及解析

1. 【答案】B

【解析】伪造、变造会计凭证、会计账簿，编制虚假财务会计报告，尚不构成犯罪的，由县级以上人民政府财政部门予以通报，可以对单位并处 5 000 元以上 10 万元以下的罚款；对其直接负责的主管人员和其他直接责任人员，可以处 3 000 元以上 5 万元以下的罚款。

2. 【答案】ABC

【解析】编制虚假财务会计报告构成犯罪的，依法追究刑事责任；尚不构成犯罪的：（1）由县级以上人民政府财政部门予以通报，可以对单位并处 5 000 元以上 10 万元以下的罚款；（2）对其直接负责的主管人员和其他直接责任人员，可以处 3 000 元以上 5 万元以下的罚款；（3）属于国家工作人员的，还应当由其所在单位或者有关单位依法给予撤职直至开除的行政处分；（4）其中的会计人员，5 年内不得从事会计工作。

第三章

支付结算法律制度

章节简介

本章分值约15分，各种题型均会出现，常见不定项选择题，难度较大，分值较高。本章内容较多，特别是票据部分，学习时应注意将各考点进行对比理解、记忆，区别之处为常考点，需要重点学习。

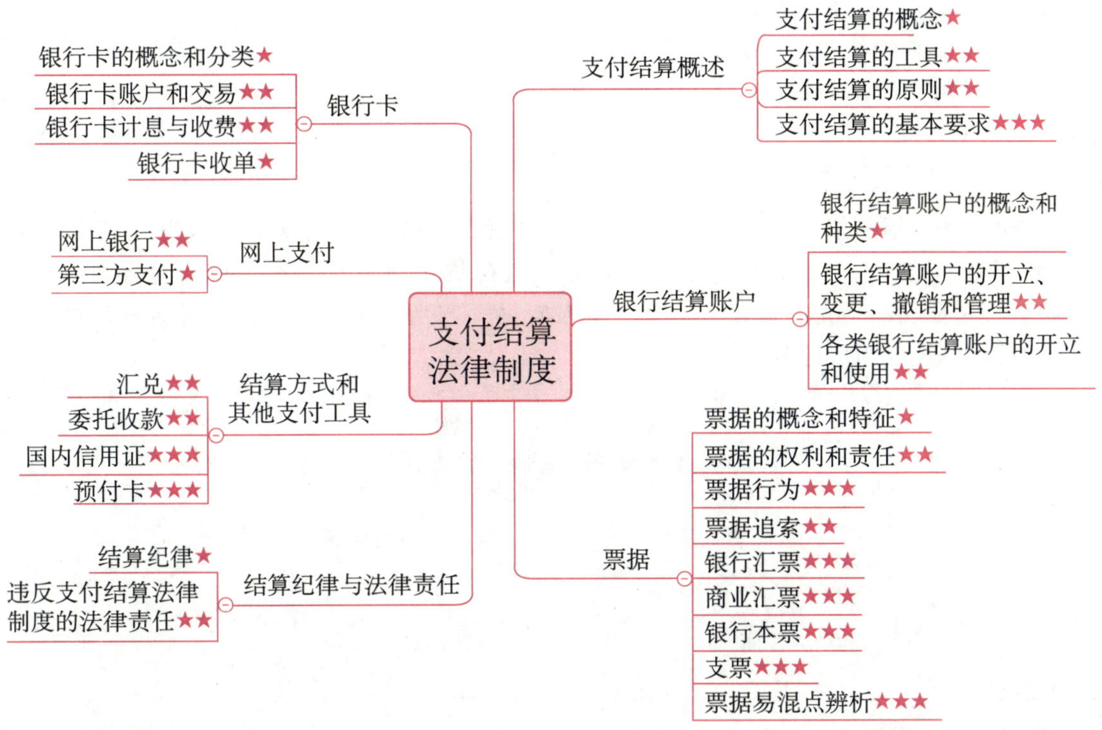

考情分析

近三年题型题量分析表

年度	单项选择题		多项选择题		判断题		不定项选择题		合计
	数量	分值	数量	分值	数量	分值	数量	分值	
2019 年	2	3	2	4	1	1	1	8	16
2018 年	3	4.5	2	4	2	2	0	0	10.5
2017 年	4	6	3	6	2	2	0	0	14

第一节　支付结算概述

本节考点

1. 支付结算的概念（了解支付结算的概念）
2. 支付结算的工具（熟悉支付结算的工具）
3. 支付结算的原则（掌握支付结算的原则）
4. 支付结算的基本要求（掌握支付结算的基本要求）

【考点1】支付结算的概念★

支付结算是指单位、个人在社会经济活动中使用票据（包括支票、本票、汇票）、银行卡和汇兑、托收承付、委托收款等结算方式进行货币给付及其资金清算的行为（见图3-1）。其主要功能是完成资金从一方当事人向另一方当事人的转移。支付结算是社会经济金融活动的重要组成部分。

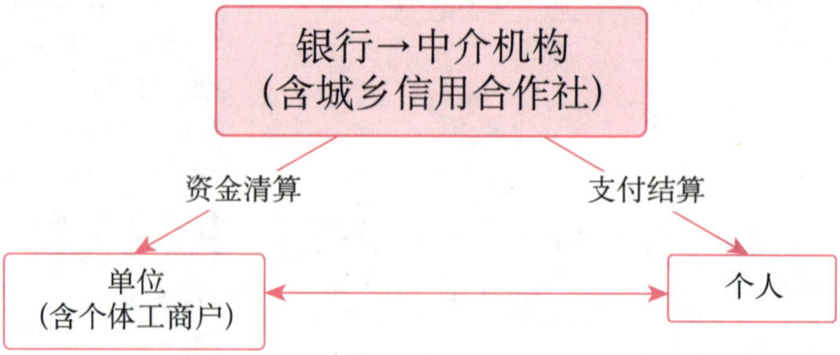

图3-1　支付结算

未经中国人民银行批准的非银行金融机构和其他单位不得作为中介机构办理支付结算业务。

【考点2】 支付结算的工具★★

传统的人民币卡非现金支付工具主要包括“三票一卡”和结算方式，具体如图3-2所示。

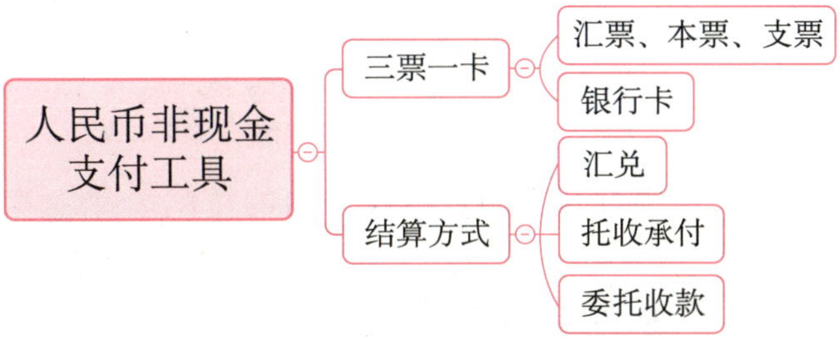

图3-2　非现金支付工具

其中票据和汇兑是重要的支付工具，是我国经济活动中不可或缺的，被广大单位和个人广泛使用，并在大额支付中占据主导地位。

银行卡、第三方支付在小额支付中占据主导地位。

近年来，随着互联网技术的发展，网上银行、第三方支付等电子化支付方式产生并得到快速发展。我国已形成了以票据和银行卡为主体、以电子支付为发展方向的非现金支付工具体系。

【考点3】 支付结算的原则★★

参与支付结算活动的各方当事人，都应遵守支付结算的原则。

（一）恪守信用、履约付款原则

在办理支付结算业务时，要做到按照合同规定及时付款，不得无故拖延或者拒绝支付。

（二）谁的钱进谁的账、由谁支配原则

除法律法规另有规定外，银行无权在未经存款人授权或委托的情况下，擅自动用存款人在银行账户里的资金。

（三）银行不垫款原则

付款人账户内没有资金或资金不足，或者收款人应收的款项由于付款人的原因不能收回时，银行的中介职责可以不履行，因为银行没有为存款人垫付资金的义务。银行与存款人另有约定的除外。

【例题】根据支付结算法律制度的规定，银行没有为存款人垫付的义务体现了（　　）的原则。

A. 银行不垫款原则　　B. 恪守信用原则

C. 履约付款原则　　D. 谁的钱进谁的账，由谁支配原则

【答案】A

【解析】支付结算的原则：恪守信用，履约付款；谁的钱进谁的账、由谁支配；银行不垫款。

【考点4】 支付结算的基本要求★★★

扫码看视频

（一）单位和个人的支付结算要求

单位、个人和银行办理支付结算，必须使用按中国人民银行统一规定印制的票据凭证和结算凭证；按规定开立、使用账户；账户内须保证有足够的资金支付。

（二）银行的支付结算要求

银行依法为单位、个人在银行开立的存款账户内的存款保密，维护其资金的自主支配权。

除国家法律、行政法规另有规定外，银行不得为任何单位或者个人查询账户情况，不得为任何单位或者个人冻结、扣划款项，不得停止单位、个人存款的正常支付。

（三）票据和结算凭证支付结算要求

1. 记载事项的真实性

票据和结算凭证上的签章和其他记载事项应当真实，不得伪造、变造。伪造、变造票据属于欺诈行为，应追究刑事责任。

小贴士

伪造与变造

伪造：无权限人假冒他人或者虚构他人名义签章的行为，例如伪造出票签章、背书签章、承兑签章和保证签章等。

变造：无权更改票据内容的人，对票据上签章以外的记载事项加以改变的行为。变造票据的方法多是在合法票据的基础上，对票据加以剪接、挖补、覆盖、涂改，从而非法改变票据的记载事项。

2. 记载事项的更改

出票金额、出票日期、收款人名称不得更改，更改的票据无效；更改的结算凭证，银行不予受理。对票据和结算凭证上的其他记载事项，原记载人可以更改，更改时应当由原记载人在更改处签章证明。

3. 签章

票据和结算凭证上的签章，为签名、盖章或者签名加盖章。

单位、银行在票据上的签章和单位在结算凭证上的签章，为该单位、银行的盖章加其法定代表人或其授权的代理人的签名或盖章。

个人在票据和结算凭证上的签章，应为该个人本人的签名或盖章。

4. 各种票据和结算凭证的填写规范

填写票据和结算凭证，必须做到要素齐全、数字正确、字迹清晰、不错漏、不潦草，防止涂改。填写票据要求如表3-1所示。

表 3-1　票据的填制要求

填制项目	填制要求
收款人名称	应当记载全称或规范化简称
出票日期	"必须"使用中文大写，小写银行不受理
	日期的中文大写方法：汉语规律，数字构成，防止变造 前加"零"：月→"壹""贰""壹拾" 日→"壹"至"玖""壹拾""贰拾""叁拾" 前加"壹"：日→"拾壹"至"拾玖" 例如：1 月 15 日，应写成"零壹月壹拾伍日" 10 月 20 日，应写成"零壹拾月零贰拾日"
金额	以中文大写和阿拉伯数码同时记载，二者必须一致 二者不一致的票据无效；二者不一致的结算凭证银行不予受理

【例题】根据支付结算法律制度的规定，下列关于办理支付结算基本要求的表述中，正确的有（　　）。

A. 结算凭证的金额以中文大写和阿拉伯数码同时记载，二者必须一致

B. 票据上出票金额、收款人名称不得更改

C. 票据的出票日期可以使用阿拉伯数码记载

D. 票据上的签章为签名、盖章或者签名加盖章

【答案】ABD

【解析】选项 A，票据和结算凭证金额以中文大写和阿拉伯数码同时记载，二者必须一致，二者不一致的票据无效，二者不一致的结算凭证银行不予受理。选项 B，出票金额、出票日期、收款人名称不得更改，更改的票据无效。票据的出票日期必须使用中文大写，C 选项错误。选项 D，票据和结算凭证上的签章，为签名、盖章或者签名加盖章。

同步练习

【1-单选】2019 年 8 月 18 日，甲公司向乙公司签发一张金额为 10 万元、用途为服务费的转账支票，发现填写有误。该支票记载的下列事项中，可以更改的是（　　）。

A. 出票金额　　B. 收款人名称　　C. 出票日期　　D. 用途

【2-判断】结算凭证金额以中文大写和阿拉伯数码同时记载，二者必须一致，二者不一致的，银行不予受理。（　　）

答案及解析

1. 【答案】D

【解析】出票金额、出票日期、收款人名称不得更改，更改的票据无效。

2. 【答案】√

【解析】（略）

第二节 银行结算账户

本节考点

1. 银行结算账户的概念和种类（了解银行结算账户的种类）
2. 银行结算账户的开立、变更、撤销和管理（熟悉银行结算账户的开立程序）
3. 各类银行结算账户的开立和使用（掌握各类银行结算账户的使用）

【考点1】银行结算账户的概念和种类★

（一）银行结算账户的概念

银行结算账户是指存款人在经办银行开立的办理资金收付结算的活期存款账户。

这里的“银行”，是指在中国境内经批准经营支付结算业务的政策性银行、商业银行、农村信用合作社等银行业金融机构；“存款人”是指在中国境内开立银行结算账户的机关、团体、部队、企业、事业单位、其他组织、个体工商户和自然人。

（二）银行结算账户的种类

银行结算账户的分类如图3－3所示。

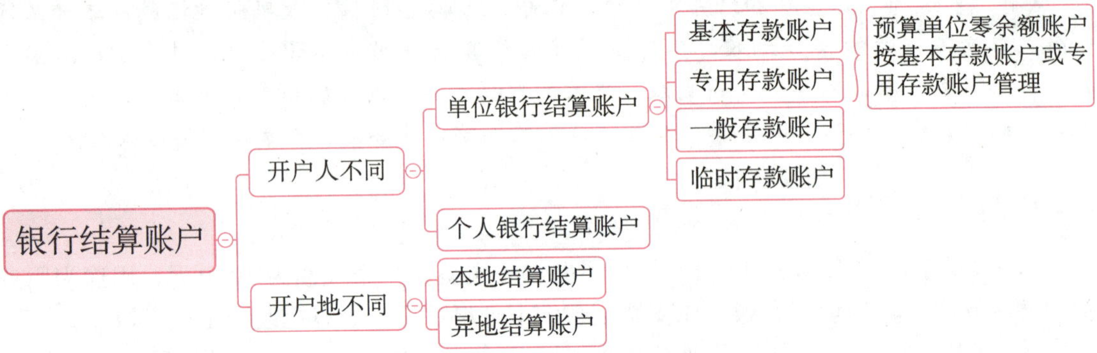

图3－3 银行结算账户

个体工商户凭营业执照以字号或经营者姓名开立的银行结算账户纳入单位银行结算账户管理。

小贴士

预算单位零余额账户的管理

财政部门为实行财政国库集中支付的预算单位，在商业银行开设的零余额账户按基本存款账户或专用存款账户管理。

（1）预算单位未开立基本存款账户，或者原基本存款账户在国库集中支付改革后已按要求撤销的，经同级财政部门批准，预算单位零余额账户作为基本存款账户管理。

（2）除上述情况外，预算单位零余额账户作为专用存款账户管理。

【例题】未在银行开立账户的 W 市退役军人事务局，经批准在银行开立了预算单位零余额账户，下列账户种类中，该零余额账户应按其管理的是（　　）。

A. 一般存款账户　　　　B. 基本存款账户

C. 专用存款账户　　　　D. 临时存款账户

【答案】B

【解析】预算单位未开立基本存款账户，或者原基本存款账户在国库集中支付改革后已按要求撤销的，经同级财政部门批准，预算单位零余额账户作为基本存款账户管理。

【考点 2】银行结算账户的开立、变更、撤销和管理★★

（一）银行结算账户的开立

银行结算账户的开立程序如图 3-4 所示。

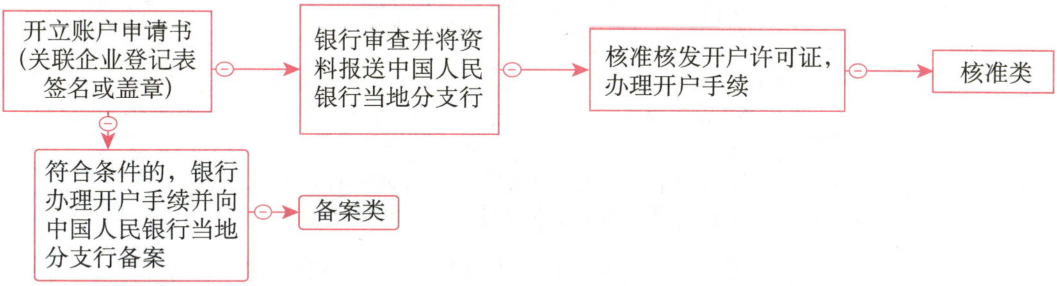

图 3-4　银行结算账户的开立程序

开立银行结算账户的相关规定如表 3-2 所示。

表 3-2　开立银行结算账户的相关规定

项目			相关规定
开户地点			存款人应在注册地或住所地开立银行结算账户，符合异地（跨省、市、县）开户条件的也可以在异地开立银行结算账户。除规定外，任何单位和个人不得强令存款人到指定银行开立银行结算账户
开户预留签章要求		单位	填写“开立单位银行结算账户申请书”，并加盖单位公章和法定代表人或其授权代理人的签名或盖章
		个人	填写“开立个人银行结算账户申请书”，并加盖其个人的签章
账户类别	核准类账户	含义	银行应将存款人开户申请书、相关证明文件、银行审核意见等开户资料报送中国人民银行当地分支行，经其核准并颁发开户许可证，中国人民银行当地分支行应于2个工作日内对报送资料进行审核。符合开户条件的，颁发存款账户开户许可证，不符合条件的退回 【提示】自 2019 年年底前，完成取消企业银行账户许可
		包括	预算单位专用存款账户、QFII 专用存款账户
	备案类账户	含义	申请开立备案类银行结算账户的，开户银行应办理开户手续，并向中国人民银行当地分支行备案；备案类账户的变更及撤销应通过账户管理系统向中国人民银行当地分支行报备
		包括	基本存款账户、一般存款账户、临时存款账户、其他专用存款账户、个人银行结算账户

续表

项目		相关规定
账户管理协议	规定	(1) 银行应与存款人签订银行结算账户协议，明确双方权利和义务 (2) 企业开立基本存款账户的，银行应当向其法定代表人或单位负责人核实开户意愿，可采取面对面、视频等方式 (3) 对存在法定代表人或者负责人对单位经营规模及业务背景等不清楚、注册地和经营地均在异地的单位，银行应当与其法定代表人或者负责人面签银行结算账户管理协议，并留存视频、音频资料等 (4) 银行为存款人开通非柜面转账业务时，双方应签订协议，约定非柜面渠道向非同名银行账户和支付账户转账的日累计限额、笔数和年累计限额等，超出限额和笔数的，应到银行柜面办理 (5) 银行应建立存款人预留签章卡片，并将签章式样和有关证明文件的原件或复印件留存归档。存款人为单位的，其预留签章为该单位的公章或财务专用章加其法定代表人（单位负责人）或其授权的代理人的签名或者盖章。存款人为个人的，其预留签章为该个人的签名或者盖章
	内容	包括但不限于： (1) 银行与开户申请人办理银行结算账户业务应当遵守法律、行政法规以及人民银行的有关规定，不得利用银行结算账户从事各类违法犯罪活动 (2) 企业银行结算账户信息变更及撤销的情形、方式、时限 (3) 银行控制账户交易措施的情形和处理方式
账户名称		存款人在申请开立单位银行结算账户时，其申请开立的银行结算账户的账户名称、出具的开户证明文件上记载的存款人名称以及预留银行签章中公章或财务专用章的名称应保持一致，但下列情况除外： (1) 因注册验资开立的临时存款账户，其账户名称为市场监督管理机构核发的"企业名称预先核准通知书"或政府有关部门批文中注明的名称，其预留银行签章中公章或财务专用章的名称应是存款人与银行在银行结算账户管理协议中约定的出资人名称 (2) 预留银行签章中公章或财务专用章的名称依法可使用简称的，账户名称应与其保持一致 (3) 没有字号的个体工商户开立的银行结算账户，其预留签章中公章或财务专用章应是**"个体户"字样加营业执照上载明的经营者的签字或盖章**
账户生效日	基本规定	单位银行结算账户自正式**开立之日**起 3 个工作日后方可办理付款业务。企业银行结算账户**自开户之日起**即可办理收付业务
	特殊事项	注册验资的临时存款账户转为基本存款账户、因**借款转存**开立的一般存款账户除外

小贴士

正式开立之日

核准类账户：正式开立之日为中国人民银行当地分支行的**核准**日期。

非核准类账户：正式开立之日为开户银行为存款人**办理开户手续**的日期。

（二）银行结算账户的变更

1. 变更内容

变更内容包括：账户名称、单位的法定代表人或主要负责人、地址等。

2. 变更要求

（1）存款人更改名称但不改变开户银行及账号：应于5个工作日内向开户银行提出变更申请，出具证明。

（2）变更单位的法定代表人或主要负责人、住址以及其他开户资料发生变更时：应于5个工作日内书面通知开户行并提供有关证明。

（3）变更开户许可证记载事项：存款人应交回开户许可证，由中国人民银行当地分支行换发新的开户许可证。

（三）银行结算账户的撤销

银行结算账户的撤销，是指存款人因开户资格或其他原因终止银行结算账户使用的行为。其程序如表3-3所示。

表3-3 银行结算账户的撤销程序

项目	撤销程序
销户手续	银行在收到存款人撤销银行结算账户的申请后，对于符合销户条件的，应在2个工作日内办理撤销手续 存款人撤销银行结算账户，必须与开户银行核对银行结算账户存款余额，交回各种重要空白票据及结算凭证和开户许可证（撤销核准类账户），银行核对无误后方可办理销户手续
销户情形	有下列情形之一的，存款人应向开户银行提出撤销银行结算账户的申请： （1）被撤并、解散、宣告破产或关闭的 （2）注销、被吊销营业执照的 （3）因迁址需要变更开户银行的 （4）其他原因需要撤销银行结算账户的
	存款人有以上第（1）项、第（2）项情形的，应于5个工作日内向开户银行提出撤销银行结算账户的申请 撤销银行结算账户时，应先撤销一般存款账户、专用存款账户、临时存款账户，将账户资金转入基本存款账户后，方可办理基本存款账户的撤销 银行得知存款人有第（1）项、第（2）项情形的，存款人超过规定期限未主动办理撤销银行结算账户手续的，银行有权停止其银行结算账户的对外支付
	存款人因以上第（3）项、第（4）项情形撤销基本存款账户后，需要重新开立基本存款账户的，应在撤销其原基本存款账户后10日内申请重新开立基本存款账户
不得销户情形	存款人尚未清偿其开户银行债务的，不得申请撤销该银行结算账户
视同撤销	对于按照账户管理规定应撤销而未办理销户手续的单位银行结算账户，银行通知该单位银行结算账户的存款人自发出通知之日起30日内办理销户手续，逾期视同自愿销户，未划转款项列入久悬未取专户管理。存款人撤销核准类银行结算账户时，应交回开户许可证

（四）银行结算账户的管理

1. 银行结算账户的实名制管理

（1）存款人应以实名开立银行结算账户，并对其出具的开户（变更、撤销）申请资料实质内容的真实性负责，法律、行政法规另有规定的除外。

(2) 存款人应按照账户管理规定使用银行结算账户办理结算业务，不得出租、出借银行结算账户，不得利用银行结算账户套取银行信用或进行洗钱活动。

2. 银行结算账户变更事项的管理

存款人申请临时存款账户展期，变更、撤销单位银行结算账户，补（换）发开户许可证：

(1) 由法定代表人或单位负责人直接办理的：出具相应的证明文件和法定代表人或单位负责人的身份证件。

(2) 授权他人办理的：除了出具相应的证明文件和法定代表人或单位负责人的身份证件之外，还应出具授权书以及被授权人的身份证件。

3. 存款人预留银行签章的管理

(1) 单位预留银行签章的管理。

单位遗失预留公章或财务专用章的，应向开户银行出具书面申请、开户许可证、营业执照等相关证明文件；更换预留公章或财务专用章时，应向开户银行出具书面申请、原预留公章或财务专用章等相关证明文件。

单位存款人申请更换预留公章或财务专用章但无法提供原预留公章或财务专用章的，应向开户银行出具原印鉴卡片、开户许可证、营业执照正本、司法部门的证明等相关证明文件。

单位存款人申请变更预留公章或财务专用章的，可由法定代表人或单位负责人直接办理，也可授权他人办理。

(2) 个人预留银行签章的管理。

个人遗失或更换预留个人印章或更换签字人的，应向开户银行出具经签名确认的书面申请，以及原预留印章或签字人的个人身份证件。银行应留存相应的复印件，并凭此办理预留银行签章的变更。

单位存款人申请更换预留个人签章的，可由法定代表人或单位负责人直接办理，也可授权他人办理。

无法出具法定代表人或单位负责人的身份证件的，应出具加盖该单位公章的书面申请、该单位出具的授权书以及被授权人的身份证件。

4. 银行结算账户的对账管理

银行结算账户的存款人应与银行按规定核对账务。存款人收到对账单或对账信息后，应及时核对账务并在规定期限内向银行发出对账回单或确认信息。

【例题】下列存款人开立的银行结算账户中，须经中国人民银行分支机构核准的是（　　）。

A. 以公安局在银行开立的预算单位专用存款账户

B. 丙公司在银行开立的用于注册验资的临时存款账户

C. 张某在银行开立的个人Ⅰ类银行账户

D. 甲公司在银行开立的一般存款账户

【答案】A

【解析】需要中国人民银行核准的账户包括：(1) 预算单位专用存款账户；(2) 合格境外机构投资者在境内从事证券投资开立的人民币特殊账户和人民币结算资金账户。对核准类账户，银行应将存款人的开户申请书、相关的证明文件和银行审核意见等开户资料报送中国人民银行当地分支行，经其核准并核发开户许可证后办理开户手续。

【考点3】 各类银行结算账户的开立和使用★★

扫码看视频

(一) 基本存款账户

存款人办理日常转账结算和现金收付时需要开立基本存款账户。

1. 存款人及开户证明文件

存款人开立基本存款账户应出具相应的开户证明文件。

表3-4 开户证明文件

存款人	开户证明文件
企业法人、非法人企业、个体工商户	应出具企业/个体工商户营业执照正本
机关、实行预算管理和非预算管理的事业单位	出具政府人事部门或编制委员会的批文或登记证书和财政部门同意其开户的证明。其中机关和实行预算管理的事业单位出具的政府人事部门或编制委员会的批文或登记证书上有两个或两个以上的名称的，可以分别开立基本存款账户
团级（含）以上军队、武警部队及分散执勤的支（分）队	应出具军队军级以上单位财务部门、武警总队财务部门的开户证明
社会团体	应出具社会团体登记证书，宗教组织还应出具宗教事务管理部门的批文或证明
民办非企业组织	应出具民办非企业登记证书
外地常设机构	应出具其驻在地政府主管部门的批文；对于已经取消对外地常设机构审批的省（市），应出具派出地政府部门的证明文件
外国驻华机构；居民委员会、村民委员会、社区委员会；其他组织（即按照现行的法律、行政法规规定可以成立的组织，如业主委员会、村民小组等组织）	应出具其主管部门的批文或证明 【提示】外资企业驻华代表处、办事处，应出具国家登记机关颁发的登记证
单位附属独立核算的食堂、招待所、幼儿园	应出具其主管部门基本存款账户开户许可证和批文

2. 基本存款账户的使用范围

基本存款账户是存款人的主办账户，一个单位只能开立一个基本存款账户。存款人日常经营活动的资金收付及其工资、奖金和现金的支取，应通过基本存款账户办理。

(二) 一般存款账户

1. 概念

存款人有借款或其他结算的需要，可在基本存款账户开户银行以外的银行营业机构开立一般存款账户。

2. 存款人及开户证明文件

已开立基本存款账户的存款人都可以开立一般存款账户。根据规定，只要存款人具有借款或其他结算需要，都可以申请开立一般存款账户，且没有数量限制。

存款人申请开立一般存款账户，应向银行出具其开立基本存款账户规定的证明文件、基本存款账户开户许可证和下列证明文件：

（1）存款人因向银行借款需要，应出具借款合同。

（2）存款人因其他结算需要，应出具有关证明。

3. 一般存款账户的使用

一般存款账户可用于办理存款人借款转存、借款归还和其他结算的资金收付。一般存款账户可以办理现金缴存，但不得办理现金支取。

（三）专用存款账户

1. 概念

存款人需对其特定用途资金进行专项管理和使用的，可按照法律、行政法规和规章开立专用存款账户。

2. 适用范围、开户证明文件及使用

存款人申请开立专用存款账户，应向银行出具其开立基本存款账户规定的证明文件、基本存款账户开户许可证和表3－5所列证明文件。

表3－5 专用存款账户各项资金的开户证明文件及使用规定

资金项目	开户证明文件	使用规定
基本建设资金；更新改造资金；政策性房地产开发资金	应出具主管部门批文	需要支取现金的，应在开户时报中国人民银行当地分支行批准
单位银行卡备用金	应按照中国人民银行批准的银行卡章程的规定出具有关证明和资料	必须由其基本存款账户转账存入。该账户不得办理现金收付业务
证券交易结算资金	应出具证券公司或证券管理部门的证明	证券交易结算资金、期货交易保证金和信托基金专用存款账户不得支取现金
期货交易保证金	应出具期货公司或期货管理部门的证明	
收入汇缴资金和业务支出资金（指基本存款账户存款人附属的非独立核算单位或派出机构发生的收入和支出的资金）	应出具基本存款账户存款人有关的证明	收入汇缴账户除向其基本存款账户或预算外资金财政专用存款户划缴款项外，只收不付，不得支取现金；业务支出账户除从其基本存款账户拨入款项外，只付不收，其现金支取必须按照国家现金管理的规定
住房基金；社会保障基金；粮、棉、油收购资金	应出具主管部门批文	支取现金应按照国家现金管理的规定办理；银行应按照规定加强监督，不得办理不符合规定的资金收付和现金支取
党、团、工会设在单位的组织机构经费	应出具该单位或有关部门的批文或证明	
其他按规定需要专项管理和使用的资金	应出具有关法规、规章或政府部门的有关文件	——
【提示】对于合格境外机构投资者在境内从事证券投资开立的人民币特殊账户和人民币结算资金账户，均纳入专用存款账户管理。其开立人民币特殊账户时应出具国家外汇管理部门的批复文件；开立人民币结算资金账户时，应出具证券管理部门的证券投资业务许可证		

（四）预算单位零余额账户

1. 开立流程

预算单位零余额账户的开立流程如图 3－5 所示。

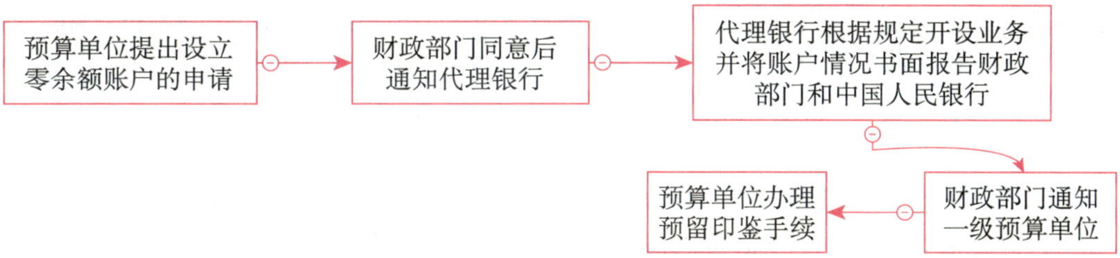

图 3－5　预算单位零余额账户的开立流程

印鉴卡内容如有变动，预算单位应及时通过一级预算单位向财政部门提出变更申请，办理印鉴卡更换手续。

2. 适用范围

一个基层预算单位开设一个零余额账户。

3. 预算单位零余额账户的使用

预算单位零余额账户可用于财政授权支付，可以办理转账、提取现金等结算业务，可以向本单位按账户管理规定保留的相应账户划拨工会经费、住房公积金及提租补贴，以及财政部门批准的特殊款项，不得违反规定向本单位其他账户和上级主管单位及所属下级单位账户划拨资金。

（五）临时存款账户

1. 概念

临时存款账户是指存款人因临时需要并在规定期限内使用而开立的银行结算账户。

2. 适用范围及开户证明文件

存款人开立临时存款账户的适用范围以及应出具的开户证明文件如表 3－6 所示。

表 3－6　临时存款账户的适用范围及开户证明文件

<table>
<tr><th colspan="2">适用范围</th><th>开户证明文件</th></tr>
<tr><td colspan="2">（1）设立临时机构（工程指挥部、筹备领导小组、摄制组等）</td><td>应出具其驻在地主管部门同意设立临时机构的批文</td></tr>
<tr><td rowspan="5">异地临时经营活动</td><td>（2）异地建筑施工及安装单位</td><td>应出具其营业执照正本或其隶属单位的营业执照正本，以及施工及安装地建设主管部门核发的许可证或建筑施工及安装合同</td></tr>
<tr><td>（3）外国及我国港、澳、台建筑施工及安装单位</td><td>应出具行业主管部门核发的资质准入证明</td></tr>
<tr><td>（4）异地从事临时经营活动的单位</td><td>应出具其营业执照正本以及临时经营地工商行政管理部门的批文</td></tr>
<tr><td>（5）境内单位在异地从事临时活动</td><td>应出具政府有关部门批准其从事该活动的证明文件</td></tr>
<tr><td>（6）境外（含港、澳、台地区）机构在境内从事经营活动</td><td>应出具政府有关部门批准其从事该活动的证明文件</td></tr>
<tr><td colspan="2">（7）注册验资资金</td><td>应出具工商行政管理部门核发的企业名称预先核准通知书或有关部门的批文</td></tr>
</table>

续表

适用范围	开户证明文件
(8)增资验资资金	应出具股东会或董事会决议等证明文件
(9)军队、武警单位承担基本建设或者异地执行作战、演习、抢险救灾、应对突发事件等临时任务	开户银行应当凭军队、武警团级以上单位后勤(联勤)部门出具的批件或证明,先予开户并同时启用,后补办相关手续
上述第(2)、(4)、(5)、(8)项还应出具基本存款账户开户许可证	

3. 临时存款账户的使用

临时存款账户可用于办理临时机构以及存款人临时经营活动发生的资金收付。临时存款账户应根据有关开户证明文件确定的期限或存款人的需要确定其有效期限,最长不得超过 2 年。临时存款账户支取现金,应按照国家现金管理的规定办理。注册验资的临时存款账户在验资期间只收不付。

(六)个人银行结算账户

1. 概念和分类

存款人因投资、消费、结算等需要,可凭个人身份证件以自然人名称开立的个人银行结算账户。

个人银行账户分为Ⅰ类户、Ⅱ类户和Ⅲ类户。

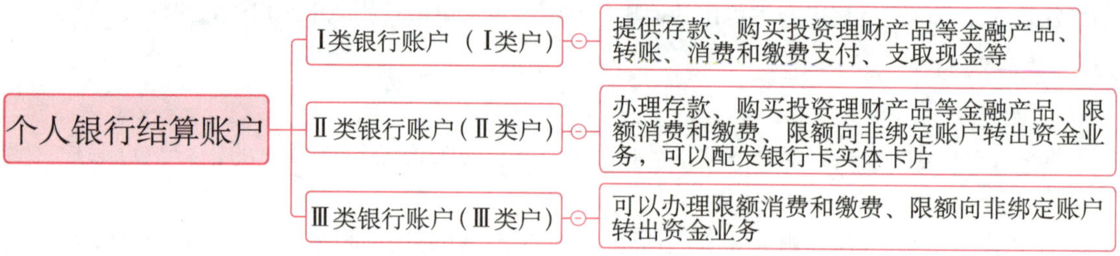

图 3-6 个人结算账户的分类及其使用范围

小贴士

三类账户相关功能限额

表 3-7 三类个人结算账户的功能限额

功能	Ⅰ类户	Ⅱ类户	Ⅲ类户
存款	√	√	任一时点账户余额不得超过2 000 元
购买投资理财产品等金融产品	√	√	×
消费和缴费支付	√	限额	限额
向非绑定账户转出资金	√	限额	限额
非绑定账户资金转入	√	经确认、限额	经确认、限额
存取现金	√	经确认、限额	×
配发银行卡实体卡片	√	√	×

“经确认、限额”是指经银行柜面、自助设备加以银行工作人员现场面对面确认身份的,日累计限额合计为1 万元、年累计限额合计为20 万元。

2. 开户方式

个人银行结算账户开户方式包括：柜面开户、自助机具开户及电子渠道开户，具体如图 3－7 所示。

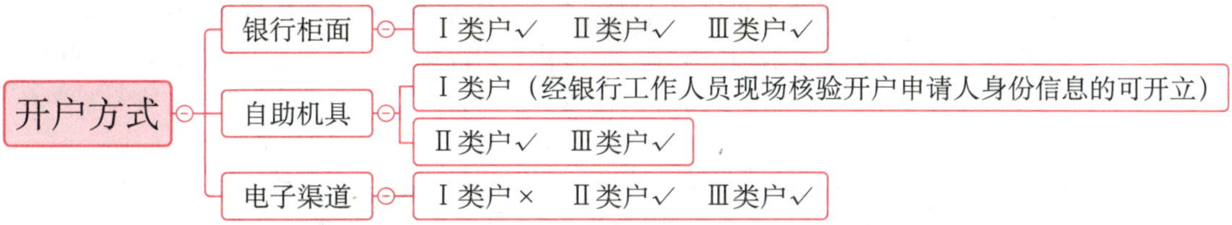

图 3－7　个人结算账户的开户方式

（1）柜面开户：通过柜面受理银行账户开户申请。

（2）自助机具开户：通过远程视频柜员机和智能柜员机等自助机具受理银行账户开户申请。

（3）电子渠道开户：通过网上银行和手机银行等电了渠道受理银行账户开户申请。

银行通过电子渠道非面对面为个人开立Ⅱ类户或Ⅲ类户时，应当向绑定账户开户行验证Ⅱ类户或Ⅲ类户与绑定账户为同一人开立，绑定账户为本人Ⅰ类户或者信用卡账户，不得绑定非银行支付机构开立的支付账户进行身份验证。开户时，银行应当要求开户申请人登记验证的手机号码与绑定账户使用的手机号码保持一致。

3. 规范个人银行账户代理事宜

申请人申请开立个人银行账户或者办理其他个人银行账户业务，应当由开户申请人本人亲自办理；符合条件的，可以由他人代理办理。

（1）身份信息核验。

他人代理开立个人银行账户的，银行应要求代理人出具代理人、被代理人的有效身份证件以及合法的委托书等。银行认为有必要的，应要求代理人出具证明代理关系的公证书。

（2）特殊情形的处理。

1）存款人开立代发工资、教育、社会保障（如社保、医保、军保）、公共管理（如公共事业、拆迁、捐助、助农扶农）等特殊用途个人银行账户时，可由所在单位代理办理。单位代理个人开立银行账户的，应提供单位证明材料、被代理人有效身份证件的复印件或影印件。账户在被代理人持本人有效身份证件到开户银行办理身份确认、密码设（重）置等激活手续前，该银行账户只收不付。

2）无民事行为能力或限制民事行为能力的开户申请人，由法定代理人或者人民法院、有关部门依法指定的人员代理办理。

3）因身患重病、行动不便、无自理能力等无法自行前往银行的存款人办理挂失、密码重置、销户等业务时，银行可采取上门服务方式办理，也可由配偶、父母或成年子女凭合法的委托书、代理人与被代理人的关系证明文件、被代理人所在社区居委会（村民委员会）及以上组织或县级以上医院出具的特殊情况证明代理办理。

3. 开户证明文件

根据个人银行账户实名制的要求，存款人申请开立个人银行账户时，应向银行出具本人有效身份证件，银行通过有效身份证件仍无法准确判断开户申请人身份的，应要求其出具辅助身份证明材料。

个人银行账户的开户证明文件如表 3-8 所示。

表 3-8　个人银行账户的开户证明文件

主体	有效身份证件（包括）	辅助身份证明材料（包括但不限于）
在中华人民共和国境内已登记常住户口的中国公民	居民身份证；不满 16 周岁的，可使用居民身份证或户口簿	户口簿、护照、机动车驾驶证、居住证、社会保障卡、军人和武装警察身份证件、公安机关出具的户籍证明、工作证
香港、澳门特别行政区居民	港澳居民往来内地通行证	香港、澳门特别行政区居民身份证
台湾地区居民	台湾居民往来大陆通行证	在台湾居住的有效身份证明
定居国外的中国公民	中国护照	定居国外的证明文件
外国公民	护照或者外国人永久居留证（外国边民，按照边贸结算的有关规定办理）	外国居民身份证、使领馆人员身份证件或者机动车驾驶证等其他带有照片的身份证件
其他	法律、行政法规规定的其他身份证明文件	完税证明、水电煤气缴费单等税费凭证
【提示】军人、武装警察尚未领取居民身份证的，除出具军人和武装警察身份证件外，还应出具军人保障卡或所在单位开具的尚未领取居民身份证的证明材料		

4. 个人银行结算账户的使用

个人银行结算账户用于办理个人转账收付和现金存取。

下列款项可以转入个人银行结算账户：（1）工资、奖金收入；（2）稿费、演出费等劳务收入；（3）债券、期货、信托等投资的本金和收益；（4）个人债权或产权转让收益；（5）个人贷款转存；（6）证券交易结算资金和期货交易保证金；（7）继承、赠与款项；（8）保险理赔、保费退还等款项；（9）纳税退还；（10）农、副、矿产品销售收入；（11）其他合法款项。

单位从其银行结算账户支付给个人银行结算账户的款项，每笔超过 5 万元（不包含 5 万元）的，应向其开户银行提供合法款项的证明。

从单位银行结算账户支付给个人银行结算账户的款项应纳税的，税收代扣单位付款时应向其开户银行提供完税证明。

当个人持出票人为单位的支票向开户银行委托收款，将款项转入其个人银行结算账户的，或个人持申请人为单位的银行汇票和银行本票向开户银行提示付款，将款项转入其个人银行结算账户的，个人应出具规定的有关收款依据。存款人应对其提供的收款依据或付款依据的真实性、合法性负责。

从单位银行结算账户向个人银行结算账户支付款项单笔超过 5 万元人民币时，付款单位若在付款用途栏或备注栏注明事由的，可不再另行出具付款依据，但付款单位应对支付款项事由的真实性、合法性负责。

（七）异地银行结算账户

1. 概念

存款人可在其注册地或住所地行政区域之外（跨省、市、县）开立异地银行结算账户。

2. 适用范围

（1）营业执照注册地与经营地不在同一行政区域（跨省、市、县）需要开立基本存款账户的。

（2）办理异地借款和其他结算需要开立一般存款账户的。

（3）存款人因附属的非独立核算单位或派出机构发生的收入汇缴或业务支出需要开立专用存款账户的。

（4）异地临时经营活动需要开立临时存款账户的。

（5）自然人根据需要在异地开立个人银行结算账户的。

3. 开户证明文件。

存款人需要在异地开立单位银行结算账户，除出具开立基本存款账户、一般存款账户、专用存款账户和临时存款账户规定的有关证明文件和基本存款账户开户许可证或企业基本存款账号编号外，还应出具下列相应的证明文件：

（1）异地借款的存款人在异地开立一般存款账户的，应出具在异地取得贷款的借款合同。

（2）因经营需要在异地办理收入汇缴和业务支出的存款人在异地开立专用存款账户的，应出具隶属单位的证明。

（3）存款人需要在异地开立个人银行结算账户，应出具在住所地开立账户所需的证明文件。

（八）各类银行结算账户的使用范围

各类银行结算账户的使用范围如表 3－9 所示。

表 3－9　各类银行结算账户的使用范围

<table>
<tr><th colspan="3">类型</th><th>使用范围</th><th>现金缴存</th><th>现金支取</th></tr>
<tr><td rowspan="8">单位银行结算账户</td><td colspan="2">基本存款账户</td><td>日常转账和现金收付需要</td><td>√</td><td>√</td></tr>
<tr><td colspan="2">一般存款账户</td><td>借款或其他需要</td><td>√</td><td>×</td></tr>
<tr><td rowspan="4">专用存款账户</td><td>单位银行卡账户</td><td rowspan="4">特定用途专项管理</td><td>×</td><td>×</td></tr>
<tr><td>证券交易结算资金、期货交易保证金、信托基金专用存款账户</td><td>√</td><td>×</td></tr>
<tr><td>收入汇缴账户</td><td>√</td><td>×</td></tr>
<tr><td>业务支出账户</td><td>×</td><td>√</td></tr>
<tr><td rowspan="2">临时存款账户</td><td>临时机构、异地</td><td rowspan="2">临时需要</td><td>√</td><td>√</td></tr>
<tr><td>注册验资、增资</td><td>√</td><td>×</td></tr>
<tr><td colspan="3">个人银行结算账户</td><td>——</td><td>√</td><td>√</td></tr>
<tr><td colspan="6">单位从其银行结算账户支付给个人银行结算账户的款项，每笔超过 5 万元（不包含 5 万元）的，应向其开户银行提供合法款项的证明</td></tr>
</table>

【例题】根据支付结算法律制度的规定，关于基本存款账户的下列表述中，不正确的是（　　）。

A. 基本存款账户可以办理现金支取业务

B. 单位设立的独立核算账户的附属机构不得开立基本存款账户

C. 一个单位只能开立一个基本存款账户

D. 基本存款账户是存款人的主办账户

【答案】B

【解析】单位设立的独立核算的附属机构包括食堂、招待所、幼儿园，这些附属机构可以申请开立基本存款账户。

同步练习

【1-多选】根据支付结算法律制度的规定，关于单位存款人申请变更预留银行的单位财务专用章的下列表述中，正确的有（　　）。

A. 需提供原预留的单位财务专用章

B. 需提供单位书面申请

C. 需重新开立单位存款账户

D. 可由法定代表人直接办理，也可授权他人办理

【2-单选】根据支付结算法律制度的规定，临时存款账户的有效期最长不得超过一定期限，该期限为（　　）。

A. 1 年　　B. 10 年　　C. 5 年　　D. 2 年

【3-单选】根据支付结算法律制度的规定，关于个人银行结算账户管理的下列表述中，不正确的是（　　）。

A. 银行可以通过Ⅰ类银行账户为存款人提供购买投资理财产品服务

B. 银行可以通过Ⅲ类银行账户为存款人提供限定金额的消费和缴费支付服务

C. 银行可以通过Ⅱ类银行账户为存款人提供购买投资理财产品服务

D. 银行可以通过Ⅱ类银行账户为存款人提供单笔无限额的存取现金服务

答案及解析

1. 【答案】ABD

【解析】更换预留公章或财务专用章时，应向开户银行出具书面申请、原预留公章或财务专用章等相关证明文件，故选项 A、B 正确。申请更换单位预留签章的，无须重新开立单位存款账户，故选项 C 错误。单位存款人申请变更预留公章或财务专用章，可由法定代表人或单位负责人直接办理，也可授权他人办理，故选项 D 正确。

2. 【答案】D

【解析】临时存款账户应根据有关开户证明文件确定的期限或存款人的需要确定其有效期限，最长不得超过 2 年。

3. 【答案】D

【解析】经确认，银行可以通过Ⅱ类银行账户为存款人提供单笔限额的存取现金服务，故选项 D 错误。

第三节　票据

本节考点

1. 票据的概念与特征（掌握票据的当事人）
2. 票据的权利与责任（掌握票据权利的概念和分类、权利时效、票据责任）
3. 票据行为（掌握四个票据行为）
4. 票据追索（熟悉票据追索）
5. 银行汇票（掌握银行汇票的内容）
6. 商业汇票（掌握商业汇票的内容）
7. 银行本票（掌握银行本票的内容）
8. 支票（掌握支票的内容）
9. 票据易混点辨析（掌握各类票据的区别）

【考点1】 票据的概念与特征★

（一）票据的含义和种类

票据一般是指商业上由出票人签发，无条件约定自己或要求他人（委托付款人）在见票时或指定的日期向收款人或持票人支付一定金额，可流通转让的有价证券，且持有人具有一定权利的凭证。属于票据的有：汇票、本票、支票、提单、存单、股票、债券等。

（二）票据当事人

票据当事人是指在票据法律关系中享有票据权利、承担票据义务的主体。票据当事人的分类如图 3－8 所示。

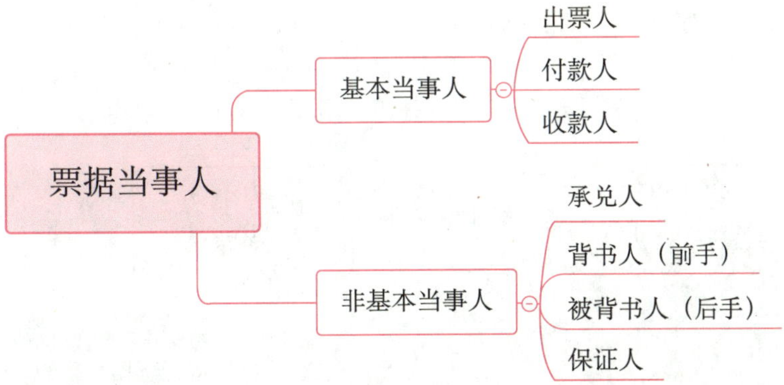

图 3－8　票据当事人的分类

1. 基本当事人

票据基本当事人，是指在作成和交付票据时就已经存在的当事人，基本当事人是构成票据法律关系的必要主体，包括出票人、付款人和收款人三种。

（1）出票人，是指依法定方式签发票据并将票据交付给收款人的人，具体见图 3－9。

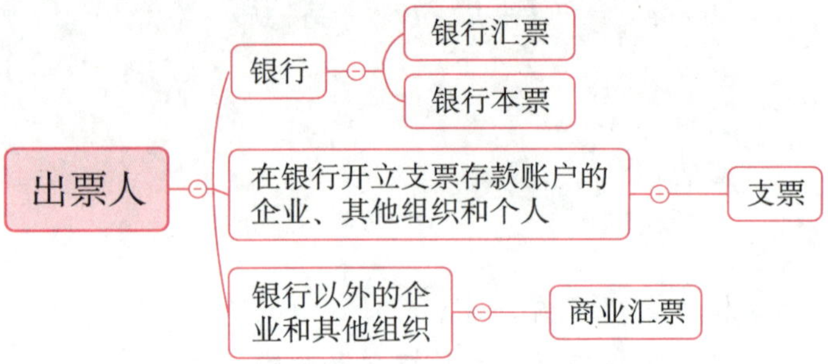

图 3－9 出票人

（2）收款人，是指到期后有权收取票据所载金额的票据正面记载的人。

（3）付款人，是指由出票人委托付款或自行承担付款责任的人，具体见图 3－10。

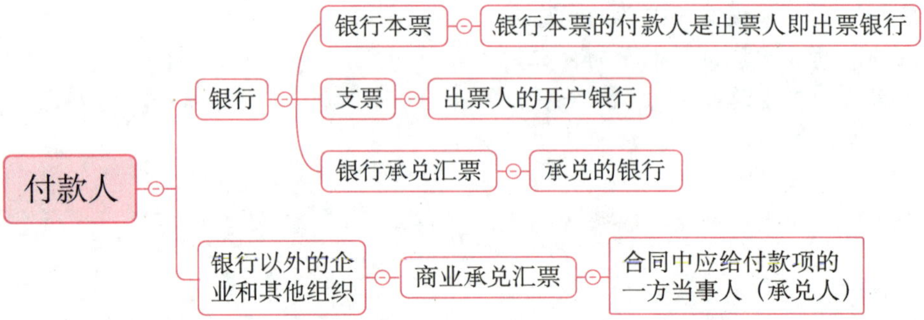

图 3－10 付款人

2. 非基本当事人

票据非基本当事人是指在作成并交付票据后，通过一定的票据行为加入票据关系而享有一定权利、承担一定义务的当事人，包括承兑人、背书人、被背书人、保证人等。

（1）承兑人（汇票的主债务人），是指接受汇票出票人的付款委托，同意承担支付票款义务的人。

（2）背书人与被背书人，二者的定义及关系如图 3－11 所示。

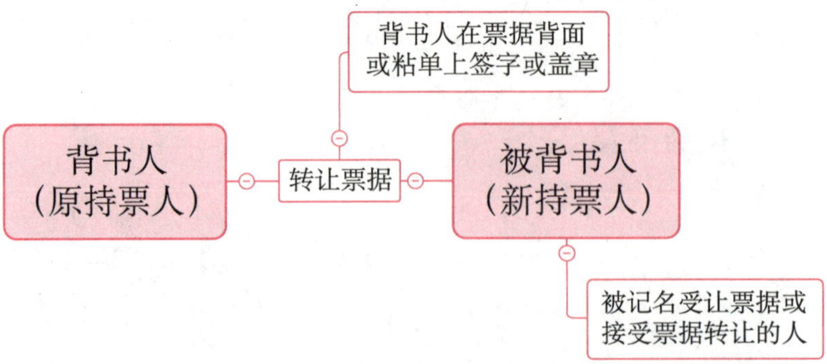

图 3－11 背书人与被背书人

（3）保证人（票据债务人以外的第三人），是指为票据债务提供担保的人。

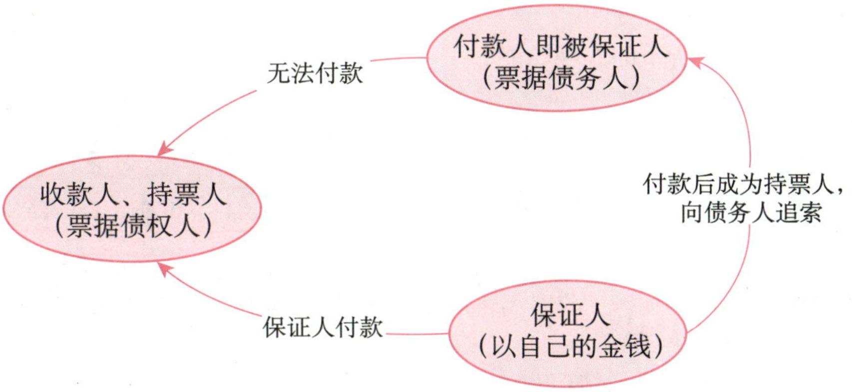

图 3-12　保证人

（三）票据的特征和功能

1. 票据的特征

票据的特征如表 3-10 所示。

表 3-10　票据的特征

特征	含义
完全有价证券	票据所表示的权利与票据不可分离，即票据权利完全证券化，换句话说，票据权利的产生、行使、转让和消灭都离不开票据
文义证券	票据上的权利义务只依票据上所记载的文义来确定，票据文义以外的任何事项与证据皆不能用来作为认定票据上的权利和义务的证据
无因证券	票据如果符合《票据法》规定的条件，票据权利就成立，持票人不必证明取得票据的原因，仅以票据文义请求履行票据权利；认为持票人是以欺诈、偷盗或胁迫等手段取得票据，或者明知有上述情形出于恶意取得票据，或因重大过失取得票据，持票人应当对自己持票的合法性负责举证
金钱债权证券	票据上设定的权利是给付货币而不是物品
要式证券	票据的制作、形式、文义必须具备法定的格式要件
流通证券	票据可以流通转让，使票据的功能充分发挥

小贴士

票据“完全有价证券”这一特征可通过以下方面来体现：

（1）设权证券：票据权利是经过出票人的出票行为而产生的，即票据权利的产生必须通过票据行为。

（2）提示证券：票据权利的享有必须以占有票据为前提，为了证明占有的事实以行使票据权利，必须提示票据。

（3）交付证券：票据权利的转让要求必须交付票据。

（4）缴回证券：票据权利实现之后，应将票据缴回付款人，付款人因付款而免责，以消灭票据权利义务关系或者付款人再行使追索权，被追索人清偿债务时，持票人应当交出票据和有关拒绝证明。

2. 票据的功能

票据有如图 3-13 所示的五种功能。

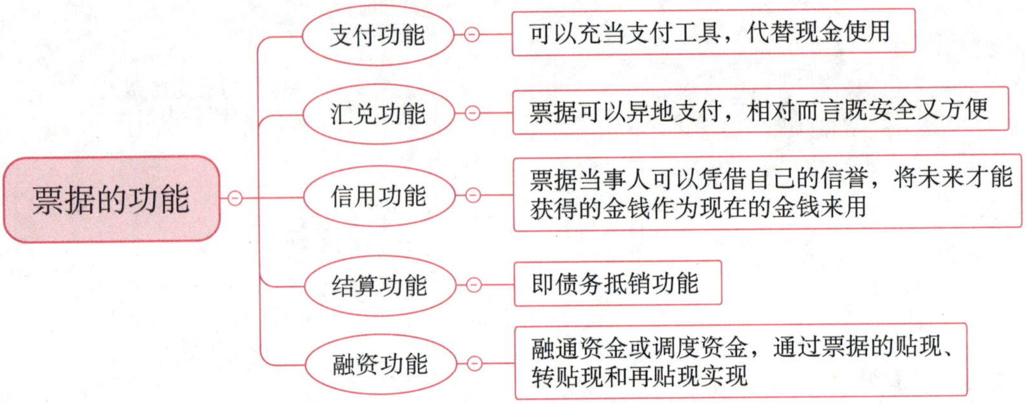

图 3-13 票据的功能

【例题】根据支付结算法律制度的规定，企业以未到期的汇票向银行申请贴现体现了票据的（　　）功能。

A. 支付功能　　B. 汇兑功能　　C. 融资功能　　D. 结算功能

【答案】C

【解析】票据的融资功能是通过票据的贴现、转贴现和再贴现实现的。

【考点 2】 票据的权利和责任★★

（一）票据权利的概念和分类

票据权利是指票据持票人向票据债务人请求支付票据金额的权利，包括付款请求权和追索权。

1. 付款请求权（第一顺序权利）

付款请求权如图 3-14 所示。

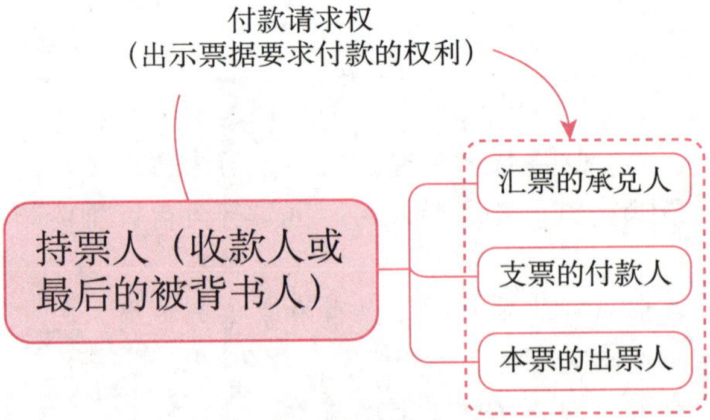

图 3-14 付款请求权

2. 追索权（第二顺序权利）

追索权如图 3-15 所示。

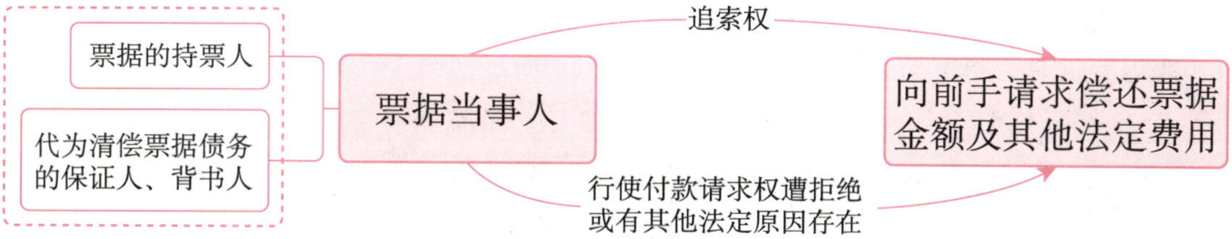

图 3-15　追索权

小贴士

1. 票据追索权的其他规定

（1）持票人可以不按票据债务人先后顺序，对其中任何一人、数人或者全体行使追索权。

（2）持票人对票据债务人中的一人或数人已经进行追索的，对其他票据债务人仍可以行使追索权。

（3）被追索人清偿债务后，与持票人享有同一权利。

2. 如何区分票据的前手和后手

（1）在票据关系中，前手是指在现有的持票人之前曾经持有该票据并在票据上签章的人。由于前手是在票据上签章的人，所以他是票据债务人，负有保证持票人能够获得付款的义务。

（2）在票据关系中，后手是指在某一个或者某几个持票人之后签章的其他票据债务人。前手和后手是相对而言的，某个在票据上签章的人，既可能是前手，也可能是后手。他相对于在其后面签章的票据债务人或持票人而言是前手，相对于在其前面签章的票据债务人而言是后手。

（3）票据所有当事人都处于债权债务关系中，所有前手都是后手的债务人，所有后手都是前手的债权人。后手可以向前手行使追索权，但前手不能向后手行使追索权。

（二）票据权利的取得

1. 票据的取得，必须给付对价

票据的取得应当给付票据双方当事人认可的相对应的代价。但也有例外，如果是因为税收、继承、赠与可以依法无偿取得票据的，则不受给付对价的限制，但是所享有的票据权利不得优于其前手的权利。

小贴士

这里“不得优于”的含义是指不能超过，而且必须受到前手权利状态影响，具体来说：

（1）如果前手是善意的、已付对价的当事人，享有完整有效的票据权利，无偿取得之人也享有同样的票据权利。

（2）如果前手因欺诈等取得票据的，不享有票据权利，无偿取得之人也不享有票据权利。

（3）如果前手因善意取得票据但未付对价或对价不相当，该前手的权利应受其再前手权利的影响，无偿取得之人也受前手的影响。

2. 取得票据是否享有权利

取得票据是否享有票据权利的情形如图 3－16 所示。

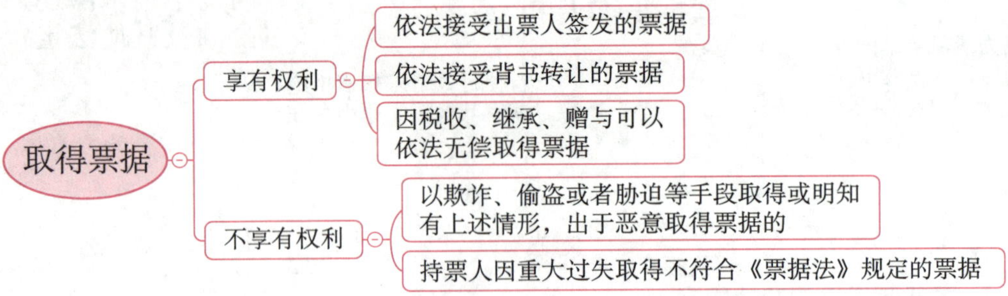

图 3－16　取得票据是否享有权利的情形

（三）票据权利的行使与保全

1. 票据权利的行使

票据权利的行使是指持票人请求票据的付款人支付票据金额的行为，例如行使付款请求权以获得票款、行使追索权以请求清偿法定的金额和费用等。

2. 票据权利的保全

票据权利的保全是指持票人为了防止票据权利的丧失而采取的措施，例如依据《票据法》的规定按照规定期限提示承兑、要求承兑人或付款人提供拒绝承兑或拒绝付款的证明以保全追索权等。

（1）汇票未按照规定期限提示承兑的，持票人丧失对其前手的追索权。

（2）本票的持票人未按照规定期限提示见票的，丧失对出票人以外的前手的追索权。

（3）持票人不能出示拒绝证明、退票理由书或者未按照规定期限提供其他合法证明的，丧失对其前手的追索权。

（四）票据权利丧失补救

票据权利丧失是指票据因灭失、遗失、被盗等原因而使票据权利人脱离其对票据的占有。票据权利丧失补救的措施如表 3－11 所示。

表 3－11　票据权利丧失补救的措施

<table>
<tr><th colspan="2">项目</th><th colspan="2">有关规定</th></tr>
<tr><td rowspan="3">挂失止付</td><td>定义</td><td colspan="2">挂失止付是指失票人将丧失票据的情况通知付款人或代理付款人，由接受通知的付款人或代理付款人审查后暂停支付的一种方式
【提示】不是必经措施，只是一种暂时的预防措施，最终要通过申请公示催告或提起普通诉讼来补救票据权利</td></tr>
<tr><td>条件</td><td colspan="2">只有确认付款人或代理付款人的票据丧失时可以挂失止付：已承兑的商业汇票、支票、填明“现金”字样和代理付款人的银行汇票、填明“现金”字样的银行本票</td></tr>
<tr><td>程序</td><td>申请</td><td>填写挂失止付通知书并签章。挂失支付通知书应当记载（缺一银行均不予受理）：
（1）票据丧失的时间、地点、原因
（2）票据的种类、号码、金额、出票日期、付款日期、付款人名称、收款人名称
（3）挂失止付人的姓名、营业场所或者住所以及联系方式</td></tr>
</table>

续表

<table>
<tr><th colspan="2">项目</th><th colspan="2">有关规定</th></tr>
<tr><td rowspan="2">挂失止付</td><td>程序</td><td>受理</td><td>止付期 12 天（付款人或者代理付款人自收到挂失止付通知书之日起 12 日内没有收到人民法院的止付通知书的，自第 13 日起，不再承担止付责任，持票人提示付款即依法向持票人付款）</td></tr>
<tr><td>特例</td><td colspan="2">付款人或代理付款人在收到挂失止付通知书之前，已经向持票人付款的，不再承担责任。但是，付款人或者代理付款人以恶意或者重大过失付款的除外</td></tr>
<tr><td rowspan="5">公示催告</td><td>定义</td><td colspan="2">公示催告是指在票据丧失后由失票人向人民法院提出申请，请求人民政府以公告方式通知不确定的利害关系人限期申报权利，逾期未申报者，则权利失效，而由法院通过除权判决宣告所丧失的票据无效的制度或程序
根据《票据法》的规定，失票人应当在通知挂失止付后的3 日内，也可以在票据丧失后，依法向票据支付地人民法院申请公示催告</td></tr>
<tr><td>申请</td><td colspan="2">应填写公示催告申请书。申请书应当载明下列内容：（1）票面金额；（2）出票人、持票人、背书人；（3）申请的理由、事实；（4）通知票据付款人或者代理付款人挂失止付的时间；（5）付款人或者代理付款人的名称、通信地址、电话号码等</td></tr>
<tr><td>受理</td><td colspan="2">人民法院决定受理公示催告申请，应当同时通知付款人及代理付款人停止支付，并自立案之日起3 日内发出公告，催促立案关系人申报权利</td></tr>
<tr><td>公告</td><td colspan="2">公告刊登媒介：全国性的报刊
催告期：国内票据自公告发布之日起60 日，涉外票据根据具体情况适当延长，但最长不得超过90 日</td></tr>
<tr><td>判决</td><td colspan="2">利害关系人应当在公示催告期间向人民法院申报。利害关系人因正当理由不能在判决前向人民法院申报的，自知道或者应当知道判决公告之日起1 年内，可以向作出判决的人民法院起诉</td></tr>
<tr><td>普通诉讼</td><td>定义</td><td colspan="2">普遍诉讼是指丧失票据的人为原告，以承兑人或出票人为被告，请求法院判决其向失票人付款的诉讼活动。原告无须公示催告，可按一般的票据纠纷向法院提出诉讼
【提示】因票据纠纷提起的诉讼，由票据支付地或者被告住所地法院管辖</td></tr>
</table>

（五）票据权利时效

票据权利时效是指票据权利在时效期间内不行使，即引起票据权利丧失。

【提示】票据权利丧失但仍然享有民事权利。

票据权利时效的具体规定如图 3－17 所示。

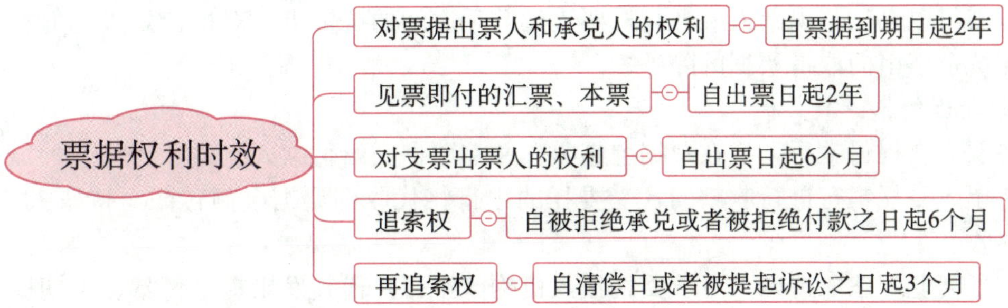

图 3－17　票据权利时效

追索权的行使以获得拒绝付款证明或退票理由书等有关证明为前提。

如果持票人因超过票据权利时效或者因票据记载事项欠缺而丧失票据权利的，《票据法》为了保护持票人的合法权益，规定其仍享有民事权利，可以请求出票人或者承兑人返还其与未支付的票据款金额相当的利益。

（六）票据责任

票据责任是指票据债务人向持票人支付票据金额的义务。

1. 提示付款

持票人应按规定期限提示付款。票据的提示付款期如表 3－12 所示。

表 3－12 票据的提示付款期

票据	提示付款期
银行汇票	出票日起 1 个月
商业汇票	票据到期日起 10 日内
银行本票	出票日起 2 个月
支票	出票日起 10 日

小贴士

（1）持票人未按照规定期限提示付款的，在作出说明后，承兑人或者付款人仍应当继续对持票人承担付款责任。

（2）通过委托收款银行或通过票据交换系统向付款人提示付款的，视同持票人提示付款。

2. 付款人付款

持票人依照规定提示付款的，付款人必须在当日足额付款。

付款人及其代理付款人付款时，应当审查票据背书的连续（形式），并审查提示付款人合法身份证明或者有效证件。

3. 拒绝付款

如果存在背书不连续等合理事由，票据债务人可以对票据债权人拒绝履行义务，这就是所谓的“票据抗辩”。

票据债务人可以对不履行约定义务的、与自己有直接债权债务关系的持票人进行抗辩。但不得以自己与出票人或者与持票人的前手之间的抗辩事由对抗持票人，但持票人明知存在抗辩事由而取得票据的除外。

4. 获得付款

持票人获得付款后，应在票据上签收，并将票据交给付款人。

持票人委托银行进行收款的，受委托的银行将代收的票据金额转账至持票人的账户，视同签收。

电子商业汇票的持票人可以委托接入机构（银行）代其发出提示付款、逾期提示付款行为申请。

5. 票据责任的解除

付款人按规定足额付款之后，全体票据债务人的责任解除。

6. 相关银行的责任

相关银行的责任具体如图 3－18 所示。

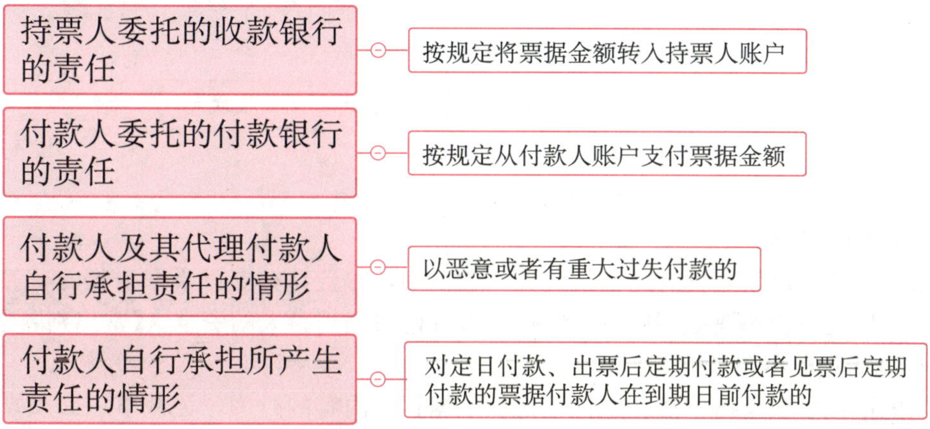

图 3－18　相关银行的责任

【例题】根据支付结算法律制度的规定，关于票据权利时效的下列表述中，不正确的有（　　）。

A. 持票人在票据权利时效期间内不行使票据权利的，该权利丧失

B. 持票人对前手的追索权，自被拒绝承兑或被拒绝付款之日起 3 个月内不行使的，该权利丧失

C. 持票人对支票出票人的权利自出票日起 3 个月内不行使的，该权利丧失

D. 持票人对票据承兑人的权利自票据到期日起 6 个月内不行使的，该权利丧失

【答案】BCD

【解析】选项 A，票据权利在票据权利时效期间内不行使而消灭。选项 B，①持票人对一般前手的首次追索权，自被拒绝承兑或者被拒绝付款之日起 6 个月；②持票人对一般前手的再追索权，自清偿日或者被提起诉讼之日起 3 个月。选项 C，持票人对支票出票人的权利，自出票日起 6 个月不行使才会丧失。选项 D，持票人对远期汇票的出票人、承兑人的权利，自票据到期日起 2 年不行使才会丧失。

【考点 3】票据行为★★★

票据行为是指票据当事人以发生票据债务为目的、以在票据上签名或盖章为权利与义务成立要件的法律行为（见图 3－19）。

图 3－19　票据行为

（一）出票

出票包括两种行为：第一，作成（按规定签发）票据；第二，交付票据。具体见图 3－20。

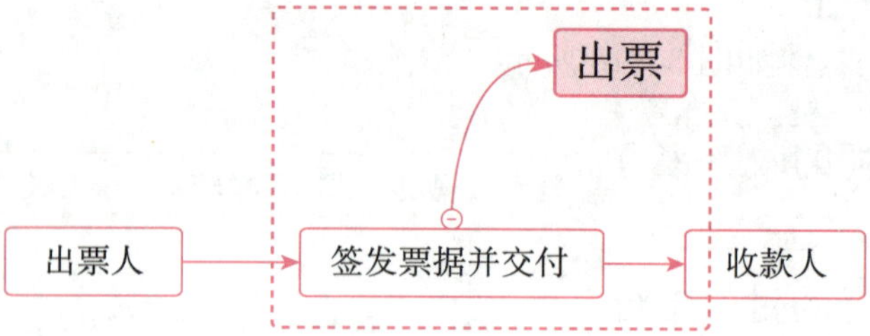

图 3－20　出票行为

1. 出票的基本要求

出票人必须与付款人具有真实的委托付款关系，并且具有支付票据金额的可靠资金来源，不得签发无对价的票据用以骗取银行或者其他票据当事人的资金。【常出判断题】

2. 票据的记载事项

票据的记载事项是指依法在票据上记载票据相关内容的行为，记载事项必须真实。票据的记载事项具体如图 3－21 所示。

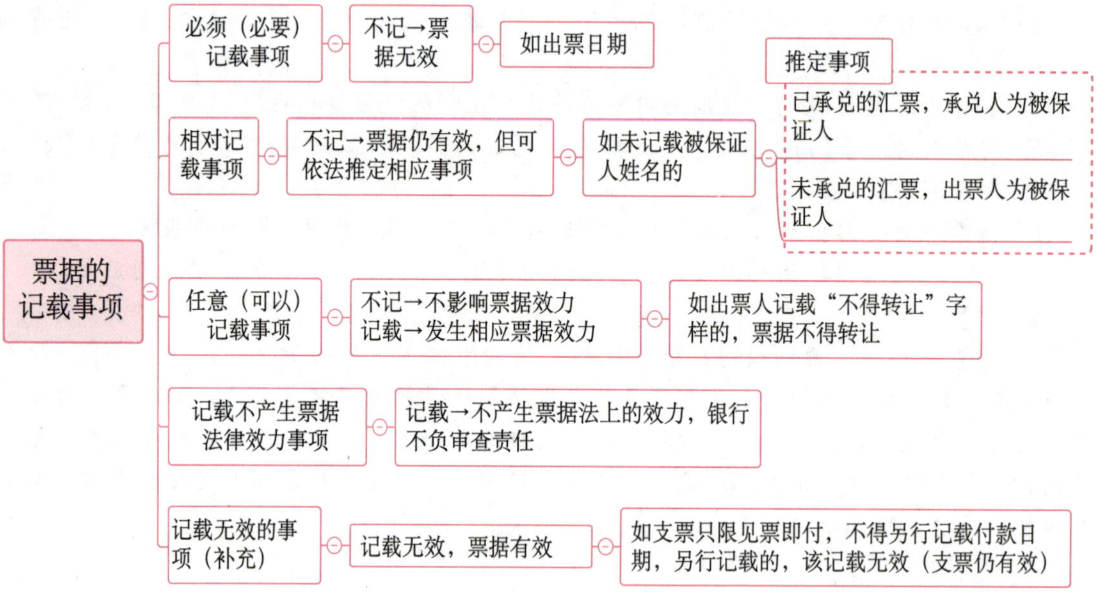

图 3－21　票据的记载事项

3. 出票的效力

票据出票人制作票据，应当按照法定条件在票据上签章，并按照所记载的事项承担票据责任。

出票人签发票据后，即承担该票据承兑或付款的责任。

（二）背书

1. 概念和种类

背书是在票据背面或粘单上记载有关事项并签章的行为，具体如图 3－22 所示。

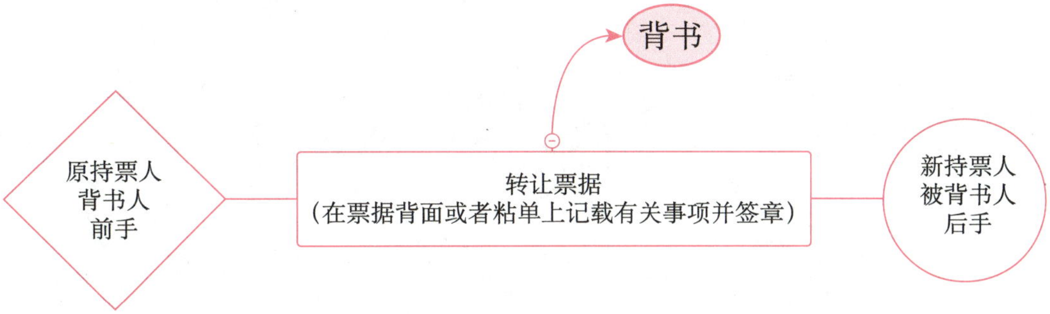

图 3-22　背书的概念

背书行为分为两种：转让背书和非转让背书。

转让背书是指以转让票据权利为目的的背书。

非转让背书是指以授予他人行使一定的票据权利为目的的背书。非转让背书包括委托收款背书和质押背书。

小贴士

委托收款背书和质押背书

（1）委托收款背书（见图 3-23）：应记载“委托收款”字样。

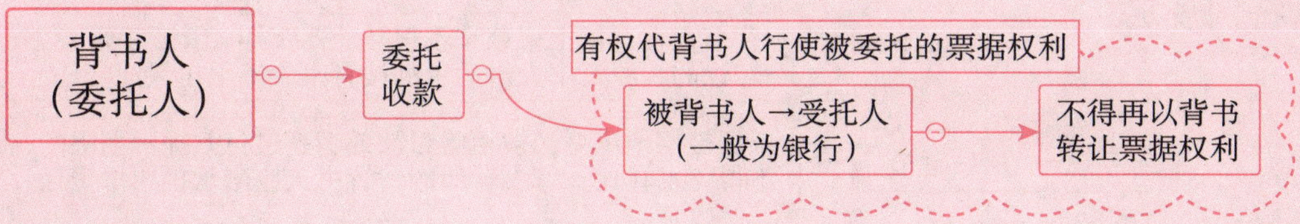

图 3-23　委托收款背书

（2）质押背书（见图 3-24）：应记载“质押”字样。

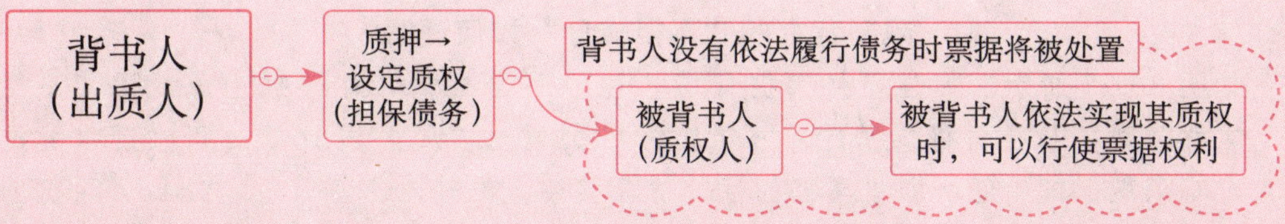

图 3-24　质押背书

2. 背书记载事项

（1）背书由背书人签章并记载背书日期，未记载日期的，视为在票据到期日前背书。

（2）以背书转让或者以背书将一定的票据权利授予他人行使时，必须记载被背书人名称，背书人未记载被背书人名称即将票据交付他人的，持票人在票据被背书人栏内记载自己的名称与背书人记载具有同等法律效力。

背书粘单如图 3-25 所示。

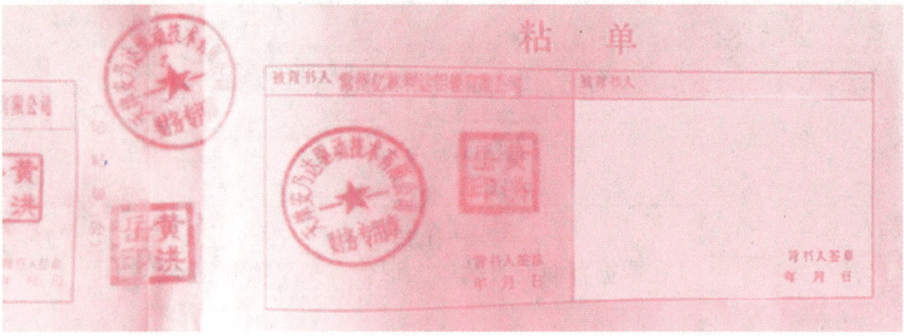

图 3 - 25　背书粘单

3. 背书连续及其效力

背书连续，是指在票据转让中，转让票据的背书人与受让票据的被背书人在票据上的签章依次前后衔接。背书人以背书转让票据后，即承担保证其后手所持票据承兑和付款的责任。

以背书转让的票据，背书应当连续。背书不连续，付款人可以拒绝付款。

4. 背书的特别规定

背书的特别规定包括条件背书、部分背书、限制背书和期后背书，具体如图 3 - 26 所示。

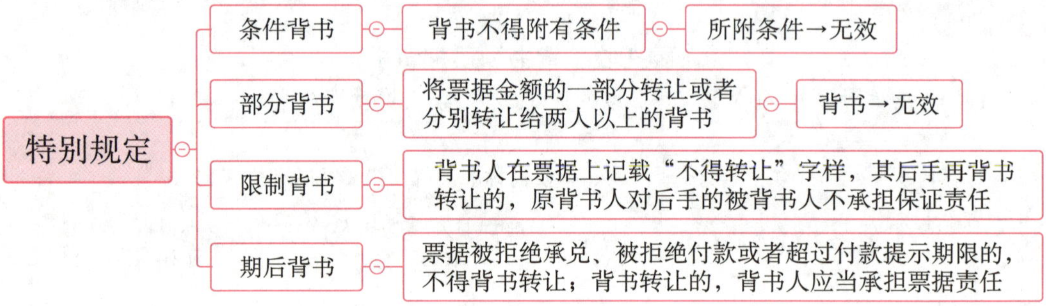

图 3 - 26　背书的特别规定

小贴士

限制背书的“不得转让”如何理解？

如图 3 - 27 所示，A 公司将票据背书转让给 B 公司时，在票据上记载了“不得转让”字样，则当 B 公司将票据再背书转让给 C 公司时，A 公司对 C 公司（后手的被背书人）不承担保证责任，即当票据的付款请求权被拒绝时，C 公司只能向 B 公司行使追索权，无法向 A 公司行使追索权。

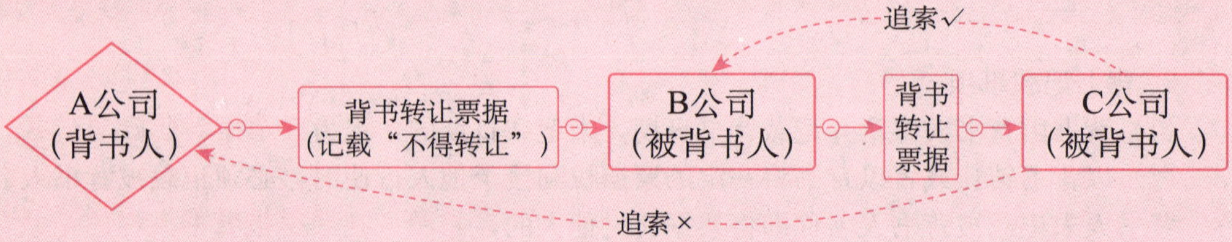

图 3 - 27　限制背书的票据责任

【提示】出票人记载“不得转让”的，票据不得背书转让。

（三）承兑

承兑是指汇票付款人承诺在汇票到期日支付汇票金额并签章的行为，仅适用于商业汇票。承兑程序包括提示承兑、受理承兑、记载承兑事项等，具体如图 3－28 所示。

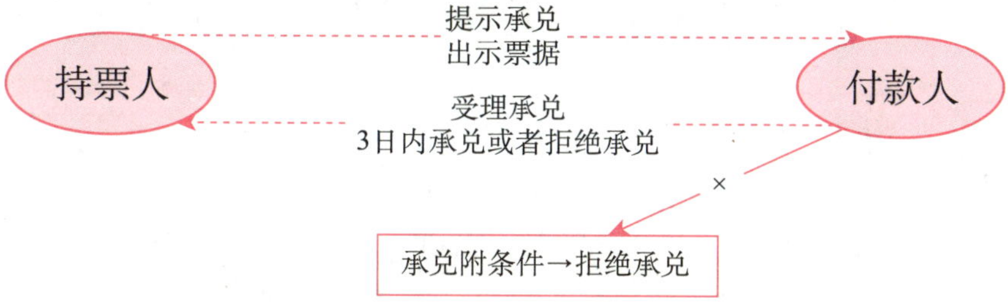

图 3－28　承兑

1. 提示承兑

提示承兑是指持票人向付款人出示汇票，并要求付款人承诺付款的行为。提示承兑的有关规定如表 3－13 所示。

表 3－13　提示承兑期限

票据		提示承兑
商业汇票	定日付款 出票后定期付款	到期日前
	见票后定期付款	出票日起 1 个月内

2. 记载承兑事项

付款人承兑汇票的，应当在汇票正面记载“承兑”字样和承兑日期并签章；见票后定期付款的汇票，应当在承兑时记载付款日期。

汇票未记载承兑日期的，应当以收到提示承兑的汇票之日起 3 日内的最后一日为承兑日期。

3. 承兑效力

汇票未按照规定期限提示承兑的，持票人丧失对其前手的追索权。

付款人承兑汇票后，应当承担到期付款的责任。

（四）保证

1. 保证的概念

保证是指票据债务人以外的人，为担保特定债务人履行票据债务而在票据上记载有关事项并签章的行为。

小贴士

以下人员不能作为票据的保证人

国家机关、以公益为目的的事业单位、社会团体、企业法人的分支机构和职能部门作为票据保证人的，票据保证无效。但经国务院批准为使用外国政府或者国际经济组织贷款进行转贷，国家机关提供票据保证的，以及企业法人的分支机构在法人书面授权范围内提供票据保证的除外。

2. 保证记载事项

保证人必须在票据上或粘单上记载如图 3－29 所示事项。

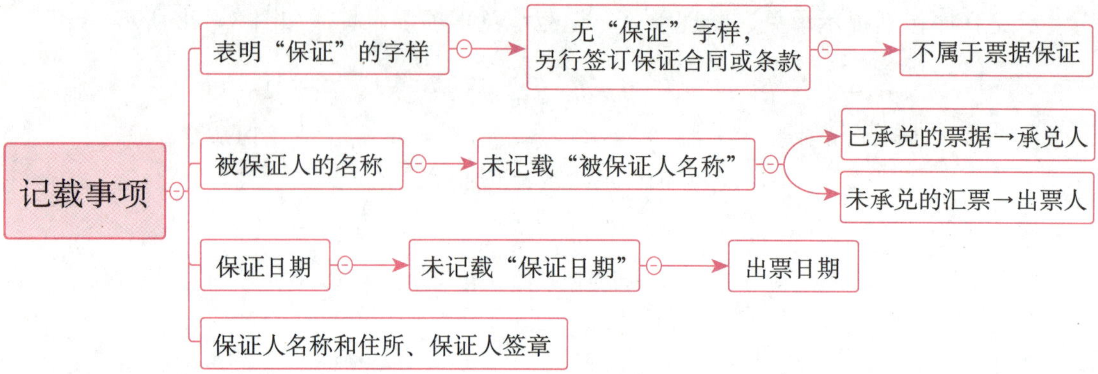

图 3－29 保证记载事项

3. 保证责任的承担

被保证的票据，保证人应当与被保证人对持票人承担连带责任。保证人为两人以上的，保证人之间承担连带责任。

4. 保证效力

保证不得附有条件；附有条件的，不影响对票据的保证责任。

保证人清偿票据债务后，可以行使持票人对被保证人及其前手的追索权。

票据行为附有条件效力的区分如表 3－14 所示。

表 3－14 票据行为附有条件效力的区分

具体行为	效力
背书附有条件	背书有效，条件无效
承兑附有条件	视为拒绝承兑
保证附有条件	不影响对票据的保证责任

票据相关记载日期的区分如表 3－15 所示。

表 3－15 票据相关记载日期的区分

票据日期	记载事项	后果
出票日期	必须	未记载的，则票据行为无效
付款日期	相对	未记载的，视为见票即付
背书日期		未记载的，视为汇票到期日前背书
承兑日期		未记载的，以承兑人收到提示承兑的汇票之日起的第 3 日为承兑日期
保证日期		未记载的，以出票日期为保证日期

【例题】根据支付结算法律制度的规定，下列各项中，属于票据行为的有（　　）。

A. 付款　　B. 背书　　C. 承兑　　D. 出票

【答案】BCD

【解析】票据行为包括出票、背书、承兑和保证。

【考点 4】票据追索★★

（一）票据追索适用的情形

票据追索适用于两种情形，分别为到期后追索和到期前追索，具体如图 3－30 所示。

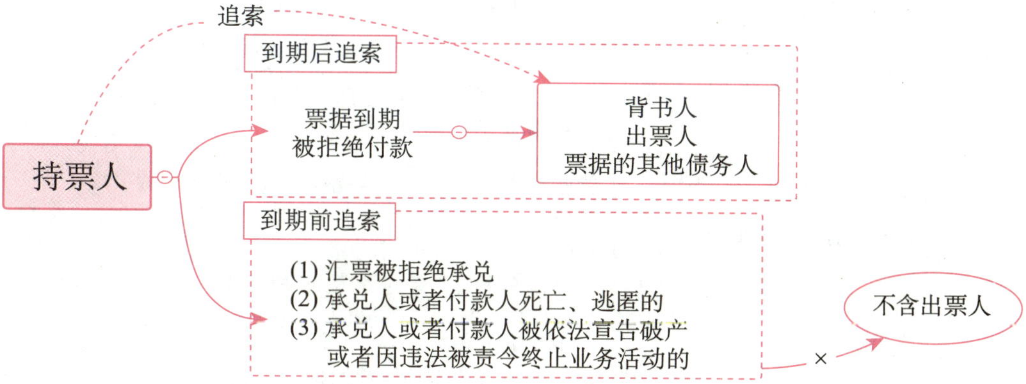

图 3－30　票据追索适用的情形

（二）被追索人的确定

票据的出票人、背书人、承兑人和保证人对持票人承担连带责任。

【提示】不含付款人。

持票人行使追索权，可以不按照票据债务人的先后顺序，对其中任何一人、数人或者全体行使追索权。

持票人对票据债务人中的一人或者数人已经进行追索的，对其他票据债务人仍可以行使追索权。

（三）追索的内容

票据追索的内容如图 3－31 所示。

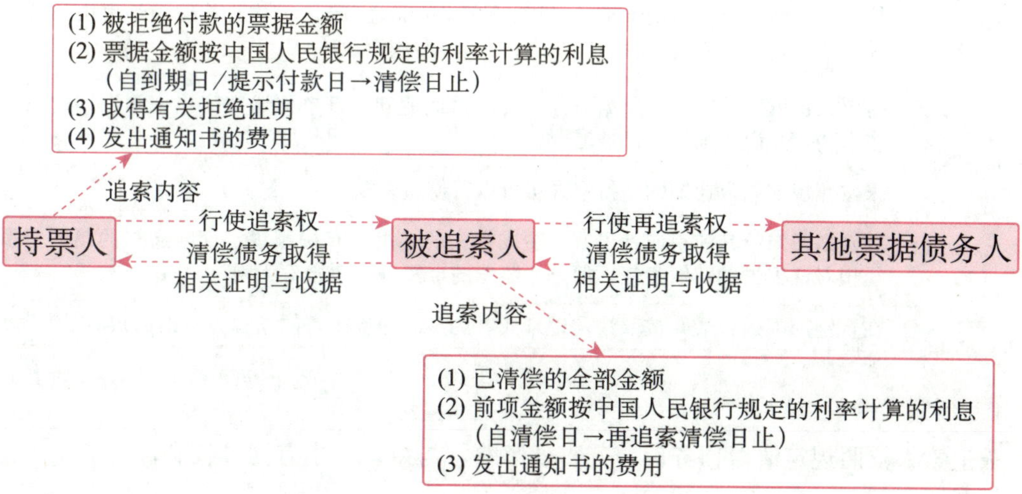

图 3－31　票据追索的内容

（四）追索权的行使

行使追索权的具体规定如表 3－16 所示。

表 3－16 行使追索权的具体规定

<table>
<tr><th>追索权的行使</th><th colspan="2">具体规定</th></tr>
<tr><td rowspan="10">获得有关证明</td><td colspan="2">持票人行使追索权时，应当提供被拒绝承兑/付款的有关证明</td></tr>
<tr><td rowspan="2">持票人提示承兑/提示付款被拒绝的</td><td>承兑人/付款人必须出具拒绝证明/退票理由书</td></tr>
<tr><td>承兑人/付款人未出具拒绝证明/退票理由书的，应当承担由此产生的民事责任</td></tr>
<tr><td>拒绝证明包括事项</td><td>（1）被拒绝承兑、付款的票据种类及其主要记载事项
（2）拒绝承兑、付款的事实依据和法律依据
（3）拒绝承兑、付款的时间
（4）拒绝承兑人、拒绝付款人的签章</td></tr>
<tr><td>退票理由书包括事项</td><td>（1）所退票据的种类
（2）退票的事实依据和法律依据
（3）退票时间
（4）退票人签章</td></tr>
<tr><td rowspan="2">持票人不能取得拒绝证明的</td><td>原因：承兑人/付款人死亡、逃匿或其他原因</td></tr>
<tr><td>解决办法：可以依法取得其他相关证明
（1）医院或者有关单位出具的承兑人、付款人死亡的证明
（2）司法机关出具的承兑人、付款人逃匿的证明
（3）公证机关出具的具有拒绝证明效力的文书
（4）承兑人/付款人被人民法院依法宣告破产的，法院的有关司法文书具有拒绝证明的效力</td></tr>
<tr><td>持票人不出具拒绝证明、退票理由书或其他合法证明的后果</td><td>丧失对其前手的追索权
【提示】承兑人或者付款人仍应当对持票人承担责任</td></tr>
<tr><td rowspan="5">行使追索</td><td colspan="2">持票人应当自收到被拒绝承兑/付款的有关证明之日起3 日内，将被拒绝事由书面通知其前手；其前手应当自收到通知之日起 3 日内书面通知其再前手</td></tr>
<tr><td colspan="2">持票人也可以同时向各票据债务人发出书面通知，该书面通知应当记明汇票的主要记载事项，并说明该汇票已被退票</td></tr>
<tr><td colspan="2">未按照规定期限通知的，持票人仍可以行使追索权</td></tr>
<tr><td colspan="2">因延期通知给其前手或者出票人造成损失的，由没有按照规定期限通知的票据当事人承担对该损失的赔偿责任，但是所赔偿的金额以汇票金额为限</td></tr>
<tr><td colspan="2">在规定期限内将通知按照法定地址或者约定的地址邮寄的，视为发出通知</td></tr>
</table>

（五）追索的效力

被追索人依照规定清偿债务后，其责任解除，与持票人享有同一权利。

小贴士

表 3-17　未按照相关规定造成的法律后果

具体情形	法律后果
未按照规定期限提示承兑	丧失对出票人以外的前手的追索权
未按照规定期限提示付款	丧失对出票人、承兑人以外的前手的追索权
未取得拒绝证明	
未按照规定期限发出追索通知	仍可以行使追索权

【例题】根据支付结算法律制度的规定，关于票据追索权的行使，下列表述中正确的有（　　）。

A. 持票人不能出示拒绝证明或退票理由的，丧失对全部票据债务人的追索权

B. 持票人收到拒绝证明后，应当将被拒绝事由书面通知其前手

C. 汇票被拒绝承兑的，持票人可以行使追索权

D. 持票人可以对出票人、背书人、承兑人和保证人中的任何一人、数人或全体行使追索权

【答案】BCD

【解析】持票人不能出示拒绝证明、退票理由书或者未按照规定期限提供其他合法证明的，丧失对其前手（非全部票据债务人）的追索权。

【考点5】银行汇票★★★

（一）概念和适用范围

1. 概念和种类

银行汇票是出票银行签发的，由其在见票时按照实际结算金额无条件支付给收款人或者持票人的票据（见图 3-32）。

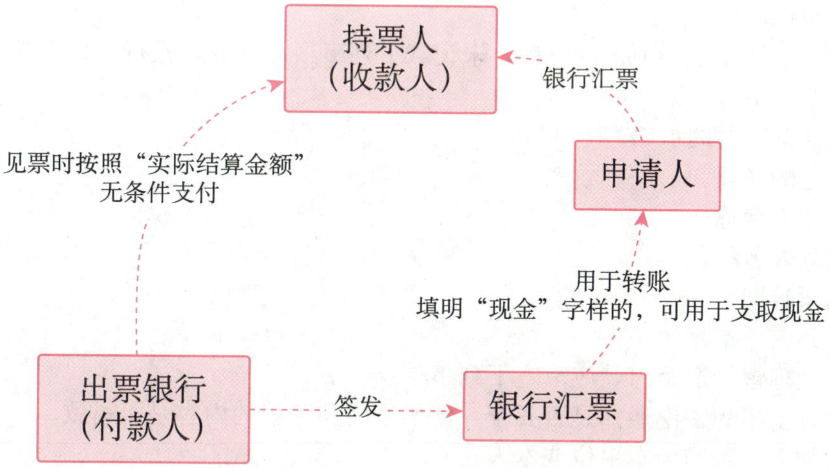

图 3-32　银行汇票的概念

银行汇票票样如图 3 - 33 所示。

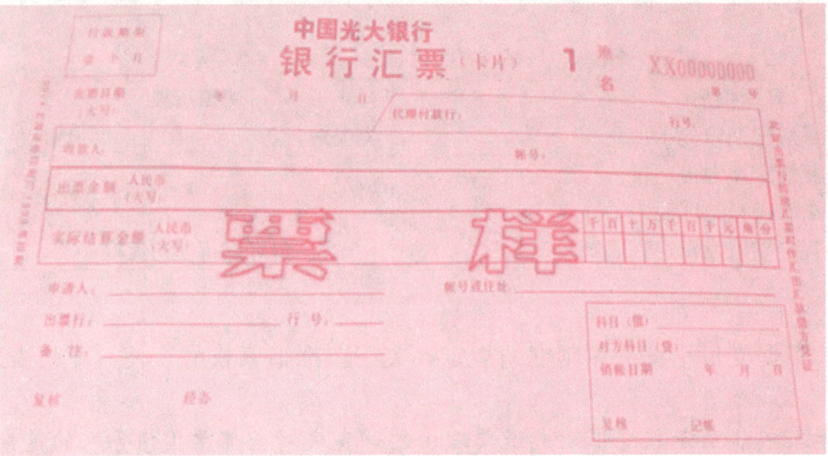

图 3 - 33　银行汇票票样

2. 适用范围

单位和个人各种款项结算，均可使用银行汇票。

（二）银行汇票的出票

银行汇票的出票流程如图 3 - 34 所示。

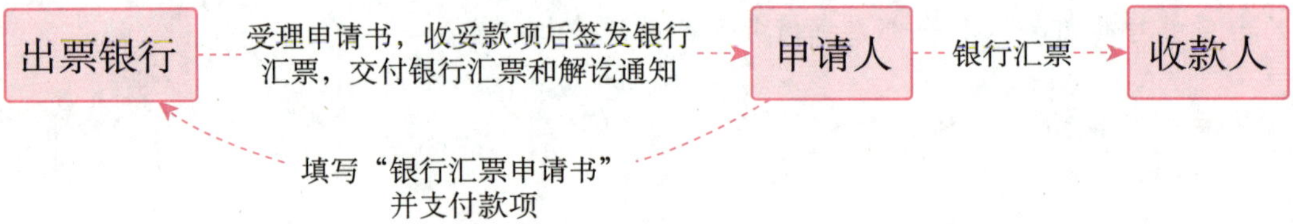

图 3 - 34　银行汇票的出票流程

申请人和收款人均为个人，需要使用银行汇票向代理付款人支取现金，在“出票金额”栏先填写“现金”字样，后填写汇票金额。申请人或者收款人为单位的，银行不得为其签发现金银行汇票。

银行汇票包括以下必须记载事项，未记载下列事项之一的，银行汇票无效：

（1）表明“银行汇票”的字样。

（2）无条件支付的承诺。

（3）确定的金额。

（4）付款人名称。

（5）收款人名称。

（6）出票日期。

（7）出票人签章。

收款人受理银行汇票时，应审查下列事项：

（1）银行汇票和解讫通知是否齐全，汇票号码和记载的内容是否一致。

（2）收款人是否确为本单位或本人。

（3）银行汇票是否在提示付款期限内。

（4）必须记载的事项是否齐全。

（5）出票人签章是否符合规定，大小写出票金额是否一致。

（6）出票金额、出票日期、收款人名称是否更改，更改的其他记载事项是否由原记载人签章证明。

（三）填写实际结算金额

收款人应在出票金额之内，根据实际需要的款项办理结算，并将实际结算金额和多余金额准确、清晰地填入银行汇票和解讫通知的有关栏内，具体情形的处理方式如表 3－18 所示。

表 3－18　实际结算金额的填写

具体情形	处理方式
实际结算金额低于出票金额的	多余金额由出票银行退交申请人
未填写实际结算金额和多余金额的	银行不予受理，且该汇票不得背书转让
实际结算金额超过出票金额的	银行不予受理，且该汇票不得背书转让
更改实际结算金额的	银行汇票无效

（四）银行汇票背书

被背书人受理银行汇票时，除按照收款人接受银行汇票进行相应的审查外，还应审查下列事项：

（1）银行汇票是否记载实际结算金额，有无更改，其金额是否超过出票金额。

（2）背书是否连续，背书人签章是否符合规定，背书使用粘单的是否按规定签章。

（3）背书人为个人时个人的身份证件。

银行汇票的背书转让以不超过出票金额的实际结算金额为准。

（五）银行汇票提示付款

银行汇票提示付款的具体规定如表 3－19 所示。

表 3－19　银行汇票的提示付款

具体情形	处理方式
银行汇票的提示付款期限	自出票日起1个月
持票人向银行提示付款时	须同时提交银行汇票和解讫通知，缺少任何一联，银行不予受理
超过付款期限提示付款的	代理付款人不予受理
持票人超过期限向代理付款银行提示付款不获付款的	须在票据权利时效内向出票银行作出说明，并提供本人身份证件或单位证明，持银行汇票和解讫通知向出票银行请求付款 【提示】持票人对银行汇票出票人的权利自出票日起2年
在银行开立存款账户的持票人向开户银行提示付款时	应在汇票背面“持票人向银行提示付款签章”处签章，签章须与预留银行签章相同，并将银行汇票和解讫通知、进账单送交开户银行
未在银行开立存款账户的个人持票人	可以向任何一家银行机构提示付款

（六）银行汇票退款和丧失

银行汇票退款和丧失的处理方式如表 3－20 所示。

表 3-20　银行汇票退款和丧失的处理方式

具体情形	处理方式
申请人因银行汇票超过付款提示期限或其他原因要求退款时	应将银行汇票和解讫通知同时提交到出票银行
	申请人为单位的，出具该单位的证明
	申请人为个人的，出具本人的身份证件
	【提示】对于代理付款银行查询的要求退款的银行汇票，汇票提示付款期满后方能办理退款
出票银行对于银行汇票的退款	转账汇票的退款转入原申请人账户
	对于符合规定填明“现金”字样银行汇票的退款，退付现金
申请人缺少解讫通知要求退款的	出票银行应于银行汇票提示付款期满 1 个月后办理
银行汇票丧失	失票人可以凭人民法院出具的其享有票据权利的证明，向出票银行请求付款或退款

【例题】根据支付结算法律制度的规定，下列关于银行汇票使用的表述中，正确的是（　　）。

A. 银行汇票不能用于个人款项结算

B. 银行汇票不能支取现金

C. 银行汇票的提示付款期限为自出票日起 1 个月

D. 银行汇票必须按出票金额付款

【答案】C

【解析】选项 A，单位和个人各种款项结算，均可使用银行汇票；选项 B，银行汇票可以用于转账，填明“现金”字样的银行汇票也可以用于支取现金；选项 D，收款人受理申请人交付的银行汇票时，应在出票金额以内，根据实际需要的款项办理结算，并将实际结算金额和多余金额准确、清晰地填入银行汇票和解讫通知的有关栏内。

【考点 6】 商业汇票★★★

（一）概念和适用范围

商业汇票是出票人签发的，委托付款人在指定日期无条件支付确定的金额给收款人或者持票人的票据。商业汇票的种类如图 3-35 所示。

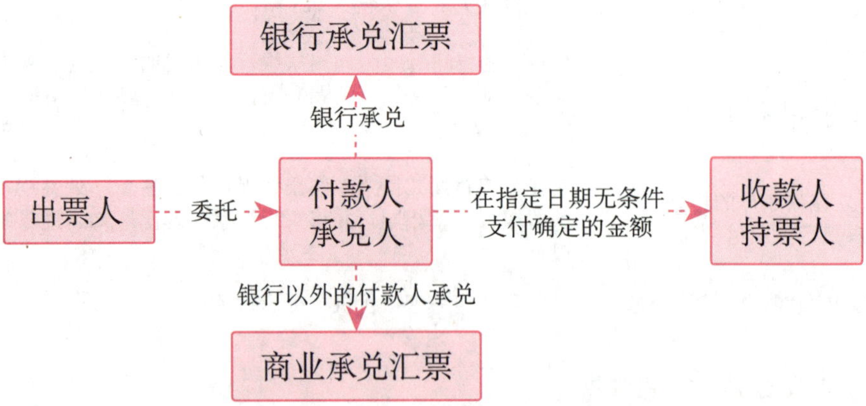

图 3-35　商业汇票的种类

商业汇票，同城、异地均可使用。

电子商业汇票的有关规定如表 3－21 所示。

表 3－21　电子商业汇票的有关规定

汇票	有关规定
电子商业汇票	它是指出票人依托人民银行电子商业汇票系统，以数据电文形式制作的，委托付款人在指定日期无条件支付确定的金额给收款人或者持票人的票据
电子银行承兑汇票	由银行业金融机构、财务公司承兑
电子商业承兑汇票	由金融机构以外的法人或其他组织承兑

在银行开立存款账户的法人及其他组织之间的结算，才能使用商业汇票。

【提示】个人不得签发商业汇票。

商业汇票和电子银行承兑汇票的票样如图 3－36 和图 3－37 所示。

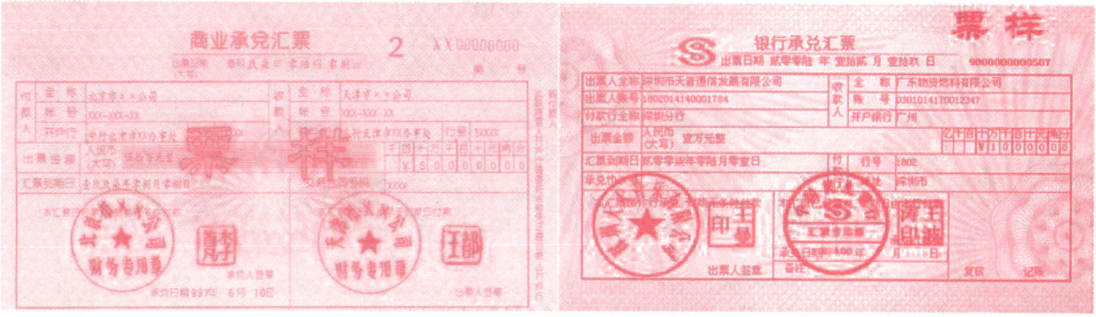

图 3－36　商业汇票票样

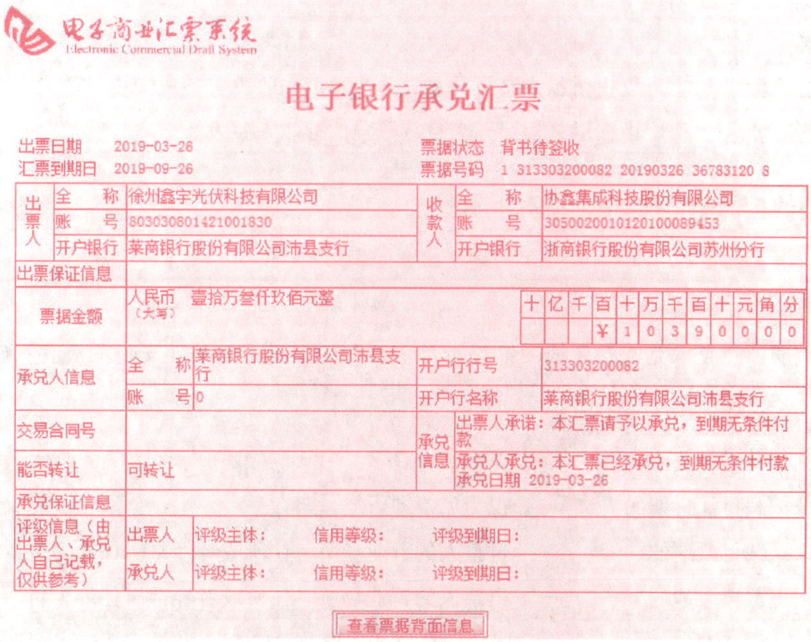
电子商业汇票系统
Electronic Commercial Draft System

电子银行承兑汇票

出票日期　2019-03-26　　票据状态　背书待签收
汇票到期日　2019-09-26　　票据号码　1 313303200082 20190326 36783120 8

出票人	全　称	徐州鑫宇光伏科技有限公司	收款人	全　称	协鑫集成科技股份有限公司
	账　号	803030801421001830		账　号	30500200101201000089453
	开户银行	莱商银行股份有限公司沛县支行		开户银行	浙商银行股份有限公司苏州分行
出票保证信息					
票据金额	人民币（大写）壹拾万叁仟玖佰元整			十亿千百十万千百十元角分	¥ 1 0 3 9 0 0 0 0
承兑人信息	全　称	莱商银行股份有限公司沛县支行	开户行行号	313303200082	
	账　号	0	开户行名称	莱商银行股份有限公司沛县支行	
交易合同号			承兑信息	出票人承诺：本汇票请予以承兑，到期无条件付款	
能否转让	可转让			承兑人承兑：本汇票已经承兑，到期无条件付款 承兑日期 2019-03-26	
承兑保证信息					
评级信息（由出票人、承兑人自己记载，仅供参考）	出票人	评级主体：	信用等级：	评级到期日：	
	承兑人	评级主体：	信用等级：	评级到期日：	

查看票据背面信息

图 3－37　电子银行承兑汇票票样

（二）商业汇票的出票

（1）出票人的资格条件如表 3－22 所示。

表 3－22　商业汇票出票人的资格条件

商业汇票出票人	具体规定
商业承兑汇票的出票人	为在银行开立存款账户的法人以及其他组织，并与付款人具有真实的委托付款关系，具有支付汇票金额的可靠资金来源
银行承兑汇票的出票人	必须是在承兑银行开立存款账户的法人以及其他组织，并与承兑银行具有真实的委托付款关系，资信状况良好，具有支付汇票金额的可靠资金来源
办理电子商业汇票业务	除了上述条件，还应同时具备签约开办对公业务的企业网银等电子服务渠道、与银行签订《电子商业汇票业务服务协议》。 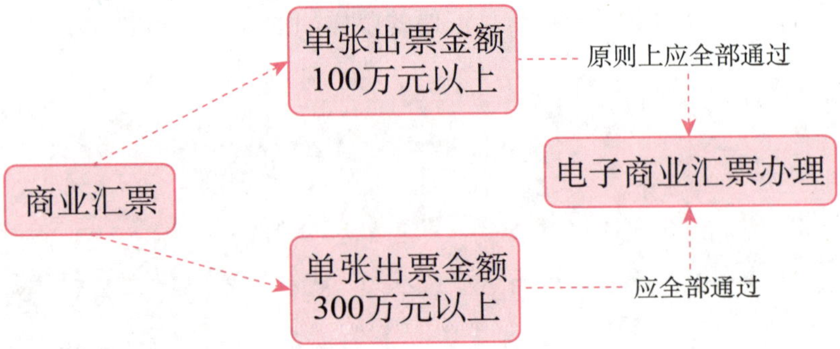

（2）出票人的确定如表 3－23 所示。

表 3－23　商业汇票出票人的确定

票据	出票人
商业承兑汇票	可以由付款人签发并承兑，也可以由收款人签发交由付款人承兑
银行承兑汇票	应由在承兑银行开立存款账户的存款人签发

（3）出票的记载事项如表 3－24 所示。

表 3－24　出票的记载事项

事项	具体规定	
必须记载事项	表明“商业承兑汇票”或“银行承兑汇票”的字样；无条件支付的委托；确定的金额；付款人名称；收款人名称；出票日期；出票人签章 【提示】电子商业汇票出票除了必须记载上列事项，还需记载：表明“电子银行承兑汇票”或“电子商业承兑汇票”的字样、出票人名称、票据到期日	
相对记载事项	未记载付款日期的	视为见票即付
	未记载付款地的	付款人的营业场所、住所或者经常居住地为付款地
	未记载出票地的	出票人的营业场所、住所或者经常居住地为付款地
	【提示】见票即付的汇票无须提示承兑；见票即付的汇票自出票日起1个月内提示付款	

续表

事项	具体规定
付款期限记载形式	（1）定日付款的汇票付款期限自出票日起计算，并在汇票上记载具体的到期日 （2）出票后定期付款的汇票付款期限自出票日起按月计算，并在汇票上记载 （3）见票后定期付款的汇票付款期限自承兑或拒绝承兑日起按月计算，并在汇票上记载
付款期限	纸质商业汇票的付款期限，最长不得超过6个月
	电子承兑汇票期限自出票日至到期日不超过1年 【提示】电子承兑汇票的出票日是指出票人记载在电子商业汇票上的出票日期

（三）商业汇票的承兑

商业汇票可以在出票时向付款人提示承兑后使用，也可以在出票后先使用再向付款人提示承兑，不同情形的处理方式如表3－25所示。

表3－25　商业汇票的承兑

具体情形	处理方式
银行承兑汇票的出票人或持票人向银行提示承兑时	银行按照有关规定和审批程序进行认真审查，必要时可由出票人提供担保 【提示】对于电子商业汇票的审核，可以进行在线审核
付款人拒绝承兑的	必须出具拒绝承兑的证明
付款人承兑汇票后	应当承担到期付款的责任
银行承兑汇票的承兑银行	应按票面金额向出票人收取万分之五的手续费

（四）票据信息登记与电子化

（1）纸质商业承兑汇票完成承兑后，承兑人的开户银行应当受承兑人委托代其进行承兑信息登记，若承兑信息未能及时登记的，持票人有权要求承兑人补充登记承兑信息。纸质票据的票面信息与登记信息不一致时，以纸质票据票面信息为准。

（2）纸质票据贴现前，金融机构办理承兑、质押、保证等业务，应当于业务办理的次一工作日前在上海票据交易所（票据市场基础设施）完成相关信息的登记工作。

（3）电子商业汇票的签发、承兑、质押、保证和贴现等信息应当通过电子商业汇票系统同步传送至上海票据交易所。

（五）商业汇票的贴现

1．贴现的概念

贴现是指票据持票人在票据未到期前为获得现金向银行贴付一定利息而发生的票据转让行为（见图3－38）。贴现按照交易方式，可分为买断式贴现和回购式贴现。

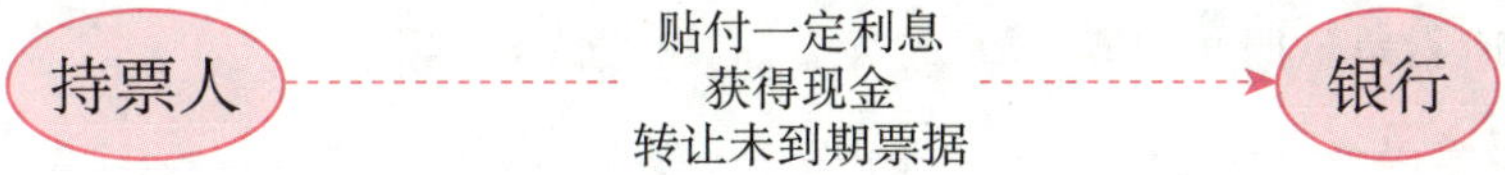

图3－38　票据贴现

2. 贴现的基本规定

（1）贴现条件。

1）票据未到期。

2）票据未记载“不得转让”事项。

3）持票人为在银行开立存款账户的企业法人以及其他组织。

4）与出票人或者直接前手之间具有真实的商品交易关系。

5）提供与其直接前手之间进行商品交易的增值税发票和商品发运单据复印件。

【提示】电子商业汇票贴现必须记载：贴出人名称、贴入人名称、贴现日期、贴现类型、贴现利率、实付金额、贴出人签章。

电子商业汇票回购式贴现赎回应作成背书，并记载：原贴出人名称、原贴入人名称、赎回日期、赎回利率、赎回金额、原贴入人签章。当事人在办理回购式贴现业务时，应明确赎回开放日、赎回截止日。

贴现人办理纸质票据贴现后，应当在票据上记载“已电子登记权属”等字样，该票据不再以纸质形式背书转让、设立质押或者其他交易行为。贴现人可以按市场化原则选择商业银行对纸质票据进行保证增信，保证增信行对纸质票据进行保管，并对贴现人的偿付责任先行偿付。

小贴士

付款确认形式

纸质票据贴现后，其保管人可以向承兑人发起付款确认。付款确认可以采用实物确认或者影像确认，两者具有同等效力。

承兑人收到票据影像确认请求或者票据实物后，应当在3个工作日内作出或者委托其开户行作出统一或者拒绝到期付款的应答。

（2）贴现利息的计算

贴现利息的计算如表 3－26 所示。

表 3－26　贴现利息的计算

地区	计算公式
同城	票面金额×日利率×（贴现日至到期日前 1 日的天数）＝贴现利息
异地	票面金额×日利率×（贴现日至到期日前 1 日的天数＋3）＝贴现利息

（3）贴现的收款

贴现到期，贴现银行应向付款人收取票款。不获付款的，贴现银行应向其前手追索票款。

贴现银行追索票款时可从申请人的存款账户直接收取票款。

（六）票据交易

票据交易包括转贴现、质押式回购和买断式回购等。各票据方式的具体含义如表 3－27 所示。

表 3-27　各票据方式的具体含义

交易方式	具体含义
转贴现	卖出方将未到期的已贴现票据向买入方转让的交易行为
质押式回购	正回购方在将票据出质给逆回购方融入资金的同时，双方约定在未来的某一个日期，由正回购方按约定金额向逆回购方返还资金、逆回购方向正回购方返还原出质票据的交易行为
买断式回购	正回购方将票据卖给逆回购方的同时，双方约定在未来某一日期，正回购方再以约定价格从逆回购方手里买回票据的交易行为

小贴士

质押式回购和买断式回购

质押式回购：甲公司将票据出质给乙公司并从乙公司处融入资金，双方约定在未来的某一个日期，甲公司返还乙公司约定金额的资金，乙公司向甲公司返还原票据。其中甲公司即为正回购方，乙公司为逆回购方（等同于用**票据换取现金**）。

买断式回购：甲公司将票据出售给乙公司，并且双方约定在将来某一日期，甲公司再以约定价格从乙公司购买回该票据。其中甲公司为正回购方，乙公司为逆回购方（等同于**将票据当掉，到期再赎回**）。

（七）商业汇票的到期处理

1. 到期后的偿付顺序

票据到期后的偿付顺序如表 3-28 所示。

表 3-28　商业汇票到期后的偿付顺序

承兑人付款确认	保证增信	偿付顺序
×	×	若承兑人未付款，由贴现人先行偿付
×	√	若承兑人未付款，由保证增信行先行偿付；保证增信行未付款，由贴现人先行偿付
√	×	应当由承兑人付款；承兑人未付款的，由贴现人先行偿付
√	√	应当由承兑人付款；若承兑人未付款，由保证增信行先行偿付；保证增信行未付款，由贴现人先行偿付

2. 提示付款

（1）持票人在提示付款期内通过开户银行委托收款或直接向付款人提示付款。对异地委托收款的，持票人可匡算邮程，提前通过开户银行委托收款。

（2）持票人超过提示付款期限提示付款的，持票人开户银行不予受理，但在作出说明后，承兑人或者付款人仍应当继续对持票人承担付款责任。

（3）电子商业汇票的提示付款日是指提示付款申请的指令进入人民银行电子商业汇票系统的日期。

(4) 持票人依照规定提示付款的，付款人必须在当日足额付款。

3. 办理付款或拒绝付款

(1) 商业承兑汇票的付款

付款人提前收到由其承兑的商业汇票，应通知银行于汇票到期日付款。银行应于汇票到期日将票款划给持票人。

商业承兑汇票的付款具体如图 3－39 所示。

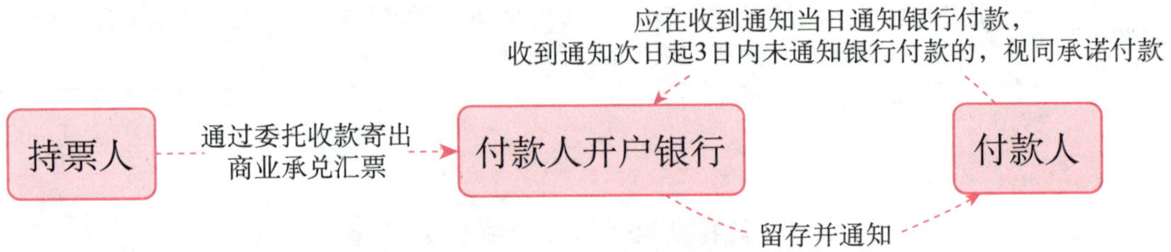

图 3－39　商业承兑汇票的付款

电子商业汇票的拒绝付款日、追索行为的发生日、承兑、背书、保证、质押解除、付款和追索清偿行为的发生日是指相应的指令进入人民银行电子商业汇票系统的日期。

(2) 银行承兑汇票的付款

银行承兑汇票的出票人应于汇票到期前将票款足额交存其开户银行。

承兑银行应在汇票到期日或到期日后的见票当日支付票款。

银行承兑汇票的出票人于汇票到期日未能足额交存票款时，承兑银行除凭票向持票人无条件付款外，对出票人尚未支付的汇票金额按照每天万分之五计收利息。

【提示】付款人或承兑银行存在合法抗辩事由拒绝支付的，应自接到通知或接到商业汇票的次日起 3 日内，作成拒绝付款证明，连同商业汇票邮寄持票人开户银行转交持票人。

【例题 1】根据支付结算法律制度的规定，电子承兑汇票付款期限自出票日至到期日不得超过一定期限，该期限为（　　）。

A. 6 个月　　B. 1 年　　C. 3 个月　　D. 2 年

【答案】B

【解析】电子承兑汇票付款期限自出票日至到期日不超过 1 年。

【例题 2】根据支付结算法律制度的规定，下列关于电子银行承兑汇票持票人向银行申请办理贴现条件的表述中，不正确的是（　　）。

A. 持票人与出票人或者直接前手之间具有真实的商品交易关系

B. 票据必须未到期

C. 必须向银行提供合同与发票

D. 票据上必须未记载“不得转让”事项

【答案】C

【解析】商业汇票的持票人向银行办理贴现必须具备下列条件：票据未到期（选项 B 正确）；票据未记载“不得转让”事项（选项 D 正确）；在银行开立存款账户的企业法人以及其他组织；与出票人或者直接前手之间具有真实的商品交易关系（选项 A 正确）。企业申请电子银行承兑汇票贴现的，无须向金融机构提供合同、发票等资料，C 项的表述过于绝对。

【考点7】银行本票★★★

（一）概念和适用范围

1. 概念

银行本票是指出票人签发的，承诺自己在见票时无条件支付确定的金额给收款人或持票人的票据（见图 3－40）。

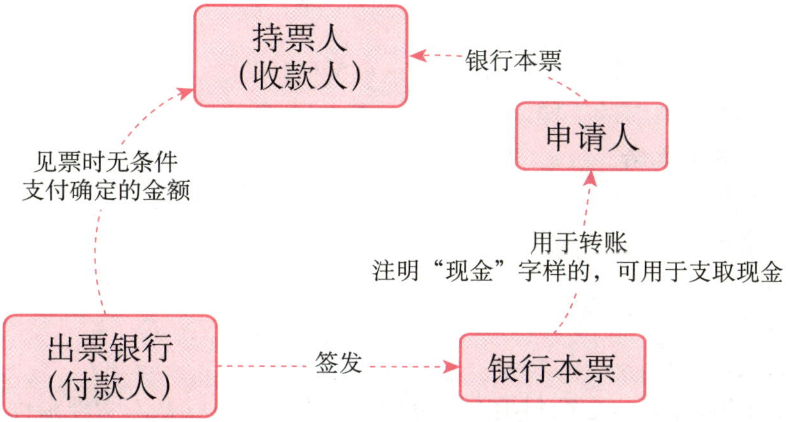

图 3－40　银行本票的概念

银行本票票样如图 3－41 所示。

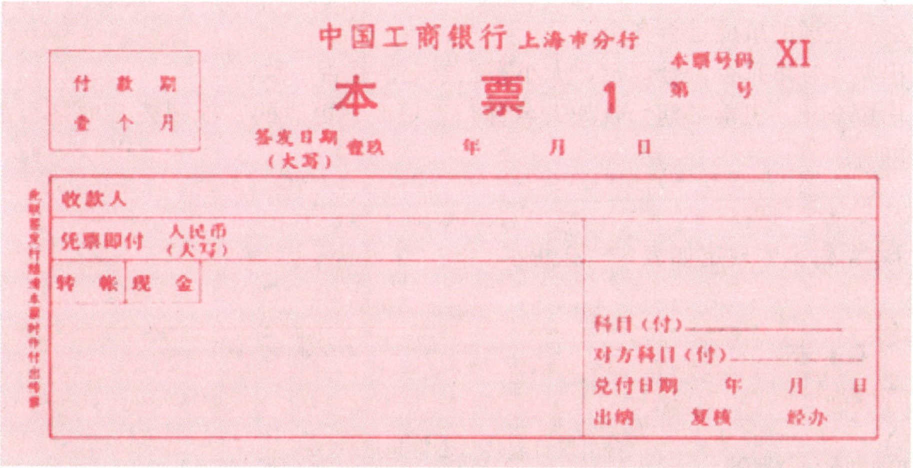

图 3－41　银行本票票样

2. 适用范围

单位和个人在同一票据交换区域需要支付各种款项，均可以使用银行本票。

（二）银行本票的出票

银行本票出票的流程如图 3－42 所示。

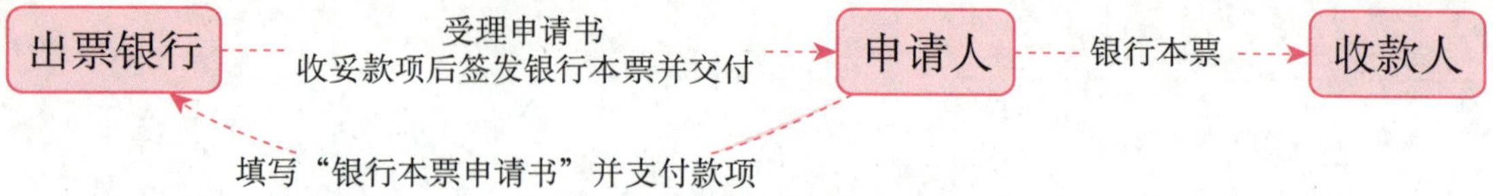

图 3-42　银行本票的出票

（1）申请人和收款人均为个人，需要支取现金的，应在“金额”栏先填写“现金”字样，后填写支付金额。申请人或者收款人为单位的，不得申请签发现金银行本票。

【提示】此规定与银行汇票规定一致。

（2）银行本票必须记载下列事项，欠缺记载下列事项之一的，银行本票无效：

1）表明“银行本票”的字样。

2）无条件支付的承诺。

3）确定的金额。

4）收款人名称。

5）出票日期。

6）出票人签章。

【提示】此处不须记载“付款人名称”。

（3）申请人应将银行本票交付给本票上记明的收款人，收款人受理银行本票时，应审查下列事项：

1）收款人是否确为本单位或本人。

2）银行本票是否在提示付款期限内。

3）必须记载的事项是否齐全。

4）出票人签章是否符合规定，大小写出票金额是否一致。

5）出票金额、出票日期、收款人名称是否更改，更改的其他记载事项是否由原记载人签章证明。

（三）银行本票的付款

银行本票付款的规定如表 3-29 所示。

表 3-29　银行本票付款规定

具体情形	处理方式
银行本票见票即付	
银行本票的提示付款期限	自出票日起最长不得超过2个月 【提示】银行汇票的提示付款期限自出票日起最长不得超过1个月
本票的出票人在持票人提示见票时，必须承担付款的责任	
持票人超过提示付款期限不获付款的	在票据权利时效内向出票银行作出说明，并提供本人身份证件或单位证明，持银行本票向出票银行请求付款
在银行开立存款账户的持票人向开户银行提示付款时	应在银行本票背面“持票人向银行提示付款签章”处签章，签章须与预留银行签章相同，并将银行本票、进账单送交开户银行。银行审查无误后办理转账

续表

具体情形	处理方式
未在银行开立存款账户的个人持票人	凭注明“现金”字样的银行本票向出票银行支取现金的，应在银行本票背面签章，记载本人身份证件名称、号码及发证机关，并交验本人身份证件及其复印件

（四）银行本票的退款和丧失

银行本票退款和丧失的处理方式如表3-30所示。

表3-30 银行本票退款和丧失的处理方式

具体情形	处理方式
申请人因银行本票超过付款提示期限或其他原因要求退款时	应将银行本票提交到出票银行
	在本行开立存款账户的申请人→将款项转入原申请人账户
	现金银行本票和未在本行开立存款账户的申请人→退付现金
银行本票丧失	失票人可以凭人民法院出具的其享有票据权利的证明，向出票银行请求付款或退款

【例题1】根据支付结算法律制度的规定，关于银行本票使用的下列表述中，不正确的是（　　）。

A. 银行本票的出票人在持票人提示见票时，必须承担付款的责任

B. 银行本票只限于单位使用，个人不得使用

C. 注明“现金”字样的银行本票可以用于支取现金

D. 收款人可以将银行本票背书转让给背书人

【答案】B

【解析】单位和个人在同一票据交换区域需要支付各种款项，均可以使用银行本票。

【例题2】甲公司向P银行申请签发一张银行本票交付乙公司。下列票据事项中，乙公司在收票时应当审查的有（　　）。

A. 大小写金额是否一致

B. 出票金额是否更改

C. 银行本票是否在提示付款期限内

D. 收款人是否为乙公司

【答案】ABCD

【解析】收款人受理银行本票时，应审查下列事项：收款人是否确为本单位或本人；银行本票是否在提示付款期限内；必须记载的事项是否齐全；出票人签章是否符合规定，大小写出票金额是否一致；出票金额、出票日期、收款人名称是否更改，更改的其他记载事项是否由原记载人签章证明。

【考点8】 支票★★★

（一）概念、种类和适用范围

1. 概念和种类

支票是指出票人签发的、委托办理支票存款业务的银行在见票时无条件支付确定的金额给收款人或持票人的票据。支票的概念和种类如图 3－43 所示。

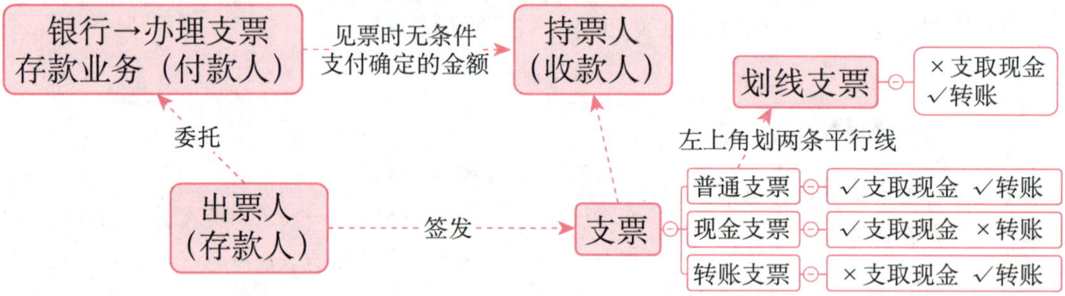

图 3－43 支票的概念和种类

各类支票的票样如图 3－44 和图 3－45 所示。

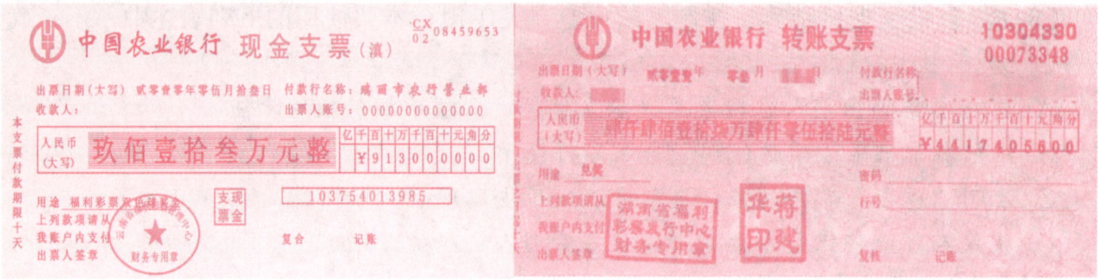

图 3－44 现金支票与转账支票

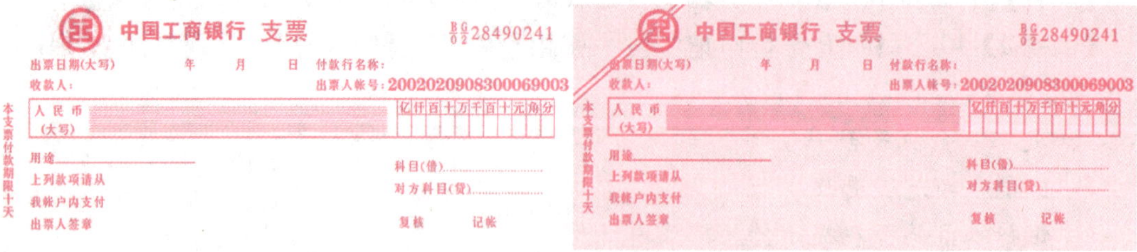

图 3－45 普通支票与划线支票

2. 适用范围

单位和个人在同一票据交换区域的各种款项结算，均可以使用支票。全国支票影像系统支持全国使用。

（二）支票的出票

支票的出票流程如图 3－46 所示。

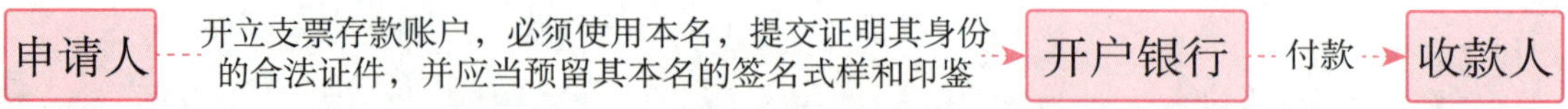

图 3－46 支票的出票

1. 支票的必须记载事项

签发支票必须记载下列事项，欠缺记载下列事项之一的，支票无效：

（1）表明“支票”的字样。

（2）无条件支付的委托。

（3）确定的金额。

（4）付款人的名称。

（5）出票日期。

（6）出票人签章。

【提示】支票的付款人为支票上记载的出票人开户银行。

小贴士

支票的授权补记

（1）支票的金额、收款人名称可以由出票人授权补记，未补记前不得背书转让和提示付款。

（2）出票人可以在支票上记载自己为收款人。

2. 支票的相对记载事项

支票的相对记载事项如图3-47所示。

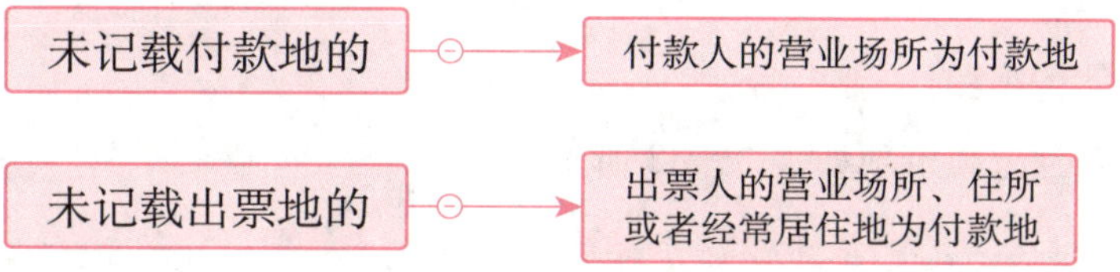

图3-47　支票的相对记载事项

此外，支票上可以记载非法定记载事项，但这些事项并不发生支票上的效力。

3. 签发支票的注意事项

（1）出票人签发支票时所签发的支票金额不得超过其付款时在付款人处实有的存款金额，若超过存款金额，为空头支票。禁止签发空头支票。

（2）支票上出票人预留的银行签章是银行审核支票付款的依据。出票人不得签发与其预留银行签章不符的支票。

小贴士

支票上出票人的签章

（1）出票人为单位的→与该单位在银行预留签章一致的财务专用章或公章加其法定代表人或者授权的代理人的签名或盖章；

（2）出票人为个人的→与该个人在银行预留签章一致的签名或者盖章。

（三）支票的付款

支票的付款规定如表3-31所示。

表 3-31 支票的付款规定

项目		具体规定
提示付款	方式	持票人可以委托开户银行（作委托收款背书）或直接向付款人提示付款 【提示】用于支取现金的支票仅限于收款人向付款人提示付款
	期限	自出票日起10日
付款	责任	出票人必须按照签发的支票金额承担保证向该持票人付款的责任
		出票人在付款人处的存款足以支付支票金额时，付款人应当在见票当日足额付款
		付款人依法支付支票金额的，对出票人不再承担受托付款的责任，对持票人不再承担付款的责任 【提示】付款人以恶意或者有重大过失付款的除外

【例题】下列属于支票授权补记的有（　　）。

A. 出票日期　　B. 金额

C. 收款人名称　　D. 付款人名称

【答案】BC

【解析】支票的金额、收款人名称，可以由出票人授权补记，未补记前不得背书转让和提示付款。

【考点9】票据易混点辨析★★★

（一）各类票据出票时记载事项

各类票据出票时记载事项如表 3-32 所示。

表 3-32 各类票据出票时记载事项

记载事项	内容	汇票	本票	支票
必须记载事项	表明“××”的字样	√	√	√
	无条件支付的委托/承诺	√	√	√
	确定的金额	√	√	授权补记
	付款人名称	√	出票人为付款人	√
	收款人名称	√	√	授权补记
	出票日期	√	√	√
	出票人签章	√	√	√
相对记载事项	付款日期	√	见票即付	见票即付
	付款地	√	√	√
	出票地	√	√	√

（二）各类票据权利时效的区分

各类票据权利时效的区分如表 3-33 所示。

表 3-33　各类票据权利时效

<table>
<tr><th colspan="2" rowspan="2">票据类型</th><th rowspan="2">提示承兑期限（商业汇票）</th><th rowspan="2">提示付款期限</th><th rowspan="2">票据权利的消灭时效</th><th colspan="2">对一般前手的追索权</th></tr>
<tr><th>首次追索</th><th>再追索</th></tr>
<tr><td rowspan="3">商业汇票</td><td>定日付款</td><td rowspan="2">到期日前</td><td rowspan="3">到期日起 10 日（纸质商业汇票的付款期限，最长不得超过 6 个月。电子承兑汇票期限自出票日至到期日不超过 1 年）</td><td rowspan="3">到期日起 2 年</td><td rowspan="6">被拒绝承兑或者被拒绝付款之日起 6 个月</td><td rowspan="6">清偿日或者被提起诉讼之日起 3 个月</td></tr>
<tr><td>出票后定期付款</td></tr>
<tr><td>见票后定期付款</td><td>出票日起 1 个月内</td></tr>
<tr><td colspan="2">银行汇票</td><td>——</td><td>出票日起 1 个月内</td><td>出票日起 2 年</td></tr>
<tr><td colspan="2">银行本票</td><td>——</td><td>出票日起不超过 2 个月</td><td>出票日起 2 年</td></tr>
<tr><td colspan="2">支票</td><td>——</td><td>出票日起 10 日内</td><td>出票日起 6 个月</td></tr>
</table>

【例题】根据支付结算法律制度的规定，下列关于票据提示付款期限的表述中，正确的是（　　）。

A. 支票的提示付款期限是自出票日起 1 个月

B. 银行汇票的提示付款期限是自出票日起 1 个月

C. 商业汇票的提示付款期限是自到期日起 1 个月

D. 银行本票的提示付款期限是自出票日起 1 个月

【答案】B

【解析】支票的提示付款期限自出票日起 10 日；商业汇票的提示付款期限，自汇票到期日起 10 日；银行本票的提示付款期限自出票日起最长不得超过 2 个月。

同步练习

【1-多选】根据支付结算法律制度的规定，下列关于票据权利时效的表述中，正确的有（　　）。

A. 持票人对前手的追索权，自被拒绝承兑或者拒绝付款之日起 6 个月

B. 持票人对银行汇票出票人的权利自出票日起 1 年

C. 持票人对商业汇票承兑人的权利自票据到期日起 1 年

D. 持票人对支票出票人的权利自出票日起 6 个月

【2-单选】根据支付结算法律制度的规定，关于票据追索权行使的下列表述中，正确的是（　　）。

A. 持票人不得在票据到期前追索

B. 持票人应当按照票据的承兑人、背书人、保证人和出票人的顺序行使追索权

C. 持票人在行使追索权时，应当提供被拒绝承兑或拒绝付款的有关证明

D. 持票人应当向票据的出票人、背书人、承兑人和保证人同时追索

【3-多选】根据支付结算法律制度的规定，下列关于商业汇票出票的表述中，正确的有（　　）。

A. 商业承兑汇票可以由收款人签发

B. 签发银行承兑汇票必须记载付款人名称

C. 银行承兑汇票应由承兑银行签发

D. 商业承兑汇票可以由付款人签发

【4-多选】根据票据法律制度的规定，下列各项中，关于票据提示付款期限的说法，正确的有（　　）。

A. 银行本票的提示付款期限自出票日起最长 10 日

B. 银行汇票的提示付款期限自出票日起 10 日

C. 商业汇票的提示付款期限自到期日起 10 日

D. 支票的提示付款期限自出票起 10 日

答案及解析

1. 【答案】AD

【解析】持票人对商业汇票承兑人的权利自票据到期日起 2 年，持票人对银行汇票出票人的权利自出票日起 2 年。

2. 【答案】C

【解析】在票据到期日前，出现特定情形的，持票人可以行使追索权；持票人行使追索权，可以不按照票据债务人的先后顺序，对其中任何一人、数人或者全体行使追索权。

3. 【答案】ABD

【解析】商业承兑汇票可以由付款人签发并承兑，也可以由收款人签发交由付款人承兑。签发商业汇票必须记载下列事项：表明“商业承兑汇票”或“银行承兑汇票”的字样、无条件支付的委托、确定的金额、付款人名称、收款人名称、出票日期、出票人签章。银行承兑汇票应由在承兑银行开立存款账户的存款人签发。

4. 【答案】CD

【解析】银行本票的提示付款期限自出票日起最长不得超过 2 个月。银行汇票的提示付款期限自出票日起 1 个月。

第四节　银行卡

本节考点

1. 银行卡的概念和分类（熟悉银行卡的分类）
2. 银行卡账户和交易（熟悉银行卡交易规定）
3. 银行卡计息与收费（熟悉银行卡计息与收费）
4. 银行卡收单（掌握银行卡收单流程和收费）

【考点1】 银行卡的概念和分类★

（一）银行卡的概念

银行卡是指经批准由商业银行（含邮政金融机构）向社会发行的信用支付工具，银行卡具有消费信用、转账结算、存取现金等全部或部分功能。

（二）银行卡的分类

银行卡的分类如图 3－48 所示。

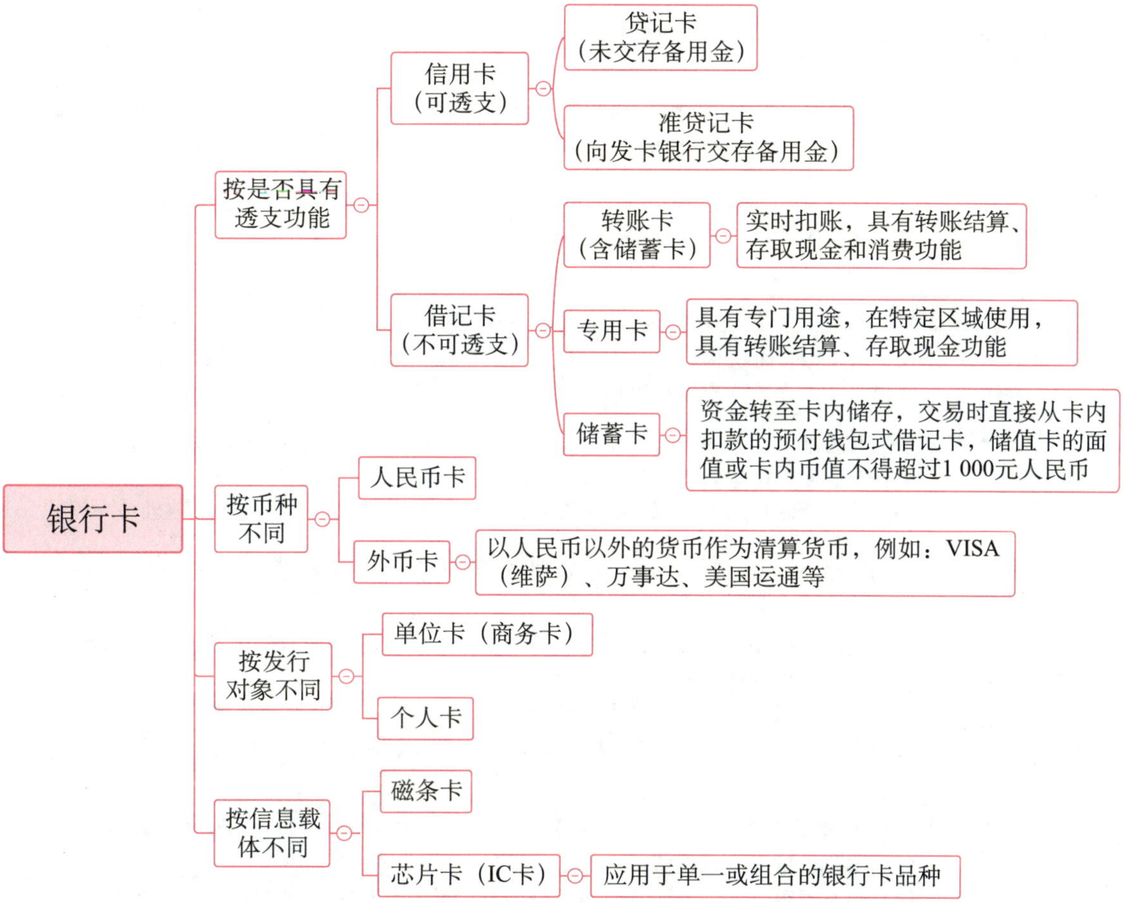

图 3－48 银行卡的分类

小贴士

贷记卡和准贷记卡

（1）贷记卡：发卡银行给予持卡人一定的信用额度，持卡人可在信用额度内先消费、后还款的信用卡。

（2）准贷记卡：持卡人须先按发卡银行要求交存一定金额的备用金，当备用金账户余额不足支付时，可在发卡银行规定的信用额度内透支的信用卡。

【例题】下列各项中，属于按是否具有透支功能对银行卡分类的是（　　）。

A. 磁条卡与芯片卡　　B. 人民币卡与外币卡

C. 信用卡与借记卡　　D. 单位卡与个人卡

【答案】C

【解析】按是否具有透支功能，银行卡可以分为信用卡与借记卡。

【考点2】银行卡账户和交易★★

（一）银行卡申领、注销和丧失

银行卡账户开立流程如图3-49所示。

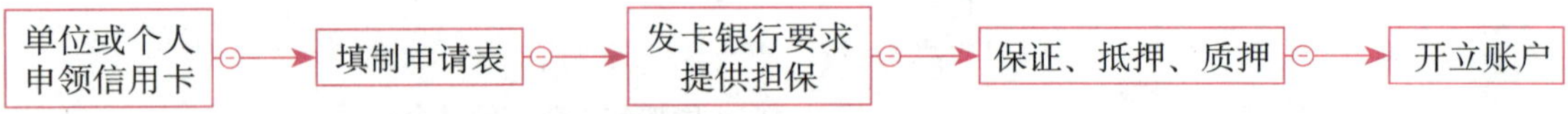

图3-49　银行卡账户开立流程

银行卡的申领、注销和丧失的具体规定如表3-34所示。

表3-34　银行卡的申领、注销和丧失

情形		具体规定
申领	单位	在中国境内金融机构开立基本存款账户的单位应当凭中国人民银行核发的开户许可证或企业基本存款账户编号申领单位卡
		单位人民币卡账户的资金一律从其基本存款账户转账存入，不得存取现金，不得将销货收入存入单位卡账户 单位外币卡账户的资金应从其单位外汇账户转账存入，不得在境内存取外币现钞
	个人	个人申领银行卡（储值卡除外）应当提供本人有效身份证件，经发卡银行审查合格后，开立记名账户
		个人人民币卡账户的资金以其持有的现金存入或以其工资性款项、属于个人的合法的劳务报酬、投资回报等收入转账存入 个人外币卡账户的资金以其个人持有的外币现钞存入或从其外汇账户（含外钞账户）转账存入，该外汇账户及存款应符合国家外汇管理局的有关规定
		个人贷记卡申请基本条件： （1）年满18周岁，有固定职业和稳定收入，工作单位和户口在常住地的城乡居民 （2）填写申请表，并在持卡人处亲笔签名 （3）向发卡银行提供本人及附属卡持卡人、担保人的身份证复印件
	【提示】银行卡及其账户只限经发卡银行批准的持卡人本人使用，不得出租和转借；严禁将单位的款项转入个人卡账户存储	
注销		持卡人在还清全部交易款项、透支本息和有关费用后，可申请办理销户 销户时，单位人民币卡账户的资金应当转入其基本存款账户，单位外币卡账户的资金应当转回相应的外汇账户，不得提取现金 发卡行受理注销之日起45日后，被注销信用卡账户方能清户
丧失		持卡人丧失银行卡，应立即持本人身份证件到发卡银行或代办银行申请挂失，并按规定提供有关情况

（二）银行卡交易的基本规定

（1）单位人民币卡可办理商品交易和劳务供应款项的结算，但不得透支。

（2）信用卡预借现金业务的具体规定如表 3-35 所示。

表 3-35　信用卡预借现金业务

<table>
<tr><th>情形</th><th colspan="2">具体规定</th></tr>
<tr><td rowspan="3">现金提取</td><td colspan="2">它是指持卡人通过柜面和自动柜员机（ATM）等自助机具，以现钞形式获得信用卡预借现金额度内资金</td></tr>
<tr><td rowspan="2">通过自助机具提取现金每卡每日限额</td><td>信用卡≤1 万元</td></tr>
<tr><td>借记卡≤2 万元</td></tr>
<tr><td>现金转账</td><td colspan="2">持卡人将信用卡预借现金额度内资金划转到本人银行结算账户
【提示】发卡机构不得将该资金划转至其他信用卡，以及非持卡人的银行结算账户或支付账户</td></tr>
<tr><td>现金充值</td><td colspan="2">持卡人将信用卡预借现金额度内资金划转到本人在非银行支付机构开立的支付账户
【提示】发卡机构可自主确定是否提供现金充值服务，并协议约定每卡每日限额</td></tr>
</table>

（3）贷记卡持卡人以非现金交易的，可以享受免息还款期和最低还款额待遇，待遇的条件和标准由发卡机构自主确定。

免息还款期：银行记账日到发卡银行规定的到期还款日的日期。

最低还款额：持卡人在到期还款日前偿还所使用全部银行款项有困难的，可按照发卡银行规定的最低还款额还款。

（4）发卡银行可通过以下途径追偿透支款项和诈骗款项：

1）扣减持卡人保证金。

2）依法处理抵押物和质押物。

3）向保证人追偿透支款项。

4）通过司法机关的诉讼程序进行追偿。

【提示】不允许采取冻结持卡人银行账户的方式。

【例题】下列情形中，符合银行卡管理规定的有（　　）。

A. 20 周岁的赵某丢失借记卡后即持本人身份证到发卡行挂失

B. 刘某在还清全部交易款项、透支本息和有关费用后申请信用卡销户

C. 王某将本人的信用卡转借给李某使用

D. 15 周岁的张某申请个人贷记卡

【答案】AB

【解析】信用卡不可以转借他人使用，C 选项错误；张某未满 18 周岁不得申请贷记卡，D 选项错误。

【考点 3】 银行卡计息与收费★★

（一）计息

银行卡的计息标准如图 3-50 所示。

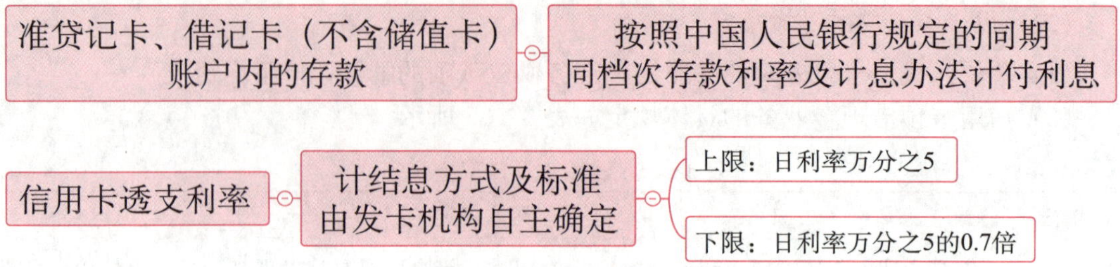

图 3-50　银行卡的计息标准

发卡机构应当在信用卡协议中用显著方式提示持卡人有关信用卡利率标准和计结息方式、免息还款期和最低还款额待遇的条件和标准，以及向持卡人收取违约金的详细情形与标准等和持卡人有重大利害关系的事项，并确保持卡人充分知悉和确认接受。

其中，对于信用卡利率标准应当注明日利率和年利率。

（二）利率调整可以销户的规定

发卡机构调整信用卡利率标准的，应至少提前 45 个自然日按照约定的方式通知持卡人。持卡人有权在新利率标准生效之日前选择销户，并按协议偿还相关款项。

（三）信用卡违约金的规定

取消了信用卡滞纳金。

对于持卡人违约逾期未还款的行为，发卡机构应当与持卡人通过协议约定是否收取违约金以及相关的收取方式和标准。发卡机构向持卡人提供超过授信额度用卡服务的，不得收取超限费。

其中发卡机构对向持卡人收取的违约金和年费、取现手续费、货币兑换费等服务费用不得计收利息。

【例题】根据支付结算法律制度的规定，关于信用卡计息和收费的下列表述中，正确的是（　　）。

A. 发卡机构向信用卡持卡人按约定收取违约金，不计收利息

B. 发卡机构向信用卡持卡人提供超过授信额度用卡的，应收取超限费

C. 发卡机构向信用卡持卡人收取的取现手续费，计收利息

D. 发卡机构向信用卡持卡人收取的年费，计收利息

【答案】A

【解析】发卡机构对向持卡人收取的违约金和年费、取现手续费、货币兑换费等服务费用不得计收利息；发卡机构向持卡人提供超过授信额度用卡服务的，不得收取超限费。

【考点 4】银行卡收单★

（一）银行卡清算市场

银行卡清算市场的具体规定如表 3-36 所示。

表 3-36　银行卡清算市场的具体规定

情形	具体规定
银行卡清算机构现状	自 2015 年 6 月 1 日起，我国放开银行卡清算市场，符合条件的内外资企业均可以申请在中国境内设立银行卡清算机构
申请流程	在中国境内从事银行卡清算业务，境外支付机构、第三方支付机构、银行等符合条件的机构应当向中国人民银行提出申请，经中国人民银行征求银监会同意后予以批准，依法取得业务许可证
条件	申请成为银行卡清算机构的，注册资本不低于10 亿元人民币
当前的银行卡清算机构	中国银联股份有限公司，是唯一经国务院同意，由中国人民银行批准设立的银行卡清算机构

（二）银行卡收单业务概念

银行卡收单业务，是指持卡人在银行签约商户那里刷卡消费，银行将持卡人刷卡消费的资金在规定周期内结算给商户，并从中扣取一定比例的手续费。银行卡收单机构与特约商户的具体情况如表 3-37 所示。

表 3-37　银行卡收单机构与特约商户

银行卡收单机构	特约商户
（1）从事银行卡收单业务的银行业金融机构 （2）获得银行卡收单业务许可、为实体特约商户提供银行卡受理并完成资金结算服务的支付机构 （3）获得网络支付业务许可、为网络特约商户提供银行卡受理并完成资金结算服务的支付机构	企事业单位、个体工商户、其他组织、自然人
	（1）实体特约商户：指通过实体经营场所提供商品或服务的特约商户 （2）网络特约商户：指基于公共网络信息系统提供商品或服务的特约商户

（三）银行卡 POS 收单业务交易及结算流程

多功能终端（POS）是安装在特约商户内，为持卡人提供授权、消费、结算等服务的专用电子支付设备，也是能够保证银行交易处理信息安全的实体支付终端。

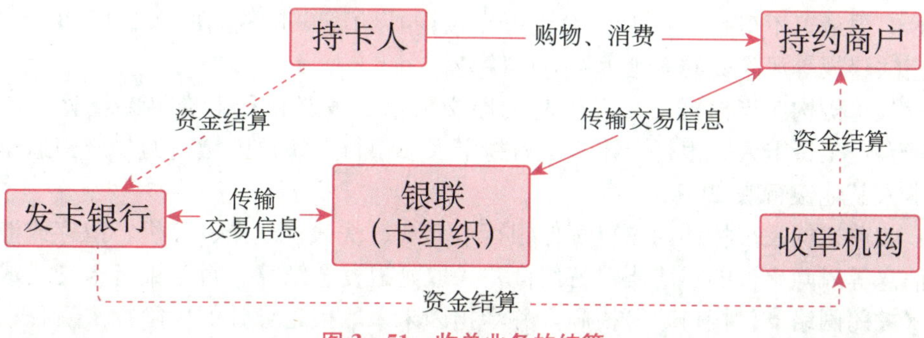

图 3-51　收单业务的结算

目前国内银行卡 POS 交易的转接和资金清算由中国银联负责。

境外银行卡 POS 交易的转接和转接清算由国际发卡组织负责（如维萨国际组织、万事达国际组织等）。

【提示】中国银联每日 23：00 进行日终处理，按成员机构代号进行轧差清算，次日通过现代化支付系统直接拨收成员机构清算资金。成员机构次日从中国银联下载商户交易明细，对商户进行资金入账（已扣减交易手续费）并向特约商户提供交易明细。

（四）银行卡收单业务管理规定

1. 特约商户管理

特约商户管理的具体规定如表 3－38 所示。

表 3－38　特约商户管理的具体规定

要求	具体规定
收单机构拓展特约商户	实行实名制管理，并严格审核特约商户提供的有效身份证件、营业执照等证明文件
签订银行卡受理协议	可受理的银行卡种类、开通的交易类型、收单银行结算账户的设置和变更、资金结算周期、结算手续费标准、差错和纠纷处置等事项，明确双方的权利、义务和违约责任
特约商户收单银行结算账户规定	应当为其同名单位银行结算账户（个体工商户和自然人的，可使用同名个人银行结算账户），或者其指定的、与其存在合法资金管理关系的单位银行结算账户
实体特约商户首单业务	收单机构应当对其进行本地化经营和管理，不得跨省（自治区、直辖市）域开展收单业务
	连锁式经营或集团化管理的特约商户，收单机构或经其授权的特约商户所在地的分支机构可与特约商户签订总对总银行卡受理协议，并严格落实本地化服务和管理责任

2. 业务与风险管理

（1）收单机构应当强化业务和风险管理措施，建立特约商户检查制度、资金结算风险管理制度、收单交易风险监测系统以及特约商户收单银行结算账户设置和变更审核制度等。

（2）收单机构应按照协议约定及时将交易资金结算到特约商户的收单银行结算账户，资金结算时限最迟不得超过持卡人确认可直接向特约商户付款的刷卡日后 30 个自然日，因涉嫌违法违规等风险交易需延迟结算的除外。

（3）收单机构应当根据交易发生时的原交易信息发起银行卡交易差错处理、退货交易，将资金退至持卡人原银行卡账户。若持卡人原银行卡账户已撤销的，应当退至持卡人指定的本人其他银行账户。

（4）收单机构发现特约商户有疑似银行卡套现、洗钱、欺诈、移机、留存或泄露持卡人账户信息等风险事件的，应当对特约商户采取延迟资金结算、暂停银行卡交易或收回受理终端（关闭网络支付接口）等措施，并承担因未采取措施导致的风险损失责任；涉嫌违法犯罪活动的，应当及时向公安机关报案。

（五）结算收费

（1）收单机构向商户收取的收单服务费由收单机构与商户协商确定具体费率。

（2）发卡机构向收单机构收取的发卡服务费不区分商户类别，实行政府指导价、上限管理。费率水平：借记卡交易不超过交易金额的**0.35%**（**单笔收费金额不超过13元**）；贷记卡交易不超过0.45%（贷记卡交易不实行单笔收费封顶控制）。

（3）对于**非营利性**的医疗机构、教育机构、社会福利机构、养老机构、慈善机构刷卡交易，实行发卡行服务费、网络服务费**全额减免**。

【例题】根据支付结算法律制度的规定，下列关于银行卡收单机构对特约商户管理的表述中，正确的有（　　）。

A. 对特约商户实行实名制管理

B. 特约商户是单位的，其收单银行结算账户可以使用个人银行结算账户

C. 对实体特约商户与网络特约商户分别进行风险评级

D. 对实体特约商户收单业务实行本地化经营，不得跨省域开展收单业务

【答案】ACD

【解析】特约商户的收单银行结算账户应当为其同名单位银行结算账户，或其指定的、与其存在合法资金管理关系的单位银行结算账户。

同步练习

【1-单选】根据支付结算法律制度的规定，下列支付工具中，可以透支的是（　　）。

A. 储值卡　　B. 信用卡　　C. 预付卡　　D. 储蓄卡

【2-多选】下列各项中，属于收单机构业务和风险管理措施的有（　　）。

A. 建立资金结算风险管理制度

B. 建立特约商户检查制度

C. 建立对特约商户风险评级制度

D. 建立特约商户收单银行变更审核制度

【3-多选】根据支付结算法律制度的规定，关于银行卡收单业务的下列表述中，正确的有（　　）。

A. 特约商户为个体工商户或自然人的，可以使用其同名个人银行结算账户作为收单银行结算账户

B. 收单机构向特约商户收取的收单服务费由收单机构与特约商户协商确定具体费率

C. 特约商户使用单位银行结算账户作为收单银行结算账户的，收单机构应当审核其合法持有该账户的证明文件

D. 收单机构应当对实体特约商户收单业务进行本地化经营和管理，不得跨省域开展收单业务

答案及解析

1.【答案】B

【解析】银行卡按是否具有透支功能分为信用卡和借记卡（包括储值卡、储蓄卡），前者可以透支，后者不具备透支功能。预付卡不具有透支功能。

2.【答案】ABCD

【解析】四个选项均属于收单机构业务和风险管理措施。

3.【答案】ABCD

【解析】四个选项均符合银行卡收单业务管理规定。

第五节　网上支付

本节考点

1. 网上银行（熟悉网上银行的功能）
2. 第三方支付（了解第三方支付的概念和分类）

【考点1】网上银行★★

（一）网上银行的概念和分类

网上银行也称网络银行，简称“网银”，就是银行在互联网上设立虚拟银行柜台，使传统的银行服务能借助于网络与信息技术手段在互联网上实现。

网上银行又被称为“3A 银行”，因为它不受时间、空间限制，能够在任何时间（Anytime）、任何地点（Anywhere）以任何方式（Anyway）为客户提供金融服务。

网上银行的分类如图 3-52 所示。

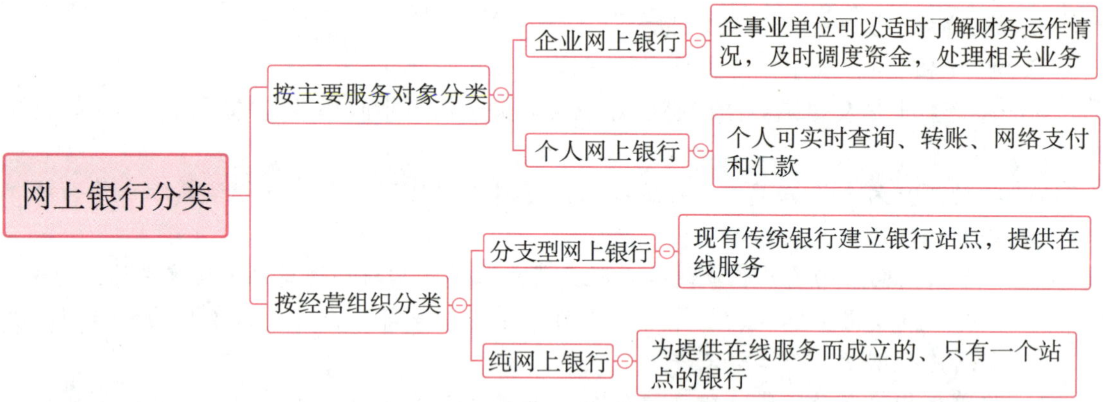

图 3-52　网上银行的分类

（二）网上银行的主要功能

网上银行利用互联网和 HTML 技术，通过互联网能够为客户提供开户、查询、对账、行内转账、跨行转账、信贷、网上证券、投资理财等传统的银行服务项目，包括提供对私、对公的全方位银行业务，还可以为客户提供跨国的支付与清算等其他贸易和非贸易的银行业务服务，使客户可以足不出户就能够安全便捷地管理银行账户。

1. 企业网上银行的功能

企业网上银行包括表 3-39 所示的四种功能。

表 3-39　企业网上银行的功能

功能	相关介绍
账户信息查询	企业客户可以在网上查询账户信息、下载和以电子邮件发送账务信息等，包括账户的昨日余额、当前余额、当日明细和历史明细等
支付指令	将集团与企业内部各分支机构之间、集团与企业之间的账务往来提供给客户，并且支持集团、企业向他行账户进行付款
B2B 网上支付	B2B 指商业机构之间（即企业与企业之间）进行的电子商务活动，为客户提供 B2B 网上支付平台
批量支付	为企业客户提供批量付款（包括同城、异地以及跨行转账业务）、代发工资、一付多收等批量支付功能。企业客户按银行要求生成数据文件并传送给银行，银行负责系统安全及业务处理，并将处理结果反馈回客户

2. 个人网上银行的功能

个人网上银行包括表 3-40 所示的六种功能。

表 3-40　个人网上银行的功能

功能	相关介绍
账户信息查询	客户可以在网上查询账户信息，包括银行卡的人民币余额和活期一本通的不同币种的钞、汇余额，提供银行卡在一定时间段内的历史明细数据查询等；下载明细数据的文本文件；查询网上支付记录
人民币转账业务	提供个人客户本人的或与他人的银行卡之间的转账服务，并且系统严格控制了单笔转账最大限额和当日转账最大限额，一定程度上保障了客户的资金安全
银证转账业务	银行卡客户在网上可通过银证转账，实现银转证、证转银、查询证券资金余额等功能
外汇买卖业务	客户可通过网上银行系统进行外汇买卖，实现外汇即时买卖、外汇委托买卖与撤销委托、查询委托明细、查询外汇买卖历史明细等功能
账户管理业务	系统提供客户对本人网上银行各种权限功能、客户信息的管理以及账户的挂失
B2C 网上支付	B2C 指商业机构对消费者（即企业与消费者之间）进行的在线零售商业活动（例如网上购物等），个人客户可以使用开通了网上支付功能的银行卡进行网上购物的电子支付

（三）网上银行主要业务流程

1. 开户

（1）客户前往银行柜台办理网上银行开户。

（2）客户先网上自助申请开户，再到柜台签约。

网上银行开户流程如图 3-53 所示。

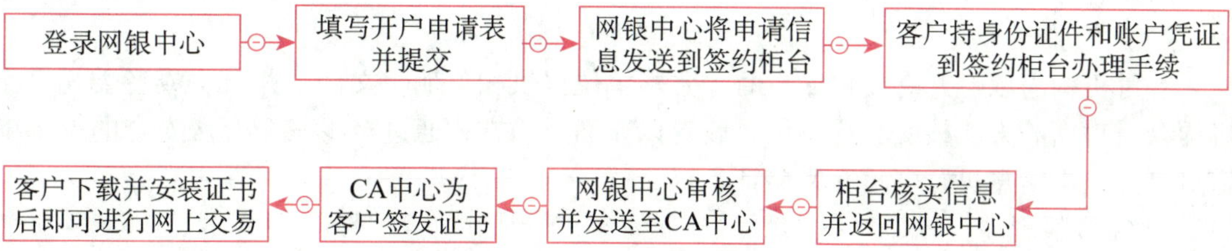

图 3-53　网上银行开户流程

2. 交易

网上银行交易流程如图 3－54 所示。

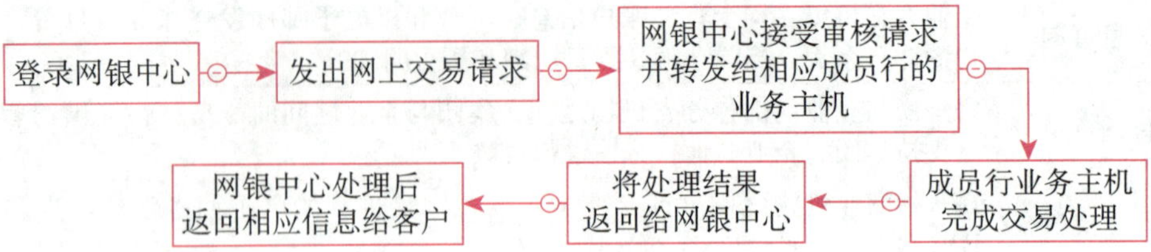

图 3－54　网上银行交易流程

【考点 2】 第三方支付★

（一）第三方支付的概念和种类

第三方支付是指经过中国人民银行批准的，具备一定实力和信誉保障的，从事第三方支付业务的非银行支付机构，通过与网联对接，在用户与银行支付结算系统间建立连接的电子支付模式。

第三方支付不仅仅是互联网支付，而且是一个集线上、线下于一体，提供移动支付（在手机端进行的互联网支付）、电话支付、预付卡支付的综合支付服务工具。

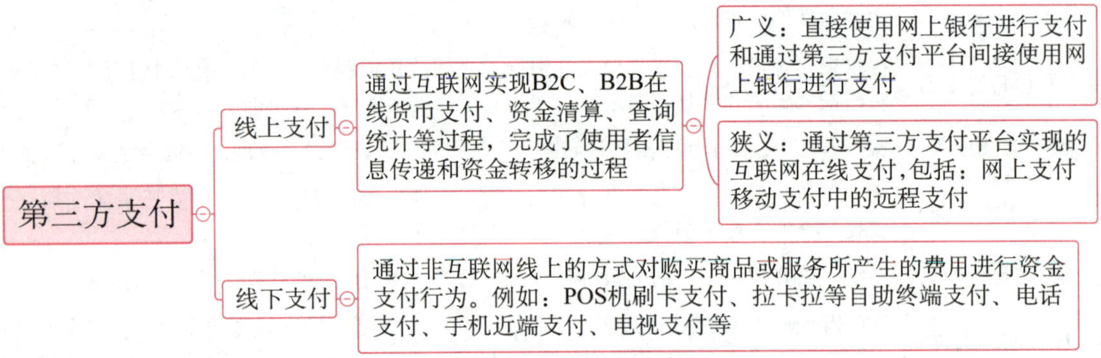

图 3－55　支付方式

第三方支付的特点是独立于商户和银行，为客户提供支付结算服务。

第三方支付的优势是方便快捷、安全可靠、开放创新。

（二）第三方支付的开户要求

1. 户数限制

非银行支付机构（简称“支付机构”）为个人开立支付账户时，同一个人在同一家支付机构只能开立一个Ⅲ类账户。

2. 身份验证

支付机构为单位开立支付账户时，要求单位提供相关证明文件，并自主或者委托合作机构以面对面的方式核实客户身份，或者以非面对面方式通过至少三个合法安全的外部渠道对单位基本信息进行多重交叉验证。

3. 转账限制

支付机构在为单位和个人开立支付账户时，应当与单位和个人签订协议，约定支付账户之间、支付账户与银行账户之间的日累计转账限额和笔数，超出限额和笔数的，不得再办理转账业务。

（三）第三方支付的行业分类及主流品牌

第三方支付机构是为银行业金融机构或其他机构及个人提供电子支付指令交换和计算的法人组织，须获得由中国人民银行颁发的支付业务许可证。

第三方支付的行业分类如图 3－56 所示。

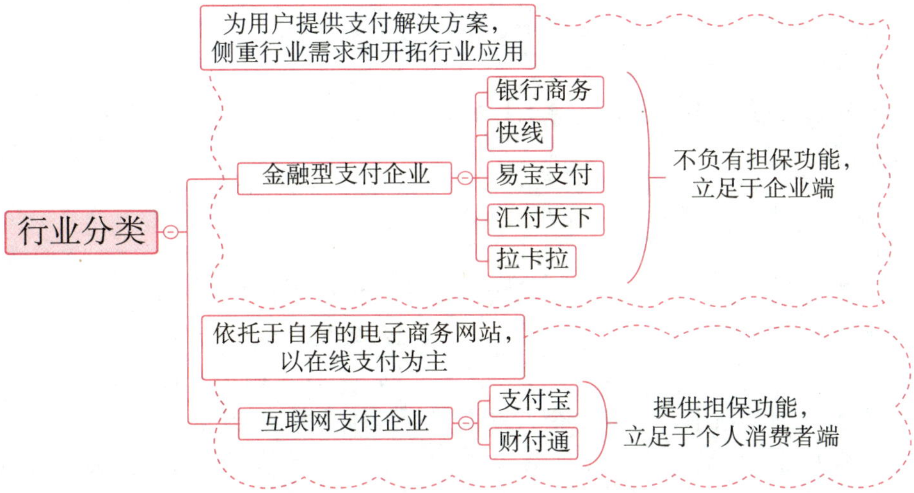

图 3－56　第三方支付的行业分类

（四）第三方支付交易流程

第三方支付的交易流程如图 3－57 所示。

图 3－57　第三方支付的交易流程

下面以图 3－58 所示的 B2C 交易为例进行说明。

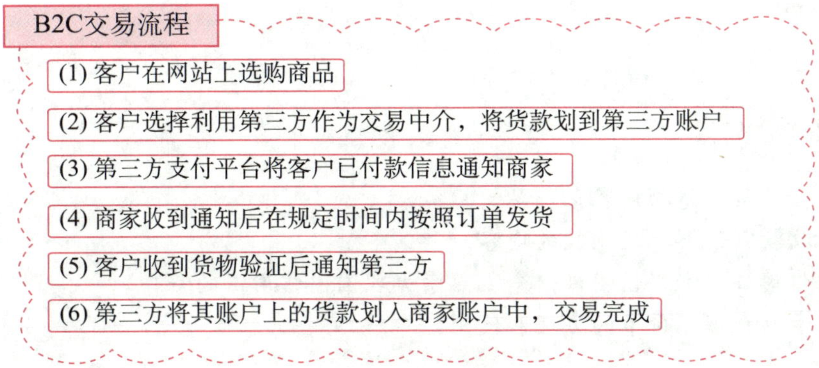

图 3－58　B2C 交易流程

收款人可以在需要时将账户中的资金兑换成实体的银行存款。

第三方平台结算支付模式的资金划拨是在平台内部进行的，此时划拨的是虚拟的资金，真正的实体资金还需要通过实际支付层来完成。

【例题】下列情形中，属于线上支付的是（　　）。

A. 董某在机场购物，使用手机近端支付购物款

B. 吴某在超市购物，使用公交一卡通支付购物款

C. 周某在商场购物，通过 POS 机刷卡支付购物款

D. 郑某网上购物，通过支付宝支付货款

【答案】D

【解析】线上支付包括直接使用网上银行进行的支付和通过第三方支付平台间接使用网上银行进行的支付。

同步练习

【1-单选】根据支付结算法律制度的规定，下列属于线上支付的是（　　）。

A. 网上银行支付
B. 固定电话支付
C. 电视支付
D. POS 机刷卡支付

【2-单选】下列各项中，不属于个人网上银行具体业务功能的是（　　）。

A. 个人账户余额查询
B. 信用卡的购物明细查询
C. B2C 网上支付
D. B2B 网上支付

答案及解析

1. 【答案】A

【解析】选项 B、C、D 属于线下支付。

2. 【答案】D

【解析】B2B 网上支付属于企业网上银行的业务功能。

第六节　结算方式和其他支付工具

本节考点

1. 汇兑（了解汇兑的内容）
2. 委托收款（了解委托收款的内容）
3. 国内信用证（掌握信用证概念、熟悉办理国内信用证的程序）
4. 预付卡（掌握预付卡的办理和使用）

【考点1】 汇兑★★

(一) 汇兑的概念和分类

汇总是汇款人委托银行将其款项支付给收款人的结算方式（见图 3-59）。

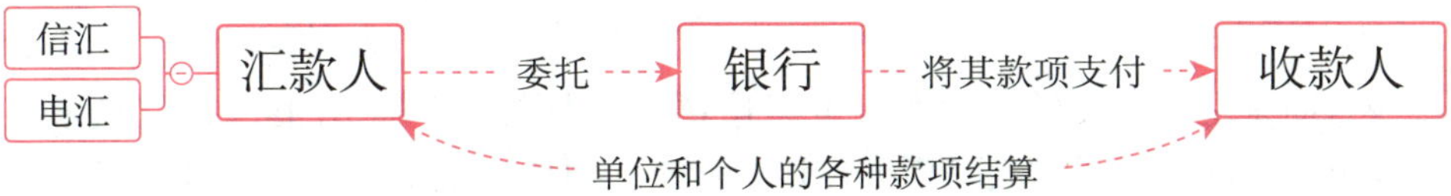

图 3-59 汇兑的概念

小贴士

信汇和电汇的含义

(1) 信汇：以邮寄方式将汇款凭证转给外地收款人指定的汇入行。

(2) 电汇：以电报方式将汇款凭证转发给收款人指定的汇入行（更快捷）。

(二) 办理汇兑的程序

1. 签发汇兑凭证必须记载下列事项：

(1) 表明“信汇”或“电汇”的字样。

(2) 无条件支付的委托。

(3) 确定的金额。

(4) 收款人名称。

(5) 汇款人名称。

(6) 汇入地点、汇入行名称。

(7) 汇出地点、汇出行名称。

(8) 委托日期。

(9) 汇款人签章。

【提示】汇兑凭证记载的收款人、汇款人在银行开立存款账户的，必须记载其银行账户账号。

2. 汇出行、汇入行受理流程

汇出行和汇入行的受理流程如图 3-60 所示。

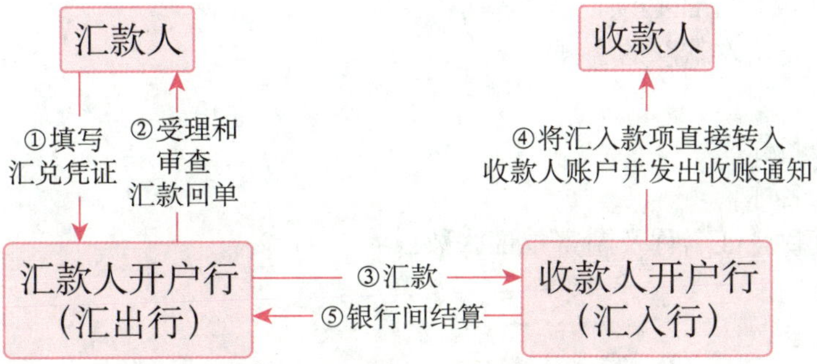

图 3-60 汇出行和汇入行的受理流程

小贴士

银行**汇款回单**只能作为**汇出银行受理汇款的依据**，不能作为该笔汇款已经转入收款人账户的证明。**收账通知**是汇入银行**将款项确已收入收款人账户的凭据**。

（三）汇兑的撤销

汇出银行尚未汇出款项的，汇款人可以申请汇兑的撤销。汇出银行查明确未汇出款项的，汇款人出具正式函件或本人身份证件，银行收回原信、电汇回单，方可办理汇兑撤销。

【例题】根据支付结算法律制度的规定，下列关于办理汇兑业务的表述中，正确的有（　　）。

A. 汇款回单可以作为该笔汇款已转入收款人账户的证明

B. 汇款回单是汇出银行受理汇款的依据

C. 汇兑凭证记载的汇款人、收款人在银行开立存款账户的，必须记载其账号

D. 收账通知是银行将款项确已转入收款人账户的凭据

【答案】BCD

【解析】汇款回单只能作为汇出银行受理汇款的依据，不能作为该笔汇款已转入收款人账户的证明；汇兑凭证记载的汇款人、收款人在银行开立存款账户的，必须记载其账号；收账通知是银行将款项确已转入收款人账户的凭据。

【考点2】委托收款★★

（一）委托收款的概念和适用范围

委托收款是收款人委托银行向付款人收取款项的结算方式（见图3－61）。

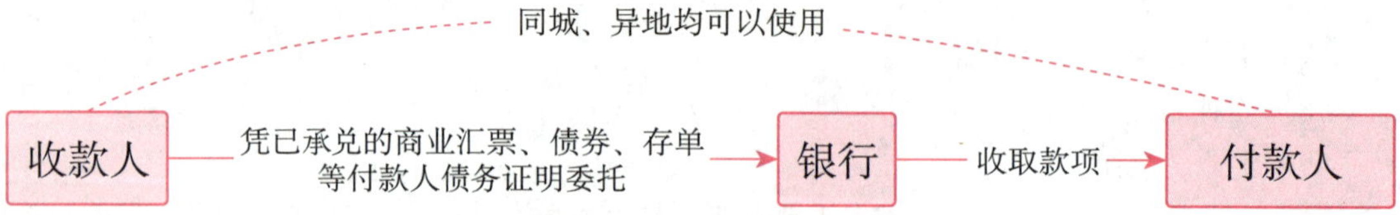

图3－61　委托收款的概念

（二）办理委托收款的程序

1. 签发委托收款凭证必须记载下列事项：

（1）表明“委托收款”的字样。

（2）确定的金额。

（3）付款人名称。

（4）收款人名称。

（5）委托收款凭证名称及附寄单证张数。

（6）委托日期。

（7）收款人签章。

欠缺记载上述事项之一的，银行不予受理。

小贴士

其他记载事项

委托收款以银行以外的单位为付款人的，必须记载付款人开户银行名称。

以银行以外的单位或在银行开立存款账户的个人为收款人的，必须记载收款人开户银行名称。

未在银行开立存款账户的个人为收款人的，必须记载被委托银行名称。

2. 委托收款流程

委托收款的办理流程如图 3－62 所示。

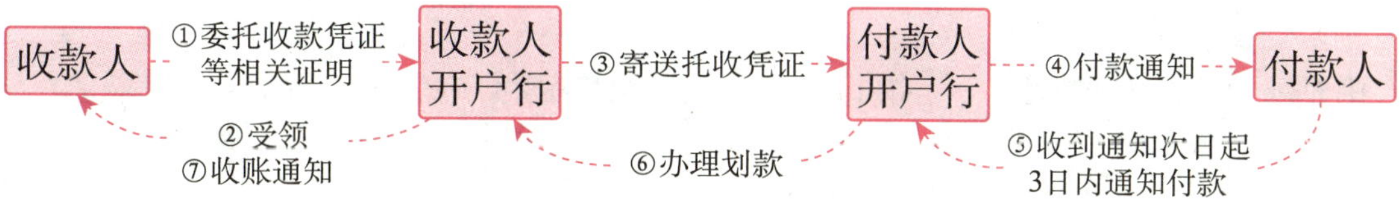

图 3－62　委托收款的办理流程

（1）以银行为付款人的，银行应当在当日将款项主动支付给收款人。

（2）以单位为付款人的，银行应当及时通知付款人，付款人应于收到通知当日书面通知银行付款。如果付款人未在接到通知日的次日起3 日内通知银行付款的，视同付款人同意付款。银行应于接到付款人付款通知书的次日起将款项划转给收款人。

（3）若银行在办理划款时，付款人存款账户内无法足额支付款项的，应通过被委托的收款人开户行向收款人发出未付款通知书。

3. 拒绝付款

付款人在审查了有关的债务证明之后，对收款人委托收取的款项需要拒绝付款的，可以办理拒绝付款。

拒绝付款的处理方式如表 3－41 所示。

表 3－41　拒绝付款的处理方式

付款人	注意事项
银行	自收到委托收款及债务证明的次日起 3 日内出具拒绝证明，与相关债务证明、凭证寄给被委托银行并转交收款人
单位	在付款人接到通知日的次日起 3 日内出具拒绝证明，持有债务证明的，应将其送交开户银行，银行将拒绝证明、债务证明和相关凭证一并寄给被委托银行并转交收款人

【例题】根据支付结算法律制度的规定，下列关于商业承兑汇票通过委托收款方式提示付款的表述中，不正确的是（　　）。

A. 超过提示付款期限的，持票人仍可以采用委托收款方式提示付款

B. 付款人提前收到由其承兑的商业汇票，应于汇票到期日付款

C. 付款人存在合法抗辩事由的，应自接到付款通知的次日起 3 日内出具拒绝付款证明

D. 付款人在接到开户行付款通知的次日起 3 日内未通知付款的，视同承诺付款

【答案】A

【解析】超过提示付款期限提示付款的，持票人开户银行不予受理，作出说明后，承兑人或者付款人应当继续对持票人承担付款责任，故A选项错误。

【考点3】国内信用证★★★

（一）国内信用证的概念

国内信用证是指银行依照申请人的申请开立的、对相符交单予以付款的承诺（见图3-63）。

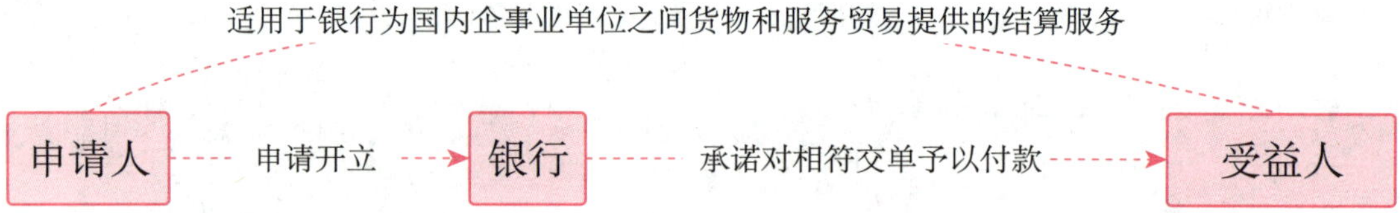

图3-63　国内信用证

（1）我国的国内信用证是以人民币计价且不可撤销的跟单信用证。

【提示】取消了国内信用证不可转让的限制。

（2）信用证仅限于转账结算，不得使用信用证支取现金。

（3）国内信用证分为即期信用证和远期信用证，具体如表3-42所示。

表3-42　国内信用证的分类

按付款期限分类	具体规定
即期信用证	开证行应在收到相符单据的次日起5个营业日内付款
远期信用证	开证行应在收到相符单据的次日起5个营业日内确认到期付款，并在到期日付款
	表示远期的方式：单据日后定期付款、见单后定期付款、固定日付款等可确定到期日的方式
【提示】信用证付款期限最长不得超过1年	

（二）国内信用证业务的当事人

国内信用证业务的当事人如表3-43所示。

表3-43　国内信用证业务的当事人

申请人	申请开立信用证的当事人，一般为货物购买方或者服务接受方
受益人	接受信用证并享有信用证权益的当事人，一般为货物销售方或者服务提供方，与申请人相对应
开证行	接受申请人申请开立信用证的银行
通知行	按开证行的要求向受益人通知信用证的银行
交单行	向信用证有效地点提交信用证项下单据的银行
转让行	开证行指定的办理信用证转让的银行
保兑行	根据开证行的授权或要求对信用证加具保兑的银行
议付行	开证行指定的为受益人办理议付的银行，开证行应指定一家或任意银行作为议付信用证的议付行

（三）办理国内信用证的基本程序

办理国内信用证的流程如图 3－64 所示。

图 3－64　办理国内信用证的流程

国内信用证的具体流程规定如表 3－44 所示。

表 3－44　国内信用证的具体流程规定

程序	具体规定
开证	**申请开证→受理开证→开证** （1）申请人申请开证须提交其与受益人签订的贸易合同 （2）开证行受理开证前应与申请人签订明确双方权利义务的协议，此外，开证行可要求申请人交存一定数额的保证金并提供合法有效的担保，可根据申请人资信情况要求其提供质押、抵押、保证等 （3）开立信用证可以采用信开和电开方式，且国内信用证应使用中文开立。开立信开信用证时，由开证行加盖业务公章，寄送通知行，同时应视情况需要以双方认可的方式证实信用证的真实有效性；开立电开信用证时，由开证行以数据电文发送通知行
保兑	指保兑行根据开证行的授权或者要求，在开证行承诺之外作出的对相符交单付款、确认到期付款或议付的确定承诺，并自对信用证加具保兑之时起即不可撤销地承担相应的责任
修改	开证申请人需要对已开立信用证内容进行修改的，应向开证行提出修改申请，明确修改的内容。信用证受益人同意或拒绝接受修改的，应提供接受或拒绝修改的通知
通知	通知行由开证申请人指定。开证申请人没有指定的，开证行有权指定通知行。通知行可自行决定是否通知： （1）通知行同意通知的，应于收到信用证次日起 3 个营业日内通知受益人 （2）通知行拒绝通知的，应于收到信用证次日起 3 个营业日内告知开证行
转让	由转让行接受第一受益人的要求，将可转让信用证的部分或者全部转为由第二受益人兑用。可转让信用证须特别标注“可转让”字样，可转让信用证只能转让一次
议付	议付指可议付信用证项下单证相符或在开证行或保兑行已确认到期付款的情况下，议付行在收到开证行或保兑行付款前购买单据、取得信用证项下索款权利，向受益人预付或同意预付资金的行为： （1）信用证未表明可议付，任何银行不得办理议付 （2）信用人表明可议付，若开证行仅指定一家议付行，未被指定为议付行的银行不得办理议付，被指定的议付行可自行决定是否办理议付。议付行在受理议付申请的次日起 5 个营业日内审核信用证规定的单据并决定议付的，办理议付；议付行拒绝议付的，应及时通知受益人
索偿	议付行将注明付款提交的交单面函（寄单通知书）及单据寄开证行或保兑行索偿资金。除信用证另有约定外，索偿金额不得超过单据金额 议付行议付时，必须与受益人书面约定是否有追索权： （1）若有约定追索权，到期不获付款时议付行可向受益人追索 （2）若无约定追索权，到期不获付款时议付行不得向受益人追索，议付行与受益人约定的例外情况或者受益人存在信用证欺诈的情况除外

续表

程序	具体规定
寄单索款	受益人可以直接交单，也可以委托交单行交单，交单时提供相应单据及证明。交单行应于收单次日起5个营业日内对其审核相符的单据寄单
付款	开证行或保兑行在收到交单行寄交的单据及寄单通知书或受益人直接递交的单据的次日起5个营业日内，及时核对是否为相符交单 单证相符或单证不符但开证行或保兑行接受不符点的： （1）即期信用证的，应于收单次日起5个营业日内支付相应款项给交单行或受益人 （2）远期信用证的，应于收单次日起5个营业日内发出到期付款确认书，并于到期日支付款项 开证行或保兑行审核单据发现不符并决定拒付的，应于收单次日起5个营业日内一次性将全部不符点以电子方式或其他快捷方式通知交单行或受益人 【提示】若受益人提交了相符单据或开证行已发出付款承诺的，即使申请人交存的保证金以及其存款账户余额不足支付的，开证行仍应按规定时间付款
注销	信用证注销是指开证行对信用证未支用的金额解除付款责任的行为 （1）开证行、保兑行、议付行未在信用证有效期内收到单据的，开证行可在信用证逾期1个月后予以注销 （2）其他情况下，须经开证行、已办理过保兑的保兑行、已办理过议付的议付行、已办理过转让的转让行与受益人协商同意，或受益人与上述保兑行、议付行、转让行声明同意注销信用证，并与开证行达成一致收回全套正本信用证后，信用证方可注销

【例题】信用证申请人交存的保证金和其存款账户余额不足支付的，开证行仍应在规定的付款时间内进行付款。（　　）

【答案】√

【解析】根据支付结算法律制度的规定，若受益人提交了相符单据或开证行已发出付款承诺，即使申请人交存的保证金及其存款账户余额不足支付，开证行仍应在规定的时间内付款。

【考点4】 预付卡★★★

（一）预付卡的概念和分类

预付卡是指发卡机构通过特定载体和形式发行的，可以在特定机构购买商品或服务的有预付价值的凭证。

预付卡的分类如图3-65所示。

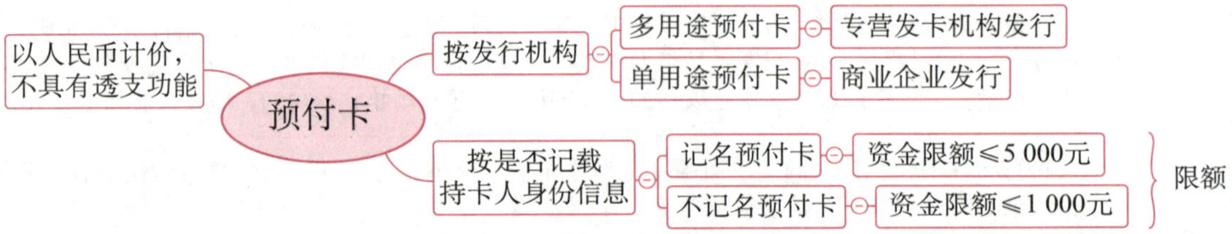

图3-65　预付卡的分类

（二）预付卡的期限

记名预付卡可挂失，可赎回，不得设置有效期。

不记名预付卡不挂失，不赎回，除了另有规定的，可设置有效期，且不记名预付卡有效期不得低于 3 年。

超过有效期的预付卡卡内尚有余额的，可以通过延期、激活、换卡等方式继续使用。

（三）预付卡的办理

（1）购买下列预付卡时，个人或单位应当使用实名并向发卡机构提供有效身份证件：

1）购买记名预付卡。

2）一次性购买不记名预付卡1 万元以上的。

（2）购卡人不得使用信用卡购买预付卡，且存在以下情况的，应当通过银行转账等非现金结算方式购买，不得使用现金：

1）单位一次性购买预付卡5 000 元以上的。

2）个人一次性购买预付卡5 万元以上的。

小贴士

表 3-45　记名预付卡和不记名预付卡的对比

类别	记名卡	不记名卡
区分标准	记载持卡人身份信息	不记载持卡人身份信息
挂失	可挂失	不可挂失
赎回	可赎回	不可赎回
有效期	无	不得低于3 年
提供身份证	需要	一次性购买 1 万元以上需要
使用信用卡购买及充值	×	×

（四）预付卡的充值

预付卡应通过现金或银行转账方式进行充值，不得使用信用卡为预付卡进行充值。一次性充值5 000 元以上金额的预付卡，不得使用现金。

单张预付卡充值后的资金余额不得超过规定限额。

预付卡现金充值通过发卡机构网点进行，单张预付卡日累计现金充值在 200 元以下的，可通过自助充值终端、销售合作机构代理等方式充值。

（五）预付卡的使用

预付卡使用方面的规定如图 3-66 所示。

图 3-66　预付卡的使用

（六）预付卡的赎回

记名预付卡的持卡人可在购卡 3 个月后，出示预付卡以及持卡人和购卡人的有效身份证件办理赎回。

【提示】单位购买的记名预付卡，只能由单位办理赎回。

（七）预付卡的发卡机构

预付卡发卡机构的具体规定如图 3 - 67 所示。

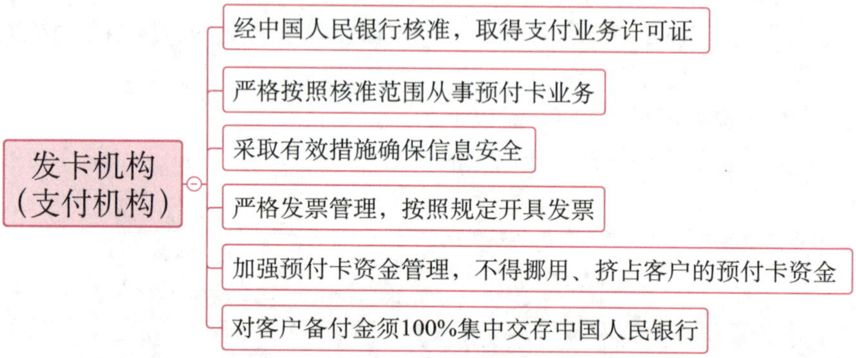

图 3 - 67　预付卡发卡机构的具体规定

【例题】根据支付结算法律制度的规定，下列关于预付卡的表述，正确的有（　　）。

A. 单位一次性购买预付卡 5 000 元以上的，不得使用现金

B. 个人一次性购买预付卡 5 万元以上的，不得使用现金

C. 预付卡一次性充值金额 5 000 元以上的，不得使用现金

D. 购买预付卡、为预付卡充值，均不得使用信用卡

【答案】ABCD

【解析】单位一次性购买预付卡 5 000 元以上，个人一次性购买预付卡 5 万元以上的，应当通过银行转账等非现金结算方式购买，不得使用现金，故选项 A、选项 B 正确；预付卡一次性充值金额 5 000 元以上的，不得使用现金，故选项 C 正确；购卡人不得使用信用卡购买预付卡，预付卡只能通过现金或银行转账方式进行充值，不得使用信用卡为预付卡充值，故选项 D 正确。

同步练习

【1 - 多选】根据支付结算法律制度的规定，下列事项中，签发汇兑凭证必须记载的有（　　）。

A. 确定的金额　　B. 收款人名称

C. 委托日期　　D. 汇款人签章

【2 - 判断】国内信用证可以支取现金。（　　）

【3 - 单选】根据支付结算法律制度的规定，下列关于预付卡的表述中，正确的是（　　）。

A. 购卡人可以使用信用卡购买预付卡

B. 预付卡以人民币计价，不具有透支功能

C. 记名预付卡的有效期最长为 3 年

D. 单张记名预付卡的资金限额不得超过 1 000 元

答案及解析

1. 【答案】ABCD

2. 【答案】×

【解析】国内信用证只限于转账结算，不得支取现金。

3. 【答案】B

【解析】记名预付卡不得设置有效期，不记名预付卡有效期不得低于 3 年；单张记名预付卡资金限额不得超过 5 000 元；购卡人不得使用信用卡购买预付卡。

第七节　结算纪律与法律责任

本节考点

1. 结算纪律（了解支付结算的纪律）
2. 违反支付结算法律制度的法律责任（熟悉支付结算的法律责任）

【考点 1】 结算纪律★

支付结算纪律如表 3 - 46 所示。

表 3 - 46　支付结算纪律

单位和个人的支付结算纪律	银行的支付结算纪律
(1) 不准签发没有资金保证的票据或远期支票，套现银行信用 (2) 不准签发、取得和转让没有真实交易和债权债务的票据，套现银行和他人资金 (3) 不准无理拒绝付款，任意占用他人资金 (4) 不准违反规定开立和使用账户	(1) 不准受理无理拒付、不扣少扣滞纳金 (2) 不准无理拒绝支付应由银行支付的票据款项 (3) 不准违章签发、承兑、贴现票据，套现银行资金 (4) 不准签发空头银行汇票、银行本票和办理空头汇款 (5) 不准在支付结算制度之外规定附加条件，影响汇路畅通 (6) 不准以任何理由压票、任意退票、截留挪用客户和他行资金 (7) 不准违反规定为单位和个人开立账户 (8) 不准拒绝受理、代理他行正常结算业务

【考点 2】 违反支付结算法律制度的法律责任★★

对于银行、单位和个人下列违反结算纪律的行为，应依法分别承担民事、行政和刑事责任。

(1) 签发空头支票、印章与预留印鉴不符支票，未构成犯罪行为的法律责任如表 3 - 47 所示。

表 3-47　签发空头支票、印章与预留印鉴不符支票的法律责任

违法行为	法律责任
单位或个人签发空头支票或者签发与其预留的签章不符、使用支付密码但支付密码错误的支票，不以骗取财物为目的的	由中国人民银行（处罚主体）处以票面金额5%但不低于1 000元的罚款 持票人有权要求出票人赔偿支票金额2%的赔偿金
屡次签发空头支票的	银行有权停止为其办理支票或全部支付结算业务

（2）无理拒付，占用他人资金行为的法律责任如图3-68所示。

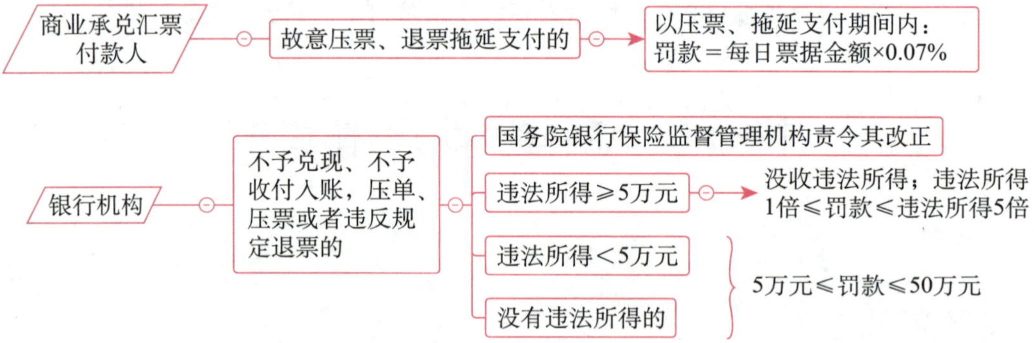

图3-68　无理拒付，占用他人资金行为的法律责任

（3）违反账户规定行为的法律责任如表3-48所示。

表3-48　违反账户规定行为的法律责任

<table>
<tr><th rowspan="2">违法行为</th><th colspan="3">法律责任</th></tr>
<tr><th>非经营性</th><th>经营性</th><th></th></tr>
<tr><td>（1）违反规定开立银行结算账户
（2）伪造、变造证明文件欺骗银行开立银行结算账户
（3）违反规定不及时撤销银行结算账户</td><td rowspan="3">给予警告并处以1 000元的罚款</td><td>给予警告并处以1万元≤罚款≤3万元</td><td>构成犯罪的，移交司法机关依法追究刑事责任</td></tr>
<tr><td>（1）违反规定将单位款项转入个人银行结算账户
（2）违反规定支取现金
（3）利用开立银行结算账户逃废银行债务
（4）出租、出借银行结算账户
（5）从基本存款账户之外的银行结算账户转账存入、将销货收入存入或现金存入单位信用卡账户</td><td>给予警告并处以5 000元≤罚款≤3万元</td><td rowspan="2">——</td></tr>
<tr><td>法定代表人或主要负责人、存款人地址以及其他开户资料的变更事项未在规定期限内通知银行</td><td>给予警告并处以1 000元的罚款</td></tr>
<tr><td>伪造、变造、私自印制开户许可证的</td><td>处以1 000元的罚款</td><td>1万元≤罚款≤3万元</td><td>构成犯罪的，移交司法机关依法追究刑事责任</td></tr>
</table>

（4）票据欺诈等行为的法律责任如表 3－49 所示。

表 3－49　票据欺诈等行为的法律责任

<table>
<tr><th colspan="3">违法行为</th><th colspan="2">法律责任</th></tr>
<tr><td rowspan="5">票据违法行为</td><td rowspan="4">（1）伪造、变造票据、托收凭证、汇款凭证、信用证，伪造信用卡等</td><td>情节一般</td><td>处有期徒刑≤5 年或者拘役，并处或者单处2 万元≤罚金≤20 万元</td><td rowspan="5">付款人同出票人、持票人恶意串通实施上述行为之一的，依法追究刑事责任。
有上述行为之一，情节轻微，不构成犯罪的，依照国家有关规定给予行政处罚</td></tr>
<tr><td>情节严重</td><td>处5 年≤有期徒刑≤10 年，并处5 万元≤罚金≤50 万元</td></tr>
<tr><td>情节特别严重</td><td>处有期徒刑≥10 年或者无期徒刑，并处5 万元≤罚金≤50 万元或者没收财产</td></tr>
<tr><td>单位犯上述罪行的</td><td>对单位判处罚金，并对其直接负责的主管人员和其他责任人员，依照上述规定处罚</td></tr>
<tr><td colspan="2">（2）故意使用伪造、变造的票据的
（3）签发空头支票或者故意签发与其预留的本名签名式样或者印鉴不符的支票，骗取财物的
（4）签发无可靠资金来源的汇票、本票，骗取资金的
（5）汇票、本票的出票人在出票时作虚假记载，骗取财物的
（6）冒用他人的票据，或者故意使用过期或者作废的票据，骗取财物的</td><td>——</td></tr>
<tr><td rowspan="2">信用卡管理</td><td rowspan="2">妨害信用卡管理</td><td>情节一般</td><td colspan="2">处有期徒刑≤3 年或者拘役，并处或单处1 万元≤罚金≤10 万元</td></tr>
<tr><td>数量巨大或者有下列严重情节的：
（1）明知是伪造的信用卡而持有、运输的
（2）明知是伪造的空白信用卡而持有、运输，数量较大的
（3）非法持有他人信用卡，数量较大的
（4）使用虚假的身份证明骗领信用卡的
（5）出售、购买、为他人提供伪造的信用卡或者以虚假的身份证明骗领信用卡的
（6）窃取、收买或者非法提供他人信用卡信息资料的</td><td colspan="2">处3 年≤有期徒刑≤10 年，并处2 万元≤罚金≤20 万元</td></tr>
</table>

续表

违法行为			法律责任
信用卡诈骗活动	数额较大	情节一般	处有期徒刑≤5年或者拘役，并处2万元≤罚金≤20万元
	数额巨大	情节严重的： （1）使用伪造的信用卡，或者使用以虚假的身份证明骗领的信用卡的 （2）使用作废的信用卡的 （3）冒用他人信用卡的 （4）恶意透支的	处有期徒刑≥10年或者无期徒刑，并处5万元≤罚金≤50万元或者没收财产
		有其他严重情节的	处5年≤有期徒刑≤10年，并处5万元≤罚金≤50万元

【例题】签发空头支票，中国人民银行罚款的标准是（　　）。

A. 票面金额5%但不高于1 000元　　B. 票面金额5%但不低于1 000元

C. 票面金额3%但不低于1 000元　　D. 票面金额3%但不高于1 000元

【答案】B

同步练习

【1-判断】非金融机构作为支付中介机构办理支付业务须经中国人民银行批准。（　　）

【2-单选】根据支付结算法律制度的规定，下列关于结算纪律的表述中，正确的是（　　）。

A. 单位和个人办理支付结算，不得以任何理由拒绝付款

B. 单位和个人办理支付结算，可以签发无资金保证的票据

C. 银行办理支付结算，可以在支付结算制度之外附加条件

D. 银行办理支付结算，不得以任何理由压票

答案及解析

1.【答案】√

【解析】（略）

2.【答案】D

【解析】银行办理支付结算，不得以任何理由压票、任意退票、截留挪用客户和他行资金。

第四章

增值税、消费税法律制度

章节简介

本章分值约 20 分，必考不定项选择题，难度较大。本章为考试内容的重中之重，要求重点掌握计算，通过做题掌握技巧，关键是由知识点向做题公式转化的应用。预计今年分值有所提高，在 23 分左右。本章税率有所变动，需要引起注意。

- 增值税、消费税法律制度
  - 税收法律制度概述
    - 税法与税收法律关系★
    - 税法要素★★
    - 现行税种与征收机关★★
  - 增值税法律制度
    - 增值税纳税人和扣缴义务人★
    - 增值税征税范围★★★
    - 增值税率和征收率★★
    - 增值税应纳税额的计算★★★
    - 增值税税收优惠★★
    - 增值税征收管理★★
    - 增值税专用发票使用规定★
  - 消费税法律制度
    - 消费税纳税人★
    - 消费税征税范围★★★
    - 消费税税目和税率★★★
    - 消费税应纳税额的计算★★★
    - 消费税征收管理★★

考情分析

近三年题型题量分析表

年度	单项选择题		多项选择题		判断题		不定项选择题		合计
	数量	分值	数量	分值	数量	分值	数量	分值	
2019 年	5	7.5	3	6	0	0	1	8	21.5
2018 年	3	4.5	2	4	1	1	1	8	17.5
2017 年	4	6	2	4	3	3	1	8	21

第一节　税收法律制度概述

本节考点

1. 税收与税收法律关系（了解税收法律关系）
2. 税法要素（熟悉税法要素）
3. 现行税种与征收机关（掌握征收机关的相关内容）

【考点1】 税收与税收法律关系★

（一）税收

1. 税收概念

税收是按照法定标准，无偿取得财政收入的一种特定分配形式。

表 4-1　税收基本概述

项目	具体内容
主体	国家
目的	实现国家职能
权力	凭借政治权力
体现	国家与纳税人在征税、纳税的利益分配上的一种特定分配关系
基本前提	社会剩余产品和国家的存在是税收产生的基本前提
作用	资源配置、收入再分配、稳定经济和维护国家政权
意义	税收是政府收入的最重要来源，是人类社会经济发展到一定历史阶段的产物

2. 税收特征

税收的特征如图 4-1 所示。

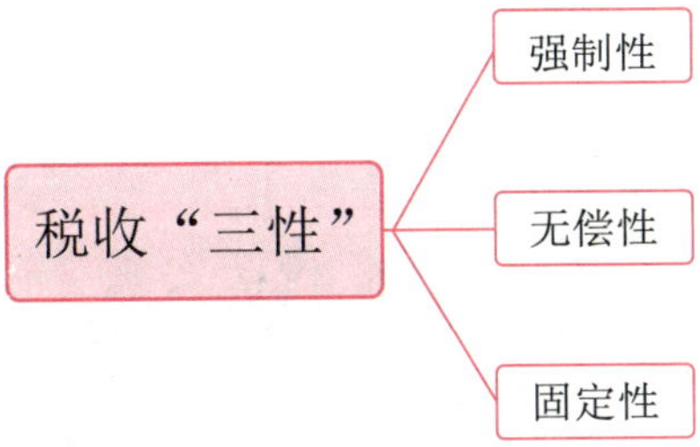

图 4－1　税收的特征

（二）税法

税法即税收法律制度，是各种调整税收关系的税收法律规范的总称，是税收机关和纳税人依法征税、依法纳税的行为规则。

税收是以宪法为依据，调整国家与社会成员在征纳税上的权利与义务关系，维护社会经济秩序和纳税秩序，保障国家利益和纳税人合法权益的法律规范，是国家法律的重要组成部分。

（三）税收法律关系

税收法律关系包括主体、客体和内容三部分，具体内容如表 4－2 所示。

表 4－2　税收法律关系的具体内容

关系	具体内容
主体	税收法律关系中享有权利和承担义务的当事人： （1）征税机关：国家各级税务机关和海关 （2）纳税义务人：法人、自然人和其他组织 确定原则：属地兼属人原则，即在华的外国企业、组织、外籍人、无国籍人等凡在中国境内有所得来源的，都是我国税收法律关系的主体
客体	主体的权利、义务所共同指向的对象，即征税对象
内容	主体所享受的权利和所应承担的义务，是税收法律关系中最实质的东西，也是税法的灵魂

【例题】根据税收征收管理法律制度的规定，下列各项中，属于税收法律关系主体的有（　　）。

A. 征税对象　　B. 纳税人　　C. 海关　　D. 税务机关

【答案】BCD

【解析】税收法律关系主体包括征税主体（税务机关和海关）和纳税主体；选项 A 属于税收法律关系的客体。

【考点 2】 税法要素★★

税法要素即税法的构成要素，是指各单行税法共同具有的基本要素，具体内容如图 4－2所示。

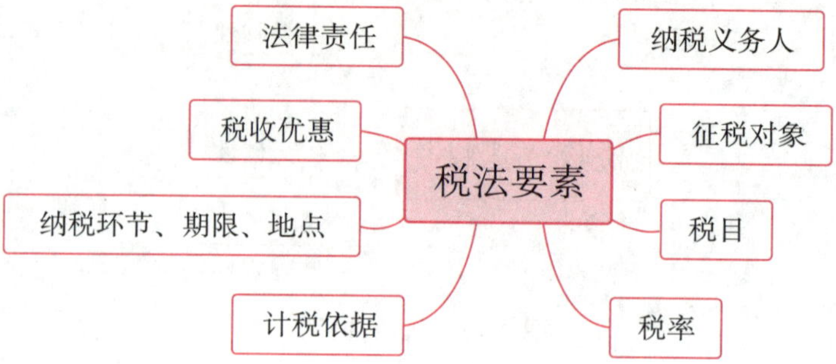

图 4-2　税法的构成要素

(一) 纳税义务人

纳税义务人也称纳税人，是指税法规定的直接负有纳税义务的法人、自然人和其他组织。

扣缴义务人是与纳税人相联系的另一个概念。它是指税法规定的，在经营活动中负有代扣税款并向国库缴纳义务的单位。扣缴义务人必须按照税法规定代扣税款，在规定期限缴入国库。

(二) 征税对象

征税对象也称课税对象，是指对什么征税，是税收法律关系中权利义务所指向的对象（纳税的客体）。

征税对象是区别不同税种的重要标志。

(三) 税目

税目是税法中具体规定应当征税的项目，是征税对象的具体化。

规定税目的目的：

(1) 为了明确征税的具体范围。

(2) 为了对不同的征税项目加以区分，从而制定高低不同的税率。

(四) 税率

税率是指应征税额与计税依据之间的比例，是计算税额的尺度。

税率的高低直接关系到国家财政收入和纳税人的负担程度，直接体现国家的政策要求，是税收法律制度中的核心要素，也是衡量税负轻重与否的重要标志。我国现行的税率主要有比例税率、累进税率和定额税率。

1. 比例税率

比例税率是指对同一征税对象，不论其数额大小，均按同一个比例征税的税率。

在比例税率中，根据不同的情况又可划分为不同的征税比例，有行业比例税率、产品比例税率、地区差别比例税率、有免征额的比例税率、分档比例税率和幅度比例税率等。

我国的增值税、城市维护建设税、企业所得税等采用的是比例税率。

2. 累进税率

累进税率是根据征税对象数额的逐渐增大，按不同等级逐步提高的税率。征税对象数额越大，税率越高。

累进税率可分为三种，具体如图 4－3 所示。

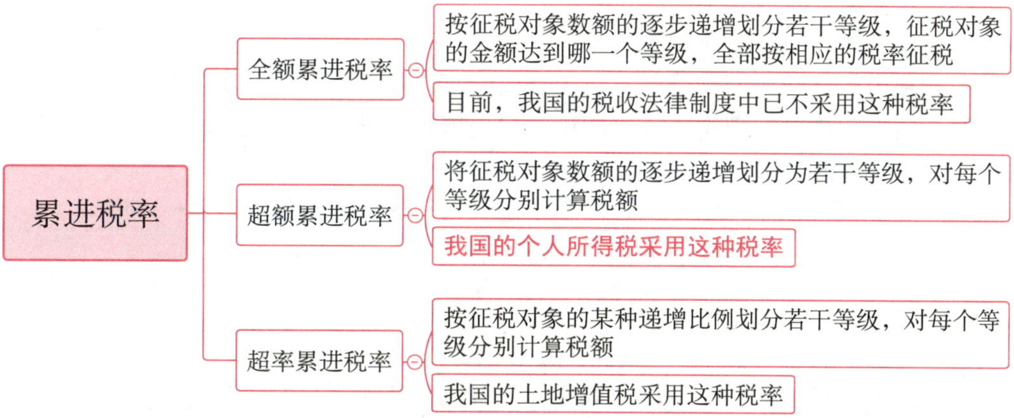

图 4－3 累进税率

3. 定额税率

定额税率又称固定税额，是指按征税对象的一定单位直接规定固定的税额，而不采取百分比的形式。

目前采用定额税率的有城镇土地使用税、车船税等。

（五）计税依据

计税依据是指计算应纳税额的依据或标准。

1. 从价计征

从价计征是指以计税金额为计税依据。

计税金额＝征税对象的数量×单位计税价格

2. 从量计征

从量计征是指以征税对象的重量、体积、数量等为计税依据。

（六）纳税环节

纳税环节是指税法规定的征税对象在从生产到消费的流转过程中应当缴纳税款的环节。例如流转税（增值税等）在生产和流通环节纳税，所得税在分配环节纳税等。

（七）纳税期限

税法规定了纳税人的纳税义务发生后应依法缴纳税款的期限。这是为了及时保证国家财政收入的实现，也是税收强制性和固定性的体现。纳税期限包括纳税义务发生时间、纳税期限和缴库期限。

（八）纳税地点

纳税地点是指根据各税种的纳税环节和有利于对税款的源泉控制而规定的纳税人（包括代征、代扣、代缴义务人）的具体申报缴纳税款的地方。

（九）税收优惠

税收优惠是指国家对某些纳税人和征税对象给予鼓励和照顾的一种特殊规定。

税收优惠主要包括以下内容。

1. 减税和免税

减税是指对应征税款减少征收部分税款。

免税是指对按规定应征收的税款给予免除。

减税和免税具体又分两种情况：一种是税法直接规定的长期减免税项目；另一种是依法给予的一定期限内的减免税措施，期满之后仍依规定纳税。

2. 起征点和免征额

起征点和免征额不是一个概念，需要从定义进行区分，具体如表 4－3 所示。

表 4－3　起征点与免征额对比

项目	具体内容
起征点	它是指对征税对象开始征税的数额界限 征税对象的数额达到或超过起征点的就其全部数额征税，未达到的不征税
免征额	它是指对征税对象总额中免予征税的数额 征税对象的数额小于免征额时，不予征税 征税对象的数额大于免征额时，仅对征税对象超过免征额的部分征税

（十）法律责任

法律责任是指对违反国家税法规定的行为人采取的处罚措施。

法律责任一般包括违法行为（包括作为和不作为）和因违法而应承担的法律责任（包括行政责任和刑事责任）两部分内容。

【考点 3】 现行税种与征收机关★★

现阶段，我国税收征收管理机关有税务机关和海关。税收征收管理机关的征收范围如表 4－4 所示。

表 4－4　税收征收管理机关的征收范围

征管机关	征收范围
税务机关	(1) 国内增值税；(2) 国内消费税；(3) 企业所得税；(4) 个人所得税；(5) 资源税；(6) 城镇土地使用税；(7) 城市维护建设税；(8) 印花税；(9) 土地增值税；(10) 房产税；(11) 车船税；(12) 车辆购置税；(13) 烟叶税；(14) 耕地占用税；(15) 契税；(16) 环境保护税；(17) 出口产品退税（增值税、消费税）；(18) 非税收入和社会保险费 【提示】除去海关征收的其他所有税种
海关	(1) 关税；(2) 船舶吨税；(3) 进口环节增值税、消费税

【例题】根据税收征收管理法律制度的规定，下列税款中，由海关代征的是（　　）。

A. 境内未设立机构、场所的非居民企业来源于境内的股息所得应缴纳的企业所得税

B. 提供研发服务，但在境内未设有经营机构的企业应缴纳的增值税

C. 进口货物的企业在进口环节应缴纳的增值税

D. 从境外取得所得的居民应缴纳的个人所得税

【答案】C

【解析】进口环节缴纳的增值税和消费税由海关代征。

同步练习

【1-单选】区别不同税种的重要标志是（　　）。

A. 纳税环节　　B. 税目　　C. 税率　　D. 征税对象

【2-单选】根据税收征收管理法律制度的规定，下列税种中，由海关负责征收的是（　　）。

A. 个人所得税　　B. 关税

C. 城镇土地使用税　　D. 城市维护建设税

答案及解析

1. 【答案】D

【解析】征税对象是区别不同类型税种的重要标志。

2. 【答案】B

【解析】由海关负责征收的税种有关税、船舶吨税；由海关代征的税种主要有进口环节的增值税和消费税。

第二节　增值税法律制度

本节考点

1. 增值税纳税人和扣缴义务人（熟悉纳税人的分类）
2. 增值税征税范围（掌握增值税征税范围）
3. 增值税税率和征收率（掌握增值税税率）
4. 增值税应纳税额的计算（掌握增值税一般计税方法下应纳税额的计算）
5. 增值税税收优惠（熟悉增值税税收优惠）
6. 增值税征收管理（了解增值税征收管理）
7. 增值税专用发票使用规定（了解增值税专用发票使用规定）

【考点1】增值税纳税人和扣缴义务人★

（一）纳税人

纳税人是指税法规定负有缴纳增值税义务的单位（包括企业、行政单位、事业单位、军事单位、社会团体及其他单位）和个人（指个体工商户和其他个人），在中华人民共和国境内销售、进口货物或者提供加工、修理、修配劳务以及销售应税服务、不动产、无形资产的单位和个人，为增值税纳税人。

（二）纳税人的分类

纳税人分为一般纳税人和小规模纳税人两种，具体分类标准如表 4－5 所示。

表 4－5　纳税人的分类

纳税人	具体标准
小规模纳税人	年应征增值税销售额**500 万元以下**（会计核算健全的，也可申请为一般纳税人） 【提示】年应税销售额是指纳税人在连续不超过 12 个月或 4 个季度的经营期内累计应征增值税销售额；会计核算健全是指能够按照国家统一的会计制度规定设置账簿
	为持续推进“放管服”，全面推行小规模纳税人自行开具增值税专用发票，小规模纳税人（其他个人除外）发生增值税应税行为需要开具增值税专用发票的，可以自行开具**（销售取得的不动产除外）**
一般纳税人	一般计税方法，登记为一般纳税人后不得转为小规模纳税人 【提示】在 2019 年 12 月 31 日前，已登记为增值税一般纳税人的单位和个人，可转登记为小规模纳税人，其未抵扣的进项税额作转出处理

（三）扣缴义务人

扣缴义务人是指中国境外单位或者个人在境内发生应纳增值税行为，在境内未设有经营机构的，以其境内代理人为扣缴义务人；在境内没有代理人的，以购买方为增值税扣缴义务人。

【考点 2】增值税征税范围★★★

扫码看视频

（一）销售货物

销售货物是指在中国境内有偿转让有形动产（包括电力、热力、气体等）的所有权。

在中国境内是指销售货物的起运地或者所在地在境内；有偿是指从购买方取得货币、货物（例如以物易物）或者其他经济利益（例如抵偿债务）。

（二）销售劳务

销售劳务是指在中国境内有偿提供加工、修理修配劳务。

加工是指受托加工货物，即**委托方提供原料及主要材料**，受托方按照委托方的要求，制造货物并收取加工费的业务；原料及主要材料由受托方提供的，不属于提供加工劳务，而属于销售货物。

修理修配，是指受托对损伤和丧失功能的货物进行修复，使其恢复原状和功能的业务。

【提示】单位或个体工商户聘用的**员工为本单位或者雇主提供加工、修理修配劳务**不属于应交增值税的销售劳务。

（三）销售服务

销售服务具体包括如图 4－4 所示的七项内容：

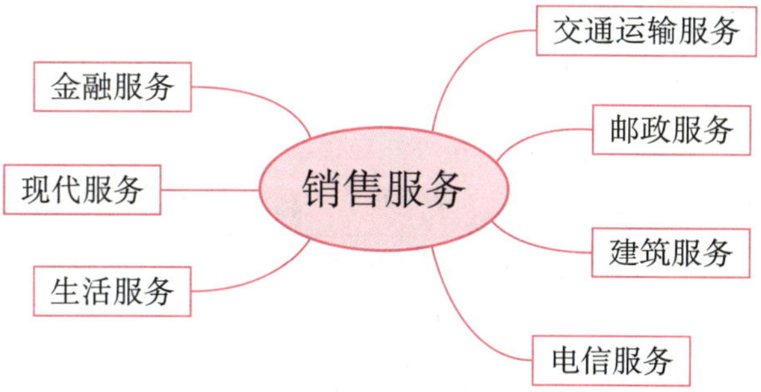

图 4-4 销售服务

1. 交通运输服务

交通运输服务是指利用运输工具将货物或者旅客送达目的地的业务活动。其具体内容如表 4-6 所示。

表 4-6 交通运输服务

分类	具体内容
陆路运输	(1) 铁路运输服务 (2) 其他陆路运输服务，包括公路运输、缆车运输、索道运输、地铁运输、城市轻轨运输等 【提示】出租车公司向使用**本公司自有出租车的出租车司机**收取的管理费用，按照陆路运输服务缴纳增值税
水路运输	**程租、期租**业务，属于水路运输服务
航空运输	**湿租**业务，属于航空运输服务
管道运输	它是指通过管道设施输送气体、液体、固体物质的运输业务活动
【提示】**无运输工具承运业务**，指经营者以承运人身份与托运人签订运输服务合同，收取运费并承担承运人责任，然后委托实际承运人完成运输服务的经营活动，**按照交通运输服务缴纳增值税**	

小贴士

航空运输服务与航天运输服务

(1) 航空运输服务是指通过空中航线运送货物或旅客的运输业务活动。

(2) 航天运输服务是指利用火箭等载体将卫星、空间探测器等空间飞行器发射到空间轨道的业务活动，按照航空运输服务缴纳增值税，税率为零。

2. 邮政服务

邮政服务是指**中国邮政集团**公司及其所属邮政企业提供**邮件寄递、邮政汇兑和机要通信等**邮政基本服务的业务活动。邮政服务的具体内容如表 4-7 所示。

表 4-7 邮政服务

分类	具体内容
邮政普遍服务	函件、包裹等邮件寄递，以及邮票发行、报刊发行和邮政汇兑等业务活动
邮政特殊服务	义务兵平常信函、机要通信、盲人读物和革命烈士遗物的寄递等业务活动
其他邮政服务	邮册等邮品销售、邮政代理等业务活动

3. 电信服务

电信服务包括基础电信服务和增值电信服务。电信服务的具体内容如表 4-8 所示。

表 4-8 电信服务

分类	具体内容
基础电信服务	利用固网、移动网、卫星、互联网，提供语音通话服务的业务活动，以及出租或者出售带宽、波长等网络元素的业务活动
增值电信服务	利用固网、移动网、卫星、互联网、有线电视网络，提供短信和彩信服务、电子数据和信息的传输及应用服务、互联网接入服务等业务活动 【提示】卫星电视信号落地转接服务，按照增值电信服务缴纳增值税

4. 建筑服务

建筑服务是指各类建筑物、构筑物及其附属设施的建造、修缮、装饰，线路、管道、设备、设施等的安装以及其他工程作业的业务活动。建筑服务的具体内容如表 4-9 所示。

表 4-9 建筑服务

分类	具体内容
工程服务	它是指新建、改建各种建筑物、构筑物等工程作业
安装服务	它是指固定电话、有线电视、宽带、水、电、燃气、暖气等经营者向用户收取的安装费、初装费、开户费、扩容费以及类似收费，按照安装服务缴纳增值税
修缮服务	它是指对建筑物、构筑物进行修补、加固、养护、改善等工程作业
装饰服务	它是指对建筑物、构筑物进行修饰装修等工程作业

5. 金融服务

金融服务是指经营金融保险的业务活动。金融服务的具体内容如表 4-10 所示。

表 4-10 金融服务

分类	具体内容
贷款服务	将资金贷与他人使用而取得利息收入的业务活动
	融资性售后回租，按金融服务——贷款服务纳税；以货币资金投资收取的固定利润或者保底利润，按照贷款服务缴纳增值税
直接收费金融服务	为货币资金融通及其他金融业务提供相关服务并且收取费用的业务活动；包括提供货币兑换、账户管理、电子银行、信用卡、信用证、财务担保、资产管理、信托管理、基金管理、金融交易场所（平台）管理、资金结算、资金清算、金融支付等服务
保险服务	包括人身保险服务和财产保险服务
金融商品转让	转让外汇、有价证券、非货物期货和其他金融商品所有权的业务活动；其他金融商品转让包括基金、信托、理财产品等各类资产管理产品和各种金融衍生品的转让

6. 现代服务

现代服务具体包括表 4-11 所示的八项服务。

表 4-11　现代服务

分类	具体内容
研发和技术服务	包括研发服务、合同能源管理服务、工程勘察勘探服务、专业技术服务
信息技术服务	包括软件服务、电路设计及测试服务、信息系统服务、业务流程管理服务和信息系统增值服务
文化创意服务	包括设计服务、知识产权服务、广告服务和会议展览服务 广告服务包括广告代理和广告的发布、播映、宣传、展示等
物流辅助服务	包括航空服务、港口码头服务、货运客运场站服务、打捞救助服务、装卸搬运服务、仓储服务和收派服务 航空服务包括航空地面服务和通用航空服务 港口设施经营人收取的港口设施保安费按照港口码头服务缴纳增值税
租赁服务	包括融资租赁服务和经营租赁服务 将建筑物、构筑物等不动产或者飞机、车辆等有形动产的广告位出租给其他单位或者个人用于发布广告，按照经营租赁服务缴纳增值税 车辆停放服务、道路通行服务（包括过路费、过桥费、过闸费等）等按照不动产经营租赁服务缴纳增值税
鉴证咨询服务	包括认证服务、鉴证服务和咨询服务 翻译服务和市场调查服务按照咨询服务缴纳增值税
广播影视服务	包括广播影视节目（作品）的制作服务、发行服务和播映（含放映）服务
商务辅助服务	包括企业管理服务、经纪代理服务、人力资源服务、安全保护服务

小贴士

租赁服务与其他服务

（1）租赁服务与交通运输服务。

水路运输的程租、期租业务，属于水路运输服务；航空运输的湿租业务，属于航空运输服务。

水路运输的光租业务、航空运输的干租业务，属于经营租赁。

（2）租赁服务与金融服务。

融资性售后回租不按照租赁服务缴纳增值税，按“金融服务——贷款服务”纳税。

7. 生活服务

生活服务是指为满足城乡居民日常生活需求提供的各类服务活动。生活服务的具体内容如表 4-12 所示。

表 4-12　生活服务

分类	具体内容
文化体育服务	包括文化服务和体育服务
教育医疗服务	包括教育服务和医疗服务
旅游娱乐服务	包括旅游服务和娱乐服务 娱乐服务具体包括：歌厅、舞厅、夜总会、酒吧、台球、高尔夫球、保龄球、游艺等

续表

分类	具体内容
餐饮住宿服务	包括餐饮服务和住宿服务
居民日常服务	包括市容市政管理、家政、婚庆、养老、殡葬、照料和护理、救助救济、美容美发、按摩、桑拿、氧吧、足疗、沐浴、洗染、摄影扩印等服务

（四）销售无形资产

销售无形资产是指转让无形资产所有权或者使用权的业务活动。无形资产的具体内容如图 4-5 所示。

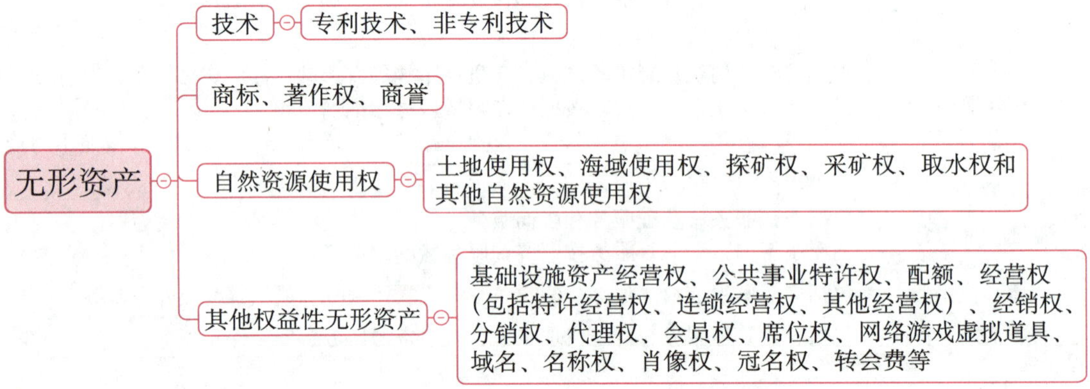

图 4-5　无形资产的具体内容

（五）销售不动产

销售不动产是指转让不动产所有权的业务活动。不动产的具体内容如图 4-6 所示。

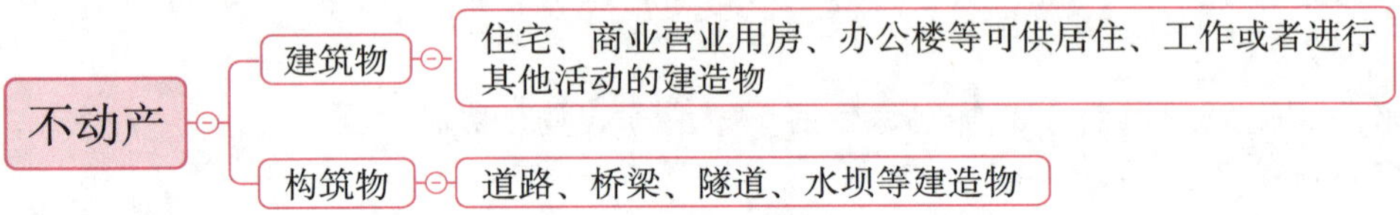

图 4-6　不动产的具体内容

转让建筑物有限产权或者永久使用权的，转让在建的建筑物或者构筑物所有权的，以及在转让建筑物或者构筑物时一并转让其所占土地的使用权的，按照销售不动产缴纳增值税。

（六）进口货物

进口货物是指申报进入中国海关境内的货物。只要是报关进口的应税货物，均属于增值税的征税范围，除享受免税政策外，在进口环节缴纳增值税。

（七）非经营活动的界定

经营活动是指有偿销售货物、提供服务、有偿转让无形资产或者不动产，但表 4-13 所列情形属于非经营活动。

表 4-13　非经营活动

活动项目	具体规定
行政单位收取的同时满足以下条件的政府性基金或者行政事业性收费	（1）由国务院或者财政部批准设立的政府性基金，由国务院或者省级人民政府及其财政、价格主管部门批准设立的行政事业性收费 （2）收取时开具省级以上（含省级）财政部门监（印）制的财政票据 （3）所收款项全额上缴财政
单位或者个体工商户聘用的员工为本单位或者雇主提供取得工资的服务	
单位或者个体工商户为聘用的员工提供服务	

（八）在境内销售服务、无形资产或者不动产的界定

在境内销售服务、无形资产或者不动产的界定如表 4-14 所示。

表 4-14　在境内销售服务、无形资产或不动产的界定

活动主体		活动范围
服务（租赁不动产除外） 无形资产（自然资源使用权除外）	销售方	在境内
	购买方	
所销售或者租赁的不动产		
所销售自然资源使用权的自然资源		

下列情形不属于在境内销售服务或者无形资产：

（1）境外单位或者个人向境内单位或者个人销售完全在境外发生的服务。

（2）境外单位或者个人向境内单位或者个人销售完全在境外使用的无形资产。

（3）境外单位或者个人向境内单位或者个人出租完全在境外使用的有形动产。

（九）视同销售行为

1. 视同销售货物

单位或者个体工商户的下列行为，视同销售货物，征收增值税：

（1）企业将货物交付其他单位或者个人代销，商场销售代销货物。具体如图 4-7 所示。

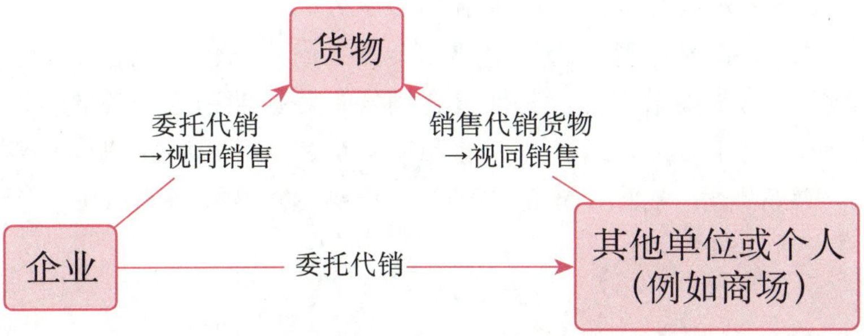

图 4-7　销售代销货物

（2）设有两个以上机构并实行统一核算的纳税人，将货物从一个机构移送至其他机构用于销售的，视同销售，但相关机构设在同一县（市）的除外。具体如图 4-8 所示。

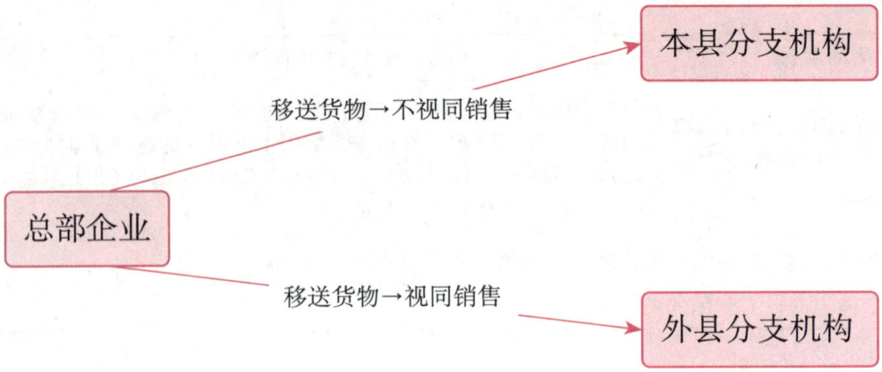

图 4-8　货物移送

(3) 其他视同销售行为如表 4-15 所示。

表 4-15　其他视同销售行为

产品来源	消费形式	税务处理
自产、委托加工产品	对内（个人消费、职工福利、用于非应税）	视同销售
	对外（分配、捐赠、投资）	视同销售
外购产品	对内（个人消费、职工福利、用于非应税）	进项税额转出
	对外（分配、捐赠、投资）	视同销售

2. 视同销售服务、无形资产或者不动产

下列情形视同销售服务、无形资产或者不动产：

(1) 单位或者个体工商户向其他单位或者个人无偿提供服务，但用于公益事业或者以社会公众为对象的除外。

(2) 单位或者个人向其他单位或者个人无偿转让无形资产或者不动产，但用于公益事业或者以社会公众为对象的除外。

(3) 财政部和国家税务总局规定的其他情形。

(十) 混合销售

混合销售是指一项销售行为同时涉及货物与服务。

从事货物的生产、批发或者零售的单位和个体工商户（包括兼营销售服务）的混合销售行为，按照销售货物缴纳增值税，其他混合销售行为按照销售服务缴纳增值税。

【提示】自 2017 年 5 月起，纳税人销售活动板房、机器设备、钢结构件等自产货物的同时提供建筑、安装服务，不属于混合销售，应分别核算货物和建筑服务的销售额，分别适用不同的税率或者征收率。

(十一) 兼营

兼营是指纳税人的经营中包括销售货物、劳务以及销售服务、无形资产和不动产的行为。

纳税人发生兼营行为，应当分别核算适用不同税率或者征收率的销售额，未分别核算销售额的，按照表 4-16 所示的方法适用税率或者征收率。

表 4－16　兼营行为的税率适用

销售行为	情形	适用税率
销售货物、加工修理修配劳务、服务、无形资产或者不动产	兼有不同税率	从高适用税率
	兼有不同税率和征收率	
	兼有不同征收率	从高适用征收率

小贴士

表 4－17　混合销售与兼营的区别

项目	时间	行为	计征方式
混合销售	长期经营	一笔业务（同时、又）（同一项行为）	从主计征
兼营	偶然事件	多笔业务	分开核算，分开征税；未分开核算的从高计征

（十二）不征收增值税项目

下列项目不征收增值税：

（1）根据国家指令无偿提供的铁路运输服务、航空运输服务，属于《营业税改征增值税试点实施办法》规定的用于公益事业的服务。

（2）存款利息。

（3）被保险人获得的保险赔付。

（4）房地产主管部门或者其指定机构、公积金管理中心、开发企业以及物业管理单位代收的住宅专项维修资金。

（5）纳税人在资产重组过程中，通过合并、分立、出售、置换等方式，将全部或者部分实物资产以及与其相关联的债权、负债和劳动力一并转让给其他单位和个人，不属于增值税的征税范围，其中涉及的货物转让，不动产、土地使用权转让行为，不征收增值税。

【例题】根据营业税改征增值税试点相关规定，下列各项中，应征收增值税的是（　　）。

A. 被保险人获得的保险赔付

B. 航空公司根据国家指令无偿提供用于公益事业的航空运输服务

C. 居民存款利息

D. 母公司向子公司出售不动产

【答案】D

【解析】被保险人获得的保险赔付，不征收增值税；单位或个体工商户向其他单位或者个人无偿提供服务应视同销售服务，但用于公益事业或者以社会公众为对象的除外；根据国家指令无偿提供的铁路运输服务、航空运输服务属于《营业税改征增值税试点实施办法》规定的用于公益事业的服务，不视同销售服务，不征收增值税；居民存款利息不征收增值税。

【考点3】增值税税率和征收率★★

增值税一般纳税人采用比例税率，分为基本税率（13%）、低税率（9%、6%）和零税率三档；小规模纳税人采用征收率。

（一）增值税税率

1. 税率

增值税的税率如图4－9所示。

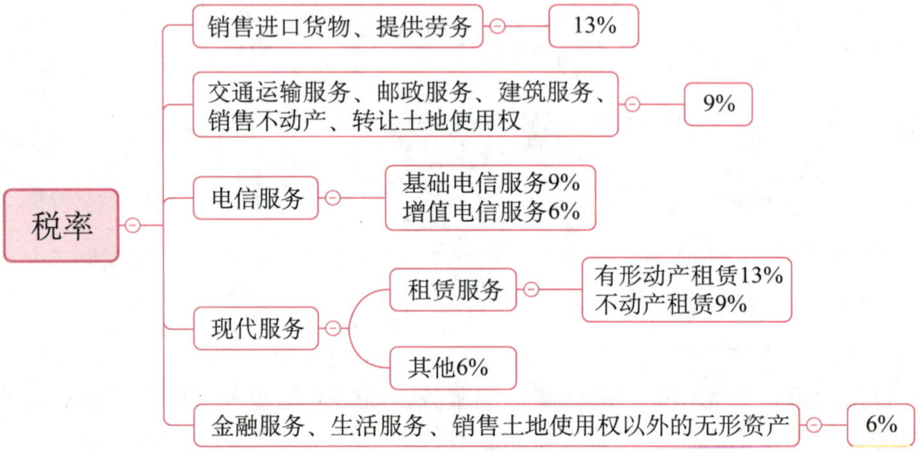

图4－9 增值税的税率

2. 销售或者进口下列货物，税率为9%

（1）粮食等农产品，指种植业、养殖业、林业、牧业、水产业生产的各种植物、动物的初级产品；包含动物骨粒、干姜、姜黄、人工合成牛胚胎、鲜奶（含按规定标准生产的巴氏杀菌乳、灭菌乳）等。

小贴士

以下货物适用13%税率，不适用9%税率：

（1）麦芽、复合胶、人发、调制乳、淀粉。

（2）环氧大豆油、氢化植物油、肉桂油、桉油、香茅油。

（2）食用植物油，包含棕榈油、棉籽油、茴油、毛椰子油、核桃油、橄榄油、花椒油、杏仁油、葡萄籽油、牡丹籽油。

（3）自来水、热水、暖气、冷气、煤气、石油液化气、天然气、沼气、居民用煤炭制品。

（4）图书、报纸、杂志、音像制品、电子出版物。

（5）食用盐、饲料、化肥、农药、农机、农膜、二甲醚。

（6）国务院规定的其他货物。

3. 零税率

（1）纳税人出口货物，适用零税率，但是，国务院另有规定的除外。

（2）中华人民共和国境内的单位和个人销售的下列服务和无形资产，适用增值税零税率：

1）国际运输服务：a. 在境内载运旅客或者货物出境；b. 在境外载运旅客或者货物入境；c. 在境外载运旅客或者货物。

2）航天运输服务。

3）向境外单位提供的完全在境外消费的下列服务：a. 研发服务；b. 合同能源管理服务；c. 设计服务；d. 广播影视节目（作品）的制作和发行服务；e. 软件服务；f. 电路设计及测试服务；g. 信息系统服务；h. 业务流程管理服务；i. 离岸服务外包业务；j. 转让技术。

（二）增值税征收率

1. 征收率的一般规定

（1）小规模纳税人采用简易办法征收增值税，征收率3%。

（2）一般纳税人销售自产的下列货物和服务的，可选择按简易办法依照3%征收率计算缴纳增值税，选择简易办法计算缴纳增值税后，36个月内不得变更：

1）县级及县级以下小型水力发电单位生产的电力。小型水力发电单位，是指各类投资主体建设的装机容量为5万千瓦以下（含5万千瓦）的小型水力发电单位。

2）建筑用和生产建筑材料所用的砂、土、石料。

3）以自己采掘的砂、土、石料或其他矿物连续生产的砖、瓦、石灰（不含黏土实心砖、瓦）。

4）用微生物、微生物代谢产物、动物毒素、人或动物的血液或组织制成的生物制品。

5）自来水（对属于一般纳税人的自来水公司销售自来水按简易办法依照3%的征收率征收增值税，不得抵扣其购进自来水取得增值税扣税凭证上注明的增值税税款）。

6）商品混凝土（仅限于以水泥为原料生产的水泥混凝土）。

7）建筑企业一般纳税人提供建筑服务属于老项目的。

小贴士

建筑工程老项目的界定：

（1）建筑工程施工许可证注明的合同开工日期在2016年4月30日前的建筑工程项目。

（2）未取得建筑工程施工许可证的，建筑工程承包合同注明的开工日期在2016年4月30日前的建筑工程项目。

一般纳税人为建筑工程老项目提供的建筑服务，可以选择适用简易计税方法，按3%的征收率计税。

（3）一般纳税人销售货物属于下列情形之一的，暂按简易办法依照3%的征收率征收增值税：

1）寄售商店代销寄售物品（包括居民个人寄售的物品在内）。

2）典当业销售死当物品。

2. 征收率的特殊规定

征收率的特殊规定如表 4－18 所示。

表 4－18　征收率的特殊规定

具体行为	一般纳税人	小规模纳税人
转让不动产	2016 年 4 月 30 日前取得→**5%**	5%
出租不动产	2016 年 4 月 30 日前取得→**5%**	5%（不含个人租房）
销售自行开发的房地产	老项目→**5%**	5%
提供劳务派遣服务	纳税人提供劳务派遣服务，选择**差额**纳税的，按照**5%**的征收率征收增值税	

3. 纳税人销售固定资产、旧货

纳税人销售固定资产、旧货的规定如表 4－19 所示。

表 4－19　纳税人销售固定资产、旧货的规定

<table>
<tr><th colspan="2">具体行为</th><th>适用征收率</th><th>计算公式</th></tr>
<tr><td colspan="2">一般纳税人销售自己使用过的不得抵扣且未抵扣进项税额的固定资产</td><td>3%减按 2%</td><td>含税售价÷（1+3%）×2%</td></tr>
<tr><td rowspan="2">一般纳税人销售自己使用过的其他固定资产</td><td>2009 年 1 月 1 日后购进或自制</td><td>按照适用税率</td><td>含税售价÷(1+适用税率)×适用税率</td></tr>
<tr><td>2008 年 12 月 31 日前购进或自制</td><td rowspan="2">3%减按 2%</td><td rowspan="2">含税售价÷(1+3%)×2%</td></tr>
<tr><td colspan="2">小规模纳税人销售自己使用过的固定资产</td></tr>
<tr><td rowspan="2">销售自己使用过的除固定资产以外的物品</td><td>一般纳税人</td><td>按照适用税率</td><td>含税售价÷(1+适用税率)×适用税率</td></tr>
<tr><td>小规模纳税人</td><td>3%</td><td>含税售价÷(1+3%)×3%</td></tr>
<tr><td colspan="2">纳税人销售旧货</td><td>3%减按 2%</td><td>含税售价÷(1+3%)×2%</td></tr>
<tr><td colspan="2">其他个人销售自己使用过的物品</td><td colspan="2">免征增值税</td></tr>
</table>

【提示】旧货，是指进入二次流通的具有部分使用价值的货物（含旧汽车、旧摩托车和旧游艇），但不包括自己使用过的物品。

小贴士

判断一般纳税人所销售的固定资产，属于“按规定不得抵扣且未抵扣过进项税的固定资产”，还是属于“按规定可以抵扣进项税的固定资产”的方法：

（1）如果出售的是一般纳税人自用消费品摩托车、汽车、游艇，应判断购进时间是 2013 年 8 月 1 日之前还是之后：

1）2013 年 8 月 1 日（不含）之前购进的→按规定不得抵扣且未抵扣过进项税的固定资产。

2）2013 年 8 月 1 日之后购进的→按规定可以抵扣进项税的固定资产。

（2）如果出售的是其他固定资产（不动产除外），应判断购进时间是 2009 年 1 月 1 日之前还是之后：

1）2009 年 1 月 1 日（不含）之前购进的→按规定不得抵扣且未抵扣过进项税的固定资产。

2）2009 年 1 月 1 日之后购进的→按规定可以抵扣进项税的固定资产。

【例题】根据增值税法律制度规定，下列各项增值税服务中，增值税税率为 13%的是（　　）。

A. 邮政业服务　　　　B. 交通运输业服务

C. 有形动产租赁服务　　　　D. 增值电信服务

【答案】C

【解析】一般纳税人提供应税服务采取比例税率，提供有形动产租赁服务，税率为 13%。

【考点 4】 增值税应纳税额的计算★★★

（一）一般计税方法应纳税额的计算

一般计税方法应纳税额的计算如图 4-10 所示。

应纳税额＝当期销项税额－当期进项税额

当期可以抵扣的进项税额＝当期全部进项税额－不得抵扣进项税额

销项税额＝不含税销售额×适用税率

不含税销售额＝含税销售额÷（1+增值税税率）

图 4-10　一般计税方法应纳税额的计算

当期销项税额＜当期进项税额不足抵扣时，其不足部分可以结转下期继续抵扣。

一般计税方法计算增值税应纳税额时，主要有两个因素：一是销售额；二是进项税额。

1. 销售额的确定

（1）销售额的概念。

销售额是指纳税人销售货物、提供应税劳务或者发生应税行为向购买方收取的全部价款和价外费用，但是不包括收取的增值税销项税额。

价外费用（含税收入），包括价外向购买方收取的手续费、补贴、基金、集资费、返还利润、奖励费、违约金、滞纳金、延期付款利息、赔偿金、代收款项、代垫款项、包装费、包装物租金、储备费、优质费、运输装卸费以及其他各种性质的价外收费。上述价外费用无论其会计制度如何核算，均应（价税分离后）并入销售额计算销项税额。

下列项目不包括在销售额内（代收款项）：

1）受托加工应征消费税的消费品所代收代缴的消费税。

2）同时符合以下条件代为收取的政府性基金或者行政事业性收费：

a. 由国务院或者财政部批准设立的政府性基金，由国务院或者省级人民政府及其财政、价格主管部门批准设立的行政事业性收费；

b. 收取时开具省级以上财政部门印制的财政票据；

c. 所收款项全额上缴财政。

3）因销售货物的同时代办保险等而向购买方收取的保险费，以及向购买方收取的代购买方缴纳的车辆购置税、车辆牌照费。

4）以委托方的名义开具发票代委托方收取的款项。

【提示】纳税人发生应税销售行为，开具增值税专用发票后，发生开票有误或者销售折让、中止、退回等情形的，应当按照国家税务总局的规定开具红字增值税专用发票；未按照规定开具红字增值税专用发票的，不得扣减销项税额或者销售额。

（2）视同销售货物销售额的确定。

视同销售行为一般不以资金的形式反映出来，因而会出现下列情况：

1）纳税人发生视同销售行为，无销售额。

2）纳税人发生应税销售行为的价格明显偏低并无正当理由，由税务机关核定其销售额。

在上述情况下，税务机关有权按照下列顺序核定其销售额：

1）按纳税人最近时期销售同类货物、劳务、服务、无形资产或不动产的平均销售价格确定。

2）按其他纳税人最近时期销售同类货物、劳务、服务、无形资产或不动产的平均销售价格确定（市场价格）。

3）按组成计税价格确定。其计算公式如图 4－11 所示。

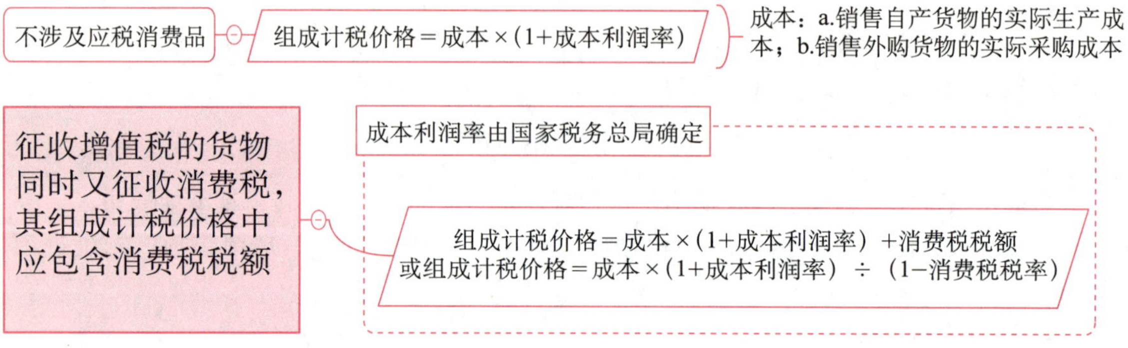

图 4－11　组成计税价格的计算

（3）混合销售和兼营行为销售额的确定。

混合销售的销售额为货物的销售额与服务的销售额合计。

纳税人兼营不同税率的货物、劳务、服务、无形资产或者不动产，应当分别核算不同税率或者征收率的销售额；未分别核算销售额的，从高适用税率或者征收率。

【提示】纳税人兼营免税、减税项目的，应当分别核算免税、减税项目的销售额；未分别核算的，不得免税、减税。

（4）特殊销售方式下销售额的确定。

特殊销售方式下销售额的确定如表 4－20 所示。

表 4-20　特殊销售方式

<table>
<tr><th>特殊方式</th><th>含义</th><th colspan="2">销售额的确定</th></tr>
<tr><td rowspan="2">折扣销售</td><td rowspan="2">指销货方在销售货物时，因购货方购货数量较大等原因而给予购货方的价格优惠</td><td>销售额和折扣额在同一张发票上分别注明</td><td>按折扣后的销售额征税</td></tr>
<tr><td>折扣额另外开发票</td><td>均不得从销售额中减除折扣额</td></tr>
<tr><td rowspan="2">以旧换新</td><td rowspan="2">指纳税人在销售货物时，折价收回同类旧货物，并以折价款部分冲减新货物价款</td><td>一般货物</td><td>按新货物的同期销售价格（不含增值税）确定销售额，不得扣减旧货物的收购价格</td></tr>
<tr><td>金银首饰</td><td>按销售方实际收取的不含增值税的全部价款征收增值税</td></tr>
<tr><td>还本销售</td><td>指纳税人销售货物后，到一定期限将货款一次或分次退还给购货方全部或者部分价款</td><td colspan="2">这种方式实际上是一种筹资，到期还本不付息；货物的销售价格就是销售额，不得减除还本支出</td></tr>
<tr><td rowspan="2">以物易物</td><td>购销双方以同等价款的货物相互结算，不以货币结算，实现货物购销</td><td colspan="2">双方都应作购销处理，以各自发出的货物核算销售额（销项税额），以各自收到的货物按规定核算购货额（进项税额）</td></tr>
<tr><td colspan="3">【提示】应分别开具合法的票据，如收到的货物不能取得相应的增值税专用发票或其他合法票据的，不能抵扣进项税额</td></tr>
<tr><td rowspan="2">直销销售</td><td>直销企业先将货物销售给直销员，直销员再将货物销售给消费者</td><td colspan="2">企业向直销员收取的全部价款和价外费用</td></tr>
<tr><td>直销企业通过直销员向消费者销售货物，直接向消费者收取货款</td><td colspan="2">企业向消费者收取的全部价款和价外费用</td></tr>
</table>

（5）包装物押金。

包装物是指纳税人包装货物的各种物品。一般情况下，销货方向购货方收取包装物押金，购货方在规定时间内返还包装物，销货方再将收取的包装物押金返还。

纳税人为销售货物而出租、出借包装物收取的押金，单独记账核算的，且时间在 1 年以内，又未过期的，不并入销售额征税；但对因逾期未收回包装物不再退还的押金，应按所包装货物的适用税率计算增值税款。

实践中，应注意以下具体规定：

1）逾期是指按合同约定实际逾期或以 1 年为期限，对收取 1 年以上的押金，无论是否退还均并入销售额征税。

2）包装物押金是含税收入，需要换算为不含税收入。

3）包装物押金不同于包装物租金，包装物租金属于价外费用，在销售货物时随同货款一并计算增值税款。

4）对销售除啤酒、黄酒外的其他酒类产品而收取的包装物押金，无论是否返还以及会计上如何核算，均应并入当期销售额征收增值税。

（6）营改增行业销售额的规定。

1）全额计税：

a. 贷款服务：以提供贷款服务取得的**全部利息及利息性质的收入**为销售额。

【提示】**不得减除**支付的存款**利息**、转贷利息等。

b. 直接收费金融服务：以提供直接收费金融服务收取的手续费、佣金、酬金、管理费、服务费、经手费、开户费、过户费、结算费、转托管费等各类费用为销售额。

2）差额计税：

a. 金融商品转让：

销售额＝卖出价－买入价

【提示】转让金融商品出现的正负差，按盈亏相抵后的余额为销售额。若相抵后出现负差，可结转下一纳税期与下期转让金融商品销售额相抵，但年末时仍出现负差的，不得转入下一个会计年度。

金融商品的买入价，可以选择按照加权平均法或者移动加权平均法进行核算，选择后36个月内不得变更。

金融商品转让，**不得开具**增值税专用发票。

b. 经纪代理服务：

销售额＝全部价款和价外费用－向委托方收取并代为支付的政府性基金或者行政事业性收费

向委托方收取的政府性基金或者行政事业性收费，不得开具增值税专用发票。

c. 航空运输企业的销售额，不包括代收的机场建设费和代售其他航空运输企业客票而代收转付的价款。

d. 一般纳税人提供客运场站服务：

销售额＝全部价款和价外费用－支付给承运方的运费

e. 旅游服务，可以选择差额计税：

销售额＝全部价款和价外费用－向旅游服务购买方收取并支付给其他单位或者个人的住宿费、餐饮费、交通费、签证费、门票费和支付给其他接团旅游企业的旅游费用

【提示】选择上述办法计算销售额的试点纳税人，向旅游服务购买方收取并支付的上述费用，**不得开具增值税专用发票**，可以开具普通发票。

f. 纳税人提供建筑服务适用简易计税方法的：

销售额＝全部价款和价外费用－支付的分包款

g. 房地产开发企业中的一般纳税人销售其开发的房地产项目：

销售额＝全部价款和价外费用－受让土地时向政府部门支付的土地价款

但选择简易计税方法的建筑工程施工许可证注明的合同开工日期在2016年4月30日前的房地产项目除外。

（7）外币销售额的折算。

纳税人按人民币以外的货币结算销售额的，其销售额的人民币折合率可以选择**销售发生的当天**或者**当月1日的人民币外汇中间价**。纳税人应在事先确定采用何种折合率，确定后在1年内不得变更。

2. 进项税额的确定

（1）准予从销项税额中抵扣的进项税额。

1）从销售方取得的增值税专用发票（含税控机动车销售统一发票）上注明的增值税额。

【提示】如果取得增值税普通发票，通常不得抵扣进项税额。

2）从海关取得的海关进口增值税专用缴款书上注明的增值税额。

3）购进农产品除取得增值税专用发票或者海关进口增值税专用缴款书外，按照农产品收购发票或者销售发票上注明的农产品买价和扣除率 9%计算进项税额，国务院另有规定的除外。其中农产品是指各种植物、动物的初级产品，适用 9%的增值税税率，且农业生产者销售自产的农产品，免征增值税。

进项税额计算公式为：

进项税额＝买价×扣除率

a. 纳税人购进用于生产销售或委托加工 13%税率货物的农产品，按照 10%的扣除率计算进项税额。

b. 纳税人购进农产品直接销售、简单加工后销售（不用于生产销售或委托加工 13%税率货物）等，按照 9%的扣除率计算进项税额。

4）从境外单位或者个人购进服务、无形资产或者不动产，从税务机关或者扣缴义务人取得的解缴税款的完税凭证上注明的增值税额。

5）原增值税一般纳税人购进服务、无形资产或者不动产，取得的增值税专用发票上注明的增值税额为进项税额，准予从销项税额中抵扣。

6）纳税人购进国内旅客运输服务，其进项税额允许从销项税额中抵扣。纳税人取得符合规定的国内旅客运输发票的，以发票上注明的税额为进项税额。纳税人未取得相关发票的，暂按照以下规定确定进项税额：

a. 取得增值税电子普通发票的，为发票上注明的税额。

b. 取得注明旅客身份信息的航空运输电子客票行程单的，按照下列公式计算进项税额：

航空旅客运输进项税额＝(票价＋燃油附加费)÷(1＋9%)×9%

c. 取得注明旅客身份信息的铁路车票的，按照下列公式计算的进项税额：

铁路旅客运输进项税额＝票面金额÷(1＋9%)×9%

d. 取得注明旅客身份信息的公路、水路等其他客票的，按照下列公式计算进项税额：

公路、水路等其他旅客运输进项税额＝票面金额÷(1＋3%)×3%

7）原增值税一般纳税人自用应征消费税的摩托车、汽车、游艇，其进项税额准予从销项税额中抵扣。

增值税扣税凭证如图 4－12 所示。

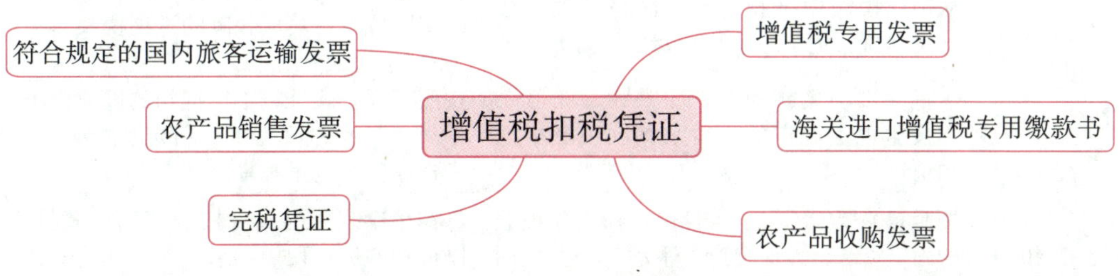

图 4－12　增值税扣税凭证

纳税人取得的增值税扣税凭证不符合法律、行政法规或者国家税务总局有关规定的，其进项税额不得从销项税额中抵扣。

纳税人凭完税凭证抵扣进项税额的，应当具备书面合同、付款证明和境外单位的对账单或者发票。资料不全的，其进项税额不得从销项税额中抵扣。

（2）不得从销项税额中抵扣的进项税额如表 4－21 所示。

表 4－21　进项税额不得抵扣的情形

不得抵扣项目		注意事项
用于不产生销项税额的项目	用于简易计税方法计税项目、免征增值税项目、集体福利或者个人消费（包括纳税人的交际应酬消费）的购进货物、加工修理修配劳务、服务、无形资产和不动产	1）纳税人的交际应酬消费属于个人消费 2）其中涉及固定资产、无形资产（不包括其他权益性无形资产）、不动产的，仅指专用于左述项目的固定资产、无形资产、不动产 如果既用于不得抵扣项目，又用于可抵扣项目的，该进项税额准予全部抵扣
非正常损失	购进货物，以及相关的加工修理修配劳务和交通运输服务	1）非正常损失，指因管理不善造成货物被盗、丢失、霉烂变质，以及因违反法律法规造成货物被依法没收、销毁的情形 2）不动产在建工程包括新建、改建、扩建、修缮、装饰不动产 3）不动产所耗用的购进货物指构成不动产实体的材料和设备
	在产品、产成品所耗用的购进货物（不包括固定资产）、加工修理修配劳务和交通运输服务	
	不动产，以及该不动产所耗用的购进货物、设计服务和建筑服务	
	不动产在建工程所耗用的购进货物、设计服务和建筑服务	
购进的贷款服务、餐饮服务、居民日常服务和娱乐服务		纳税人接受贷款服务向贷款方支付的与该笔贷款直接相关的投融资顾问费、手续费、咨询费等费用，其进项税额不得从销项税额中抵扣

（3）货物等改变用途进项税额的抵扣如表 4－22 所示。

表 4－22　货物等改变用途进项税额的抵扣

改变用途		处理方式
已抵扣→不可抵扣	已抵扣进项税额的购进货物（不含固定资产）、劳务、服务发生税法规定的不得从销项税额中抵扣情形（简易计税方法计税项目、免征增值税项目的除外）	应当将该进项税额从当期进项税额中扣减；无法确定该进项税额的，按当期外购项目的实际成本计算应扣减的进项税额
	已抵扣进项税额的固定资产或者无形资产发生税法规定的不得从销项税额中抵扣情形	按照下列公式计算不得抵扣的进项税额： 不得抵扣的进项税额＝固定资产或者无形资产净值×适用税率
不可抵扣→可抵扣	按照相关规定不得抵扣且未抵扣进项税额的固定资产、无形资产、不动产，发生用途改变，用于允许抵扣进项税额的应税项目（取得合法有效的增值税扣税凭证）	可在用途改变的次月按照下列公式计算可以抵扣的进项税额： 可以抵扣的进项税额＝固定资产、无形资产、不动产净值÷(1＋适用税率)×适用税率
【提示】固定资产、无形资产或不动产净值＝原值－折旧或摊销		

（4）适用一般计税方法的纳税人，兼营简易计税方法计税项目、免税项目而无法划分不得抵扣的进项税额的，按下列公式计算不得抵扣的进项税额：

不得抵扣的进项税额＝当月无法划分的全部进项税额×（当期简易计税方法计税项目销售额＋免征增值税项目销售额）÷当期全部销售额

（5）纳税人适用一般计税方法计税的，因销售折让、中止或者退回而退还给购买方的增值税额，应当从当期的销项税额中扣减；因销售折让、中止或者退回而收回的增值税额，应当从当期的进项税额中扣减。

（6）一般纳税人发生图 4－13 所示应税行为可以选择适用简易计税方法计税，不允许抵扣进项税额。

- 公共交通运输服务——包括轮客渡、公交客运、地铁、城市轻轨、出租车、长途客运、班车
- 经认定的动漫企业为开发动漫产品提供的动漫脚本编撰、形象设计、背景设计、动画设计、分镜、动画制作、摄制、描线、上色、画面合成、配音、配乐、音效合成、剪辑、字幕制作、压缩转码（面向网络动漫、手机动漫格式适配）服务，以及在境内转让动漫版权（包括动漫品牌、形象或者内容的授权及再授权）
- 电影放映服务、仓储服务、装卸搬运服务、收派服务和文化体育服务
- 在纳入“营改增”试点之日前取得的有形动产为标的物提供的经营租赁服务
- 在纳入“营改增”试点之日前签订的尚未执行完毕的有形动产租赁合同

图 4－13　可以选择简易计税的情形

（7）有下列情形之一者，应当按照销售额和增值税税率计算应纳税额，不得抵扣进项税额，也不得使用增值税专用发票：

1）一般纳税人会计核算不健全，或者不能够提供准确税务资料的。

2）应当办理一般纳税人资格登记而未办理的。

（8）自 2019 年 4 月 1 日起，增值税一般纳税人取得不动产或者不动产在建工程的进项税额不再分 2 年抵扣。此前按照规定尚未抵扣完毕的待抵扣进项税额，可自 2019 年 4 月税款所属期起从销项税额中抵扣。

（9）进项税额抵扣期限的规定如表 4－23 所示。

表 4－23　进项税额抵扣期限的规定

情形	发票类型	相关规定
自 2017 年 7 月 1 日起，增值税一般纳税人取得的 2017 年 7 月 1 日及以后开具的	增值税专用发票和机动车销售统一发票	应自开具之日起 360 日内认证或登录增值税发票选择确认平台进行确认，并在规定的纳税申报期内，向税务机关申报抵扣进项税额
	海关进口增值税专用缴款书	应自开具之日起 360 日内向税务机关报送海关完税凭证抵扣清单，申请稽核对比

（二）简易计税方法应纳税额的计算

应纳税额＝不含税销售额×征收率

不含税销售额＝含税销售额÷(1＋征收率)

纳税人适用简易计税方法计税的，因销售折让、中止或者退回而退还给购买方的销售额，应当从当期销售额中扣减。扣减当期销售额后仍有余额造成多缴的税款，可以从以后的应纳税额中扣减。

【提示】一般纳税人发生财政部和国家税务总局规定的特定应税行为，**可以选择适用简易**计税方法计税，但一经选择，**36个月内**不得变更。

（三）进口货物应纳税额的计算

纳税人进口货物，无论是一般纳税人还是小规模纳税人，均**应按照组成计税价格**和规定的税率计算应纳税额，不允许抵扣发生在境外的任何税金。其计算公式如图4-14所示。

进口货物征收消费税：组成计税价格＝关税完税价格+关税+消费税
或组成计税价格＝（关税完税价格+关税）÷（1-消费税税率）

应纳税额＝组成计税价格×税率

进口货物不征收消费税：组成计税价格＝关税完税价格+关税

图4-14　进口货物应纳税额的计算

小贴士

区分关税完税价格、成交价格、到岸价格

一般贸易下进口货物的关税完税价格以海关审定的成交价格为基础的到岸价格作为完税价格。

(1) 成交价格：一般贸易项下进口货物的买方为购买该项货物向卖方实际支付或应当支付的价格。

(2) 到岸价格：货价，加上货物运抵我国关境内输入地点起卸前的包装费、运费、保险费和其他劳务费等费用构成的价格。

（四）扣缴计税方法

境外单位或者个人在境内发生应税行为，在境内未设有经营机构的，扣缴义务人按照下列公式计算应扣缴税额：

应扣缴税额＝购买方支付的价款÷(1＋税率)×税率

【例题】某商业银行为增值税一般纳税人，2019年第二季度经营情况如下：

(1) 提供贷款服务取得含增值税利息收入6 360万元，支付存款利息2 862万元，提供直接收费金融服务取得含增值税销售额1 272万元。

(2) 发生金融商品转让业务，金融商品卖出价2 289.6万元，相关金融商品买入价2 120万元。第一季度金融商品转让出现负差58.3万元。

(3) 购进各分支经营用设备一批，取得增值税专用发票注明税额65万元；购进办公用品，取得增值税专用发票注明税额 13 万元；购进办公用小汽车一辆，取得增值税专用发票注明税额 2.86 万元；购进用于职工福利的货物一批，取得增值税专用发票注明税额 0.26 万元。

已知：金融服务增值税税率为 6%；取得的扣税凭证已通过税务机关认证。

【解析】根据增值税法律制度的规定：购进办公用品、各分支经营用设备、办公用小汽车的进项税额准予抵扣；购进用于职工福利的货物进项税额不得抵扣进项税额，外购“内用”的进项税额需要转出。

计算过程：

（1）该商业银行第二季度贷款服务和直接收费金融服务增值税销项税额＝(6 360＋1 272)÷(1＋6%)×6%＝432（万元）

（2）该商业银行第二季度金融商品转让增值税税额＝(2 289.6－2 120－58.3)÷(1＋6%)×6%＝6.3（万元）

（3）该商业银行购进货物的增值税可抵扣进项税额＝65＋13＋2.86＝80.86（万元）

【考点 5】 增值税税收优惠★★

（一）《增值税暂行条例》及其实施细则规定的免税项目

免税具体项目如图 4－15 所示。

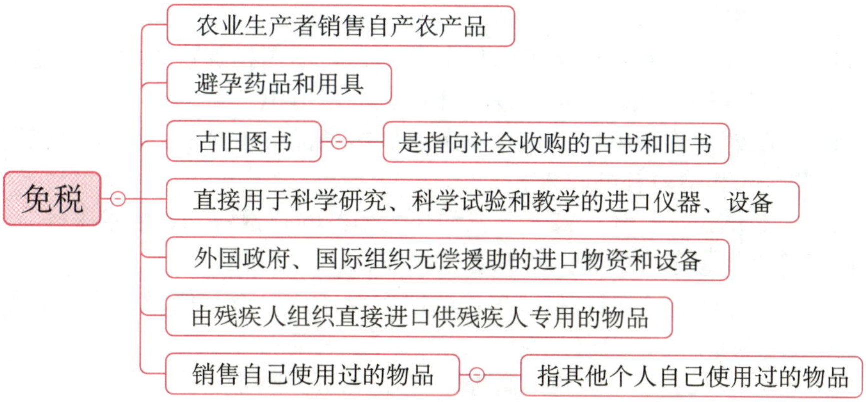

图 4－15　免税具体项目

（二）“营改增”试点过渡政策的免税规定

1. 下列项目免征增值税

（1）托儿所、幼儿园提供的保育和教育服务。

（2）养老机构提供的养老服务。

（3）残疾人福利机构提供的育养服务。

（4）婚姻介绍服务。

（5）殡葬服务。

（6）残疾人员本人为社会提供的服务。

（7）医疗机构提供的医疗服务。

（8）从事学历教育的学校提供的教育服务。

（9）学生勤工俭学提供的服务。

（10）农业机耕、排灌、病虫害防治、植物保护、农牧保险以及相关技术培训业务、家禽、牲畜、水生动物的配种和疾病防治。

（11）纪念馆、博物馆、文化馆、文物保护单位管理机构、美术馆、展览馆、书画院、图书馆在自己的场所提供文化体育服务取得的第一道门票收入。

（12）寺院、宫观、清真寺和教堂举办文化、宗教活动的门票收入。

（13）行政单位之外的其他单位收取的符合《营业税改征增值税试点实施办法》第 10 条规定条件的政府性基金和行政事业性收费。

（14）个人转让著作权。

（15）个人销售自建自用住房。

（16）2018 年 12 月 31 日前，公共租赁住房经营管理单位出租公共租赁住房。

（17）台湾航运公司、航空公司从事海峡两岸海上直航、空中直航业务在大陆取得的运输收入。

（18）纳税人提供的直接或者间接国际货物运输代理服务。

（19）符合规定条件的贷款、债券利息收入。

（20）被撤销金融机构以货物、不动产、无形资产、有价证券、票据等财产清偿债务。

（21）保险公司开办的一年期以上人身保险产品取得的保费收入。

（22）符合规定条件的金融商品转让收入。

（23）金融同业往来利息收入。

（24）同时符合规定条件的担保机构从事中小企业信用担保或者再担保业务取得的收入（不含信用评级、咨询、培训等收入）3 年内免征增值税。

（25）国家商品储备管理单位及其直属企业承担商品储备任务，从中央或者地方财政取得的利息补贴收入和价差补贴收入。

（26）纳税人提供技术转让、技术开发和与之相关的技术咨询、技术服务。

（27）同时符合规定条件的合同能源管理服务。

（28）2017 年 12 月 31 日前，科普单位的门票收入，以及县级及以上党政部门和科协开展科普活动的门票收入。

（29）政府举办的从事学历教育的高等、中等和初等学校（不含下属单位），举办进修班、培训班取得的全部归该学校所有的收入。

（30）政府举办的职业学校设立的主要为在校学生提供实习场所并由学校出资自办、由学校负责经营管理、经营收入归学校所有的企业，从事《销售服务、无形资产或者不动产注释》中“现代服务”（不含融资租赁服务、广告服务和其他现代服务）、“生活服务”（不含文化体育服务、其他生活服务和桑拿、氧吧）业务活动取得的收入。

（31）家政服务企业由员工制家政服务员提供家政服务取得的收入。

（32）福利彩票、体育彩票的发行收入。

（33）军队空余房产租赁收入。

（34）为了配合国家住房制度改革，企业、行政事业单位按房改成本价、标准价出售住房取得的收入。

（35）将土地使用权转让给农业生产者用于农业生产。

（36）涉及家庭财产分割（例如离婚财产分割等）的个人无偿转让不动产、土地使用权。

（37）土地所有者（国家）出让土地使用权和土地使用者将土地使用权归还给土地所有者。

（38）县级以上地方人民政府或自然资源行政主管部门出让、转让或收回自然资源使用权（不含土地使用权）。

（39）随军家属就业。

（40）军队转业干部就业。

（41）提供社区养老、抚育、家政等服务取得的收入。

2. 增值税即征即退

以下情况，对其增值税实际税负超过3%的部分实行增值税即征即退政策：一般纳税人提供管道运输服务；经人民银行、银监会或者商务部批准从事融资租赁业务的试点纳税人中的一般纳税人，提供有形动产融资租赁服务和有形动产融资性售后回租服务的。

【提示】增值税实际税负，指纳税人当期提供应税服务实际缴纳的增值税额占纳税人当期提供应税服务取得的全部价款和价外费用的比例。

3. 扣减增值税规定

（1）退役士兵创业就业。

（2）重点群体创业就业。

4. 金融企业应收未收利息增值税的缴纳规定

金融企业发放贷款后，自结息日起90日内发生的应收未收利息按现行规定缴纳增值税，自结息日起90日后发生的应收未收利息暂不缴纳增值税，待实际收到利息时按规定缴纳增值税。

5. 个人销售住房规定

表4-24 个人销售住房规定

地点	个人销售购买的住房		
北上广深之外的其他地区	不足2年（<2年）		全额×征收率（5%）
	2年以上（≥2年）		免税
北上广深	不足2年（<2年）		全额×征收率（5%）
	2年以上（≥2年）	非普通住宅	差额×征收率（5%） 差额=销售收入-购买住房价款
		普通住宅	免税

（三）跨境行为免征增值税的政策规定

境内的单位和个人销售的如图4-16所示服务和无形资产免征增值税，但财政部和国家税务总局规定适用增值税零税率的除外。

（四）起征点

纳税人发生应税销售行为的销售额未达到增值税起征点的，免征增值税；达到起征点的，全额计算缴纳增值税。

增值税起征点的适用范围限于个人，且不适用于登记为一般纳税人的个体工商户。

起征点幅度如表4-25所示。

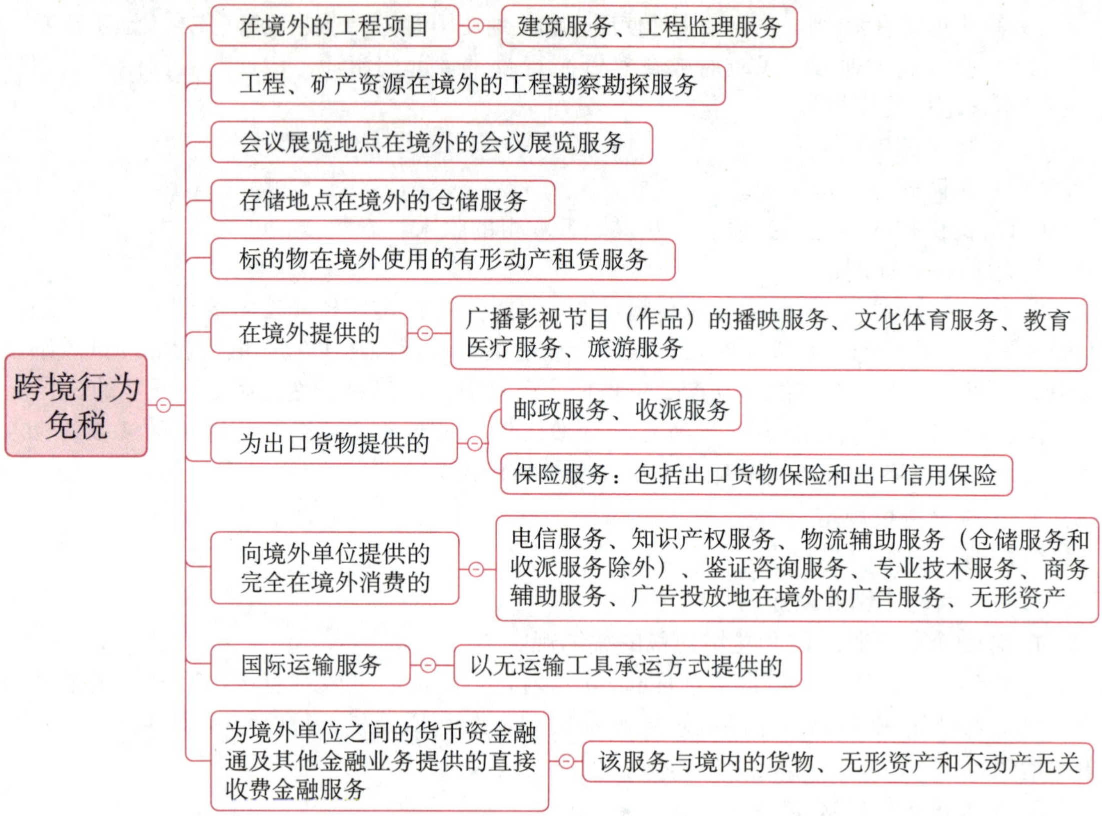

图 4-16　跨境行为免税项目

表 4-25　起征点幅度

纳税期限	起征点幅度
按期纳税的	5 000 元≤月销售额≤20 000 元
按次纳税的	300 元≤每次（日）销售额≤500 元

（五）小微企业免税规定

小微企业免税规定如表 4-26 所示。

表 4-26　小微企业免税规定

小微企业	规定
增值税小规模纳税人，月销售额不超过 10 万元（含 10 万元）的，以 1 个季度为纳税期限的增值税小规模纳税人，季度销售额不超过 30 万元的	免征增值税，当期因代开增值税专用发票已经缴纳的税款，在专用发票全部联次追回或者按规定开具红字专用发票后，可以向税务机关申请退还
其他个人采取一次性收取租金形式出租不动产取得的租金收入，在租金对应的租赁期内平均分摊，分摊后的月租金收入不超过 3 万元的	免征增值税

（六）其他减免税规定

（1）纳税人兼营免税、减税项目的，应当分别核算免税、减税项目的销售额；未分别核算销售额的，不得免税、减税。

（2）纳税人发生应税销售行为适用免税规定的，可以放弃免税，依照《增值税暂行条例》或者《营业税改征增值税试点实施办法》的规定缴纳增值税。放弃免税后，36个月内不得再申请免税。

（3）纳税人发生应税销售行为同时适用免税和零税率规定的，纳税人可以选择适用免税或者零税率。

【例题】根据增值税法律制度的规定，下列各项中，属于免税项目的是（　　）。

A. 养老机构提供的养老服务　　B. 装修公司提供的装饰服务

C. 企业转让著作权　　D. 福利彩票的代销手续费收入

【答案】A

【解析】养老机构提供的养老服务，免征增值税；装修公司提供的装饰服务，按“建筑服务”计缴增值税；个人转让著作权，免征增值税；福利彩票、体育彩票的发行收入免征增值税，代销手续费收入按“现代服务——商务辅助服务”计缴增值税。

【考点6】 增值税征收管理★★

（一）纳税义务发生时间

增值税纳税义务发生时间具体如表4－27所示。

表4－27　增值税纳税义务发生时间

收款方式	纳税义务发生时间
直接收款	不论货物是否发出，均为收到销售款或者取得销售款凭证的当天；先开具发票的，为开具发票的当天
销售应税劳务	纳税人销售应税劳务，为提供劳务同时收讫销售款或者取得索取销售款凭据的当天
托收承付和委托银行收款	发出货物并办妥托收手续的当天
采取赊销和分期收款	书面合同约定的收款当天；无书面合同或者书面合同没有约定收款日期的，为货物发出的当天
预收货款	货物发出的当天；但生产销售生产工期超过12个月的大型机械设备、船舶、飞机等货物，为收到预收款或者书面合同约定的收款日期的当天
委托代销	收到代销单位的代销清单或者收到全部或者部分货款的当天；未收到代销清单及货款的，为发出代销货物满180天的当天
视同销售	货物移送的当天
进口货物	报关进口的当天
提供租赁服务采取预收款方式的	收到预收款的当天
从事金融商品转让的	金融商品所有权转移的当天
发生视同销售情形的	劳务、服务、无形资产转让完成的当天或者不动产权属变更的当天
扣缴义务	纳税人增值税纳税义务发生的当天

（二）纳税地点

增值税纳税地点的具体内容如表 4－28 所示。

表 4－28　增值税纳税地点

业户		申报纳税地点
固定业户	一般情况	机构所在地
	总分机构不在同一县（市）	分别向各自所在地的税务机关申报
		经批准，可以由总机构汇总向总机构所在地的主管税务机关申报
固定业户到外县（市）销售或劳务	向机构所在地报告	机构所在地
	未报告	销售地或劳务发生地
	未向销售地申报纳税	由机构所在地税务机关补征税款
非固定户		销售地或劳务发生地
		未申报纳税的，由机构所在地或居住地税务机关补征税款
其他个人提供建筑服务，销售或者租赁不动产，转让自然资源使用权		建筑服务发生地、不动产所在地、自然资源所在地
进口货物		报关地海关
扣缴义务人		向机构所在地或居住地税务机关申报缴纳其扣缴的税款

（三）纳税期限

增值税纳税期限具体如表 4－29 所示。

表 4－29　增值税纳税期限

项目	具体内容
日期	1 日、3 日、5 日、10 日、15 日、1 个月或者 1 个季度
规定	（1）具体纳税期限，由税务机关根据纳税人应纳税额的大小分别核定 （2）不能按照固定期限纳税的，可以按次缴纳 （3）以1 个季度为纳税期限的规定适用于小规模纳税人、银行、财务公司、信托投资公司、信用社，以及财政部和国家税务总局规定的其他纳税人（小规模纳税人＋银行业金融机构按季度纳税） （4）纳税人以 1 个月或者 1 个季度为 1 个纳税期的，自纳税期满之日起15 日内申报纳税 （5）以 1 日、3 日、5 日、10 日或者 15 日为 1 个纳税期的，自期满之日起 5 日内预缴税款，于次月 1 日起 15 日内申报纳税并结清上月应纳税款 （6）进口货物应当自海关填发进口增值税专用缴款书之日起15 日内缴纳税款

【例题】根据营业税改征增值税试点相关规定，下列关于增值税纳税义务发生时间的表述中，不正确的是（　　）。

A. 纳税人发生视同销售不动产的，为不动产权属变更的当天

B. 纳税人提供建筑服务采取预收款方式的，为建筑工程完工的当天

C. 纳税人发生应税行为先开具发票的，为开具发票的当天

D. 纳税人从事金融商品转让的，为金融商品所有权转移的当天

【答案】B

【解析】纳税人提供建筑服务采取预收款方式的，其增值税纳税义务发生时间为收到预收款的当天。

【考点7】增值税专用发票使用规定★

增值税一般纳税人发生应税销售行为时开具的发票称为增值税专用发票，是购买方支付增值税额并可按照增值税有关规定据以抵扣增值税进项税额的凭证。

一般纳税人应通过增值税防伪税控系统使用（包括领购、开具、缴销、认证、稽核比对专用发票及其相应的数据电文）专用发票。

（一）专用发票的联次及用途

增值税专用发票主要由基本联和附加联组成，具体如图4－17所示。

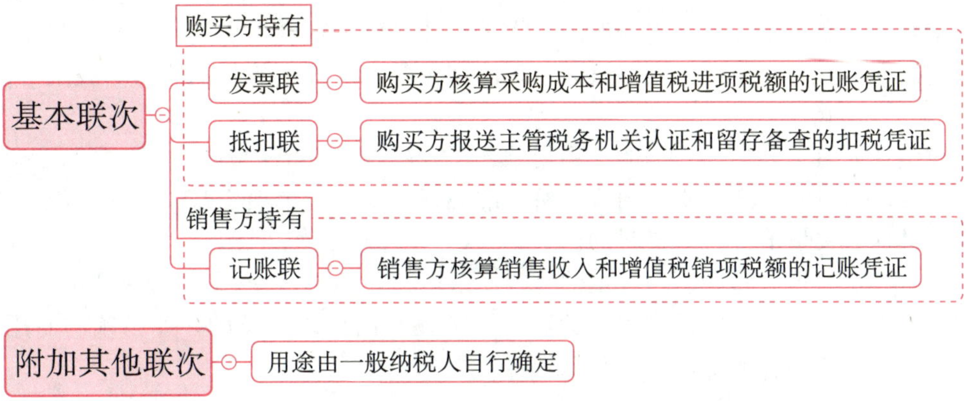

图4－17　发票联次

增值税专用发票票样如图4－18所示。

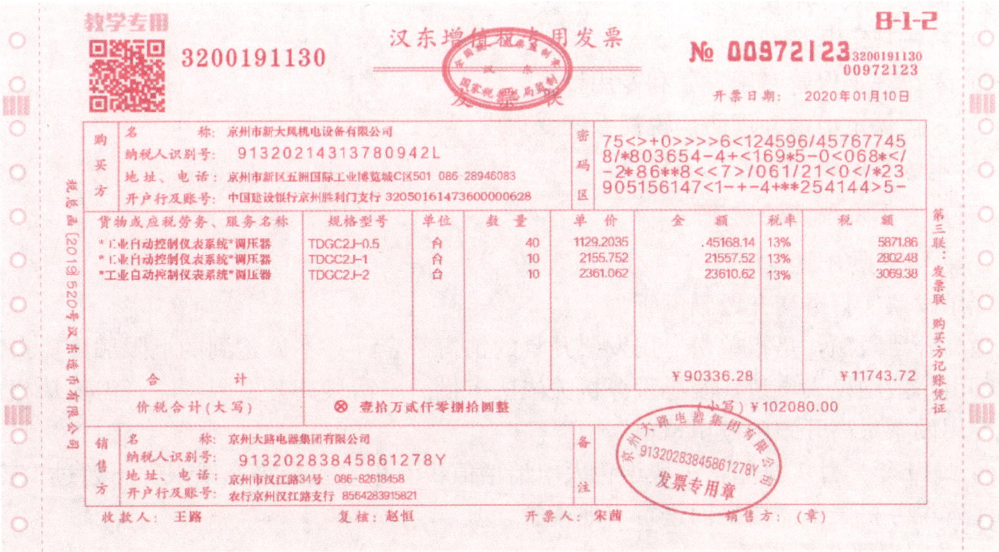

教学专用

3200191130　　汉东增值税专用发票　　B-1-2

№ 00972123　3200191130　00972123

发票联

开票日期：2020年01月10日

购买方　名　　称：京州市新大风机电设备有限公司
纳税人识别号：91320214313780942L
地址、电话：京州市新区五洲国际工业博览城C区501　086-28946083
开户行及账号：中国建设银行京州胜利门支行　320501614736000006 28

密码区：
75<>+0>>>>6<124596/45767745
8/*803654-4+<169*5-0<068*</
-2*86**8<<7>/061/21<0</*23
905156147<1-+-4+**254144>5-

货物或应税劳务、服务名称	规格型号	单位	数量	单价	金额	税率	税额
*工业自动控制仪表系统*调压器	TDGC2J-0.5	台	40	1129.2035	45168.14	13%	5871.86
*工业自动控制仪表系统*调压器	TDGC2J-1	台	10	2155.752	21557.52	13%	2802.48
*工业自动控制仪表系统*调压器	TDGC2J-2	台	10	2361.062	23610.62	13%	3069.38
合计					¥90336.28		¥11743.72

价税合计（大写）　⊗壹拾万贰仟零捌拾圆整　（小写）¥102080.00

销售方　名　　称：京州大路电器集团有限公司
纳税人识别号：91320283845861278Y
地址、电话：京州市汉江路34号　086-82618458
开户行及账号：农行京州汉江路支行　8564283915821

备注：京州大路电器集团有限公司　91320283845861278Y　发票专用章

收款人：王路　复核：赵恒　开票人：宋茜　销售方：（章）

税总函〔2019〕520号汉东造币有限公司

第三联：发票联　购买方记账凭证

图4－18　增值税专用发票票样

（二）专用发票的领购

发票领购流程如图 4－19 所示。

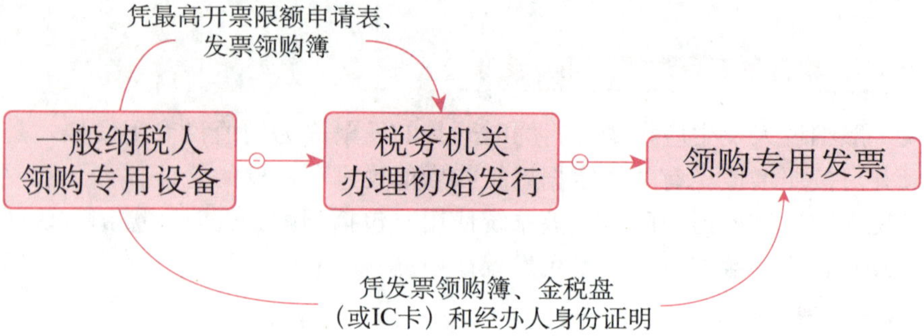

图 4－19　发票领购流程

初始发行，是指税务机关将一般纳税人的企业名称、纳税人识别号、开票限额、购票限量、购票人员姓名、密码、开票机数量、国家税务总局规定的其他信息等载入空白金税盘和 IC 卡的行为。

一般纳税人有下列情形之一的，不得领购、开具专用发票：

（1）会计核算不健全，不能向税务机关准确提供增值税销项税额、进项税额、应纳税额数据及其他有关增值税税务资料的。

（2）有《税收征收管理法》规定的税收违法行为，拒不接受税务机关处理的。

（3）有下列行为之一，经税务机关责令限期改正而仍未改正的，如已领购专用发票，税务机关应暂扣其结存的专用发票和 IC 卡：

1）虚开增值税专用发票。

2）私自印制专用发票。

3）向税务机关以外的单位和个人买取专用发票。

4）借用他人专用发票。

5）未按规定开具专用发票。

6）未按规定保管专用发票和专用设备。

7）未按规定申请办理防伪税控系统变更发行。

8）未按规定接受税务机关检查。

（三）专用发票的使用管理

1. 专用发票开票限额

专用发票实行最高开票限额管理。

最高开票限额，是指单份专用发票开具的销售额合计数不得达到的上限额度。最高开票限额由一般纳税人申请，区县税务机关依法审批。申请最高开票限额时，需要填报“增值税专用发票最高开票限额申请单”。

自 2014 年 5 月 1 日起，一般纳税人申请增值税专用发票最高开票限额不超过 10 万元的，主管税务机关不需要事前进行实地查验。

2. 专用发票开具范围

一般纳税人发生应税销售行为，应当向索取增值税专用发票的购买方开具专用发票。

属于下列情形之一的，不得开具增值税专用发票：

（1）商业企业一般纳税人零售烟、酒、食品、服装、鞋帽（不包括劳保专用部分）、化妆品等消费品的。

（2）应税销售行为的购买方为消费者个人的。

（3）发生应税销售行为适用免税规定的。

（4）小规模纳税人发生应税销售行为的（需要开具专用发票的，可向税务机关申请代开，国家税务总局另有规定的除外）。

3. 专用发票开具要求

（1）项目齐全，与实际交易相符。

（2）字迹清楚，不得压线、错格。

（3）发票联和抵扣联加盖财务专用章或者发票专用章。

（4）按照增值税纳税义务的发生时间开具。

【例题】根据增值税法律制度的规定，一般纳税人发生的下列行为中，可以开具增值税专用发票的是（　　）。

A. 律师事务所向消费者个人提供咨询服务

B. 商业企业向消费者个人零售食品

C. 书店向消费者个人销售图书

D. 生产企业向一般纳税人销售货物

【答案】D

【解析】向消费者个人销售货物、提供应税劳务或发生应税行为的，不得开具增值税专用发票。

同步练习

【1-单选】根据增值税法律制度的规定，下列各项中，应按照“提供应税劳务”税目计缴增值税的是（　　）。

A. 制衣厂员工为本厂提供的加工服装服务　　B. 有偿提供安装空调服务

C. 有偿修理机器设备服务　　D. 有偿提供出租车服务

【2-单选】某增值税一般纳税人提供咨询服务，取得含税收入318万元，取得奖金5.3万元，咨询服务的增值税税率为6%，该业务应计算的销项税额是（　　）。

A. $(318+5.3)\div(1+6\%)\times6\%=18.3$（万元）

B. $318\div(1+6\%)\times6\%=18$（万元）

C. $[318\div(1+6\%)+5.3]\times6\%=18.318$（万元）

D. $318\times6\%=19.08$（万元）

【3-多选】根据增值税法律制度的规定，一般纳税人购进货物、服务取得的下列合法凭证中，属于增值税扣税凭证的有（　　）。

A. 税控机动车销售统一发票　　B. 农产品收购发票

C. 农产品销售发票　　D. 海关进口增值税专用缴款书

【4-单选】甲餐饮公司为增值税小规模纳税人。2018年第四季度提供餐饮服务取得含增值税销售额103万元，购进货物取得增值税普通发票注明税额1.3万元。已知增值税征收

率为3%。下列计算甲餐饮公司第四季度应缴纳增值税税额的算式中，正确的是（　　）。

A. 103×3%−1.3=1.79（万元）

B. 103÷(1+3%)×3%=3（万元）

C. 103÷(1+3%)×3%−1.3=1.7（万元）

D. 103×3%=3.09（万元）

【5-多选】根据增值税法律制度的规定，下列各项中属于增值税免税项目的有（　　）。

A. 除个体工商户以外的其他个人销售自己使用过的物品

B. 古旧图书

C. 直接用于科学研究的进口设备

D. 农业生产者销售的自产农产品

答案及解析

1. 【答案】C

【解析】选项A，单位或者个体工商户聘用的员工为本单位或者雇主提供加工、修理修配劳务，不征收增值税。选项B、D，按照销售服务缴纳增值税。

2. 【答案】A

【解析】题目明确说明是含税收入；取得的奖金为价外费用，为含税金额；应纳税额=(318+5.3)÷(1+6%)×6%=18.3（万元）。

3. 【答案】ABCD

【解析】增值税凭票扣税的：增值税专用发票、进口增值税专用缴款书、机动车销售统一发票、扣缴义务人取得的税收缴款凭证、符合规定的国内旅客运输发票。购进免税农产品计算抵扣的：凭农产品收购发票或农产品销售发票准予抵扣的进项税额=买价×10%扣除率。

4. 【答案】B

【解析】小规模纳税人取得增值税专用发票或普通发票均不得抵扣进项税额。

5. 【答案】ABCD

【解析】增值税的免税项目包括：农业生产者销售的自产农产品；避孕药品和用具；古旧图书；直接用于科学研究、科学试验和教学的进口仪器、设备；外国政府、国际组织无偿援助的进口物资和设备；由残疾人组织进口供残疾人专用的物品；除个体工商户以外的其他个人销售自己使用过的物品。

第三节　消费税法律制度

本节考点

1. 消费税纳税人（了解消费税纳税人）

2. 消费税征税范围（掌握消费税征税范围）

3. 消费税税目和税率（掌握消费税税目、了解消费税税率）
4. 消费税应纳税额的计算（掌握消费税应纳税额的计算）
5. 消费税征收管理（了解消费税征收管理）

【考点1】消费税纳税人★

消费税纳税人的具体含义如图 4－20 所示。

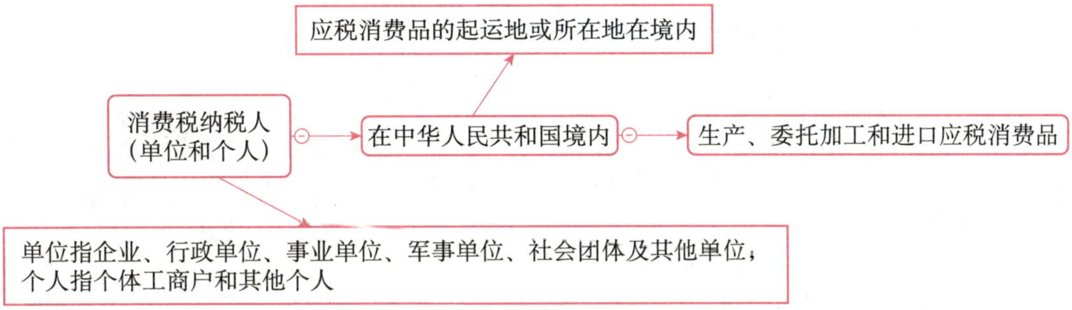

图 4－20　消费税纳税人

由于消费税是在对所有货物普遍征收增值税的基础上选择少量消费品征收的，因此，消费税纳税人同时也是增值税纳税人。增值税与消费税的关系如图 4－21 所示。

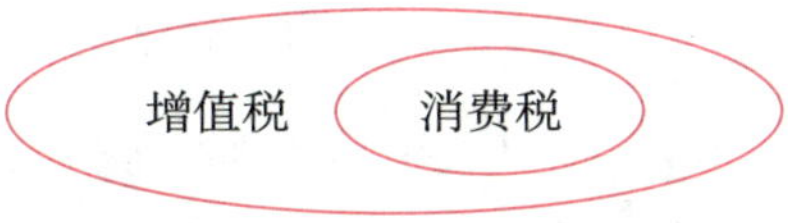

图 4－21　增值税与消费税的关系

【考点2】消费税征税范围★★★

扫码看视频

（一）生产应税消费品环节

纳税人生产的应税消费品，于纳税人销售时纳税。自产自用应税消费品的纳税规定如图 4－22 所示。

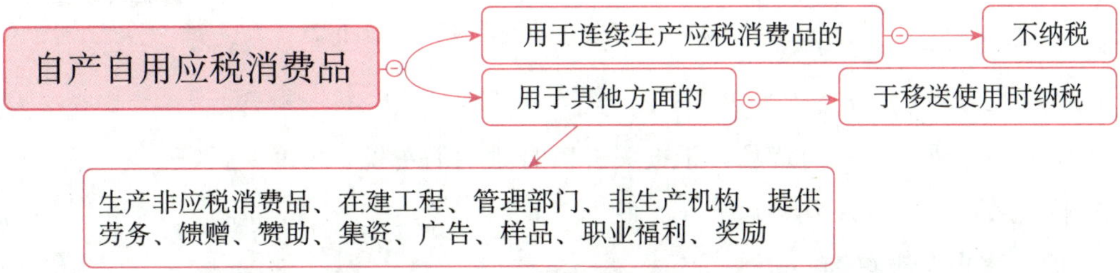

图 4－22　自产自用应税消费品纳税规定

其中，用于连续生产应税消费品，是指纳税人将自产自用应税消费品作为直接材料最终生产成应税消费品，自产自用应税消费品构成最终应税消费品的实体。

视为生产应税消费品的情形如图 4－23 所示。

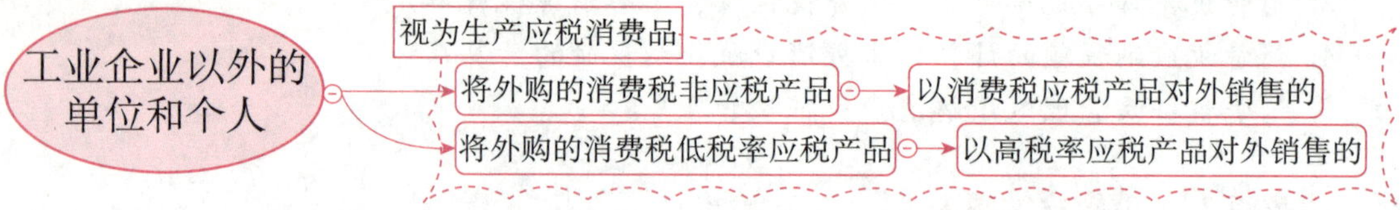

图 4-23　视为生产应税消费品的情形

（二）委托加工应税消费品环节

委托加工应税消费品的界定如表 4-30 所示。

表 4-30　委托加工应税消费品的界定

情形	具体规定
由委托方提供原料和主要材料，受托方只收取加工费和代垫部分辅助材料加工的应税消费品	委托方委托加工的应税消费品
由受托方提供原材料生产的应税消费品	不论在财务上是否作为销售处理，都不得作为委托加工应税消费品，应当按照受托方销售自制应税消费品缴纳消费税
受托方先将原材料卖给委托方，然后再接受加工的应税消费品	
由受托方以委托方名义购进原材料生产的应税消费品	

委托加工应交消费税的缴纳如图 4-24 所示。

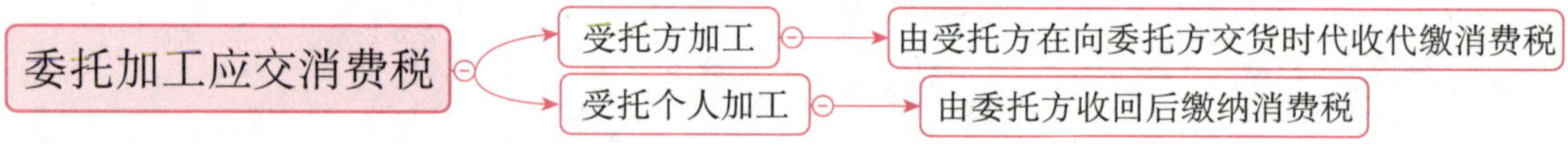

图 4-24　委托加工应交消费税的缴纳

委托加工应交消费税的抵扣如图 4-25 所示。

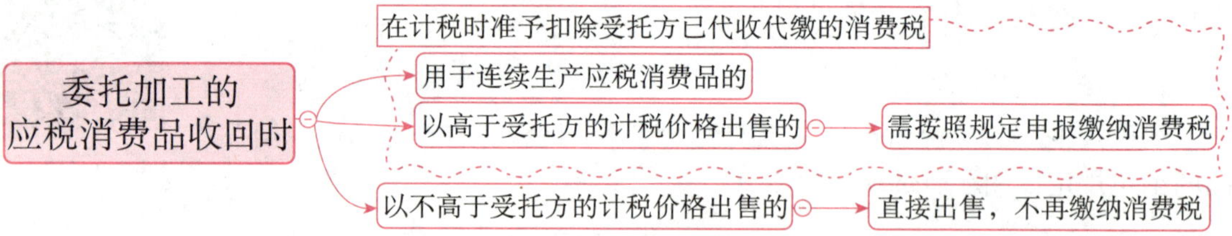

图 4-25　委托加工应交消费税的抵扣

（三）进口应税消费品环节

单位和个人进口应税消费品，于报关进口时缴纳消费税，由海关代征。

（四）零售应税消费品环节

1. 商业零售金银首饰

零售环节征收消费税的金银首饰（包括金基、银基合金首饰，金、银和金基、银基合金的镶嵌首饰）；钻石及钻石饰品；铂金首饰。

视为零售应税消费品的情形如图 4-26 所示。

其中加工包括带料加工、翻新改制、以旧换新等业务，不包括修理和清洗。

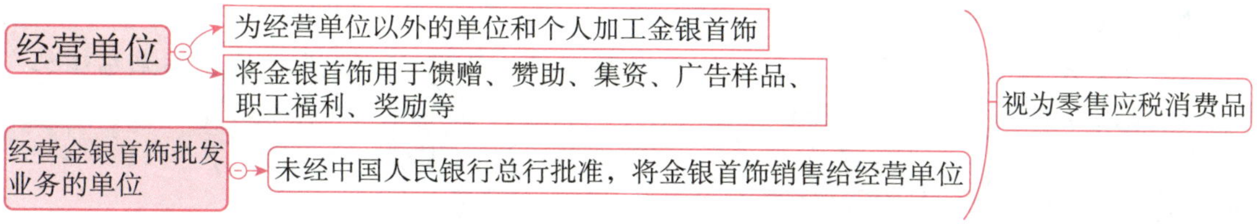

图 4-26　视为零售应税消费品的情形

2. 零售超豪华小汽车

纳税人在生产（进口）超豪华小汽车环节上，需按现行税率征收消费税，并在零售环节加征一道消费税，将超豪华小汽车销售给消费者的单位和个人为超豪华小汽车零售环节的纳税人。

【提示】超豪华小汽车征收范围为每辆零售价格 130 万元（不含增值税）及以上的乘用车和中轻型商用客车。

（五）批发销售卷烟环节

纳税人在生产卷烟环节上，需按现行税率征收消费税，并在批发环节加征一道消费税。

自 2015 年 5 月 10 日起，将卷烟批发环节从价税税率由 5%提高至 11%，并按 0.005 元/支加征从量税。卷烟消费税改为在生产和批发两个环节征收后，批发企业在计算应纳税额时不得扣除已含的生产环节的消费税税款。

烟草批发企业缴纳消费税的情形如图 4-27 所示。

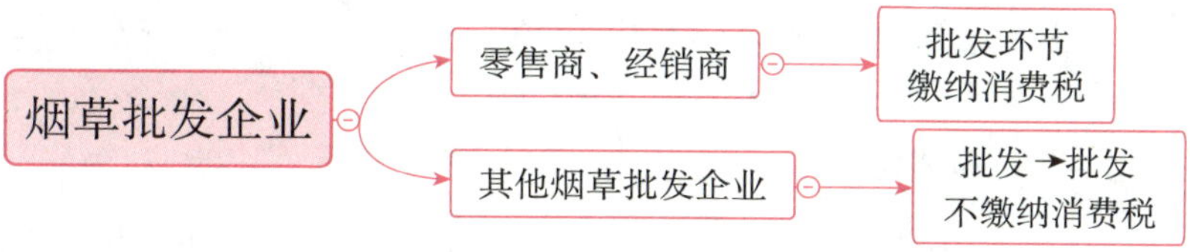

图 4-27　烟草批发

纳税人兼营卷烟批发和零售业务的，应当分别核算批发和零售环节的销售额、销售数量；未分别核算的，按照全部销售额、销售数量计征批发环节消费税。

小贴士

表 4-31　应税消费品征税环节区分

消费税	生产（委托加工）/进口	批发	零售
一般应税消费品	√	×	×
金银铂钻	×	×	√
卷烟	√	√加征	×
超豪华小汽车	√	×	√加征

【例题】根据消费税法律制度的规定，下列情形中，属于消费税征税范围的有（　　）。

A. 甲服装厂生产销售服装

B. 丙烟草批发企业将卷烟销售给其他烟草批发企业

C. 丁商场零售金银首饰

D. 乙汽车贸易公司进口小汽车

【答案】CD

【解析】服装不属于应税消费品，故A选项错误；卷烟批发企业销售卷烟至卷烟批发企业不征收消费税，故B选项错误。

【考点3】消费税税目和税率★★★

（1）消费税税目和税率。

消费税的税目和税率如表4－32所示。

表4－32　消费税的税目和税率

<table>
<tr><th>征收原因</th><th colspan="4">税目</th><th>税率</th><th>注意事项</th></tr>
<tr><td rowspan="9">危害健康</td><td rowspan="5">酒</td><td colspan="3">白酒（包括粮食白酒和薯类白酒）</td><td>20%＋0.5元/500克</td><td rowspan="5">包括：啤酒屋自制啤酒
不包括：调味料酒、酒精</td></tr>
<tr><td colspan="3">黄酒</td><td>240元/吨</td></tr>
<tr><td rowspan="2">啤酒</td><td>甲类</td><td>每吨≥3 000元</td><td>250元/吨</td></tr>
<tr><td>乙类</td><td>每吨＜3 000元</td><td>220元/吨</td></tr>
<tr><td colspan="3">其他酒（包括葡萄酒、汽酒等）</td><td>10%</td></tr>
<tr><td rowspan="4">烟</td><td rowspan="2">卷烟</td><td>甲类</td><td>每条调拨价格≥70元（不含增值税）</td><td>56%＋0.003元/支</td><td rowspan="2">每标准条（200支）
批发加征11%＋0.005元/支</td></tr>
<tr><td>乙类</td><td>每条调拨价格＜70元（不含增值税）</td><td>36%＋0.003元/支</td></tr>
<tr><td colspan="3">雪茄烟</td><td>36%</td><td>——</td></tr>
<tr><td colspan="3">烟丝</td><td>30%</td><td>包括：以烟叶为原料加工生产的不经卷制的散装烟</td></tr>
<tr><td rowspan="11">奢侈生活</td><td colspan="4">高档化妆品（不包括：演员用的油彩、上妆油、卸妆油）</td><td>15%</td><td>指10元/毫升或15元/片及以上的化妆品</td></tr>
<tr><td colspan="2" rowspan="2">贵重首饰及珠宝玉石</td><td colspan="2">金银首饰、铂金首饰和钻石及钻石饰品</td><td>5%</td><td rowspan="2">金银、铂金、钻石、珍珠、碧玺、琥珀、珊瑚、宝石坯</td></tr>
<tr><td colspan="2">其他贵重首饰和珠宝玉石</td><td>10%</td></tr>
<tr><td colspan="4">高档手表</td><td>20%</td><td>指不含税售价1万元及以上</td></tr>
<tr><td colspan="4">高尔夫球及球具（包括高尔夫球杆的杆头、杆身和握把）</td><td>10%</td><td>包括：高尔夫球、高尔夫球杆及高尔夫球包（袋）</td></tr>
<tr><td colspan="2" rowspan="2">摩托车</td><td colspan="2">气缸容量＝250毫升</td><td>3%</td><td rowspan="2">不包括：最大设计车速≤50km/h的三轮摩托车</td></tr>
<tr><td colspan="2">气缸容量＞250毫升</td><td>10%</td></tr>
<tr><td colspan="2" rowspan="3">小汽车（不包含电动汽车、汽车轮胎、沙滩车、雪地车、卡丁车、高尔夫车）</td><td colspan="2">乘用车</td><td>1%～40%</td><td rowspan="3">不包括：企业购进货车改装生产的商务车、卫星通信车等专用汽车
包括：购进乘用车和中轻型商用客车整车改装生产汽车</td></tr>
<tr><td colspan="2">中轻型商用客车</td><td>5%</td></tr>
<tr><td colspan="2">超豪华小汽车</td><td>零售环节加征10%</td></tr>
<tr><td colspan="4">游艇</td><td>10%</td><td>——</td></tr>
</table>

续表

征收原因	税目	税率	注意事项
消耗资源	**鞭炮、焰火**	15%	不包括：体育上用的发令纸、鞭炮药引线
	成品油（包含汽油、柴油、石脑油、溶剂油、航空煤油、润滑油、燃料油）	1.20 元/升 1.52 元/升	包括：催化料、焦化料 不包括：原油
	木制一次性筷子	5%	未经打磨、倒角
	实木地板	5%	包括：素板、实木复合地板
	涂料	4%	不含施工状态下挥发性有机物含量≤420 克/升的涂料
	电池（不含无汞原电池、金属氢化物镍蓄电池、锂原电池、锂离子蓄电池、太阳能电池、燃料电池和全钒液流电池）	4%	铅蓄电池按 4%税率征税

（二）消费税税率类别

消费税税率可分为如图 4－28 所示的三类。

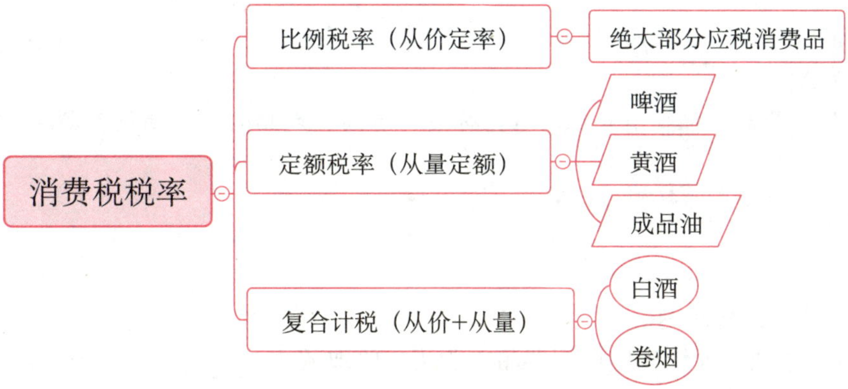

图 4－28　消费税税率类别

（三）税率的相关规定

1. 兼营应税消费品

纳税人兼营不同税率的应税消费品时，应当分别核算不同税率应税消费品的销售额和销售数量。未分别核算的，或者将不同税率的应税消费品组成成套消费品销售的，应当从高适用税率。

2. 配制酒的适用税率

（1）按其他酒（10%）税率征收消费税。

1）以蒸馏酒或食用酒精为酒基，具有国家相关部门批准的国食健字或卫食健字文号，且酒精度≤**38°**的配制酒。

2）以发酵酒为酒基，酒精度≤**20°**的配制酒。

（2）其他配制酒，按白酒（20%＋0.5 元/500 克）税率征收消费税。

3. 卷烟的适用税率

卷烟具体适用如图 4－29 所示的税率。

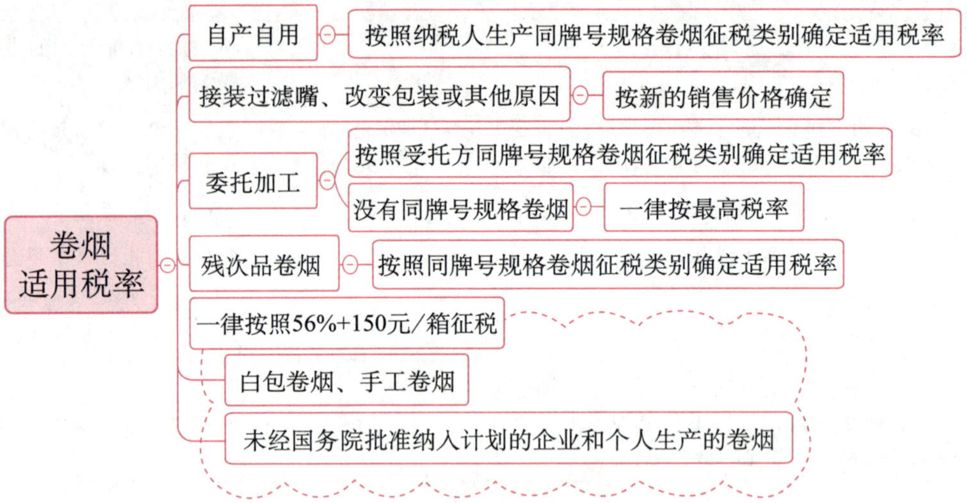

图 4－29 卷烟的适用税率

【例题】根据消费税法律制度的规定，下列应税消费品中，实行从量计征消费税的有（　　）。

A. 黄酒　　B. 柴油　　C. 涂料　　D. 游艇

【答案】AB

【解析】从量定额征收消费税的有：啤酒、黄酒、成品油（柴油属于成品油）。

【考点 4】消费税应纳税额的计算★★★

（一）销售额的确定

1. 从价计征销售额的确定

销售额是指纳税人销售应税消费品向购买方收取的全部价款和价外费用，不包括收取的增值税税额。计算公式如下：

应税消费品的销售额＝含增值税销售额÷(1＋增值税税率或征收率)

2. 从量计征销售数量的确定

销售数量是指纳税人生产、加工和进口应税消费品的数量。

从量计征销售数量的确定如表 4－33 所示。

表 4－33 从量计征销售数量的确定

应税行为	销售数量
销售应税消费品的	为应税消费品的销售数量
自产自用应税消费品的	为应税消费品的移送使用数量
委托加工应税消费品的	为纳税人收回的应税消费品数量
进口应税消费品的	为海关核定的应税消费品进口征税数量

3. 复合计征销售额和销售数量的确定

实行从价定率和从量定额相结合的复合计征办法征收消费税的应税消费品有卷烟和白酒。它们的销售额和销售数量如图 4－30 所示。

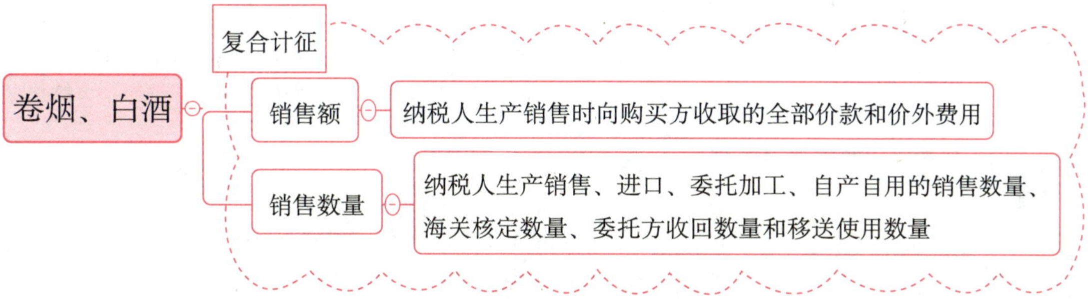

图 4－30　复合计征销售额和销售数量的确定

4. 特殊情形下销售额和销售数量的确定

特殊情形的具体规定如表 4－34 所示。

表 4－34　特殊情形下销售额和销售数量的确定

<table>
<tr><th colspan="2">情形</th><th>计税依据</th></tr>
<tr><td colspan="2">纳税人应税消费品的计税价格明显偏低并无正当理由的，由主管税务机关核定计税价格</td><td>卷烟、白酒和小汽车→由国家税务总局核定，送财政部备案
其他应税消费品→由省级国家税务机关核定
进口应税消费品→由海关核定</td></tr>
<tr><td colspan="2">纳税人通过自设非独立核算门市部销售自产应税消费品</td><td>应当按照门市部对外销售额或者销售数量征收消费税</td></tr>
<tr><td colspan="2" rowspan="2">纳税人用于换取生产资料和消费资料、投资入股和抵偿债务等方面的应税消费品</td><td>应当以纳税人同类应税消费品的最高销售价格作为计税依据计算消费税</td></tr>
<tr><td>【提示】此情形下计算增值税以平均销售价格作为计税依据</td></tr>
<tr><td colspan="2">白酒生产企业向商业销售单位收取的“品牌使用费”</td><td>不论企业采取何种方式或以何种名义收取价款，均应并入白酒的销售额中缴纳消费税</td></tr>
<tr><td colspan="3">【提示】品牌使用费随着应税白酒的销售而向购货方收取，属于应税白酒销售价款的组成部分</td></tr>
<tr><td rowspan="5">包装物押金</td><td>随同产品销售</td><td>无论包装物是否单独计价，也无论会计上如何核算，均应并入销售额中缴纳消费税</td></tr>
<tr><td rowspan="2">不作价随同产品销售，而是收取押金</td><td>此项押金不应并入应税消费品的销售额中征税</td></tr>
<tr><td>对因逾期未收回的包装物不再退还的或者已收取的时间超过 12 个月的押金，应并入应税消费品的销售额，缴纳消费税</td></tr>
<tr><td>既作价随同产品销售，又收取押金</td><td>凡纳税人在规定的期限内没有退还的，均应并入销售额中纳税</td></tr>
<tr><td>对酒类生产企业销售除啤酒、黄酒以外的其他酒类产品收取的押金</td><td>无论押金是否返还及会计上如何核算，均应并入酒类产品销售额，征收消费税</td></tr>
</table>

续表

情形		计税依据
销售金银首饰	以旧换新（含翻新改制）方式销售的	应按实际收取的不含增值税的全部价款确定计税依据征税
	带料加工的	应按受托方销售同类金银首饰的销售价格确定计税依据征税；没有同类金银首饰销售价格的，按照组成计税价格计算纳税
	与其他产品组成成套消费品销售的	按销售额全额征税
	连同包装物销售的	无论包装物是否单独计价，也无论会计上如何核算，均应并入金银首饰的销售额计征消费税
	对于既销售金银首饰，又销售非金银首饰的生产、经营单位，应将两类商品划分清楚，分别核算销售额；凡划分不清楚或不能分别核算并在生产环节销售的，一律从高适用税率；在零售环节销售的，一律按金银首饰征收消费税	

小贴士

表 4-35　包装物押金（不属于价外费用）的增值税和消费税

消费品		收取时	逾期时
一般应税消费品押金	增值税	×	√
	消费税	×	√
白酒、其他酒类（红酒、葡萄酒等）	增值税	√	×
	消费税	√	×
啤酒、黄酒	增值税	×	√
	消费税	×	×

【提示】啤酒、黄酒采取从量计征消费税，与销售额无关，与是否收取包装物押金也无关。

（二）应纳税额的计算

1. 生产销售环节应纳消费税的计算

生产销售环节应纳消费税的计算如图 4-31 所示。

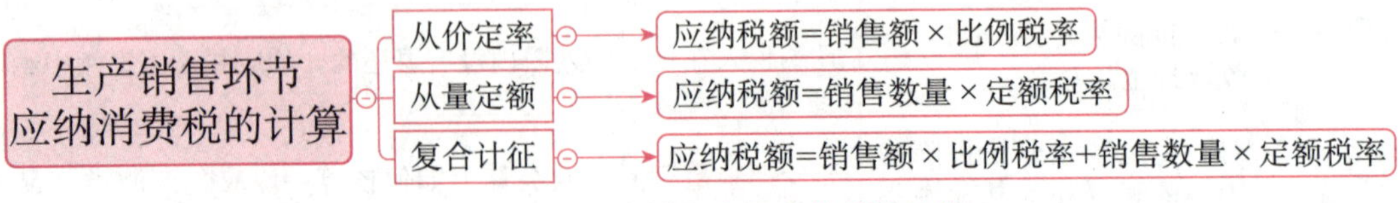

图 4-31　生产销售应纳消费税的计算

2. 自产自用应税消费品应纳消费税的计算

自产自用应税消费品应纳消费税的计算具体如图 4-32 所示。

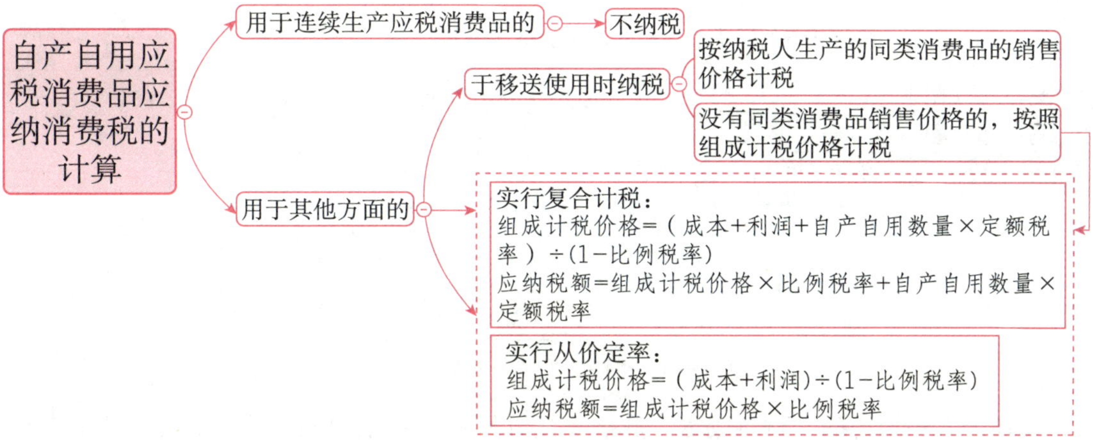

图 4－32　自产自用应纳消费税的计算

上述公式中所说的“成本”是指应税消费品的产品生产成本，“利润”是指根据应税消费品的全国平均成本利润率计算的利润，由国家税务总局确定成本利润率。

价格＝成本＋利润＋消费税

（1）从价定率消费税组成计税价格计算：

价格＝成本＋利润＋价格×比例税率

价格－价格×比例税率 ＝成本＋利润

价格×(1－比例税率)＝成本＋利润

价格＝(成本＋利润)÷(1－比例税率)

（2）复合计税消费税组成计税价格计算：

价格＝成本＋利润＋(价格×比例税率＋数量×定额税率)

价格－价格×比例税率 ＝成本＋利润＋数量×定额税率

价格×(1－比例税率)＝成本＋利润＋数量×定额税率

价格＝(成本＋利润＋数量×定额税率)÷(1－比例税率)

小贴士

必须是没有同类售价，才计算组成计税价格

同类消费品的销售价格是指纳税人或者代收代缴义务人当月销售的同类消费品的销售价格，如果当月同类消费品各期销售价格高低不同，应按销售数量加权平均计算。

但销售的应税消费品有下列情况之一的，不得列入加权平均计算：

（1）销售价格明显偏低又无正当理由的。

（2）无销售价格的。

如果当月无销售或者当月未完结，应按照同类消费品上月或者最近月份的销售价格计算纳税。

3. 委托加工应税消费品应纳消费税的计算

委托加工应税消费品应纳消费税的计算规定如图 4－33 所示。

委托加工应税消费品应纳消费税的计算
- 按受托方的同类消费品的销售价格计税
- 没有同类消费品销售价格的，按组成计税价格计税
  - 实行从价定率：
    组成计税价格=（材料成本+加工费）÷(1－比例税率)
    应纳税额=组成计税价格×比例税率
  - 实行复合计税：
    组成计税价格=（材料成本+加工费+委托加工数量×定额税率）÷(1－比例税率)
    应纳税额=组成计税价格×比例税率+委托加工数量×定额税率

图 4－33　委托加工应纳消费税的计算

上述公式中所说的“材料成本”是指委托方所提供加工材料的实际成本，“加工费”是指受托方加工应税消费品向委托方所收取的全部费用（包括代垫辅助材料的实际成本），不包括增值税税款。

4. 进口环节应纳消费税的计算

进口应税消费品应纳消费税的计算如图 4－34 所示。

进口应税消费品应纳消费税的计算
- 实行从价定率：
  组成计税价格=（关税完税价格+关税）÷(1－比例税率)
  应纳税额=组成计税价格×比例税率
- 实行复合计税：
  组成计税价格=（关税完税价格+关税+进口数量×定额税率）÷(1－比例税率)
  应纳税额=组成计税价格×比例税率+进口数量×定额税率

图 4－34　进口环节应纳消费税的计算

上述公式中所说的“关税完税价格”是指海关核定的关税计税价格。

进口环节消费税除国务院另有规定外，一律不得给予减税、免税。

（三）已纳消费税的扣除

根据现行的有关消费税的规定，将外购和委托加工收回的应税消费品继续生产应税消费品销售的，可以按规定扣除已经缴纳的消费税，以避免重复征税。

表 4－36　外购、委托加工应税消费品已纳税额的扣除

外购、委托加工（可抵扣）	（1）外购、委托加工已税烟丝生产的卷烟 （2）外购、委托加工已税高档化妆品原料生产的高档化妆品 （3）外购、委托加工已税珠宝、玉石原料生产的贵重首饰及珠宝、玉石（不可以是金银首饰） （4）外购、委托加工已税鞭炮、焰火原料生产的鞭炮、焰火 （5）外购、委托加工已税杆头、杆身和握把为原料生产的高尔夫球杆 （6）外购、委托加工已税木制一次性筷子原料生产的木制一次性筷子 （7）外购、委托加工已税实木地板原料生产的实木地板 （8）外购、委托加工已税石脑油、润滑油、燃料油为原料生产的成品油 （9）外购、委托加工已税汽油、柴油为原料生产的汽油、柴油

1. 外购应税消费品已纳税款的扣除

在对于用外购已缴纳消费税的应税消费品连续生产出来的应税消费品计税时，税法规定应按**当期生产领用数量**计算准予扣除外购时已纳的消费税税款。计算公式如下：

$$\text{当期准予扣除已纳税款}=\begin{matrix}\text{当期准予扣除的外购}\\\text{应税消费品买价}\end{matrix}\times\text{外购应税消费品适用税率}$$

$$\begin{matrix}\text{当期准予扣除的外购}\\\text{应税消费品的买价}\end{matrix}=\begin{matrix}\text{期初库存的外购}\\\text{应税消费品的买价}\end{matrix}+\begin{matrix}\text{当期购进的}\\\text{应税消费品的买价}\end{matrix}-\begin{matrix}\text{期末库存的外购}\\\text{应税消费品的买价}\end{matrix}$$

其中外购已税消费品的买价是指购货发票上注明的销售额（不包括增值税税款）。

2. 委托加工收回的应税消费品已纳税款的扣除

委托加工的委托方收回货物后用于连续生产应税消费品的，其已由受托方代收代缴的消费税准予按照规定从连续生产的应税消费品应纳消费税税额中抵扣。上述连续生产的应税消费品准予从应纳消费税税额中按**当期生产领用数量**计算扣除委托加工收回的应税消费品已纳消费税税款的计算如下：

$$\begin{matrix}\text{当期准予扣除的委托加工}\\\text{应税消费品已纳税款}\end{matrix}=\begin{matrix}\text{期初库存的委托加工}\\\text{应税消费品已纳税款}\end{matrix}+\begin{matrix}\text{当期收回的委托加工}\\\text{应税消费品已纳税款}\end{matrix}-\begin{matrix}\text{期末库存的委托加工}\\\text{应税消费品已纳税款}\end{matrix}$$

小贴士

不得扣除已纳消费税的情况

（1）纳税人用外购或委托加工收回的已税珠宝、玉石原料生产的改在**零售环节**征收消费税的金银首饰（镶嵌首饰），在计税时**一律不得扣除**外购珠宝、玉石的已纳税款，具体如图 4－35 所示。

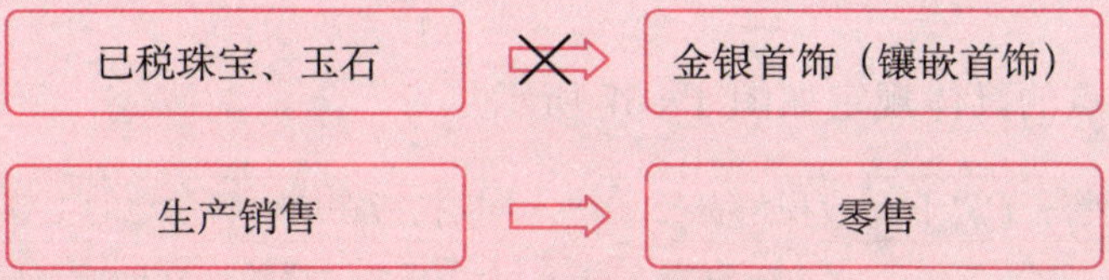

图 4－35　不得扣除已纳消费税的情形

（2）允许扣除已纳税款的应税消费品**只限于**从工业企业购进的应税消费品和进口环节已缴纳消费税的应税消费品，对从境内商业企业购进应税消费品的已纳税款一律不得扣除。

（3）纳税人用外购或委托加工收回的已税消费品**用于生产非应税消费品的，不得扣除**已纳税款。

（4）不涉及抵扣问题的税目（7 个）：一酒二车贵手表，游艇电池和涂料（见图 4－36）。

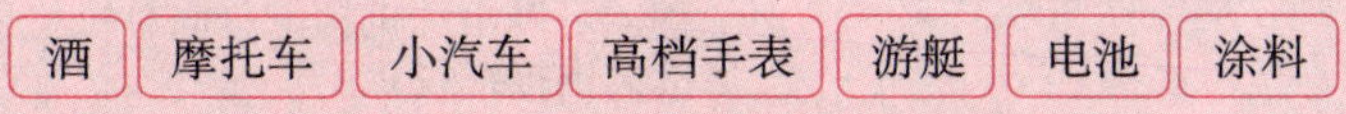

图 4－36　不涉及抵扣的消费税税目

【例题】根据消费税法律制度的规定，下列项目中不可以抵扣已纳税款的是（　　）。

A. 用外购已税烟丝继续加工成卷烟

B. 用自制的化妆品继续加工高档化妆品

C. 委托加工收回的已税木制一次性筷子继续加工木制一次性筷子

D. 委托加工收回的鞭炮继续加工鞭炮

【答案】B

【解析】自产自用的应税消费品用于连续生产应税消费品的，不缴纳消费税。

【考点5】消费税征收管理★★

（一）纳税义务发生时间

消费税纳税义务发生时间的具体规定如图 4－37 所示。

表 4－37　消费税纳税义务发生时间

应税行为		纳税时间
销售应税消费品	赊销和分期收款	为书面合同约定的收款日期的当天，书面合同没有约定收款日期或者无书面合同的，为发出应税消费品的当天
	预收货款	为发出应税消费品的当天
	托收承付和委托银行收款	为发出应税消费品并办妥托收手续的当天
	其他结算方式	为收讫销售款或者取得索取销售款凭据的当天
自产自用应税消费品		为移送使用的当天
委托加工应税消费品		为纳税人提货的当天
进口应税消费品		为报关进口的当天

（二）纳税地点

消费税纳税地点的具体规定如图 4－37 所示。

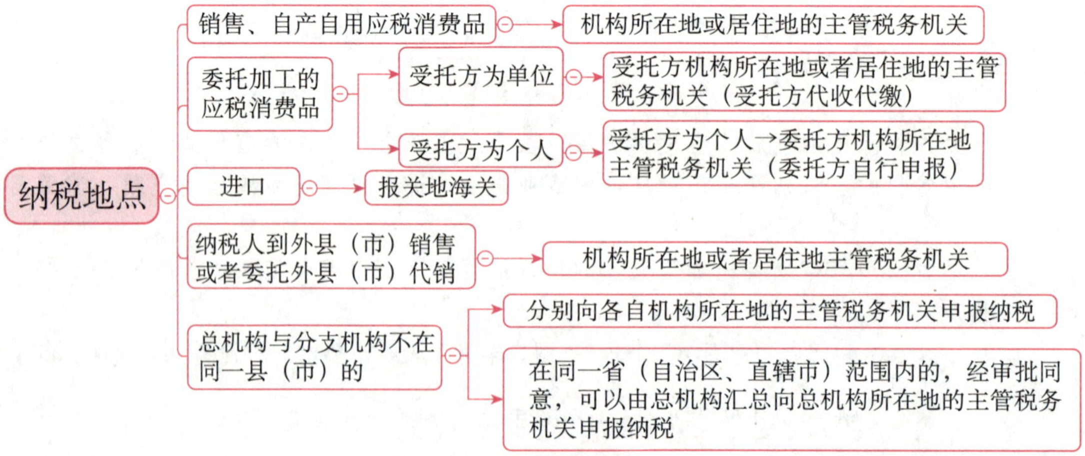

图 4－37　消费税纳税地点

需要说明的是：

（1）纳税人销售的应税消费品，如因质量等原因由购买者退回时，经机构所在地或者居住地税务机关审核批准后，可退还已缴纳的消费税税款。

（2）出口的应税消费品办理退税后，发生退关，或者国外退货进口时予以免税的，报关出口者必须及时向其机构所在地或者居住地税务机关申报补缴已退还的消费税税款。纳税人直接出口的应税消费品办理免税后，发生退关或者国外退货，进口时已予以免税的，经机构所在地或者居住地税务机关批准，可暂不办理补税，待其转为国内销售时，再申报补缴消费税。

（3）个人携带或者邮寄进境的应税消费品的消费税，连同关税一并计征。

（三）纳税期限

消费税纳税期限的具体规定如表 4－38 所示。

表 4－38　消费税纳税期限

项目	具体内容
日期	1 日、3 日、5 日、10 日、15 日、1 个月或者 1 个季度
规定	（1）具体纳税期限，由税务机关根据纳税人应纳税额的大小分别核定 （2）不能按照固定期限纳税的，可以按次缴纳 （3）纳税人以 1 个月或者 1 个季度为 1 个纳税期的，自纳税期满之日起 15 日内申报纳税 （4）以 1 日、3 日、5 日、10 日或者 15 日为 1 个纳税期的，自期满之日起 5 日内预缴税款，于次月 1 日起 15 日内申报纳税并结清上月应纳税款 （5）进口应税消费品应当自海关填发进口消费税专用缴款书之日起 15 日内缴纳税款

【例题】甲公司为增值税一般纳税人，机构所在地为 S 市。2017 年 2 月，甲公司在 S 市销售货物一批，在 W 市报关进口货物一批，接受 Y 市的客户委托加工应缴纳消费税的货物一批。下列关于甲公司上述业务纳税地点的表述中，正确的有（　　）。

A. 受托加工货物应向 S 市主管税务机关解缴代收的消费税

B. 进口货物应向 W 市海关申报缴纳增值税

C. 受托加工货物应向 Y 市主管税务机关申报缴纳增值税

D. 销售货物应向 S 市主管税务机关申报缴纳增值税

【答案】ABD

【解析】选项 A，委托加工的应税消费品，由受托方向机构所在地或者居住地的主管税务机关解缴消费税税款；选项 B，进口货物，应当向报关地海关申报纳税；选项 C，受托加工货物应向其机构所在地或者居住地主管税务机关申报缴纳增值税；选项 D，销售货物应向其机构所在地或者居住地主管税务机关申报缴纳增值税。

同步练习

【1－多选】下列在零售环节征收消费税的有（　　）。

A. 金银首饰　　B. 珍珠　　C. 铂金首饰　　D. 钻石首饰

【2－单选】下列各项中，不征收消费税的是（　　）。

A. 销售自产小汽车　　B. 金店零售黄金

C. 烟酒公司购买葡萄酒　　　　D. 手表厂生产销售高档手表

【3-单选】根据消费税法律制度的规定，下列各项中，可以按当期生产领用数量计算准予扣除外购的应税消费品已纳消费税税款的是（　　）。

A. 外购已税白酒生产的药酒

B. 外购已税烟丝生产的卷烟

C. 外购已税翡翠生产加工的金银翡翠首饰

D. 外购已税钻石生产的高档手表

答案及解析

1. 【答案】ACD

【解析】金银铂钻在零售环节征收。

2. 【答案】C

【解析】选项A、D，生产销售小汽车、高档手表的单位需要缴纳消费税；选项B，零售黄金的金店需要缴纳消费税；选项C，烟酒公司是购买方，不需要缴纳消费税。

3. 【答案】B

【解析】酒、摩托车、小汽车、高档手表、游艇、电池、涂料不涉及抵扣问题，外购、委托加工已税珠宝、玉石原料生产的贵重首饰及珠宝、玉石可以扣除，但金银首饰不属于此范围。

第五章

企业所得税、个人所得税法律制度

章节简介

本章分值约20分，常通过不定项选择题考查。本章为考试重点内容，需要深入理解并掌握扎实各个考点。预计今年的分值为20分左右，近两年来个人所得税内容变动较大，需要重点掌握。

- 企业所得税、个人所得税法律制度
  - 企业所得税法律制度
    - 企业所得税纳税人★
    - 企业所得税征税对象和税率★★
    - 企业所得税应纳税所得额的计算★★★
    - 资产的税务处理★★
    - 企业所得税应纳税额的计算★★★
    - 企业所得税税收优惠★★★
    - 企业所得税征收管理★★
  - 个人所得税法律制度
    - 个人所得税纳税人和所得来源的确定★
    - 个人所得税应税所得项目★★
    - 个人所得税税率★★
    - 个人所得税应纳税额的计算★★★
    - 个人所得税税收优惠★★★
    - 个人所得税征收管理★★

考情分析

近3年题型题量分析表

年度	单项选择题		多项选择题		判断题		不定项选择题		合计
	数量	分值	数量	分值	数量	分值	数量	分值	
2019年	5	7.5	2	4	1	1	1	8	20.5
2018年	3	4.5	3	6	1	1	1	8	19.5
2017年	3	4.5	2	4	1	1	1	8	17.5

第一节　企业所得税法律制度

本节考点

1. 企业所得税纳税人（了解纳税人的定义）
2. 企业所得税征税对象和税率（熟悉所得来源地的确定）
3. 企业所得税应纳税所得额的计算（掌握企业应纳税所得额的扣除标准）
4. 资产的税务处理（掌握固定资产税务处理）
5. 企业所得税应纳税额的计算（掌握应纳税额的计算）
6. 企业所得税税收优惠（掌握企业所得税税收优惠的项目）
7. 企业所得税征收管理（熟悉企业所得税征收管理）

企业所得税是对企业生产经营所得和其他所得征收的一种所得税。

【考点1】企业所得税纳税人★

企业所得税纳税人如图5－1所示。

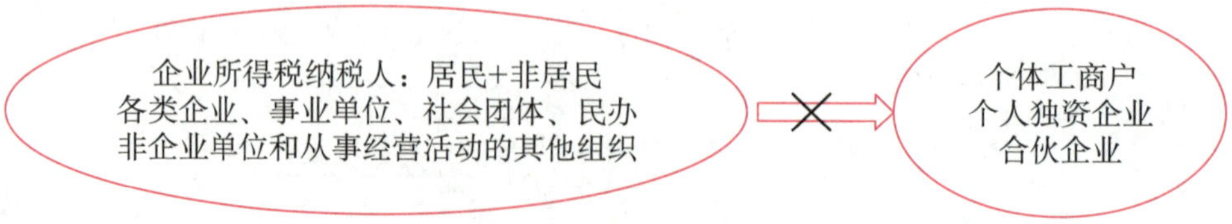

图5－1　企业所得税纳税人

企业所得税采取收入来源地管辖权和居民管辖权相结合的双重管辖权，把企业分为居民企业和非居民企业。其定义如表5－1所示。

表 5-1　居民企业与非居民企业

<table>
<tr><th>纳税人</th><th colspan="2">定义</th></tr>
<tr><td>居民企业</td><td colspan="2">注册在境内或依照外国（地区）法律成立但实际管理机构在境内</td></tr>
<tr><td rowspan="2">非居民企业</td><td rowspan="2">注册在境外且实际管理机构不在境内</td><td>在境内设立机构、场所的
【提示】非居民企业委托营业代理人在中国境内从事生产经营活动的，包括委托单位或者个人经常代其签订合同，或者储存、交付货物等，该营业代理人视为非居民企业在中国境内设立的机构、场所</td></tr>
<tr><td>在境内未设立机构、场所但有来源于中国境内所得的</td></tr>
</table>

其中，“注册在境内”是指依照中国法律在境内成立；“实际管理机构”是指对企业的生产经营、人员、账务、财产等实施实质性全面管理和控制的机构。

【例题】根据企业所得税法律制度的规定，下列依照中国法律在中国境内设立的企业，属于企业所得税纳税人的有（　　）。

A. 股份有限公司　　　　B. 有限责任公司

C. 国有独资公司　　　　D. 个人独资公司

【答案】ABC

【解析】企业所得税纳税人包括各类企业、事业单位、社会团体、民办非企业单位和从事经营活动的其他组织。依照中国法律、行政法规成立的个人独资企业、合伙企业，不属于企业所得税纳税义务人，不缴纳企业所得税。

【考点 2】 企业所得税征税对象和税率★★

（一）征税对象和税率

企业所得税的征税对象和税率的具体内容如表 5-2 所示。

表 5-2　企业所得税的征税对象和税率

<table>
<tr><th>纳税人</th><th colspan="3">征税对象</th><th>税率</th></tr>
<tr><td>居民企业</td><td colspan="3">就其来源于我国境内、外的全部所得纳税</td><td>【境内+境外所得】25%</td></tr>
<tr><td rowspan="3">非居民企业</td><td rowspan="2">设立机构、场所</td><td>所得与所设机构、场所有实际联系</td><td>无论来源于我国境内、境外，均应缴纳企业所得税</td><td>【境内+境外所得】25%</td></tr>
<tr><td>所得与所设机构、场所无实际联系</td><td rowspan="2">只就其来源于我国境内的所得纳税</td><td rowspan="2">【境内所得】20%减按 10%
【境外所得】→不纳税</td></tr>
<tr><td colspan="2">未设立机构场所</td></tr>
</table>

其中，“所得”包括销售货物所得、提供劳务所得、转让财产所得、股息红利等权益性投资所得、利息所得、租金所得、特许权使用费所得、接受捐赠所得和其他所得；“实际联系”是指非居民企业在中国境内设立的机构、场所拥有据以取得所得的股权、债权，以及拥有、管理、控制据以取得所得的财产等。

（二）企业所得税所得来源地的确定

企业所得税所得来源地的确定标准如表5-3所示。

表5-3　企业所得税所得来源地的确定

分类		来源地的确定
销售货物所得		按照交易活动发生地确定
提供劳务所得		按照劳务发生地确定
转让财产所得	不动产转让所得	按照不动产所在地确定
	动产转让所得	按照转让动产的企业或者机构、场所所在地确定
	权益性投资资产转让所得	按照被投资企业所在地确定
股息、红利等权益性投资所得		按照分配所得的企业所在地确定
利息所得、租金所得、特许权使用费所得		按照负担、支付所得的企业或者机构、场所所在地确定，或者按负担、支付所得的个人的住所地确定
其他所得		由国务院财政、税务主管部门确定

【例题】根据企业所得税法律制度的规定，下列各项中，属于来源于中国境内所得的有（　　）。

A. 甲国企业在中国境内提供咨询服务取得的收入

B. 乙国企业转让中国境内公司股权取得的收入

C. 丁国企业在中国境外为中国公司技术人员提供培训服务取得的收入

D. 丙国企业通过其代理商在中国境内销售货物取得的收入

【答案】ABD

【解析】选项C，在境外提供的劳务收入是在境外取得的所得。

【考点3】企业所得税应纳税所得额的计算★★★

企业所得税的计税依据是应纳税所得额。应纳税所得额的计算有两种计算方法，具体内容如表5-4所示。

表5-4　企业所得税应纳税所得额的计算公式

方法	计算公式
直接计算法	应纳税所得额＝收入总额－不征税收入－免税收入－各项扣除－以前年度亏损
间接计算法	应纳税所得额＝利润总额（税前会计利润）±纳税调整项目金额

（一）收入总额

收入总额是指以货币形式和非货币形式从各种来源取得的收入。收入的形式如表5-5所示。

表5-5　收入的形式

收入形式	基本内容
货币形式的收入	包括现金、存款、应收账款、应收票据、准备持有至到期的债券以及债务的豁免等（金额固定或者可确定）

续表

收入形式	基本内容
非货币形式的收入（按照公允价值确定收入额）	包括固定资产、生物资产、无形资产、股权投资、存货、不准备持有至到期的债券投资、劳务以及有关权益等

收入总额与销售（营业）收入的关系如图5－2所示。

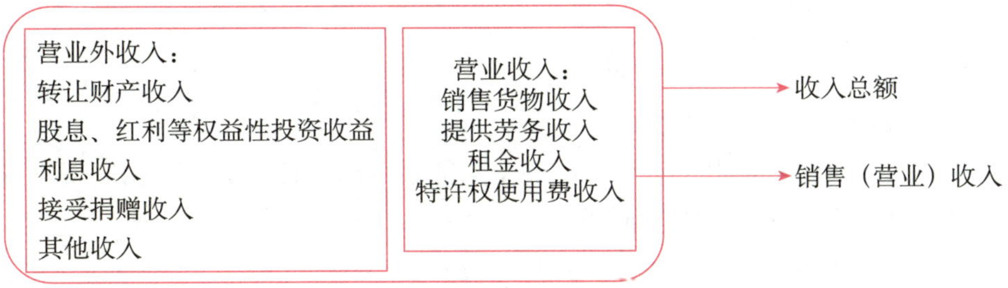

图5－2　收入总额与销售(营业)收入的关系

1. 销售货物收入

销售货物收入，是指企业销售商品、产品、原材料、包装物、低值易耗品以及其他存货取得的收入。其确认的相关规定如表5－6所示。

表5－6　销售收入确认的规定

<table>
<tr><th>销售方式</th><th colspan="2">收入确认的规定</th></tr>
<tr><td>采用托收承付方式</td><td colspan="2">在办妥托收手续时确认收入
【提示】注意与增值税相区别：在办妥托收手续并发出商品时确认收入</td></tr>
<tr><td>采用预收款方式</td><td colspan="2">在发出商品时确认收入
【提示】注意与增值税相区别：(1) 销售货物采取预收款方式：通常为货物发出当天；(2) 提供租赁服务采取预收款方式：收到预收款当天</td></tr>
<tr><td rowspan="2">需要安装和检验</td><td colspan="2">一般情况：在购买方接受商品以及安装和检验完毕时确认收入</td></tr>
<tr><td colspan="2">安装程序比较简单：可在发出商品时确认收入</td></tr>
<tr><td>采用支付手续费方式委托代销</td><td colspan="2">在收到代销清单时确认收入</td></tr>
<tr><td>商业折扣</td><td colspan="2">按扣除商业折扣后的金额确定销售商品收入金额</td></tr>
<tr><td>现金折扣</td><td colspan="2">按扣除现金折扣前的金额确定销售商品收入金额
【提示】现金折扣在实际发生时作为财务费用扣除</td></tr>
<tr><td>销售折让/退回</td><td colspan="2">冲减当期销售商品收入</td></tr>
<tr><td>采用分期收款方式</td><td colspan="2">按照合同约定的收款日期确认收入</td></tr>
<tr><td rowspan="2">售后回购</td><td>符合收入确认条件</td><td>销售的商品按售价确认收入，回购的商品作为购进商品处理</td></tr>
<tr><td>不符合收入确认条件（例如以销售商品融资）</td><td>收到的款项应确认为负债，回购价格＞原售价的，差额应在回购期间确认为利息费用</td></tr>
</table>

续表

销售方式	收入确认的规定
以旧换新	按销售商品收入确认条件确认收入，回收的商品做购进处理 【提示】注意与增值税相区别：应按新货物的同期销售价格确定销售额，但对金银首饰以旧换新业务，应按照销售方实际收取的不含增值税的全部价款征收增值税，不存在购进处理
买一赠一	按各项商品公允价值比例分摊确认各项销售收入 【提示】注意与增值税相区别：应按视同销售核定销售额

2. 提供劳务收入

企业在各个纳税期末，提供劳务交易的结果能够可靠估计的，应采用完工进度（百分比）法确认提供劳务收入，具体规定如表 5-7 所示。

表 5-7　提供劳务收入确认的规定

收入方式	收入确认的规定
提供一般劳务	按照从接受劳务方已收或应收的合同或协议价款确定劳务收入总额，乘以完工进度扣除累计已确认提供劳务收入后的金额，确认为当期劳务收入
受托加工劳务	持续时间超过 12 个月的，按照纳税年度内完工进度或者完成的工作量确认收入
采取产品分成方式取得收入	按照产品的公允价值在企业分得产品的日期确认收入

3. 其他类型收入的确认

其他类型收入的确认规定如表 5-8 所示。

表 5-8　其他类型收入确认的规定

收入类型	收入确认的规定
转让财产收入（例如转让专利权权属取得的收入）	按照从财产受让方已收或应收的合同或协议价款确认收入
股息、红利等权益性投资收益	按照被投资方作出利润分配决定的日期确认收入
利息收入	按照合同约定的债务人应付利息的日期确认收入
租金收入	按照合同约定的承租人应付租金的日期确认收入 【提示】如果合同规定的租赁期限跨年度，且租金提前一次性支付的，出租人可对上述已确认的收入，在租赁期内，分期均匀计入相关年度收入
特许权使用费收入（例如提供专利权使用权取得的收入）	按照合同约定的特许权使用人应付特许权使用费的日期确认收入
接受捐赠收入	按照实际收到捐赠资产的日期确认收入
视同销售收入	企业发生非货币性资产交换，以及将货物、财产、劳务用于捐赠、偿债、赞助、集资、广告、样品、职工福利或者利润分配等用途的，应当视同销售货物、转让财产或者提供劳务，但国务院财政、税务主管部门另有规定的除外

续表

收入类型	收入确认的规定
其他收入	包括企业资产溢余收入、逾期未退包装物押金收入、确实无法偿付的应付款项、已作坏账损失处理后又收回的应收款项、债务重组收入、补贴收入、违约金收入、汇兑收益等

（二）不征税收入

不征税收入，是指从性质和根源上不属于企业营利性活动带来的经济利益、不作为应纳税所得额组成部分的收入。不征税收入包括的内容如图 5－3 所示。

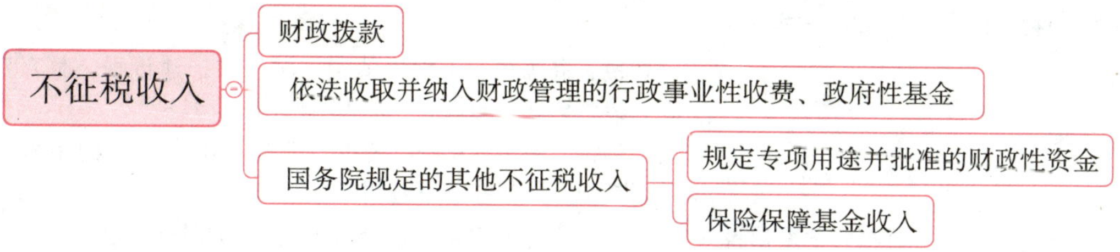

图 5－3　不征税收入的内容

小贴士

财政拨款中**县级以上**人民政府将国有资产无偿划入企业，凡**指定专门用途并按规定进行管理**的，企业可作为不征税收入进行企业所得税处理。其中，该项资产属于非货币性资产的，应按政府确定的接收价值计算不征税收入。

（三）税前扣除项目

企业实际发生的与取得收入有关的、合理的项目支出准予在计算应纳税所得额时扣除，具体如图 5－4 所示。

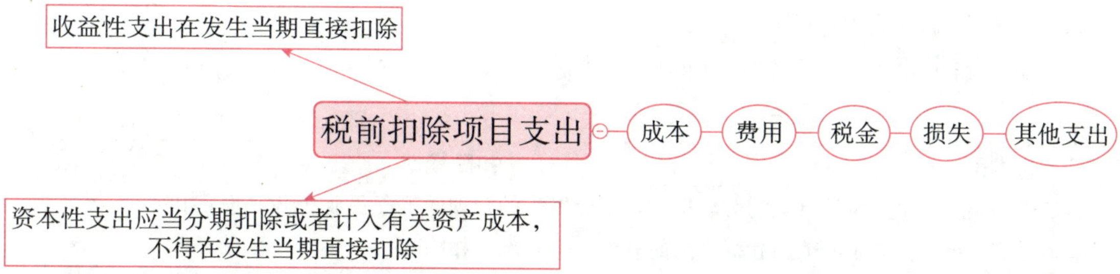

图 5－4　税前扣除项目

小贴士

不征税收入用于支出所形成的费用或者形成资产计算的折旧、摊销**不得**税前扣除。

1. 成本

成本是指企业在生产经营活动中发生的销售成本、销货成本、业务支出以及其他耗费。

2. 费用

费用是指企业在生产经营活动中发生的销售费用、管理费用和财务费用。已经计入成本的有关费用除外。

3. 税金

税金是指企业发生的除企业所得税和允许抵扣的增值税以外的各项税金及其附加。税金的税前扣除如表 5－9 所示。

表 5－9　税金的税前扣除

是否允许扣除	扣除方式	税金
√	作为税金扣除	消费税、资源税、土地增值税、城市维护建设税、教育费附加、房产税、车船税、城镇土地使用税、印花税、出口关税
	计入相关资产成本	进口关税、契税、车辆购置税、耕地占用税（已包含在相关资产成本中，在扣除成本时扣除）
×	允许抵扣的增值税（价外税）、企业所得税、企业为职工负担的个人所得税	

4. 损失

根据规定，具体可以扣除的损失如表 5－10 所示。

表 5－10　可扣除损失的相关规定

类型	扣除规定
企业在生产经营活动中发生的固定资产和存货的盘亏、毁损、报废损失，转让财产损失，呆账损失，坏账损失，自然灾害等不可抗力因素造成的损失以及其他损失	扣除限额＝发生的损失－责任人赔偿和保险赔款
	依照国务院财政、税务主管部门的规定扣除
	企业已经作为损失处理的资产，在以后纳税年度又全部收回或者部分收回时，应当计入当期收入

（四）扣除标准

1. 工资、薪金相关支出

工资、薪金相关支出具体可扣除的标准如表 5－11 所示。

表 5－11　工资、薪金相关支出的扣除标准

支出类型	扣除标准
工资薪金	支付给员工的劳动报酬，企业发生的合理的工资薪金支出，准予扣除
基本社会保险	规定的范围和标准内的五险一金，准予扣除
补充社会保险	补充养老保险费、补充医疗保险费分别≤工资总额5%标准内部分，准予扣除
商业保险费	除规定可以扣除的其他商业保险费外，企业为投资者或职工（非特殊工种）支付的商业保险费，不得扣除
职工福利费	≤工资薪金总额14%标准内部分，准予扣除
工会经费	≤工资薪金总额2%标准内部分，准予扣除
职工教育经费	≤工资薪金总额8%标准内部分，准予扣除，超过部分，准予在以后纳税年度结转扣除

2. 费用相关支出

费用相关支出具体可扣除标准如表 5－12 所示。

表 5－12　费用相关支出的扣除标准

<table>
<tr><th>支出类型</th><th colspan="2">扣除标准</th></tr>
<tr><td rowspan="2">借款费用</td><td>不需要资本化的借款费用</td><td>费用化处理，列入当期损益，准予扣除</td></tr>
<tr><td>购置、建造固定资产、无形资产和经过12个月以上的建造才能达到预定可销售状态的存货发生借款的，在有关资产购置、建造期间发生的合理的借款费用</td><td>资本化处理，计入有关资产的成本，并依照有关规定扣除</td></tr>
<tr><td rowspan="5">利息费用</td><td>非金融企业向金融企业借款的利息支出
金融企业各项存款利息支出
同业拆借利息支出
企业经批准发行债券利息支出</td><td>可据实扣除</td></tr>
<tr><td>非金融企业向非金融企业借款的利息支出</td><td>不超过金融企业同期同类贷款利率部分准予扣除</td></tr>
<tr><td colspan="2">企业投资者未按期缴足资本，该企业对外借款利息，相当于投资者实缴资本与在规定期限内应缴资本额的差额应计付的利息，不得扣除</td></tr>
<tr><td>企业向股东或其他与企业有关联关系的自然人借款的利息支出</td><td>按规定计算扣除</td></tr>
<tr><td>企业向除股东或其他与企业有关联关系的自然人以外的内部职工或其他人员借款的利息支出</td><td>符合条件的，不超过金融企业同期同类贷款利率部分准予扣除</td></tr>
</table>

3. 与销售（营业）收入相关支出

销售（营业）收入，包括主营业务收入、其他业务收入以及视同销售的收入，但不包括营业外收入和投资收益（股权投资企业除外）。

表 5－13　与销售（营业）收入相关的扣除标准

<table>
<tr><th>支出类型</th><th colspan="2">扣除标准</th></tr>
<tr><td rowspan="3">业务招待费</td><td>企业发生的与生产经营活动有关的</td><td>按照发生额的60%扣除，但最高不得超过当年销售（营业）收入的5‰</td></tr>
<tr><td>企业在筹建期间，发生的与筹办活动有关的</td><td>按照实际发生额的60%计入企业筹办费，并按有关规定在税前扣除</td></tr>
<tr><td>对从事股权投资业务的企业（包括集团公司总部、创业投资企业等），其从被投资企业所分配的股息、红利以及股权转让收入</td><td>可以按规定的比例计算业务招待费扣除限额</td></tr>
</table>

续表

支出类型	扣除标准	
广告费和业务宣传费	不超过当年销售（营业）收入15%的部分准予扣除；超过部分，准予在以后纳税年度结转扣除	
	自2016年1月1日起至2020年12月31日，对化妆品制造或销售、医药制造和饮料制造（不含酒类制造）企业发生的广告费和业务宣传费支出	不超过当年销售（营业）收入30%的部分，准予扣除
	烟草企业的烟草广告费和业务宣传费支出	一律不得扣除

4．其他支出

其他支出具体可扣除的标准如表5－14所示。

表5－14　其他支出相关的扣除标准

支出类型	扣除标准	
捐赠支出	企业通过公益性组织用于公益事业的捐赠支出	在年度利润总额12%以内的部分，准予扣除；超过部分，准予结转以后三年内扣除
	企业发生符合条件的扶贫捐赠支出	准予据实扣除
	【提示】企业同时发生扶贫捐赠支出和其他公益性捐赠支出时，符合条件的扶贫捐赠支出不计算在公益性捐赠支出的年度扣除限额内	
保险费	企业财产保险；职工因公出差的交通人身意外保险费支出	按规定缴纳的，准予扣除
	雇主责任险、公众责任险等责任保险	准予在企业所得税税前扣除，适用于2018年及以后年度企业所得税汇算清缴
租赁费	经营租赁	按照租赁期限均匀扣除
	融资租赁	计提折旧扣除
发生与其经营活动有关的手续费及佣金	保险企业	（保费收入－退保金额）×18%，准予扣除超过部分，允许结转以后年度扣除
	证券、期货、保险代理等企业以手续费、佣金为主营业务收入	为取得收入而实际发生的营业成本，准予据实扣除
	其他企业	合同金额×5%
	企业已计入固定资产、无形资产等相关资产的手续费及佣金支出，应当通过折旧、推销等方式分期扣除，不得在发生当期直接扣除	
	除委托个人代理外，企业以现金等非转账方式支付的	不得在税前扣除
	企业为发行权益性证券支付给有关证券承销机构的	
汇兑损失	除已经计入有关资产成本以及与向所有者进行利润分配相关部分外，准予扣除	

续表

支出类型	扣除标准	
有关资产的费用	企业转让各类固定资产发生的费用	准予扣除
	企业按规定计算的固定资产折旧费、无形资产和递延资产的摊销费	
环境保护专项资金	准予扣除；但专项资金提取后改变用途的，不得扣除	
劳动保护费	合理的劳动保护支出，准予扣除	
总机构分摊的费用	非居民企业在中国境内设立的机构、场所，就其中国境外总机构发生的与该机构、场所生产经营有关的费用，能够提供总机构出具的费用汇集范围、定额、分配依据和方法等证明文件，并合理分摊的，准予扣除	
党组织工作经费	国有企业纳入管理费用的党组织工作经费，实际支出不超过职工年度工资、薪金总额1%的部分，可据实扣除	
其他项目	会员费、合理的会议费、差旅费、违约金、诉讼费用等	按规定准予扣除

小贴士

超过扣除标准部分可否结转至以后年度扣除

表 5－15　扣除项目对比

项目	扣除比例	结转扣除
职工福利费	不超过工资、薪金总额14%的部分	×
职工工会经费	不超过工资、薪金总额2%的部分	×
职工教育经费	不超过工资、薪金总额8%的部分	√
广告费和业务宣传费	不超过当年销售（营业）收入15%的部分 【提示】化妆品制造或销售、医药制造和饮料制造（不含酒类制造）企业：30%	√
业务招待费	按照发生额的60%扣除，但最高不得超过当年销售（营业）收入的5‰	×
捐赠支出	不超过年度利润总额12%的部分	√（3年）
保险企业发生的与其经营活动有关的手续费及佣金	不超过（保费收入－退保金额）×18%的部分	√

（五）不得扣除项目

不得扣除项目如图 5－5 所示。

- 不得扣除
  - 向投资者支付的股息、红利等权益性投资收益款项
  - 企业所得税税款
  - 税收滞纳金
    - 具体是指纳税人违反税收法规、被税务机关处以的滞纳金
  - 罚金、罚款和被没收财物的损失
  - 超过规定标准的捐赠支出
  - 赞助支出
    - 指企业发生的与生产经营活动无关的各种非广告性质支出
  - 未经核定的准备金支出
    - 指不符合规定的各项资产减值准备、风险准备等准备金支出
  - 企业之间支付的管理费
企业内营业机构之间支付的租金和特许权使用费
非银行企业内营业机构之间支付的利息
  - 与取得收入无关的其他支出

图 5-5　不得扣除的项目

其中税收滞纳金、罚金、罚款和被没收财物的损失是纳税人承担行政责任或刑事责任的支出，在企业所得税税前不得扣除；如果是**合同违约金**、**银行罚息**、法院判决由企业承担的**诉讼费**等民事性质的款项，可以在企业所得税税前据实扣除。

（六）亏损弥补

亏损是指企业将每一纳税年度的收入总额减除不征税收入、免税收入和各项扣除后小于零的数额。亏损可以用下一年度的所得弥补，不足以弥补的，可以逐年延续弥补，但最长不得超过**5 年**。

2018 年 1 月 1 日起，当年**具备高新技术企业或科技型中小企业资格的企业**，其具备资格年度之前 5 个年度未弥补完的亏损，准予结转以后年度弥补，最长年限由 5 年延长到**10 年**。

小贴士

境外营业机构的亏损，不得抵减境内营业机构的盈利。

（七）非居民企业的应纳税所得额

非居民企业的应纳税所得额的确定标准如表 5-16 所示。

表 5-16　非居民企业的应纳税所得额

收入类型	应纳税所得额确定
股息、红利等权益性投资收益	收入全额
利息、租金、特许权使用费所得	收入全额
转让财产所得	收入全额－财产净值
非居民企业就其中国境外总机构发生的与该中国境内设立的机构、场所生产经营有关的费用，能够提供相关证明文件并合理分摊的，准予扣除	

【例题】甲公司2017年度取得销售货物收入1 000万元，发生的与生产经营活动有关的业务招待费支出6万元，已知在计算企业所得税应纳税所得额时，业务招待费支出按照发生额的60%扣除，但最高不得超过当年销售（营业）收入的5‰。甲公司在计算2017年度企业所得税应纳税所得额时，准予扣除的业务招待费支出为（　　）万元。

A. 6　　B. 5　　C. 4.97　　D. 3.6

【答案】D

【解析】企业发生的与其生产、经营活动有关的业务招待费支出，按照发生额的60%扣除，但最高不得超过当年销售（营业）收入的5‰。业务招待费扣除限额=1 000×5‰=5（万元），业务招待费扣除限额=6×60%=3.6（万元），两者取孰低，故在税前准予扣除的业务招待费为3.6万元。

【考点4】资产的税务处理★★

企业的各项资产以历史成本为计税基础。历史成本是指企业取得该项资产时实际发生的支出。

企业持有资产期间资产发生了增值或者减值，不得调整该计税基础。国务院财政、税务主管部门规定可以确认损益的除外。

企业转让财产时，准予在计算应纳税所得额时扣除该项资产的净值。

资产的净值=计税基础-折旧摊销等

企业在重组过程中，应当在交易发生时确认有关资产的转让所得或者损失，并且应当按照交易价格重新确定计税基础。

（一）固定资产

在计算应纳税所得额时，企业按照规定计算的固定资产折旧，准予扣除。

1. 不得计算折旧扣除的固定资产

不得计算折旧扣除的固定资产的具体项目如表5-6所示。

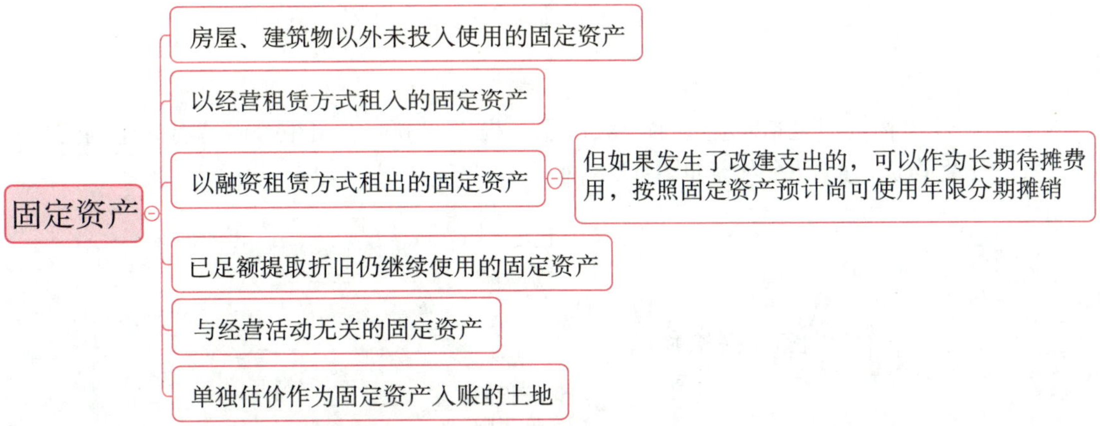

图5-6 不得计算折旧扣除的固定资产

2. 固定资产计税基础的确定

有关固定资产计税基础确定的规定如表5-17所示。

表 5-17　确定固定资产的计税基础的相关规定

取得方式	计税基础
外购	购买价款＋支付的相关税费＋直接归属于使该资产达到预定用途发生的其他支出
自行建造	竣工结算前发生的支出
融资租入	租赁合同约定付款总额：合同约定的付款总额＋签订合同中发生的相关费用
	租赁合同未约定付款总额：资产的公允价值＋签订合同中发生的相关费用
盘盈	同类固定资产的重置完全价值
捐赠、投资、非货币性资产交换、债务重组	资产的公允价值＋支付的相关税费
改建	法定支出＋改建支出

3. 折旧计提规定

固定资产按照直线法计算的折旧，准予扣除。

企业应当自固定资产投入使用月份的次月起计算折旧；停止使用的固定资产，应当自停止使用月份的次月起停止计算折旧。

4. 固定资产计算折旧的最低年限

除国务院财政、税务主管部门另有规定外，固定资产计算折旧的最低年限如图 5-7 所示。

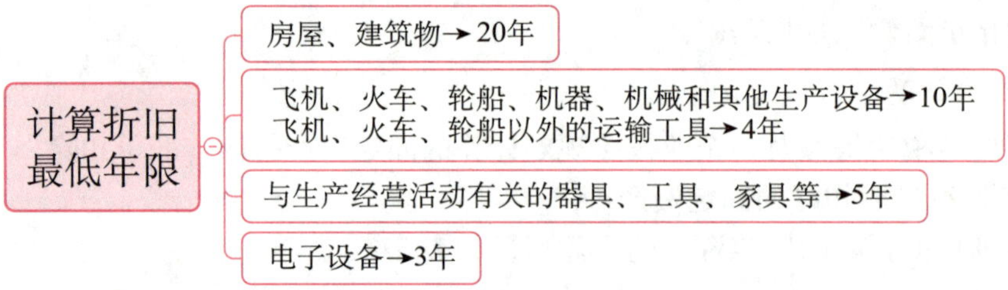

图 5-7　固定资产计算折旧的最低年限

（二）生产性生物资产

1. 生产性生物资产是指企业为生产农产品、提供劳务或者出租等而持有的生物资产。生产性生物资产的相关内容如图 5-8 所示。

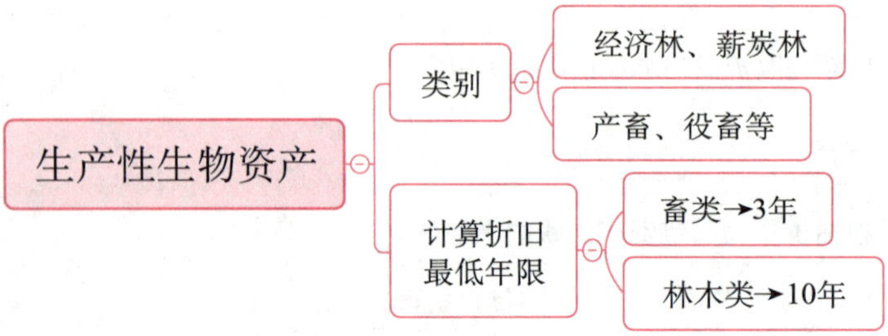

图 5-8　生产性生物资产相关内容

【提示】生产性生物资产的折旧起止月份与固定资产相同。

2. 生产性生物资产计税基础的确定

生产性生物资产计税基础的确定如表 5－18 所示。

表 5－18　确定生产性生物资产计税基础的方法

取得方式	计税基础
外购	购买价款＋支付的相关税费
捐赠、投资、非货币性资产交换、债务重组	资产的公允价值＋支付的相关税费

（三）无形资产

在计算应纳税所得额时，企业按照规定计算的无形资产摊销费用，准予扣除。

1. 不得计算摊销费用扣除的无形资产（见图 5－9）

- 自行开发的支出已在计算应纳税所得额时扣除的无形资产
- 自创商誉 — 外购商誉的支出，在企业整体转让或者清算时准予扣除
- 与经营活动无关的无形资产

图 5－9　不得计算摊销费用扣除的无形资产

2. 确定无形资产计税基础的方法（见表 5－19）

表 5－19　确定无形资产计税基础的方法

取得方式	计税基础
外购	购买价款＋支付的相关税费＋直接归属于使该资产达到预定用途发生的其他支出
自行开发	以开发过程中该资产**符合资本化条件后至达到预定用途前**发生的支出
捐赠、投资、非货币性资产交换、债务重组	资产的公允价值＋支付的相关税费

3. 摊销费用计算规定

无形资产按照**直线法**计算的摊销费用，准予扣除。

无形资产计算摊销费用的最低年限**不得低于 10 年**。

（四）长期待摊费用

长期待摊费用是指企业发生的应在 1 个年度以上或几个年度进行摊销的费用。

在计算应纳税所得额时，企业按照规定摊销作为长期待摊费用发生的支出的，准予扣除。

长期待摊费用的摊销期限如表 5－20 所示。

表 5－20　长期待摊费用的摊销期限

长期待摊费用	摊销期限
已足额提取折旧的固定资产的改建支出	按照固定资产**预计尚可使用年限**分期摊销
租入固定资产的改建支出	按照合同约定的**剩余租赁期限**分期摊销

续表

长期待摊费用		摊销期限
【提示】固定资产的改建支出是指改变房屋或者建筑物结构、延长使用年限等发生的支出；改建的固定资产延长使用年限的，除前述规定外，应当适当延长折旧年限		
固定资产的大修理支出	修理支出达到取得固定资产时的计税基础50%以上	按照固定资产尚可使用年限分期摊销
	修理后固定资产的使用年限延长2年以上	
其他应当作为长期待摊费用的支出		自支出发生月份的次月起，分期摊销，摊销年限不得低于3年

（五）投资资产

企业对外投资期间，投资资产的成本在计算应纳税所得额时不得扣除；企业在转让或者处置投资资产时，投资资产的成本，准予扣除。投资资产成本的确定方式如表5－21所示。

表5－21　投资资产成本的确定方式

取得方式	成本确定
支付现金方式	购买价款
支付现金以外的方式	资产的公允价值＋支付的相关税费

（六）存货

企业使用或者销售存货，按照规定计算的存货成本，准予在计算应纳税所得额时扣除。存货成本的确定方式如表5－22所示。

表5－22　存货成本的确定方式

取得方式	成本确定
支付现金方式	购买价款＋支付的相关税费
支付现金以外的方式	存货的公允价值＋支付的相关税费
生产性生物资产收获的农产品	产出或者采收过程中发生的材料费、人工费和分摊的间接费用等必要支出
【提示】存货的成本计算方法：先进先出法、加权平均法、个别计价法	

（七）资产损失

企业发生资产损失，应在按税法规定实际确认或者实际发生的当年申报扣除。

企业以前年度发生的资产损失未能在当年税前扣除的，可以按照规定，向税务机关说明并进行专项申报扣除；其中，属于实际资产损失，准予追补至该项损失发生年度扣除，其追补确认期限一般不得超过5年。因以前年度实际资产损失未在税前扣除而多缴的企业所得税税款，可在追补确认年度企业所得税应纳税款中予以抵扣，不足抵扣的，向以后年度递延抵扣。

【例题】根据企业所得税法律制度的规定，下列各项资产中，不可以计提折旧扣除的有（　　）。

A. 以经营租赁方式租出的商品　　B. 未投入使用的厂房

C. 未投入使用的生产设备　　D. 以融资租赁方式租出的生产设备

【答案】CD

【解析】房屋、建筑物以外未投入使用的固定资产不得计提折旧扣除；以融资租赁方式租出的固定资产不得计提折旧扣除。

【考点5】企业所得税应纳税额的计算★★★

应纳税额=应纳税所得额×适用税率－减免税额－抵免税额

其中，减免税额和抵免税额是指依照《企业所得税法》和国务院的税收优惠规定减征、免征和抵免的应纳税额。

企业取得的下列所得依照中国境外税收法律已在境外实际缴纳的所得税税额，可以从其当期应纳税额中抵免，抵免限额为该项所得依照规定计算的应纳税额；超过抵免限额的部分，可以在以后5个年度内，用每年抵免限额抵免当年应抵税额后的余额进行抵补：

（1）居民企业来源于中国境外的应税所得。

（2）非居民企业在中国境内设立机构、场所，取得发生在中国境外但与该机构、场所有实际联系的应税所得。

小贴士

按国（地区）分别计算"分国不分项"，或不按国（地区）汇总计算"不分国不分项"其来源于境外的应纳税所得额，按照规定的税率（我国的税率）分别计算其可抵免境外所得税税额和抵免额，一经选择**5年内不得改变**。

居民企业从直接或间接控制的外国企业分得的中国境外的股息、红利等权益投资收益，外国企业在境外实际缴纳的所得税税额中属于该项负担的部分，可作为该居民企业抵免境外所得税税额，在规定的抵免限额内抵免。

【例题】甲公司2018年度企业所得税应纳税所得额1 000万元，减免税额10万元，抵免税额20万元。已知企业所得税税率为25%，甲公司当年企业所得税应纳税额的下列计算列式中，正确的是（　　）。

A. 1 000×25%－10－20=220（万元）　　B. 1 000×25%－10=240（万元）

C. 1 000×25%=250（万元）　　C. 1 000×25%－20=230（万元）

【答案】A

【解析】应纳税额=应纳税所得额×适用税率－减免税额－抵免税额=1 000×25%－10－20=220（万元）。

【考点6】企业所得税税收优惠★★★

企业同时从事适用不同企业所得税待遇的项目时，应当单独计算各优惠项目所得，并合理分摊企业的期间费用；没有单独计算的，不得享受企业所得税优惠。

（一）免税收入

（1）国债利息收入。持有国债取得的利息收入免税，转让国债取得的收入不免税。

（2）符合条件的居民企业之间（居民企业直接投资于其他居民企业）的股息、红利等权益性投资收益免税。

（3）在中国境内设立机构、场所的非居民企业从居民企业取得与该机构、场所有实际联系的股息、红利等权益性投资收益免税。不包括连续持有居民企业公开发行并上市流通的股票不足12个月取得的投资收益免税。

（4）符合条件的非营利组织的收入。对非营利组织从事非营利性活动取得的收入给予免税，但从事营利性活动取得的收入则要征税。

（二）减、免税所得

减、免征企业所得税项目如表5-23所示。

表5-23　减、免征企业所得税项目

形式	具体政策
免征	（1）农、林、牧、渔 1）蔬菜、谷物、薯类、油料、豆类、棉花、麻类、糖料、水果、坚果的种植 2）农作物新品种的选育 3）中药材的种植 4）林木的培育和种植 5）牲畜、家禽的饲养 6）林产品的采集 7）灌溉、农产品初加工、兽医、农技推广、农机作业和维修等农、林、牧、渔服务业项目 8）远洋捕捞 （2）居民企业500万元以内的技术转让所得 （3）合格境外机构投资者境内转让股票等权益性投资资产所得 （4）外国政府向中国政府提供贷款取得的利息所得 （5）国际金融组织向中国政府和居民企业提供优惠贷款取得的利息所得
减半征收	（1）花卉、茶以及其他饮料作物和香料作物的种植，海水养殖，内陆养殖 （2）居民企业超过500万元的技术转让所得的超过部分
三免三减半	（1）企业从事国家重点扶持的公共基础设施项目的投资经营所得 （2）企业从事符合条件的环境保护、节能节水项目所得 【提示】企业承包经营、承包建设和内部自建自用上述项目，不得享受上述企业所得税优惠

小贴士

(1)“三免三减半”：企业经营符合条件项目取得的所得，自项目取得第1笔生产经营收入所属纳税年度起，第1年至第3年免征企业所得税，第4年至第6年减半征收企业所得税。

(2)技术转让所得计算公式为：技术转让所得=技术转让收入-技术转让成本-相关税费

(三)企业税收优惠

不同类型企业税收优惠如表5-24所示。

表5-24 企业税收优惠的具体规定

企业	税率	具体规定
非居民企业	减按10%征收企业所得税	非居民企业取得的来源于中国境内的所得
高新技术企业	减按15%征收企业所得税	——
技术先进型服务企业		服务贸易类
小型微利企业	减按20%征收企业所得税	自2019年1月1日至2021年12月31日，对年应纳税所得额≤100万元的部分，减按25%计入应纳税所得额（实际税负25%×20%=5%）；对于100万元<年应纳税所得额≤300万元的部分，减按50%计入应纳税所得额（实际税负50%×20%=10%）
集成电路设计企业和软件企业	两年免征，三年减半征收企业所得税	在2018年12月31日前自获利年度起计算优惠期，第一年至第二年免征企业所得税，第三年至第五年按照25%的法定税率减半征收企业所得税，并享受至期满为止
经营性文化事业单位转制为企业	五年免征企业所得税	经营性文化事业单位是指从事新闻出版、广播影视和文化艺术的事业单位
		自转制注册之日起5年内免征企业所得税
西部地区企业	减按15%征收企业所得税	自2014年10月1日起，对设在西部地区以《西部地区鼓励类产业目录》中新增鼓励类产业项目为主营业务，且其当年度主营业务收入占企业收入总额70%以上的企业

其中符合条件的小型微利企业，是指从事国家非限制和禁止行业，并符合如表5-25所示条件的企业。

表 5-25　小型微利企业须符合的条件

企业类型	年度应纳税所得额	从业人数	资产总额
小型微利企业	不超过 300 万元	不超过 300 人	不超过 5 000 万元

从业人数和资产总额指标，应按企业全年的季度平均值确定。具体计算公式如下：

季度平均值＝（季度初＋季度末值）

全年季度平均值＝全年各季度平均值之和÷4

年度中间开业或者终止经营活动的，以其实际经营期作为一个纳税年度确定上述相关指标。

（四）民族自治地方的减免税

自治州、自治县决定减征或者免征企业所得税的，须报省、自治区、直辖市人民政府批准。

对于国家限制和禁止行业的企业，不得减征或者免征企业所得税。

（五）加计扣除

企业的下列支出，可以在计算应纳税所得额时加计扣除。

1. 研究开发费用

研究开发费用的加计扣除，是指企业为开发新技术、新产品、新工艺发生的研究开发费用，未形成无形资产，在 2018 年 1 月 1 日至 2020 年 12 月 31 日期间，按照实际发生额的75%在税前加计扣除；形成无形资产的，在上述期间按照无形资产成本的175%在税前摊销。

图 5-10 所示的行业不适用税前加计扣除政策。

烟草制造业　住宿和餐饮业　批发和零售业　房地产业　租赁和商务服务业　娱乐业

图 5-10　不适用税前加计扣除政策的行业

2. 安置残疾人员及国家鼓励安置的其他就业人员所支付的工资

企业安置残疾人员所支付的工资的加计扣除，是指企业安置残疾人员的，在按照支付给残疾职工工资据实扣除的基础上，按照支付给残疾职工工资的100%加计扣除。

（六）加速折旧

企业的固定资产由于技术进步等原因，确需加速折旧的，可以缩短折旧年限或者采取加速折旧的方法。由于技术进步、产品更新换代较快的、常年处于强震动、高腐蚀状态的固定资产可以采取缩短折旧年限或者采取加速折旧的方法。

采取缩短折旧年限方法的，最低折旧年限不得低于税法规定折旧年限的60%。

采取加速折旧方法的，可以采取双倍余额递减法或者年数总和法。

企业在 2018 年 1 月 1 日至 2020 年 12 月 31 日期间新购进（包括自行建造）的设备器具，单位价值不超过 500 万元的，允许一次性计入当期成本费用在计算应纳税所得额时扣除，不再分年度计算折旧。

（七）减计收入

企业以《资源综合利用企业所得税优惠目录》规定的资源作为主要原材料，生产国家非限制和禁止并符合国家和行业相关标准的产品取得的收入，减按 90%计入收入总额。

自 2019 年 6 月 1 日至 2025 年 12 月 31 日，社区（包括城市社区和农村社区）提供养老、托育、家政等服务取得的收入，减按 90%计入收入总额。

（八）应纳税所得额抵扣

应纳税所得额抵扣的具体规定如表 5－26 所示。

表 5－26 应纳税所得额抵扣

投资企业	采取股权投资方式投资于	时间	应纳税所得额抵扣
创业投资企业	未上市的中小高新技术企业	满 2 年	在股权持有满 2 年的当年按照其投资额的 70%抵扣该投资企业的应纳税所得额
公司制创业投资企业	种子期、初创期科技型企业		
有限合伙制创业投资企业	初创期科技型企业		可以按照其投资额的 70%抵扣法人合伙人从该有限合伙制创业投资企业分得的应纳税所得额
	未上市的中小高新技术企业		
【提示】当年不足抵扣的，可以在以后纳税年度结转抵扣			

（九）应纳税额抵免

企业购置并实际使用符合规定的环境保护、节能节水、安全生产等专用设备的，该专用设备的投资额的 10%可以从企业当年的应纳税额中抵免；当年不足抵免的，可以在以后 5 个纳税年度结转抵免。

小贴士

应纳税额抵免和应纳税所得额的抵扣的区别：

应纳税额＝应纳税所得额×税率

例如：安全生产设备的投资额是按 10%的比例在应纳税额中抵免的。假设该投资额是 100 万元，企业的应纳税所得额是 200 万元。那么最后应缴纳的所得税税额＝200×25%－100×10%＝40 万元。

而上述创业投资企业那里 70%是对应纳税所得额抵扣。假设投资额是 100 万元，企业的应纳税所得额是 200 万元。那么最后应缴纳的所得税税额＝（200－100×70%）×25%＝32.5 万元。

享受上述规定的企业所得税优惠的企业，应当实际购置并自身实际投入使用上述规定的专用设备；企业购置上述专用设备在 5 年内转让、出租的，应当停止享受企业所得税优惠，并补缴已经抵免的企业所得税税款。

（十）债券利息减免税

债券利息减免税的具体规定如表 5－27 所示。

表 5-27　债券利息减免税

债券利息减免税	企业取得的 2012 年及以后年度发行的地方政府债券利息收入，免征企业所得税
	自 2018 年 11 月 7 日起至 2021 年 11 月 6 日止，对境外机构投资境内债券市场取得的债券利息收入，暂免征企业所得税 【提示】暂免征企业所得税的范围不包括境外机构在境内设立的机构、场所取得的与该机构、场所有实际联系的债券利息
	企业投资者持有 2019—2023 年发行的铁路债券取得的利息收入，减半征收企业所得税

【例题】根据企业所得税法律制度的规定，下列支出中，可以在计算企业所得税应纳税所得额时加计扣除的有（　　）。

A. 安置残疾人员所支付的工资　　B. 广告费和业务宣传费

C. 研究开发费用　　D. 购置环保设备所支付的价款

【答案】AC

【解析】加计扣除优惠有两个项目，研究开发费用（选项 C）和安置残疾人员所支付的工资（选项 A）；购置环境保护设备所支付的价款可以抵减应纳税额，不是加计扣除。

【考点 7】企业所得税征收管理★★

扫码看视频

（一）纳税地点

企业所得税纳税地点的相关规定如表 5-28 所示。

表 5-28　企业所得税纳税地点的相关规定

企业	规定	
居民企业	以企业登记注册地为纳税地点	
	但登记注册地在境外的，以实际管理机构所在地为纳税地点；在境内设立不具有法人资格的营业机构的，应当汇总计算缴纳	
非居民企业	在中国境内设立机构、场所的	以机构、场所所在地为纳税地点
	在中国境内设立两个或者两个以上机构、场所的	经税务机关审核批准，可以选择由其主要机构、场所汇总缴纳企业所得税
	在中国境内未设立机构、场所的，或者虽设立机构、场所但取得的所得与其所设机构、场所没有实际联系的	以扣缴义务人所在地为纳税地点

非居民企业经批准汇总缴纳企业所得税后，需要增设、合并、迁移、关闭机构、场所或者停止机构、场所业务的，应当事先由负责汇总申报缴纳企业所得税的主要机构、场所向其所在地税务机关报告；需要变更汇总缴纳企业所得税的主要机构、场所的，依照前述规定办理。

（二）纳税期限

企业所得税按年计征，分月或者分季预缴，年终汇算清缴，多退少补。**纳税年度自公历 1 月 1 日起至 12 月 31 日止**。企业应当自年度终了之日起**5 个月内**，向税务机关报送年度企业所得税纳税申报表，并汇算清缴，结清应缴应退税款。

企业在一个纳税年度中间开业，或者终止经营活动，使该纳税年度的实际经营期不足12个月的，应当以其实际经营期为1个纳税年度。企业在年度中间终止经营活动的，应当自实际经营终止之日起60日内，向税务机关办理当期企业所得税汇算清缴。

企业依法清算时，应当以清算期间作为1个纳税年度。

（三）纳税申报

企业按月或按季预缴企业所得税的，应当自月份或者季度终了之日起15日内，向税务机关报送预缴企业所得税纳税申报表，预缴税款。

企业应当在办理注销登记前，就其清算所得向税务机关申报并依法缴纳企业所得税。

企业分月或者分季预缴企业所得税时，应当按照月度或者季度的实际利润额预缴；按照月度或者季度的实际利润额预缴有困难的，可以按照上一纳税年度应纳税所得额的月度或者季度平均额预缴，或者按照经税务机关认可的其他方法预缴。预缴方法一经确定，该纳税年度内不得随意变更。

企业在纳税年度内无论盈利或者亏损，都应当依照规定期限，向税务机关报送预缴企业所得税纳税申报表、年度企业所得税纳税申报表、财务会计报告和税务机关规定应当报送的其他有关资料。

【例题】根据企业所得税法律制度的规定，企业应当自纳税年度终了之日起一定期限内，向税务机关报送年度企业所得税纳税申报表（　　）。

A. 4个月　　B. 3个月　　C. 6个月　　D. 5个月

【答案】D

【解析】企业应当自年度终了之日起5个月内，向税务机关报送年度企业所得税纳税申报表，并汇算清缴，结清应缴应退税款。

同步练习

【1-多选】根据企业所得税法律制度的规定，下列关于确定所得来源地的表述，正确的有（　　）。

A. 提供劳务所得，按照劳务发生地确定

B. 销售货物所得，按照交易活动发生地确定

C. 不动产转让所得，按照转让不动产的企业所在地确定

D. 股息所得，按照分配股息的企业所在地确定

【2-单选】根据企业所得税法律制度的规定，关于确认收入实现时间的下列表述中，正确的是（　　）。

A. 权益性投资收益，按照投资方实际收到利润的日期确认收入的实现

B. 接受捐赠收入，按照合同约定的捐赠日期确认收入的实现

C. 利息收入，按照合同约定的债务人应付利息的日期确认收入的实现

D. 租金收入，按照出租人实际收到租金的日期确认收入的实现

【3-单选】根据企业所得税法律制度的规定，企业发生的下列税金中，在计算企业所得税所得额时不得扣除的是（　　）。

A. 车船税　　B. 允许抵扣的增值税

C. 印花税　　D. 城镇土地使用税

答案及解析

1.【答案】ABD

【解析】不动产转让所得，按照不动产所在地确定所得来源地。

2.【答案】C

【解析】权益性投资收益，按照被投资方作出利润分配决定的日期确认收入的实现；接受捐赠收入，按照实际收到捐赠资产的日期确认收入的实现；租金收入，按照合同约定的承租人应付租金的日期确认收入的实现。

3.【答案】B

【解析】选项 A、C、D 在计算应纳税所得额时允许扣除。

第二节　个人所得税法律制度

本节考点

1. 个人所得税纳税人和所得来源的确定（掌握居民个人和非居民个人的区别）
2. 个人所得税应税所得项目（熟悉所得来源的确定）
3. 个人所得税税率（掌握个人出租住房的税率）
4. 个人所得税应纳税额的计算（熟悉各所得应纳税额的计算）
5. 个人所得税税收优惠（掌握常考的免税政策，与减税政策对比记忆）
6. 个人所得税征收管理（熟悉个人所得税自行申报情形与纳税期限）

个人所得税是对个人（即自然人）取得的各项应税所得征收的一种所得税。

【考点1】个人所得税纳税人和所得来源的确定★

（一）个人所得税纳税人

个人所得税纳税人包括中国公民（含港澳台同胞）、个体工商业户、个人独资企业投资者和合伙企业自然人合伙人等。按照住所和居住时间两个标准，个人所得税纳税人分为居民个人和非居民个人。

居民个人，是指在中国境内有住所的个人，或者在中国境内无住所，而一个纳税年度内在境内居住累计满 183 天的个人。居民个人就来源于中国境内和境外的全部所得纳税。

非居民个人，是指在中国境内无住所又不居住的个人或者在中国境内无住所而一个纳税年度内在境内居住累计不满 183 天的个人。非居民个人仅就来源于中国境内的所得纳税。

表 5－29　个人所得税纳税人的判断标准与纳税义务

要点		判断标准	纳税义务		
分类	居民	有住所或无住所但居住累计满 183 天（1 年内）	境内所得	√	无限纳税义务
			境外所得	√	
	非居民	无住所且不居住、无住所居住不满 183 天（1 年内）	境内所得	√	有限纳税义务
			境外所得	×	
无住所的个人		居住不超 90 天（1 年内）	境内所得（由境外雇主支付并且不由该雇主在境内的机构场所负担的部分）免予缴纳个人所得税		
		居住满 183 天（1 年内）连续不满 6 年	境内所得	√	有限纳税义务
			境外所得	×	
		居住满 183 天（1 年内）连续满 6 年	境内所得	√	无限纳税义务
			境外所得	√	
【提示】一个纳税年度，即自公历 1 月 1 日起至 12 月 31 日止					

小贴士

个人独资企业和合伙企业不缴纳企业所得税，只对投资者个人或个人合伙人取得的生产经营所得征收个人所得税。

【例题】外籍人员约翰 2019 年 2 月 24 日受邀来中国工作，2020 年 2 月 25 日结束在中国的工作，约翰在 2019 纳税年度内属于我国居民纳税人。（　　）

【答案】√

【解析】约翰在 1 个纳税年度内（2019 年 1 月 1 日—12 月 31 日），在中国境内居住时间满 183 天，属于居民纳税人。

（二）所得来源的确定

除另有规定外，图 5－11 所示的所得，不论支付地点是否在中国境内，均属于来源于中国境内的所得。

所得来源的确定

- 因任职、受雇、履约等而在中国境内提供劳务取得的所得
- 将财产出租给承租人在中国境内使用而取得的所得
- 许可各种特许权在中国境内使用而取得的所得
- 转让中国境内的不动产、土地使用权取得的所得
- 转让对中国境内企事业单位和其他经济组织投资形成的权益性资产取得的所得
- 在中国境内转让动产以及其他财产取得的所得
- 从中国境内企事业单位和其他组织或者居民个人取得的利息、股息、红利所得

图 5－11　所得来源的确定

【例题】根据个人所得税法律制度的规定，下列个人所得中，不论支付地点是否在境内，均为来源于中国境内所得的有（　　）。

A. 转让境内房产取得的所得

B. 许可专利权在境内使用取得的所得

C. 因任职在境内提供劳务取得的所得

D. 将财产出租给承租人在境内使用取得的所得

【答案】ABCD

【考点2】 个人所得税应税所得项目★★

（一）工资、薪金所得

1. 一般规定

个人因任职或者受雇而取得的工资、薪金、奖金、年终加薪、劳动分红、津贴、补贴以及与任职或者受雇有关的其他所得。

2. 不予征税项目

不予征税项目具体如图 5－12 所示。

- 不征收个人所得税
  - 独生子女补贴
  - 执行公务员工资制度未纳入基本工资总额的补贴、津贴差额和家属成员的副食补贴
  - 托儿补助费
  - 差旅费津贴、误餐补助

图 5－12　不予征税项目

小贴士

误餐补助是指个人因公在城区、郊区工作，不能在工作单位或返回就餐，根据实际误餐顿数，按规定标准领取的误餐补助费。

【例题】根据个人所得税法律制度的规定，下列所得中，应缴纳个人所得税的是（　　）。

A. 加班工资　　　　B. 独生子女补贴

C. 差旅费津贴　　　　D. 国债利息收入

【答案】A

【解析】选项 A 应按"工资、薪金所得"项目征收个人所得税；选项 B、C 不属于工资、薪金性质的补贴、津贴，不征收个人所得税；选项 D 属于免税收入。

3. 特殊规定

（1）内部退养一次性补贴收入。

实行内部退养的个人从原任职单位取得的工资、薪金，不属于退休工资，应按其办理内部退养手续后至离退休年龄之间的所属月份进行平均，并按"工资、薪金所得"项目缴税。

（2）退休人员再任职取得的收入。

在减除按个人所得税法规定的费用扣除标准后，按“工资、薪金所得”项目缴纳个人所得税。

小贴士

退休工资：免税；

退休人员再任职：作为**工资、薪金**所得缴纳个人所得税。

（3）离退休人员取得的收入。

离退休人员从原任职单位取得的各类补贴、奖金、实物，不属于免税的退休工资、离休工资、离休生活补助费，应按“工资、薪金所得”项目纳税。

小贴士

退休工资、离休工资、离休生活补助费属于**免税收入**。

（4）个人取得公务交通、通信补贴收入。

个人取得公务交通、通信补贴收入，扣除一定标准的公务费用后，按“工资、薪金所得”项目计征个人所得税。

（5）关于失业保险费。

实际缴付的失业保险费，超过规定比例的，应将其超过规定比例缴付的部分计入职工个人当期的工资薪金收入，依法计征个人所得税。

（6）关于保险金。

为员工支付各项免税之外的保险金，应在企业向保险公司缴付时（即该保险落到被保险人的保险账户）并入员工当期的工资收入，按“工资、薪金所得”项目计征个人所得税，税款由企业负责代扣代缴。

（7）兼职律师从事务所取得的工资、薪金所得。

兼职律师从事务所取得的工资、薪金所得，不再减除个人所得税法规定的费用扣除标准，以收入全额（取得分成收入的为扣除办理案件支出费用后的余额）直接确定适用税率，计算扣缴个人所得税。两处或两处以上取得的工资、薪金所得，合并计算纳税。

（8）科技人员的现金奖励。

从职务科技成果转化收入中给予科技人员的现金奖励，可**减按50%**计入科技人员当月“工资、薪金所得”项目纳税。

【例题】退休人员再任职取得的收入，免征个人所得税。（　　）

【答案】×

（二）劳务报酬所得

个人独立从事各种**非雇用**劳务取得的所得（27项），包括翻译、审稿、书画、讲学、表演、广告等劳务。

表 5－30　劳务报酬所得的规定

职业	收入来源	税目
教师、演员	在单位授课、演出取得所得	工资、薪金所得
	在外授课、演出取得所得	劳务报酬所得或经营所得
个人	兼职所得	劳务报酬所得
受雇于律师个人	为律师个人工作取得所得	劳务报酬所得（由该律师代扣代缴）
证券经纪人	从证券公司取得佣金	劳务报酬所得（扣除25%的展业成本）
个人保险代理人	佣金、奖励和劳务费	劳务报酬所得（扣除25%的展业成本）

小贴士

注意将“劳务报酬所得”和“工资、薪金所得”进行对比记忆。

【例题】根据个人所得税法律制度的规定，下列收入中，应按“劳务报酬所得”项目缴纳个人所得税的是（　　）。

A. 退休人员再任职取得的收入

B. 从非任职公司取得的董事费收入

C. 从任职公司取得的监事费收入

D. 从任职公司关联企业取得的监事费收入

【答案】B

【解析】退休人员再任职取得的收入，在减除按税法规定的费用扣除标准后，按“工资、薪金所得”项目缴纳个人所得税。

（三）稿酬所得

稿酬所得是指个人因其作品以图书、报刊形式出版、发表而取得的所得。

小贴士

作品包括文学作品、书画作品、摄影作品以及其他。作者去世后，财产继承取得的遗作稿酬，也应征收个人所得税。

【例题】大学教授张某取得的下列收入中，应按“稿酬所得”项目计缴个人所得税的是（　　）。

A. 作品参展收入

B. 出版书画作品收入

C. 学术报告收入

D. 审稿收入

【答案】B

【解析】选项 A、C、D 属于“劳务报酬所得”。

（四）特许权使用费所得

特许权使用费所得，是指个人提供专利权、商标权、著作权、非专利技术以及其他特许权的使用权取得的所得。

特殊规定：

（1）作者将自己的文字作品手稿原件或复印件公开拍卖取得的所得，按“特许权使用费所得”项目计税。

（2）个人取得特许权的经济赔偿收入，按“特许权使用费所得”项目计税。

（3）编剧从电视剧的制作单位取得的剧本使用费，按“特许权使用费所得”项目计税，无论剧本使用方是否为其任职的单位。

小贴士

综合所得，包括工资、薪金所得，劳务报酬所得，稿酬所得，特许权使用费所得四项。

【例题】编剧从其任职的电视剧制作中心取得的剧本使用费，按“特许权使用费所得”项目征收个人所得税。（　　）

【答案】√

（五）经营所得

经营所得包括图 5－13 所示的内容。

个人通过在中国境内注册登记的个体工商户、个人独资企业、合伙企业从事生产、经营活动取得的所得	+	个人依法取得执照，从事办学、医疗、咨询以及其他有偿服务活动取得的所得	+	个人承包、承租、转包、转租取得的所得	+	个人从事其他生产、经营活动取得的所得

图 5－13　经营所得的内容

小贴士

关于出租车所得的规定

表 5－31　关于出租车所得的规定

项目	规定
出租车	出租汽车经营单位对驾驶员采取单车承包、承租的，驾驶员从事客货营运取得的收入按“工资、薪金所得”项目征税
	出租车属个人所有，但挂靠出租汽车经营单位或企事业单位，驾驶员向挂靠单位缴纳管理费的，或出租汽车经营单位将出租车所有权转移给驾驶员的，按“经营所得”项目征税

（六）利息、股息、红利所得

利息、股息、红利所得，是指个人拥有债权、股权而取得的利息、股息、红利所得。

(1) 个人投资者收购企业股权后，将企业原有盈余积累转增股本个人所得税的规定如表 5－32 所示。

表 5－32　个人投资者收购企业股权的个税征收规定

收购价	是否计入股权交易价格	征税
收购价≥净资产价格	原盈余积累已全部计入股权交易价格	不征收个税
收购价＜净资产价格	收购价减去原股本差额部分已计入股权交易价格	不征收个税
	收购价减去原股本差额部分未计入股权交易价格	征收个税

【提示】新股东以低于净资产价格收购企业股权后转增股本，应按照下列顺序进行，即：先转增应税的盈余积累部分，然后再转增免税的盈余积累部分。

(2) 个人从公开发行和转让市场取得的上市公司股票取得股息、红利的个人所得税的规定如表 5－33 所示。

表 5－33　个人取得的上市公司股票取得股息、红利的规定

持有期		征税
持有期≤1 个月		全额纳税，20%税率
1 个月＜持有期≤1 年		暂减按 50%计入，20%税率
持有的上市公司限售股	解禁后取得的股息红利	按差别化个人所得税政策规定计算纳税，持股时间自解禁日起计算
持有的上市公司限售股	解禁前取得的股息红利	暂减按 50%计入，20%税率

(3) 房屋买受人未办理房屋产权证并无条件退房取得补偿款，按照“利息、股息、红利所得”项目纳税，应交税款由支付补偿款的房地产公司代扣代缴。

小贴士

将房屋或其他财产有偿或无偿交付的个人所得税相关规定

表 5－34　将房屋或其他财产有偿或无偿交付所得的规定

项目	规定	
将房屋或其他财产有偿或无偿交付	个人独资企业、合伙企业的个人投资者或家庭成员	经营所得
	除个人独资企业、合伙企业以外其他企业的个人投资者或家庭成员	股息、利息红利
	企业其他人员	综合所得

（七）财产租赁所得

财产租赁所得，是指个人出租不动产、土地使用权、机器设备、车船以及其他财产取得的所得。

表 5-35　财产所得处理方式

<table>
<tr><th>特殊情况</th><th>处理方式</th></tr>
<tr><td>个人取得的房屋转租收入</td><td>财产租赁所得</td></tr>
<tr><td>房地产开发企业售后回租（以优惠价格出售后无偿租用）
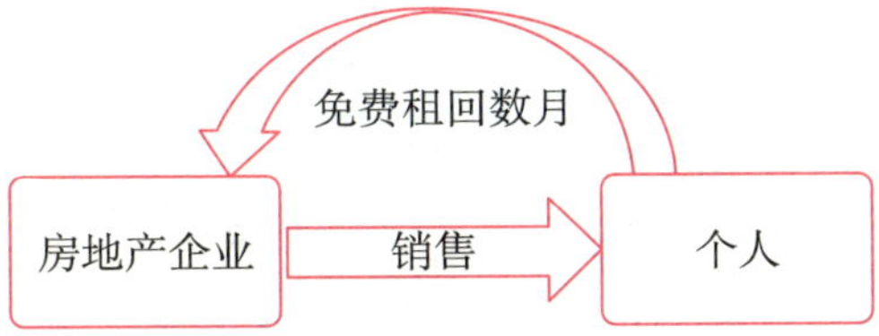
</td><td>视同财产租赁所得</td></tr>
</table>

【例题】个人取得的住房转租收入，应按“财产转让所得”项目征收个人所得税。（　　）

【答案】×

【解析】个人取得的住房转租收入，应按“财产租赁所得”项目征收个人所得税。

（八）财产转让所得

财产转让所得，是指个人转让有价证券、股权、合伙企业中的财产份额、不动产、土地使用权、机器设备、车船以及其他财产取得的所得。

（1）股权转让所得税务处理如表 5-36 所示。

表 5-36　股权转让所得税务处理

<table>
<tr><th>股权类型</th><th>交易行为</th><th colspan="2">具体形式</th><th>纳税义务</th></tr>
<tr><td rowspan="2">上市公司股票</td><td rowspan="2">转让</td><td colspan="2">非限售股股票</td><td>暂不征收个人所得税</td></tr>
<tr><td colspan="2">限售股股票</td><td rowspan="4">按“财产转让所得”项目纳税</td></tr>
<tr><td rowspan="5">非上市公司股权</td><td>转让</td><td colspan="2">出售、公司回购、司法强制过户、抵偿债务、对外投资等</td></tr>
<tr><td>终止投资</td><td colspan="2">各种名目的回收款项</td></tr>
<tr><td rowspan="3">回收转让股权</td><td rowspan="2">转让合同履行完毕</td><td>股权已作变更、收入已实现时</td></tr>
<tr><td>转让行为结束，双方当事人签订并执行解除原股权转让合同、退回股权的协议</td><td>视为另一次股权转让行为，前次转让征收的税款不予退回</td></tr>
<tr><td>转让合同未履行完毕</td><td>因执行仲裁委员会作出的解除转让合同的裁决、停止执行原转让合同，并原价收回已转让股权</td><td>不缴纳个人所得税</td></tr>
<tr><td>原始股</td><td>转让</td><td colspan="2">转让新三板挂牌公司原始股所得</td><td>按“财产转让所得”项目纳税</td></tr>
</table>

（2）个人以非货币性资产投资，属于转让和投资同时发生，对转让所得应按“财产转

让所得”项目征税。

（3）个人通过招标、竞拍或其他方式购置债权以后，通过相关司法或行政程序主张债权而取得的所得，按“财产转让所得”项目征税。

（4）个人通过网络收购玩家的虚拟货币，加价后向他人出售取得的收入，按“财产转让所得”项目征税。

（5）企业改制职工个人取得的量化资产税务处理如表5-37所示。

表5-37　企业改制职工个人取得的量化资产税务处理

适用情形		计税规定
仅作分红依据，无所有权		不征税
拥有所有权	取得时	不征税
	转让时	财产转让所得
持有期间参与分配		利息、股息、红利所得

【例题】个人通过网络收购玩家的虚拟货币，加价后向他人出售取得的收入，不征收个人所得税。（　　）

【答案】×

【解析】个人通过网络收购玩家的虚拟货币，加价后向他人出售取得的收入，属于个人所得税应税所得，应按照“财产转让所得”项目计算缴纳个人所得税。

（九）偶然所得

偶然所得，是指个人得奖、中奖、中彩以及其他偶然性质的所得。

（1）企业对累积消费达到一定额度的顾客，给予额外抽奖机会，个人的获奖所得，按照“偶然所得”项目，全额缴纳个人所得税。

（2）个人取得单张有奖发票奖金所得超过800元的，应全额按照“偶然所得”项目征收个人所得税。税务机关或其指定的有奖发票兑奖机构，是有奖发票奖金所得个人所得税的扣缴义务人。

（3）个人为单位或他人提供担保获得收入，按照“偶然所得”项目计算缴纳个人所得税。

（4）房屋产权所有人将房屋产权无偿赠与他人的，受赠人因无偿受赠房屋取得的受赠收入，按照“偶然所得”项目计算缴纳个人所得税。

（5）企业在业务宣传、广告等活动中，随机向本单位以外的个人赠送礼品（包括网络红包，下同），以及企业在年会、座谈会、庆典以及其他活动中向本单位以外的个人赠送礼品，个人取得的礼品收入，按照“偶然所得”项目计算缴纳个人所得税，但企业赠送的具有价格折扣或折让性质的消费券、代金券、抵用券、优惠券等礼品除外。

（十）其他所得

1. 个人因与用人单位解除劳动关系而取得的一次性补偿收入

个人因与用人单位解除劳动关系而取得的一次性补偿收入，超过当地上年职工平均工资3倍数额部分，不并入当年综合所得，单独适用综合所得税率表，计算纳税。

2. 企业年金、职业年金

企事业单位根据国家有关规定为在本单位任职或者受雇的全体职工缴付的企业年金或

职业年金单位缴费部分，在计入个人账户时，个人暂不缴纳个人所得税。

个人缴费部分，在不超过本人缴费工资计税基数4%的部分，暂从个人当期的应纳税所得额中扣除。

个人领取企业年金、职业年金的征税规定如下：

表5-38 个人领取企业年金、职业年金的征税规定

<table>
<tr><th>所得</th><th colspan="2">具体规定</th><th>计算纳税</th></tr>
<tr><td rowspan="5">个人领取企业年金、职业年金</td><td rowspan="3">不并入当年综合所得，全额单独计算应纳税款</td><td>按月领取的</td><td rowspan="2">适用月度税率表</td></tr>
<tr><td>按季领取的，平均分摊计入各月，按每月领取额</td></tr>
<tr><td>按年领取的</td><td rowspan="2">适用综合所得税率表</td></tr>
<tr><td rowspan="2">一次性领取</td><td>个人因出境定居一次性领取的；
个人死亡后，其指定受益人或法定继承人一次性领取的</td></tr>
<tr><td>其余一次性领取的</td><td>适用月度税率表</td></tr>
</table>

【考点3】个人所得税税率★★

个人所得税税率如图5-14所示。

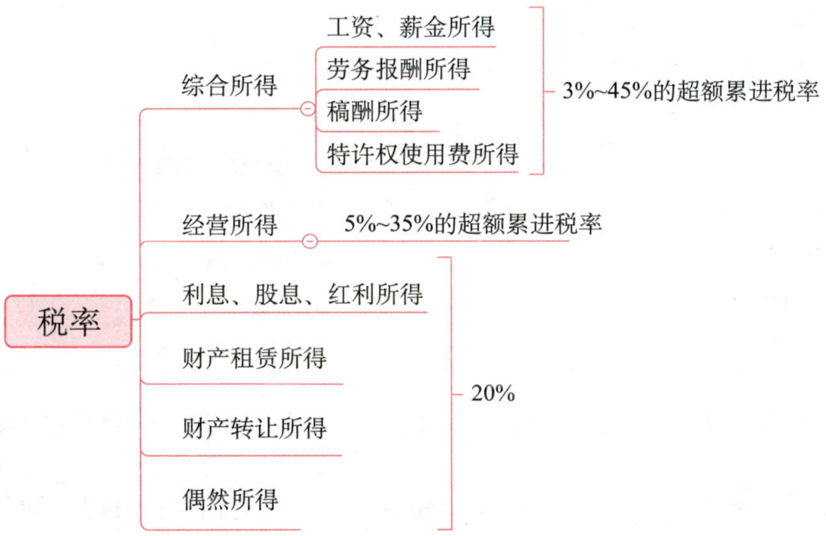

图5-14 个人所得税税率

【提示】自2001年1月1日起，对个人出租住房取得的所得暂减按10%的税率征收个人所得税。

【考点4】个人所得税应纳税额的计算★★★

(一) 综合所得

综合所得，包括工资、薪金所得，劳务报酬所得，稿酬所得，特许权使用费所得四

项。居民个人的综合所得，应纳税额的计算公式如下：

应纳税所得额＝收入额－生计费用6万元－专项扣除－专项附加扣除－依法确定的其他扣除

应纳税额＝应纳税所得额×适用税率－速算扣除数

综合所得适用的税率如表5-39所示。

表5-39 个人所得税税率（综合所得适用）

级数	全年应纳税所得额	税率（%）
1	不超过36 000元的	3
2	超过36 000元至144 000元的部分	10
3	超过144 000元至300 000元的部分	20
4	超过300 000元至420 000元的部分	25
5	超过420 000元至660 000元的部分	30
6	超过660 000元至960 000元的部分	35
7	超过960 000元的部分	45

注1：本表所称全年应纳税所得税额是指依照《个人所得税法》第6条的规定，居民个人取得综合所得以每一纳税年度收入额减除费用6万元以及专项扣除、专项附加扣除和依法确定的其他扣除后的余额。

注2：非居民个人取得工资、薪金所得，劳务报酬所得，稿酬所得和特许权使用费所得，依照本表按月换算后计算应纳税所得额。

1. 综合所得应纳税所得额的计算额

综合所得应纳税所得额的计算如表5-40所示。

表5-40 应纳税所得额的计算

税目	应纳税所得额
工资、薪金所得	每月收入额－5 000
劳务报酬所得	每次收入额×80%
稿酬所得	每次收入额×56%
特许权使用费所得	每次收入额×80%

劳务报酬所得、稿酬所得、特许权使用费所得以收入减除20%的费用后的余额为应纳税所得额。

【提示】稿酬所得的收入减除20%的费用后再减按70%【再打七折】计算

2. 专项扣除

专项扣除包括居民个人按照国家规定的范围和标准缴纳的基本养老保险、基本医疗保险、失业保险等社会保险费和住房公积金等。

3. 专项附加扣除

专项附加扣除是指个人所得税法规定的子女教育、继续教育、大病医疗、住房贷款利息、住房租金和赡养老人6项专项附加扣除。

（1）子女教育。

子女教育扣除项目的相关规定如表5-41所示。

表 5-41　子女教育扣除项目的相关规定

项目		相关规定	
子女教育	学前教育	年满 3 岁至小学入学前教育	按照每个子女每月 1 000 元的标准定额扣除（全年 12 000 元）
	学历教育	义务教育（小学、初中教育）、高中阶段教育（普通高中、中等职业教育、技工教育）、高等教育（大学专科、大学本科、硕士研究生、博士研究生教育）	
	注意	子女是指婚生子女、非婚生子女、继子女、养子女 父母可以选择由其中一方按扣除标准的 100%扣除，也可以选择由双方分别按扣除标准的 50%扣除，具体扣除方式在一个纳税年度内不能变更 在境外接受教育的，应当留存境外学校录取通知书、留学签证等证明资料	

（2）继续教育。

继续教育扣除项目的相关规定如表 5-42 所示。

表 5-42　继续教育扣除项目的相关规定

项目	相关规定	
继续教育	在中国境内接受学历（学位）继续教育的支出，在学历（学位）教育期间按照每月 400 元定额扣除。同一学历（学位）继续教育的扣除期限不能超过 48 个月 接受技能人员职业资格继续教育、专业技术人员职业资格继续教育的支出，在取得相关证书的当年，按照 3 600 元定额扣除	
	注意	个人接受本科及以下学历（学位）继续教育，符合规定扣除条件的，可以选择由其父母扣除，也可以选择由本人扣除 纳税人接受技能人员职业资格继续教育、专业技术人员职业资格继续教育的，应当留存相关证书等资料备查

（3）大病医疗。

大病医疗扣除项目的相关规定如表 5-43 所示。

表 5-43　大病医疗扣除项目的相关规定

项目	相关规定	
大病医疗	在一个纳税年度内，纳税人发生的与基本医保相关的医药费用支出，扣除医保报销后个人负担（指医保目录范围内的自付部分）累计超过 15 000 元的部分，由纳税人在办理年度汇算清缴时，在80 000 元限额内据实扣除	
	注意	纳税人发生的医药费用支出可以选择由本人或者其配偶扣除；未成年子女发生的医药费用支出可以选择由其父母一方扣除 扣除计算时间：医疗保障信息系统记录的医药费用实际支出的当年 【提示】每年 80 000 元限额据实扣；本人扣或配偶扣；未成年子女可选一方扣；多人分别扣

（4）住房贷款利息。

住房贷款利息扣除项目的相关规定如表 5-44 所示。

表 5-44　住房贷款利息扣除项目的相关规定

项目	相关规定	
住房贷款利息	纳税人本人或者配偶单独或者共同使用商业银行或者住房公积金个人住房贷款为本人或者其配偶购买中国境内住房，发生的首套住房贷款利息支出，在实际发生贷款利息的年度，按照每月1 000元的标准定额扣除，扣除期限最长不超过240个月	
	注意	纳税人只能享受一次首套住房贷款的利息扣除 经夫妻双方约定，可以选择由其中一方扣除，具体扣除方式在确定后，一个纳税年度内不能变更 夫妻双方婚前分别购买住房发生的首套住房贷款，其贷款利息支出，婚后可以选择其中一套购买的住房，由购买方按扣除标准的100%扣除，也可以由夫妻双方对各自购买的住房分别按扣除标准的50%扣除，具体扣除方式在一个纳税年度内不能变更【婚前均有房婚后扣一套】 纳税人应当留存住房贷款合同、贷款还款支出凭证备查

（5）住房租金。

住房租金扣除项目的相关规定如表5－45所示。

表 5-45　住房租金扣除项目的相关规定

项目	相关规定		
住房租金	直辖市、省会（首府）城市、计划单列市以及国务院确定的其他城市		1 500元/月
	上述以外	市辖区户籍人口超过100万的城市	1 100元/月
		市辖区户籍人口不超过100万的城市	800元/月
	注意	夫妻双方主要工作城市相同的，只能由一方扣除住房租金支出 住房租金支出由签订租赁住房合同的承租人扣除 纳税人及其配偶在一个纳税年度内不能同时分别享受住房贷款利息和住房租金专项附加扣除 纳税人应当留存住房租赁合同、协议等有关资料备查	

（6）赡养老人。

赡养老人扣除项目的相关规定如表5－46所示。

表 5-46　赡养老人扣除项目的相关规定

项目		相关规定
赡养老人	独生子女	按照每月2 000元的标准定额扣除
	非独生子女	由其与兄弟姐妹分摊每月2 000元的扣除额度，每人分摊的额度不能超过每月1 000元
	注意	可以由赡养人均摊或者约定分摊，也可以由被赡养人指定分摊。约定或者指定分摊的须签订书面分摊协议，指定分摊优先于约定分摊。具体分摊方式和额度在一个纳税年度内不能变更 被赡养人是指年满60岁的父母（指生父母、继父母、养父母），以及子女均已去世的年满60岁的祖父母、外祖父母【无子女隔辈可扣】

4. 其他扣除

其他扣除包括个人缴付符合国家规定的企业年金、职业年金，个人购买符合国家规定的商业健康保险、税收递延型商业养老保险的支出，以及国务院规定可以扣除的其他项目。

小贴士

非居民个人的工资、薪金所得，以每月收入额减除费用 5 000 元后的余额为应纳税额所得额；劳务报酬所得、稿酬所得、特许权使用费所得，以每次收入额为应纳税额所得额。

非居民个人取得的劳务报酬所得、稿酬所得、特许权使用费所得，属于一次性收入的，以取得该项收入为一次；属于同一事项连续取得收入的，以一个月内取得的收入为一次。

【例题 1】中国某公司职员王某 2019 年 11 月取得工资、薪金收入 10 000 元。当地规定的社会保险和住房公积金个人缴存比例为：基本养老保险 8%，基本医疗保险 2%，失业保险 0.5%，住房公积金 12%。王某缴纳社会保险费核定的缴费工资基数为 8 000 元。计算王某当月应缴纳的个人所得税税额。

【解析】(1) 减除费用为 5 000 元/月。

(2) 专项扣除＝8 000×（8%＋2%＋0.5%＋12%）＝1 800（元）。

(3) 扣除项合计＝5 000＋1 800＝6 800（元）。

(4) 应纳税所得额＝10 000－6 800＝3 200（元）。

(5) 应纳税额＝3 200×10%－210＝110（元）。

【例题 2】张某是重庆人，属于独生子女，目前育有一子，在甲公司工作。2019 年张某取得工资收入 100 000 元，在某机构授课取得收入 50 000 元，出版辅导教材一套，取得稿酬 70 000 元，转让商标使用权，取得特许权使用费收入 15 000 元。已知：张某个人缴纳“三险一金”20 000 元，赡养老人支出税法规定的扣除金额为 24 000 元，子女教育支出12 000 元，假设无其他扣除项目，计算张某本年应缴纳的个人所得税。

【解析】应纳税所得额＝每年收入额－费用 6 万元－专项扣除－专项附加扣除－其他扣除，具体计算如表 5－47 所示。

表 5－47 张某应纳税所得额的计算

项目	计算	
工资薪金	100 000	
劳务报酬（兼职授课）	50 000	80%
稿酬	70 000	80%×70%
特许权使用费	15 000	80%
综合所得合计		191 200
费用 6 万		－60 000
专项扣除		－20 000
附加扣除		－24 000－12 000
其他扣除		0
应纳税所得额		75 200

应纳税额＝应纳税所得额×适用税率－速算扣除数，应纳税额税率表如表 5－48 所示。

表 5-48 应纳税额税率表

级数	全年应纳税所得额 含税级距	税率（%）	速算扣除数
1	不超过 36 000 元的	3	0
2	超过 36 000 元至 144 000 元的部分	10	2 520
3	超过 144 000 元至 300 000 元的部分	20	16 920
4	超过 300 000 元至 420 000 元的部分	25	31 920
5	超过 420 000 元至 660 000 元的部分	30	52 920
6	超过 660 000 元至 960 000 元的部分	35	85 920
7	超过 960 000 元的部分	45	181 920

则张某的应纳税额＝75 200×10%－2 520＝5 000（元）。

（二）预扣预缴个人所得税

预扣预缴个人所得税的计算如表 5-49 所示。

表 5-49 预扣预缴个人所得税的计算

项目	预扣预缴个人所得税的计算
工资、薪金所得	①累计预扣预缴应纳税所得额＝累计收入－累计免税收入－累计减除费用－累计专项扣除－累计专项附加扣除－累计依法确定的其他扣除 其中：累计减除费用，按照**5 000 元/月**乘以纳税人当年截至本月在本单位的任职受雇月份数计算
	②本期应预扣预缴税额＝（①×预扣率－速算扣除数）－累计减免税额－累计已预扣预缴税额
劳务报酬所得、稿酬所得、特许权使用费所得	每次收入**不足 4 000 元**的，**减 800 元**费用；每次收入**高于 4 000 元**的，**减 20%**费用为收入额 【提示】稿酬所得在此基础上，再**减按 70%**作为收入额
	劳务报酬所得应预扣预缴税额＝预扣预缴应纳税所得额×**预扣率**－速算扣除数
	稿酬所得、特许权使用费所得应预扣预缴税额＝预扣预缴应纳税所得额×扣除率（**20%**）

个人所得税预扣率表如表 5-50 和表 5-51 所示。

表 5-50 个人所得税预扣率表一（居民个人工资、薪金所得预扣预缴适用）

级数	全年应纳税所得额	税率（%）	速算扣除数
1	不超过 36 000 元的	3	0
2	超过 36 000 元至 144 000 元的部分	10	2 520
3	超过 144 000 元至 300 000 元的部分	20	16 920
4	超过 300 000 元至 420 000 元的部分	25	31 920
5	超过 420 000 元至 660 000 元的部分	30	52 920
6	超过 660 000 元至 960 000 元的部分	35	85 920
7	超过 960 000 元的部分	45	181 920

表 5－51 个人所得税预扣率表二（居民个人劳务报酬所得预扣预缴适用）

级数	全年应纳税所得额	税率（%）	速算扣除数
1	不超过 20 000 元的部分	20	0
2	超过 20 000 元至 50 000 元的部分	30	2 000
3	超过 50 000 的部分	40	7 000

【例题 1】某居民个人 2019 年每月取得工资、薪金收入均为 10 000 元，每月缴纳社保费用和住房公积金 1 500 元，该居民个人全年均享受住房贷款利息专项附加扣除，该居民个人 1～2 月累计已预扣预缴个人所得税税额为 150 元，请计算该居民个人 3 月应预扣预缴的个人所得税税款。

【解析】先计算出该居民个人 3 月累计预扣预缴的应纳税所得额，计算出本期应预扣预缴税额之后再减去累计已预扣预缴税额，即可得出 3 月应预扣预缴的个人所得税；其中该居民个人全年均享受住房贷款利息专项附加扣除，按照专项附加扣除标准每月可扣除1 000元。

（1）累计收入＝10 000×3＝30 000（元）。

（2）累计减除费用＝5 000×3＝15 000（元）。

（3）累计专项扣除＝1 500×3＝4 500（元）。

（4）累计专项附加扣除＝1 000×3＝3 000（元）。

（5）累计预扣预缴应纳税所得额＝30 000－15 000－4 500－3 000＝7 500（元）。

（6）该居民个人 3 月应预扣预缴税额＝7 500×3%－150＝75（元）。

【例题 2】歌星刘某一次取得表演收入 40 000 元，扣除 20%的费用后，应纳税所得额为 32 000 元。请计算其应被预扣预缴个人所得税税额。

【解析】表演收入属于劳务报酬所得，预扣预缴时，劳务报酬所得每次收入不超过 4 000元的，减除费用按 800 元计算；每次收入 4 000 元以上的，减除费用按 20%计算。

歌星刘某应被预扣预缴税额＝预扣预缴应纳税所得额（收入额）×预扣率－速算扣除数＝40 000×（1－20%）×30%－2 000＝7 600（元）。

【例题 3】某作家为居民个人，2019 年 3 月取得一次未扣除个人所得税的稿酬收入 20 000元，请计算其应被预扣预缴的个人所得税税额。

【解析】稿酬所得每次收入不超过 4 000 元的，减除费用按 800 元计算；每次收入 4 000元以上的，减除费用按 20%计算；预扣率为 20%。

该作家应被预扣预缴税额＝预扣预缴应纳税所得额（收入额）×（1－30%）×预扣率＝20 000×（1－20%）×70%×20%＝2 240（元）。

（三）扣缴个人所得税

扣缴义务人对非居民个人所得扣缴个人所得税的计算如表 5－52 所示。

表 5－52 扣缴个人所得税的计算

项目	扣缴个人所得税的计算
非居民个人工资、薪金所得，劳务报酬所得，稿酬所得，特许权使用费所得	扣缴义务人应当按月或按次代扣代缴非居民个人的个人所得税
	应纳税额＝应纳税所得额×税率－速算扣除数
	【提示】非居民个人的工资、薪金所得，以每月收入额减除费用 5 000 元后的余额为应纳税所得额；劳务报酬所得、稿酬所得、特许权使用费所得以减除 20%的费用后的余额为收入额；稿酬所得在此基础上，再减按 70%作为收入额

（四）经营所得

个体工商户的生产、经营所得应纳税额的计算公式如下：

应纳税所得额=全年收入总额－成本、费用、税金、损失、其他支出及以前年度亏损

应纳税额=应纳税所得额×适用税率－速算扣除数

对企事业单位的承包经营、承租经营所得应纳税额的计算公式如下：

应纳税所得额=纳税年度收入总额－必要费用

应纳税额=应纳税所得额×适用税率－速算扣除数

个人经营所得适用的个人所得税税率如表5－49所示。

表5－49　个人所得税税率（经营所得适用）

级数	全年应纳税所得额	税率（%）
1	不超过30 000元的	5
2	超过30 000元至90 000元的部分	10
3	超过90 000元至300 000元的部分	20
4	超过300 000元至500 000元的部分	30
5	超过500 000元的部分	35

（注：本表所称全年应纳税所得额是指依照《个人所得税法》第6条的规定，以每一纳税年度的收入总额减除成本、费用以及损失后的余额。）

个体工商户扣除项目的规定与企业所得税扣除项目的标准基本相同，但存在以下不同之处：

（1）个体工商户实际支付给从业人员的、合理的工资、薪金支出，准予扣除；个体工商户业主的工资在税前不允许扣除，业主费用扣除标准统一为**60 000元/年**。

（2）补充养老保险、补充医疗保险。为从业人员缴纳分别在不超过从业人员工资总额5%标准内的部分据实扣除；超过部分，不得扣除。个体工商户业主本人缴纳的，以当地（地级市）上年度社会平均工资的3倍为计算基数，在不超过该计算基数5%标准内的部分据实扣除；超过部分不得扣除。

（3）个体工商户向当地工会组织拨缴的工会经费、实际发生的职工福利费支出、职工教育经费支出分别在工资、薪金总额的2%、14%、**2.5%**的标准内据实扣除。个体工商户业主本人向当地工会组织缴纳的工会经费、实际发生的职工福利费支出、职工教育经费支出，以当地（地级市）上年度社会平均工资的3倍为计算基数，在2%、14%、**2.5%**的比例内据实扣除。

（4）个体工商户代其从业人员或者他人负担的税款，不得在税前扣除。

（5）个体工商户的**公益性捐赠**，不超过其应纳税所得额**30%**的部分可以据实扣除。财政部、国家税务总局规定可以全额在税前扣除的捐赠支出项目，按有关规定执行。个体工商户直接对受益人的捐赠不得扣除。

（6）个体工商户研究开发新产品、新技术、新工艺所发生的开发费用，以及研究开发新产品、新技术而购置单台价值在**10万元以下**的测试仪器和试验性装置的购置费准予直接扣除；单台价值在**10万元以上（含10万元）**的测试仪器和试验性装置，按固定资产管理，不得在当期直接扣除。

（7）个体工商户下列支出不得扣除：

1）个人所得税税款。

2）税收滞纳金。

3）罚金、罚款和被没收财物的损失。

4）不符合扣除规定的捐赠支出。

5）赞助支出。

6）用于个人和家庭的支出。

7）与取得生产经营收入无关的其他支出。

8）国家税务总局规定不准扣除的支出。

小贴士

个体工商户生产经营活动中，应当分别核算生产经营费用和个人、家庭费用。对于生产经营与个人、家庭生活难以分清的费用，其40%视为与生产经营有关的费用，准予扣除。

【例题】个体工商户张某2019年度取得营业收入200万元，当年发生业务宣传费25万元，上年度结转未扣除的业务宣传费15万元。已知业务宣传费不超过当年营业收入15%的部分，准予扣除。个体工商户张某在计算当年个人所得税应纳税所得额时，允许扣除的业务宣传费金额为（　　）。

A. 30万元　　B. 25万元　　C. 40万元　　D. 15万元

【答案】A

【解析】个体工商户每一纳税年度发生的与其生产经营活动直接相关的广告费和业务宣传费不超过当年销售（营业）收入15%的部分，可以据实扣除；超过部分，准予在以后纳税年度结转扣除；200×15%＝30（万元），小于25＋15＝40（万元），按照限额扣除，即允许扣除的业务宣传费金额为30万元。

（三）财产租赁所得

财产租赁所得的相关规定如表5-53所示。

表5-53　财产租赁所得的相关规定

财产租赁所得	以一个月内取得的收入为一次	
	每次收入不超过4 000元的	应纳税所得额＝收入－准予扣除项目－修缮费用（800元为限）－800(费用额)
	每次收入4 000元以上的	应纳税所得额＝[收入－准予扣除项目－修缮费用(800元为限)]×(1－20%)
	应纳税额＝应纳税所得额×20%	
	对个人按市场价格出租的居民住房取得的所得，自2001年1月1日起暂减按10%的税率征收个人所得税	

【例题】2019年7月，王某出租住房取得不含税租金收入3 000元，房屋租赁过

程中缴纳的可以税前扣除的相关税费 120 元，支付出租住房维修费 1 000 元，已知个人出租住房取得的所得按 10%的税率征收个人所得税，每次收入不超过 4 000 元的，减除费用 800 元。王某当月出租住房应缴纳个人所得税税额的下列计算列式中，正确的是（　　）。

A. （3 000－120－800－800）×10%＝128（元）

B. （3 000－120－800）×10%＝208（元）

C. （3 000－120－1 000）×10%＝188（元）

D. （3 000－120－1 000－800）×10%＝108（元）

【答案】A

【解析】财产租赁所得，每次（月）收入不超过 40 00 元的，应纳税额＝［每次（月）收入额－财产租赁过程中缴纳的税费－由纳税人负担的租赁财产实际开支的修缮费用（800 元为限）－800 元］×10%；王某当月出租住房应缴纳个人所得税＝（3 000－120－800－800）×10%＝128（元）。

（四）财产转让所得

财产转让所得的相关规定如表 5－54 所示。

表 5－54　财产转让所得的相关规定

项目	规定
计算公式	应纳税所得额＝（收入总额－财产原值－合理税费） 应纳税额＝应纳税所得额×20%

（五）股息、利息、红利所得

股息、利息、红利所得的相关规定如表 5－55 所示。

表 5－55　股息、利息、红利所得的相关规定

项目	规定
征收方式	以支付时取得的收入为一次
计算方式	应纳税所得额＝每次收入额 应纳税额＝应纳税所得额×20%

（六）偶然所得

偶然所得的相关规定如表 5－56 所示。

表 5－56　偶然所得的相关规定

项目	规定
征收方式	以每次收入为一次
计算方式	应纳税所得额＝每次收入额 应纳税额＝应纳税所得额×20%

（七）特殊所得

特殊所得的相关规定如表 5－57 所示。

表 5－57　特殊所得的相关规定

项目	规定
全年一次性奖金	居民个人可选择不并入当年综合所得，以全年一次性奖金收入除以 12 个月得到的数额，按照按月换算后的综合所得税率表，确定适用税率和速算扣除数，单独计税 应纳税额＝全年一次性奖金收入×适用税率－速算扣除数
	居民个人也可以选择并入当年综合所得计税，2022 年 1 月 1 日起，应并入综合所得计税
上市公司股权激励	不并入当年综合所得，全额单独适用综合所得税率表 应纳税额＝股权激励收入×适用税率－速算扣除数
提前退休一次性补贴收入	按办理提前退休手续至法定离退休年龄之间实际年度数 A 平均分摊，确定适用税率和速算扣除数，单独适用综合所得税率表计税 应纳税额＝［（一次性补贴收入÷A－费用扣除标准）×适用速率－速算扣除数］×A
单位低价向职工售房	职工实际支付的购房价款低于该房屋的购置或建造成本价格的差价部分 B，不并入当年综合所得，以差价收入除以 12 个月得到的数额，按照月度税率表，确定适用税率和速算扣除数，单独计税 应纳税额＝B×适用税率－速算扣除数

【例题】蔡某 2019 年底获得全年一次性奖金收入共 24 000 元，蔡某选择不并入当年综合所得，单独计税，则蔡某的全年一次性奖金收入应缴纳个人所得税为多少？

【答案】居民个人取得全年一次性奖金收入可选择不并入当年综合所得计税，以全年一次性奖金收入 24 000 除以 12 个月得到 2 000，按照按月换算后的综合所得税率表，确定适用税率为 3%，速算扣除数为 0。

应纳税额＝24 000×3%－0＝720（元）

（八）其他费用扣除规定

（1）捐赠支出。

捐赠支出的具体规定如表 5－58 所示。

表 5－58　捐赠支出

项目	相关规定
全额扣除	通过非营利性的社会团体和国家机关：向红十字会事业捐赠；向教育事业捐赠；向农村义务教育捐赠；向公益性青少年活动场所捐赠；向福利性、非营利性老年服务机构捐赠；通过特定基金会用于公益救济的捐赠
限额扣除（30%）	教育、扶贫、济困等公益慈善事业 【提示】在应纳税所得额中扣除

（2）对个人符合规定的商业健康保险产品的支出，允许在当年（月）计算应纳税所得额时予以税前扣除，扣除限额为 2 400 元/年（200 元/月）。

（3）两个或者两个以上的个人共同取得同一项目收入的，应当对每个人取得的收入分别按照个人所得税法规定减除费用后计算纳税。

（4）居民个人从境内和境外取得的综合所得或者经营所得，应当分别合并计算应纳税额；从境内和境外取得的其他所得应当分别单独计算应纳税额。

居民个人从中国境内取得的所得，可以从其应纳税额中抵免已在境外缴纳的个人所得税税额，但抵免额不得超过该纳税人境外所得依照个人所得税法规定计算的应纳税额。

小贴士

税额抵免要点

1. 抵免限额计算方法

（1）先分国分项计算：分别计算来源于中国境外一个国家（地区）的综合所得抵免限额、经营所得抵免限额以及其他所得抵免限额。

（2）同一个国家（地区）不同项目抵免限额之和，为来源于该国家（地区）所得的抵免限额。

抵免限额的最终结果：分国（地区）不分项。

2. 限额抵扣方法——多不退，少要补

（1）按实际已纳税额与抵免限额二者中的较低者抵免。

（2）超过抵免限额部分，不得在该纳税年度的应纳税额中扣除，但可在以后纳税年度该国家或地区抵免限额的余额中补扣，补扣期最长不得超过 5 年。

【考点 5】个人所得税税收优惠★★★

（一）免征项目

（1）省级人民政府、国务院部委和中国人民解放军军以上单位，以及外国组织颁发的科学、教育、技术、文化、卫生、体育、环境保护等方面的奖金。

（2）国债、地方政府债券利息和国家发行的金融债券利息。

（3）按国家统一规定发给的补贴、津贴。

（4）福利费（生活补助费）、抚恤金、救济金（生活困难补助费）。

（5）保险赔款。

（6）军人的转业费、复员费。

（7）按国家统一规定发给干部、职工的安家费、退职费、离退休工资、离休生活补助费。

（8）对达到离休、退休年龄，但确因工作需要，适当延长离休、退休年龄的高级专家，其在延长离休、退休期间的工资、薪金所得，视同退休工资、离休工资免征个人所得税。

(9) 个人在上海、深圳证券交易所转让从上市公司公开发行和转让市场取得的股票，转让所得暂不征收个人所得税。

(10) 个人举报、协查各种违法、犯罪行为而获得的奖金。

(11) 对居民储蓄存款利息所得暂免征收个人所得税。

(12) 个人办理代扣代缴税款手续，按规定取得的扣缴手续费，免征个人所得税。

(13) 企业和个人按照省级以上人民政府规定的比例缴付的住房公积金、医疗保险金、基本养老保险金、失业保险金，允许在个人应纳税所得额中扣除。

(14) 个人领取原提存的住房公积金、基本医疗保险金、基本养老保险金，以及失业保险金，免予征收个人所得税。

(15) 对工伤职工及其近亲属按照《工伤保险条例》规定取得的工伤保险待遇，免征个人所得税。

(16) 企业依照国家有关规定宣告破产，企业职工从该破产企业取得的一次性安置费收入，免征个人所得税。

(17) 个人转让自用达 5 年以上并且是唯一的家庭居住用房取得的所得，暂免征收个人所得税。

(18) 对个人转让上市公司股票、全国中小企业股份转让系统挂牌公司非原始股［自 2018 年 11 月 1 日（含）起］取得的所得，暂免征收个人所得税。

(19) 股息、红利差别化个人所得税政策——个人从上市公司、全国中小企业股份转让系统挂牌公司处取得的股息、红利。股息、红利应纳税所得额的确定如表 5－59 所示。

表 5－59　股息、红利应纳税所得额的确定

类型	应纳税所得额的确定
持股期限≤1 个月	股息、红利所得全额计入应纳税所得额
1 个月＜持股期限≤1 年	暂减按50%计入应纳税所得额
持股期限＞1 年	暂免征收个人所得税

(20) 个人取得的下列中奖所得，暂免征收个人所得税：

1) 单张有奖发票奖金所得不超过 800 元（含 800 元）的，暂免征收个人所得税；个人取得单张有奖发票奖金所得超过 800 元的，应全额按照个人所得税法规定的“偶然所得”项目征收个人所得税。

2) 购买社会福利有奖募捐奖券、体育彩票一次中奖收入不超过 10 000 元的，暂免征收个人所得税，对一次中奖收入超过 10 000 元的，应按税法规定全额征税。

(21) 对被拆迁人按规定的标准取得的拆迁补偿款（含因棚户区改造而取得的拆迁补偿款），免征个人所得税。

(22) 外籍个人从外商投资企业取得的股息、红利所得，免征个人所得税。

(23) 凡符合规定条件的外籍专家取得的工资、薪金所得可免征个人所得税。

(24) 依照有关法律规定应予免税的各国驻华使馆、领事馆的外交代表、领事官员和其他人员的所得。

(25) 中国政府参加的国际公约、签订的协议中规定免税的所得。

（二）减征项目

（1）残疾、孤老人员和烈属的所得。

（2）因严重自然灾害造成重大损失的。

（3）国务院可以规定其他减税情形，报全国人民代表大会常务委员会备案。

小贴士

免税项目总结见表 5－60。

表 5－60　免税项目总结

<table>
<tr><th>项目</th><th colspan="3">具体内容</th></tr>
<tr><td rowspan="2">利息</td><td colspan="3">国债和国家发行的金融债券利息</td></tr>
<tr><td colspan="3">储蓄存款利息</td></tr>
<tr><td rowspan="8">补助</td><td colspan="3">保险赔款</td></tr>
<tr><td colspan="3">退休工资</td></tr>
<tr><td colspan="3">三险一金</td></tr>
<tr><td colspan="3">按照国家统一规定发给的补贴、津贴</td></tr>
<tr><td colspan="3">福利费、抚恤金、救济金</td></tr>
<tr><td colspan="3">军人的转业费、复员费</td></tr>
<tr><td colspan="3">拆迁补偿款</td></tr>
<tr><td colspan="3">国有企业职工从破产企业取得的一次性安置费收入</td></tr>
<tr><td rowspan="3">奖励</td><td colspan="3">省级人民政府、国务院部委和中国人民解放军军以上单位，以及外国组织、国际组织颁发的科学、教育、技术、文化、卫生、体育、环境保护等方面的奖金</td></tr>
<tr><td colspan="3">个人举报、协查各种违法、犯罪行为而获得的奖金</td></tr>
<tr><td colspan="3">个人办理代扣代缴手续，按规定取得的扣缴手续费</td></tr>
<tr><td rowspan="6">外籍个人</td><td colspan="3">非现金形式或实报实销的住房补贴、伙食补贴、搬迁费、洗衣费</td></tr>
<tr><td colspan="3">合理标准的境内外出差补贴</td></tr>
<tr><td colspan="3">合理的语言训练费，子女教育费</td></tr>
<tr><td colspan="3">从外商投资企业取得的股息、红利所得</td></tr>
<tr><td colspan="3">符合条件的工资、薪金所得（针对外籍专家）</td></tr>
<tr><td colspan="3">探亲费（每年不超过两次）</td></tr>
<tr><td rowspan="4">房屋</td><td colspan="3">个人转让自用5年以上并且是家庭唯一生活用房取得的所得</td></tr>
<tr><td rowspan="3">房屋无偿赠与</td><td colspan="2">赠与近（直系）亲属</td></tr>
<tr><td colspan="2">赠与对其承担直接抚养或者赡养义务的人</td></tr>
<tr><td colspan="2">房屋产权所有人死亡，依法取得房屋产权的继承人</td></tr>
<tr><td rowspan="5">股票相关</td><td rowspan="4">股息</td><td>持股>1年</td><td>免</td></tr>
<tr><td>1个月<持股≤1年</td><td rowspan="2">减半</td></tr>
<tr><td>限售股解禁前</td></tr>
<tr><td>期限≤1个月</td><td>全额</td></tr>
<tr><td colspan="3">上市公司股票转让所得</td></tr>
<tr><td rowspan="2">中奖</td><td colspan="3">彩票一次中奖收入在1万元以下</td></tr>
<tr><td colspan="3">发票奖金所得不超过800元</td></tr>
</table>

【单选】根据个人所得税法律制度的规定，个人的下列所得中，不属于个人所得税免税项目的是（　　）。

A. 出租住房取得的租金

B. 国家发行的金融债券利息

C. 国债利息

D. 军人的转业费

【答案】A

【解析】出租住房取得的租金按财产租赁所得纳税。

【考点6】个人所得税征收管理★★

（一）纳税申报

（1）个人所得税以所得人为纳税人，以支付所得的单位或者个人为扣缴义务人。

（2）税务机关对扣缴义务人按照所扣缴的税款，付给2%的手续费。

（3）依法办理纳税申报的情形和纳税期限如表5-61所示。

表5-61　纳税申报的相关规定

<table>
<tr><th colspan="2">申报方式</th><th colspan="3">情形</th><th>办理期限</th></tr>
<tr><td rowspan="13">自行申报纳税</td><td rowspan="11">依法办理纳税申报</td><td rowspan="4">居民个人取得综合所得需要办理汇算清缴</td><td colspan="2">两处或两处以上取得综合所得，且综合所得年收入额减去专项扣除余额超过6万元</td><td rowspan="4">次年3月1日至6月30日内办理</td></tr>
<tr><td colspan="2">取得稿酬、劳务报酬、特许经营权使用费所得中的一项或者多项，且综合所得年收入额减去专项扣除余额超过6万元</td></tr>
<tr><td colspan="2">纳税年度内预缴税额低于应纳税额</td></tr>
<tr><td colspan="2">纳税人申请退税</td></tr>
<tr><td colspan="3">取得应税所得无扣缴义务人</td><td>次月15日内办理</td></tr>
<tr><td rowspan="3">扣缴义务人未扣缴税款</td><td rowspan="2">综合所得</td><td>居民个人（符合条件）</td><td>依法办理汇算清缴</td></tr>
<tr><td>非居民个人</td><td>次年6月30日内办理</td></tr>
<tr><td colspan="2">利息、股息、红利所得，财产租赁所得，财产转让所得和偶然所得</td><td>次年6月30日内办理</td></tr>
<tr><td>取得境外所得</td><td colspan="2">中国境内任职、受雇单位所在地→户籍所在地或中国境内经常居住地→境内经常居住地</td><td>次年3月1日至6月30日内</td></tr>
<tr><td>因移居境外注销中国户籍</td><td colspan="2">户籍所在地</td><td>申请注销中国户籍前纳税申报</td></tr>
<tr><td>非居民个人境内两处以上取得薪金</td><td colspan="2">任选一处</td><td>次月15日内办理</td></tr>
<tr><td colspan="2" rowspan="2">经营所得</td><td>预缴</td><td>按年计算个人所得税</td><td>在月度或季度终了后15日内</td></tr>
<tr><td colspan="2">汇算清缴</td><td>次年3月31日前办理</td></tr>
</table>

（二）全员全额扣缴纳税申报

1. 扣缴义务人代扣和预扣税款的范围

除经营所得外，扣缴义务人向个人支付应税所得时，不论纳税人是否属于本单位人员，均应办理全员全额扣缴纳税申报。

对扣缴义务人按照规定扣缴的税款，按年付给2%的手续费。不包括税务机关、司法机关等查补或者责令补扣的税款。

2. 代扣代缴期限

扣缴义务人每月或者每次预扣、代扣的税款，应当在次月15日内缴入国库。

【例题】个人取得下列各项所得，需要自行纳税申报的有（　　）。

A. 个体工商户取得的经营所得

B. 非居民个人在中国境内从两处以上取得工资、薪金所得

C. 从中国境外取得的所得

D. 15万元以上的年所得

【答案】ABC

【解析】因为个体工商户没有扣缴义务人，所以不论年所得多少，都应该自行申报缴纳个人所得税。

同步练习

【1-多选】根据个人所得税法律制度的规定，下列各项中，应按照“特许权使用费所得”项目计缴个人所得税的有（　　）。

A. 编辑在自己所任职的出版社出版专著所取得的收入

B. 商标权人许可他人使用自己的商标取得的收入

C. 作家公开拍卖自己的小说手稿原件取得的收入

D. 专利权人许可他人使用自己的专利取得的收入

【2-单选】周某购买彩票中奖奖金30 000元。周某领奖时支付食宿费400元。已知偶然所得个人所得税税率为20%。下列计算周某中奖奖金个人所得税的算式中，正确的是（　　）。

A. （30 000－400）×20%

B. （30 000－400）×（1－20%）×20%

C. 30 000×20%

D. 30 000×（1－20%）×20%

【3-单选】居民个人从境外取得所得，应在次年（　　）申报纳税。

A. 3月1日—6月30日

B. 1月1日—2月28日

C. 1月1日—5月31日

D. 3月1日—5月31日

答案及解析

1. 【答案】BCD

【解析】杂志社的编辑、记者在本单位杂志上发表作品取得的所得按照“工资、薪金”

项目计算缴纳个人所得税。出版社的专业作者撰写、编写或翻译的作品，由本社以图书形式出版而取得的稿费收入，应按“稿酬所得”项目计算缴纳个人所得税。

2.【答案】C

【解析】偶然所得以每次取得的收入全额征税，不得扣除购买彩票、领奖的交通食宿支出。

3.【答案】A

【解析】居民个人从中国境外取得所得的，应当在取得所得的次年3月1日至6月30日内申报纳税。

第六章

其他税收法律制度

章节简介

本章分值约14分，一般考查单项选择题、多项选择题和判断题，部分小税种可能会与第四章增值税结合考查不定项选择题。本章所含考点极其繁杂细碎，需要做好整理对比和记忆。《中华人民共和国车辆购置税法》和《中华人民共和国耕地占用税法》于2019年开始施行，涉及变动内容需要引起注意。

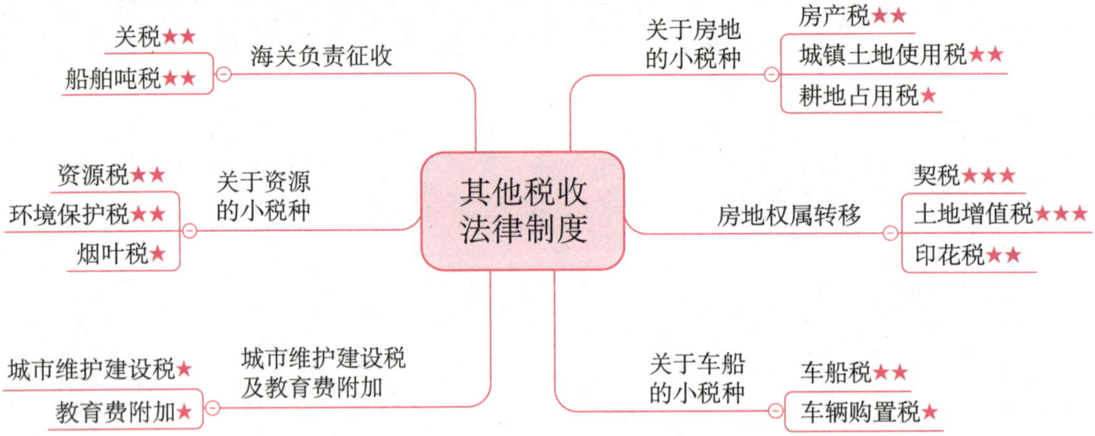

考情分析

近三年题型题量分析表

年度	单项选择题		多项选择题		判断题		不定项选择题		合计
	数量	分值	数量	分值	数量	分值	数量	分值	
2019年	5	7.5	1	2	2	2	0	0	11.5
2018年	7	10.5	1	2	1	1	0	0	13.5
2017年	6	9	3	6	1	1	0	0	16

第一节　关于房地的小税种

本节考点

1. 房产税（熟悉房产税纳税人及其应纳税额的计算）
2. 城镇土地使用税（熟悉城镇土地使用税纳税人及其税收优惠）
3. 耕地占用税（熟悉耕地占用税的内容）

【考点1】 房产税★★

房产税是以房屋为征税对象，以房屋的计税余值或租金收入为计税依据，向产权所有人征收的一种财产税。

（一）房产税纳税人

房产税的纳税人是指在我国城市、县城、建制镇和工矿区内拥有房屋产权的单位和个人。

表 6-1　房产税纳税人

内容	纳税人
产权属于国家的	其经营管理的单位
产权属于集体和个人的	集体单位和个人
产权出典的	承典人
房产出租的	房产产权所有人（出租人）
产权所有人、承典人均不在房产所在地的	房产代管人或使用人
产权未确定以及租典（租赁、出典）纠纷未解决的	房产代管人或使用人
纳税单位和个人无租使用房产管理部门、免税单位及纳税单位的房产	由使用人代为缴纳房产税

小贴士

房产开发企业建造的商品房，在出售前，不征收房产税，但对出售前房地产开发企业已使用或出租、出借的商品房应按规定征收房产税。

（二）房产税征税范围

房产税的征税范围为城市、县城、建制镇和工矿区（不包括农村）的房屋。

独立于房屋之外的建筑物，如围墙、烟囱、水塔、菜窖、室外游泳池等不属于房产税征税对象。

（三）房产税税率

我国现行房产税采用比例税率。

（1）从价计征的，税率为1.2%。

（2）从租计征的，税率为12%。

小贴士

对个人出租住房，不区分用途，按4%的税率征收房产税。

对企事业单位、社会团体以及其他组织按市场价格向个人出租用于居住的住房，减按4%的税率征收房产税。

（四）房产税应纳税额及计税依据

1. 应纳税额

房产税应纳税额的计税方法包括从价计征和从租计征，其应纳税额的计算如表6-2所示。

表6-2　房产税应纳税额的计算

计税方法	计税依据	税率	计算公式
从价计征	房产余值	1.2%	（年）应纳税额=应税房产原值×（1-扣除比例）×1.2% 扣除比例为10%～30%
从租计征	房产租金	12%或4%	应纳税额=租金收入×12%（或4%）

2. 计税依据。

（1）从价计征房产税的计税依据。

从价计征的房产税，是以房产余值为计税依据。

房产税依照房产原值一次减除10%～30%后的余值计算缴纳。

房产税从价计征的相关说明如图6-1所示。

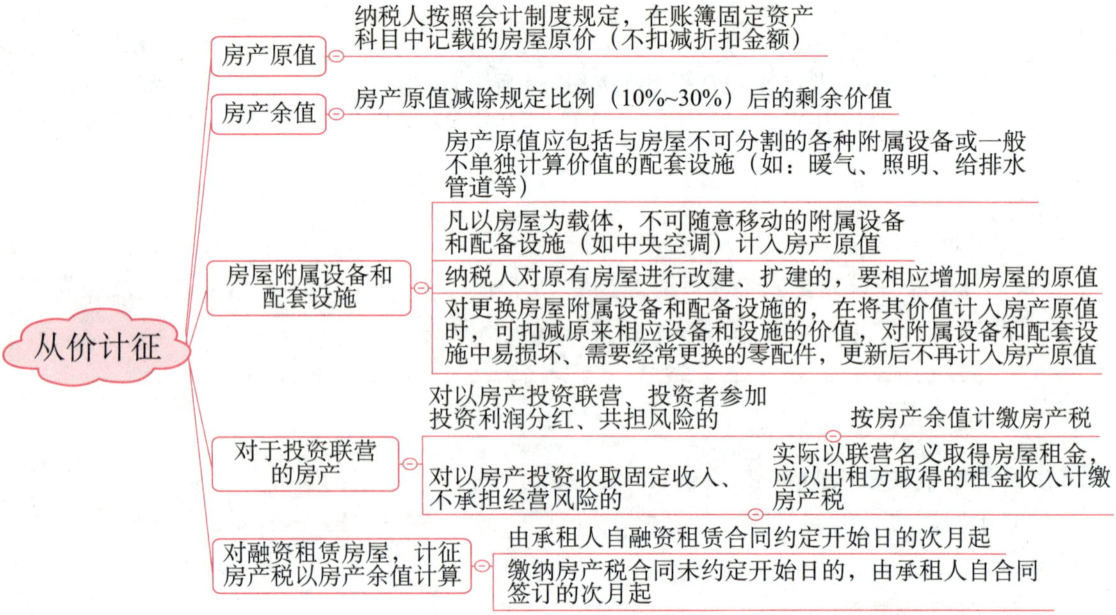

图6-1　房产税从价计征的相关说明

（2）从租计征房产税的计税依据。

房屋出租的，以房屋出租取得的租金收入为计税依据，计缴房产税。

小贴士

计征房产税的计税租金收入不含增值税。

纳税人对个人出租房屋的租金收入申报不实或申报数与同一地段同类房屋的租金收入相比明显不合理的，税务部门可按照相关规定采取科学合理的方法核定其应纳税额。

（五）房产税税收优惠

房产税税收优惠方式包括免税、减半计征，具体税收优惠的项目如表 6－3 所示。

表 6－3　房产税税收优惠项目

项目	优惠方式
（1）国家机关、人民团体、军队自用的房产（军队空余房产租赁收入暂免征收房产税） （2）由国家财政部门拨付事业经费的单位（学校、医疗卫生单位、托儿所、幼儿园、敬老院以及文化、体育、艺术类单位）所有的本身业务范围内使用的房产 （3）宗教寺庙、公园、名胜古迹自用的房产 （4）非营利性医疗机构、疾病控制机构和妇幼保健机构等卫生机构自用的房产 （5）老年服务机构自用房产 （6）个人所有非营业用的房产 （7）毁损不堪居住的房屋和危险房屋，经有关部门鉴定，停止使用后 （8）因房屋大修导致连续停用半年以上停用期间 （9）基建工地临时房屋施工期间 （10）公共租赁住房 （11）租金偏低的公房出租 （12）高校学生公寓 （13）2019 年 1 月 1 日至 2021 年 12 月 31 日，对国家级、省级科技企业孵化器、大学科技园和国家备案众创空间自用以及无偿或通过出租等方式提供给在孵对象使用的房产、土地 （14）2019 年 1 月 1 日至 2021 年 12 月 31 日，对农产品批发市场、农贸市场（包括自有和承租）专门用于经营农产品的房产、土地，暂免征收房产税。对同时经营其他产品的，按其他产品与农产品交易场地面积的比例确定征免房产税。农产品批发市场、农贸市场的行政办公区、生活区，以及商业餐饮娱乐等非直接为农产品交易提供服务的房产、土地，应按规定征收房产税	免征
（15）企业拥有并运营管理的大型体育场馆，其用于体育活动的房产	减半
（16）其他用于体育活动的房产	免征
【注意】（15）、（16）用于体育活动的天数不得低于全年自然天数的**70%**方可享受上述税收优惠	

（六）房产税征收管理

1. 纳税义务发生时间（见表 6－4）

表 6－4　房产税纳税义务发生时间

情形	纳税义务发生时间
将原有房产用于生产经营	从生产经营之月起
新建房屋用于生产经营	从建成之次月起
委托施工企业建设的房屋	从办理验收手续之次月起
购置新建商品房	自房屋交付使用之次月起
纳税人购置存量房	自办理房屋权属转移、变更登记手续，房地产权属登记机关签发房屋权属证书之次月起，缴纳房产税
纳税人出租、出借房产	自交付出租、出借房产之次月起
房地产开发企业自用、出租、出借本企业建造的商品房	自房屋使用或交付之次月起
依法终止房产税纳税义务的，其应纳税款的计算截至房产状态发生变化的当月末	

小贴士

房产税纳税义务发生时间

房产税的纳税义务期限一般都是次月起算，只有将原有房产用于生产经营时才是从生产经营之月起算。

2. 纳税地点

房产税在房产所在地缴纳。

房产不在同一地方的纳税人，应按房产的坐落地点分别向房地产所在地的税务机关申报纳税。

3. 纳税期限

房产税实行按年计算、分期缴纳的方法进行征收，具体纳税期限由省、自治区、直辖市人民政府确定。

【例题】2018 年甲公司的房产原值为 1 000 万元，已计提折旧 400 万元。已知从价房产税税率为 1.2%，当地规定的房产税扣除比例为 30%。要求计算甲公司当年应缴纳房产税税额。

【解析】甲公司当年应缴纳房产税税额＝1 000×(1－30%)×1.2%＝8.4（万元），已提折旧不得从原值中扣除。

【考点 2】 城镇土地使用税★★

城镇土地使用税是指国家在城市、县城、建制镇、工矿区的范围内，使用土地的单位和个人，以其实际占用的土地面积为计税依据，按规定的税额计算征收的一种税。

（一）城镇土地使用税纳税人

城镇土地使用税纳税人，根据用地者的不同情况分别确定为图 6－2 所示的几种。

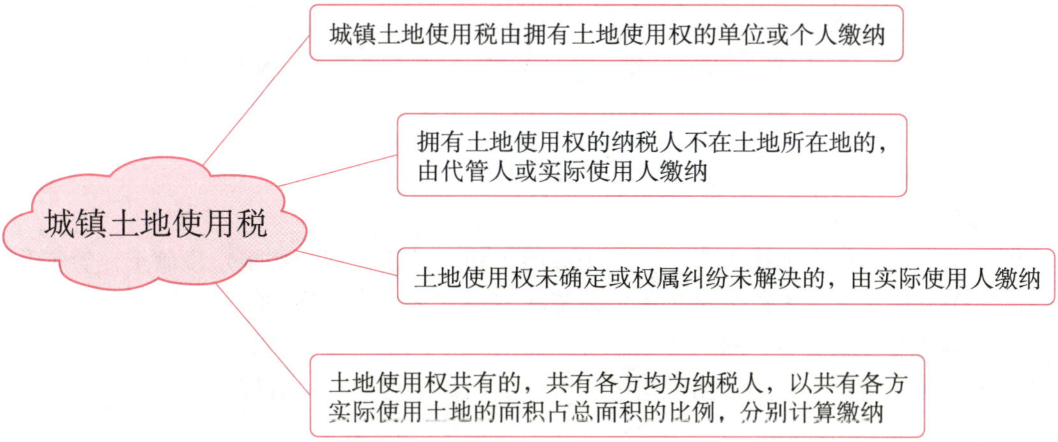

图 6－2　城镇土地使用税纳税人

（二）城镇土地使用税征税范围

城市、县城、建制镇、工矿区内国家所有和集体所有的土地。

小贴士

不征收项目

（1）农村的土地，不征收城镇土地使用税。

（2）镇政府所在地所辖行政村，不征收土地使用税。

（三）城镇土地使用税税率

城镇土地使用税采用定额税率，即采用有幅度的差别税额，具体如图 6－3 所示。

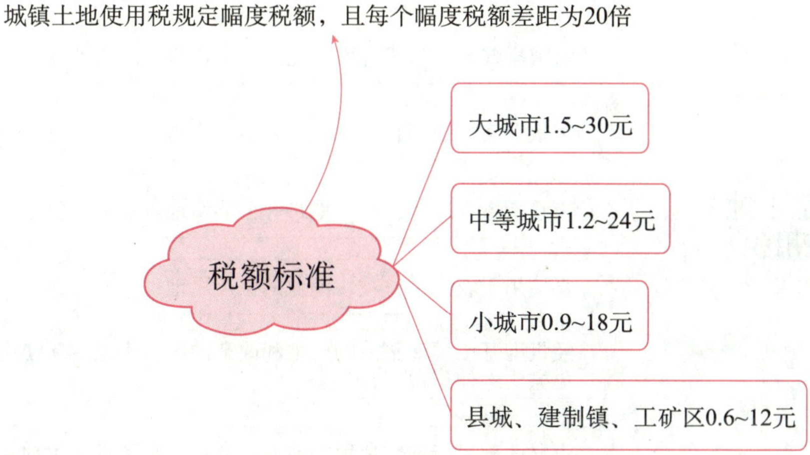

图 6－3　城镇土地使用税税率

小贴士

经济落后地区，城镇土地使用税的适用税额标准可适当降低，但降低幅度不得超过上述规定最低税额的30%。

经济发达地区，城镇土地使用税的适用税额可以适当提高，但须报经财政部批准。

（四）城镇土地使用税应纳税额及计税依据

1. 应纳税额计算公式

城镇土地使用税以纳税人实际占用土地面积作为计税依据，按规定税额来计算征收。

年应纳税额＝实际占用应税土地面积（平方米）×适用税额

2. 计税依据

城镇土地使用税的计税依据是纳税人实际占用的土地面积，具体如图6－4所示。

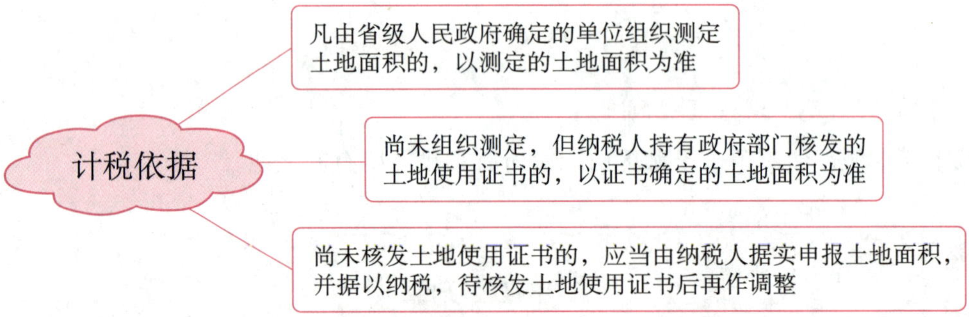

图6－4　城镇土地使用税计税依据

（五）城镇土地使用税税收优惠

1. 税收优惠项目

城镇土地使用税税收优惠项目如图6－5所示。

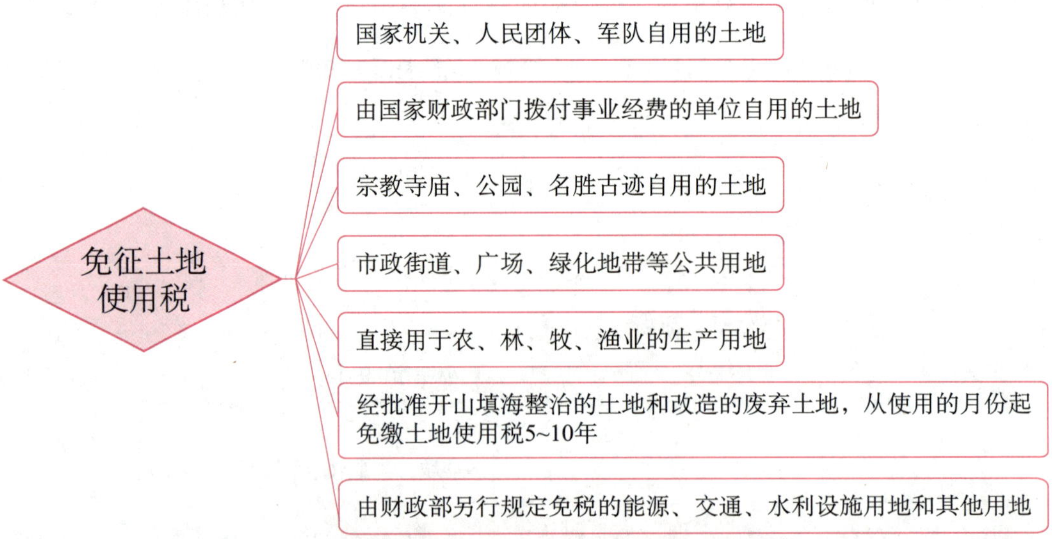

图6－5　城镇土地使用税税收优惠项目

小贴士

企业范围内的荒山、林地、湖泊等占地，全额征收城镇土地使用税。
公园、名胜古迹内的索道公司经营用地，应按规定缴纳城镇土地使用税。

2. 税收优惠的特殊规定

城镇土地使用税税收优惠的特殊规定如表 6－5 所示。

表 6－5　税收优惠的特殊规定

项目	相关规定
税收优惠政策	(1) 为避免对一块土地同时征收耕地占用税和城镇土地使用税，凡是缴纳了耕地占用税的，从批准征用之日起满 1 年后征收城镇土地使用税；征用非耕地因不需要缴纳耕地占用税，应从批准征用之次月起征收城镇土地使用税 (2) 免税单位无偿使用纳税单位的土地（如公安、海关等单位使用铁路、民航等单位的土地）——免征；纳税单位无偿使用免税单位的土地——征收 (3) 国家机关、军队、人民团体、政府补助事业单位、居民委员会、村民委员会拥有的体育场馆，用于体育活动的土地，免征城镇土地使用税。经费自理事业单位、体育社会团体、体育基金会、体育类民办非企业单位拥有并运营管理的体育场馆，符合相关条件的，其用于体育活动的土地，免征城镇土地使用税。企业拥有并运营管理的大型体育场馆，用于体育活动的土地，减半征收城镇土地使用税。享受上述优惠体育场馆的运动场地，用于体育活动的天数不得低于全年自然天数的 70% (4) 经批准开发建设经济适用房的用地——免征，其他各类房地产开发用地——征收 (5) 厂区内（生产经营用：包括办公区、生活区、绿化带、机场跑道等）——征收 (6) 对于各类危险品仓库、厂房所需的防火、防爆、防毒等安全防范用地，可由各省、自治区、直辖市税务局确定，暂免征收城镇土地使用税；对仓库库区、厂房本身用地，应依法征收城镇土地使用税 (7) 老年服务机构自用土地，免征城镇土地使用税 (8) 石油天然气生产企业用地：地质勘探、钻井、井下工作、油气田地面工程等施工临时用地；油气长输管线用地；在城市、县城、建制镇以外工矿区的消防、防洪排涝、防风、防沙设施用地，暂免征城镇土地使用税 【提示】2019 年 1 月 1 日至 2021 年 12 月 31 日，对国家级、省级科技企业孵化器、大学科技园和国家备案众创空间自用以及无偿或通过出租等方式提供给在孵对象使用的房产、土地，免征城镇土地使用税 2019 年 1 月 1 日至 2021 年 12 月 31 日，对农产品批发市场、农贸市场（包括自有和承租）专门用于经营农产品的房产、土地，暂免征收房产税。对同时经营其他产品的，按其他产品与农产品交易场地面积的比例确定征免城镇土地使用税 农产品批发市场、农贸市场的行政办公区、生活区，以及商业餐饮娱乐等非直接为农产品交易提供服务的房产、土地，应按规定征收城镇土地使用税
特殊优惠政策	厂区外——免征： (1) 火电厂：围墙外的灰场、输灰管、输油（气）管道、铁路专用线用地；供电部门的“输电线路”“变电站”用地 (2) 盐场：盐滩、矿井用地 (3) 林业系统：育林地、运材道、防火用地、防火设施、森林公园、自然保护区 (4) 水利设施：水库库区、大坝、灌渠 (5) 港口：码头用地 (6) 机场：飞行区、场内外通信导航设施用地、飞行区四周排水防洪设施用地、场外的跑道用地 (7) 石油天然气生产企业用地：企业厂区以外的铁路专用线、公路及输油管道用地

（六）城镇土地使用税征收管理

1. 纳税义务发生时间

城镇土地使用税纳税义务发生时间的具体规定如表 6－6 所示。

表 6－6　城镇土地使用税纳税义务发生时间

情形	纳税义务发生时间
购置新建商品房	自房屋交付使用之次月起
购置存量房	自办理房屋权属转移、变更登记手续，房地产权属登记机关签发房屋证书之次月起
出租、出借房产	自交付出租、出借房产之次月起
以出让或转让方式有偿取得土地使用权的	应由受让方从合同约定交付土地时间的次月起缴纳城镇土地使用税；合同未约定缴付土地时间的，由受让方从合同签订的次月起缴纳城镇土地使用税
新征用的耕地	自批准征用之日起满 1 年时
新征用的非耕地	自批准征用之次月起

小贴士

城镇土地使用税纳税义务发生时间

城镇土地使用税的纳税义务期限一般都是次月起算（同房产税），只有新征用的耕地才是自批准征用之日起满 1 年时起算。

2. 纳税地点

城镇土地使用税在土地所在地缴纳。

纳税人使用的土地不属于同一省、自治区、直辖市管辖的，由纳税人分别向土地所在地税务机关缴纳城镇土地使用税。

3. 纳税期限

城镇土地使用税按年计算、分期缴纳，具体纳税期限由省、自治区、直辖市人民政府确定。

【例题】根据城镇土地使用税法律制度的规定，下列用地中，免予缴纳城镇土地使用税的是（　　）。

A. 港口的码头用地

B. 邮政部门坐落在县城内的土地

C. 水电站的发电厂房用地

D. 火电厂厂区围墙内的用地

【答案】A

【解析】选项 B，对邮政部门坐落在城市、县城、建制镇、工矿区范围内的土地，应当依法征收城镇土地使用税；对坐落在城市、县城、建制镇、工矿区范围以外的，尚在县邮政局内核算的土地，在单位财务账中划分清楚的，不征收城镇土地使用税；选项 C，水电站的发电厂房用地，生产、办公、生活用地，应征收城镇土地使用税；对其他用地给予免税照顾；选项 D，火电厂厂区围墙内的用地均应征收城镇土地使用税；对厂区围墙外的灰场、输灰管、输油（气）管道、铁路专用线用地，免征城镇土地使用税；厂区围墙外的其他用地，应照章征税。

【考点 3】 耕地占用税★

耕地占用税是指对占用耕地建房或从事其他非农业建设的单位和个人，按其占用耕地面积一次性定额征收的一种税。

（一）耕地占用税纳税人

耕地占用税纳税人是指我国境内占用耕地建设建筑物、构筑物或者从事非农业建设的单位和个人。

表 6－7　耕地占用税纳税人

要点	具体内容
纳税人	经申请批准占用耕地的→纳税人为农用地转用审批文件中标明的建设用地人
	农用地转用审批文件中未标明建设用地人的→纳税人为用地申请人
	未经批准占用耕地的→纳税人为实际用地人

（二）耕地占用税征收范围

耕地占用税征收范围包括纳税人为建设建筑物、构筑物或从事其他非农业建设而占用的国家所有和集体所有的耕地。

耕地，是指用于种植农作物的土地。占用园地、林地、草地、农田水利用地、养殖水面、渔业水域滩涂以及其他农用地建设建筑物、构筑物或者从事非农业建设的，按规定缴纳耕地占用税，具体如图 6－6 所示。

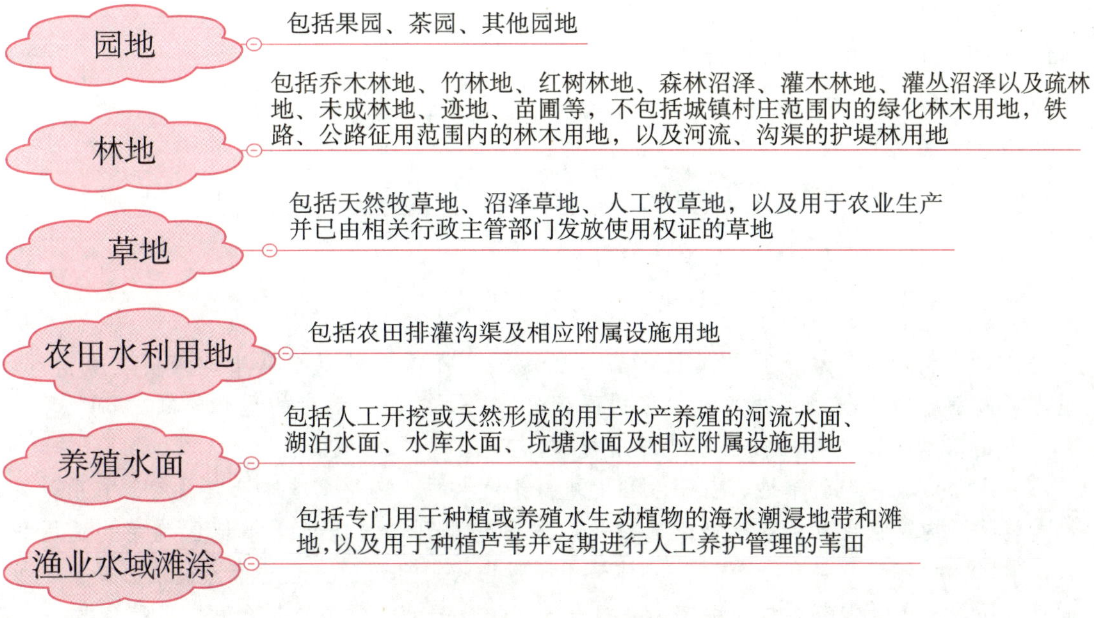

图 6－6　耕地占用税征收范围

建设直接为农业生产服务的生产设施占用上述农用地的，不征收耕地占用税。建设直接为农业生产服务的生产设施占用上述农用地的，不缴纳耕地占用税。直接为农业生产服务的生产设施，是指直接为农业生产服务而建设的建筑物和构筑物。

（三）耕地占用税税率

耕地占用税实行定额税率，根据不同地区的人均耕地面积和经济发展情况实行有地区差别的幅度税额标准，税率标准如下：

（1）人均耕地不超过 1 亩的地区（以县级行政区为单位，下同），每平方米为 10～50 元。

（2）人均耕地超过 1 亩但不超过 2 亩的地区，每平方米为 8～40 元。

（3）人均耕地超过 2 亩但不超过 3 亩的地区，每平方米为 6～30 元。

（4）人均耕地超过 3 亩的地区，每平方米为 5～25 元。

各地区耕地占用税的适用税额，由省、自治区、直辖市人民政府根据人均耕地面积和经济发展等情况，在规定的税额幅度内提出，报同级人民代表大会常务委员会决定，并报全国人民代表大会常务委员会和国务院备案。各省、自治区、直辖市耕地占用税适用税额的平均水平，不得低于《各省、自治区、直辖市耕地占用税平均税额表》（见表 6 - 8）规定的平均税额。

表 6 - 8　各省、自治区、直辖市耕地占用税平均税额表

省、自治区、直辖市	平均税额（元/平方米）
上海	45
北京	40
天津	35
江苏、浙江、福建、广东	30
辽宁、湖北、湖南	25
河北、安徽、江西、山东、河南、重庆、四川	22.5
广西、海南、贵州、云南、陕西	20
山西、吉林、黑龙江	17.5
内蒙古、西藏、甘肃、青海、宁夏、新疆	12.5

小贴士

在人均耕地低于 0.5 亩的地区，省、自治区、直辖市可以根据当地经济发展情况，适当提高耕地占用税的适用税额，但提高部分最高不得超过确定的适用税额的 50%。

占用基本农田的，应按照当地适用税额，加按 150%征收。

占用园地、林地、草地、农田水利用地、养殖水面、渔业水域滩涂以及其他农用地建设建筑物、构筑物或者从事非农业建设的，适用税额可以适当低于本地区确定的适用税额，但降低的部分不得低于 50%。具体适用税额由省、自治区、直辖市人民政府提出，报同级人民代表大会常务委员会决定，并报全国人民代表大会常务委员会和国务院备案。

（四）耕地占用税计税依据及应纳税额的计算

耕地占用税以纳税人实际占用的耕地面积为计税依据，按照适用税额标准计算应纳税额，一次性征收。实际占用的耕地面积包括经批准占用的耕地面积和未经批准占用的耕地面积。

应纳税额＝实际占用耕地面积（平方米）×适用定额税率

（五）耕地占用税税收优惠

图6－7所示项目占用耕地，可以免征耕地占用税：

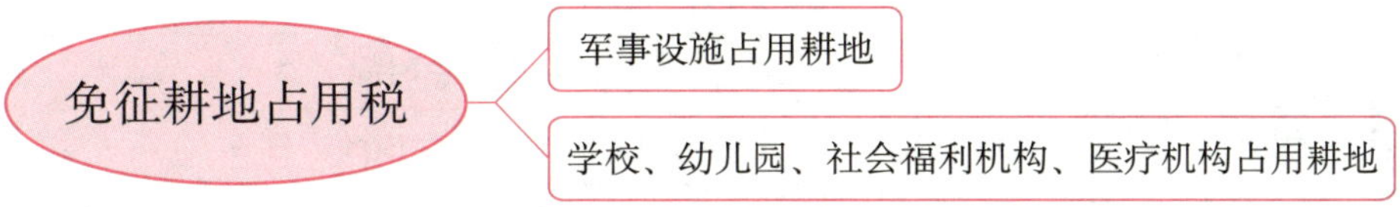

图6－7　耕地占用税税收优惠

小贴士

学校内经营性场所和教职工住房占用耕地，应当按照当地适用税额征收耕地占用税。

医疗机构内职工住房占用耕地的，按照当地适用税额缴纳耕地占用税。

学校内经营性场所、教职工住房和医院内职工住房不免征。

农村烈士遗属、因公牺牲军人遗属、残疾军人以及符合农村最低生活保障条件农村居民，在规定用地标准以内新建自用住宅，免征耕地占用税。

按规定免征或者减征耕地占用税后纳税人改变原占地用途，不再属于免征或者减征耕地占用税情形的，应当按照当地适用税额补缴耕地占用税。

农村居民在规定用地标准以内占用耕地新建自用住宅按照当地适用税额减半征收耕地占用税；其中农村居民经批准搬迁，新建自用住宅占用耕地不超过原宅基地面积的部分，免征耕地占用税。

农村烈士家属、残疾军人以及生活困难农村居民，在规定用地标准以内新建住宅缴纳耕地占用税有困难可免征或减征耕地占用税，具体规定由省、自治区、直辖市人民代表大会或其常务委员会规定。

图6－8所示项目占用耕地，可减按每平方米2元的税额标准征收耕地占用税。

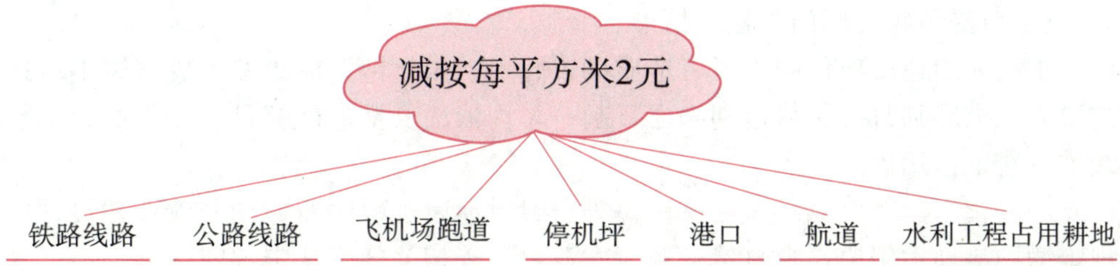

图6－8　耕地占用税减按每平方米2元征收项目

根据国民经济和社会发展需求，国务院可以规定免征或减征耕地占用税的其他情形，报全国人民代表大会常务委员会报案。

（六）耕地占用税征收管理

1. 纳税义务发生时间

耕地占用税纳税义务发生时间为纳税人收到自然资源主管部门办理占用耕地手续的书面通知的当日，具体如表6-9所示。纳税人应自纳税义务发生之日起30日内申报缴纳耕地占用税。

表6-9 耕地占用税纳税义务发生时间

情况	纳税义务发生时间
未经批准占用耕地	自然资源主管部门认定的纳税人实际占用耕地的当日
挖损、采矿塌陷、压占、污染等损毁耕地	自然资源、农业农村等相关部门认定损毁耕地的当日
纳税申报数据材料	纳税人占地类型、占地面积和占地时间→以自然资源等相关部门提供的资料为准 未提供相关材料或材料信息不完整的→由自然资源等相关部门自收到申请之日起30日内出具认定意见
【提示】自然资源主管部门凭耕地占用税完税凭证或免税凭证和其他有关文件发放建设用地批准书	

2. 纳税申报

（1）纳税人占用耕地或其他农用地，应当在耕地或其他农用地所在地申报纳税。

（2）耕地占用税由税务机关负责征收。

（3）税务机关发现纳税人的纳税申报数据资料异常或者纳税人未按照规定期限申报纳税的，可以提请相关部门进行复核，相关部门应当自收到税务机关复核申请之日起30日内向税务机关出具复核意见。

纳税人的纳税申报数据资料异常或者纳税人未按照规定期限申报纳税的，包括下列情形：

1）纳税人改变原占地用途，不再属于免征或者减征耕地占用税情形，未按照规定进行申报的。

2）纳税人已申请用地但尚未获得批准先行占地开工，未按照规定进行申报的。

3）纳税人实际占用耕地面积大于批准占用耕地面积，未按照规定进行申报的。

4）纳税人未履行报批程序擅自占用耕地，未按照规定进行申报的。

5）其他应提请相关部门复核的情形。

（4）纳税人因建设项目施工或者地质勘查临时占用耕地，应当按照规定缴纳耕地占用税。纳税人在批准临时占用耕地期满之日起一年内依法复垦，恢复种植条件的，全额退还已经缴纳的耕地占用税。

（5）因挖损、采矿塌陷、压占、污染等损毁耕地属于税法所称的非农业建设，应依照税法规定缴纳耕地占用税；自自然资源、农业农村等相关部门认定损毁耕地之日起3年内依法复垦或修复，恢复种植条件的，按规定办理退税。

（6）纳税人改变占地用途，不再属于免征或减征情形的，应**自改变用途之日起30日内**申报补缴税款，补缴税款按改变用途的实际占用耕地面积和改变用途时当地适用税额计算。

【例题】根据耕地占用税法律制度的规定，下列各项中，免征耕地占用税的有（　　）。

A. 医院内职工住房占用耕地　　B. 军事设施占用耕地

C. 城区内机动车道占用耕地　　D. 公立学校教学楼占用耕地

【答案】BD

【解析】免征耕地占用税的有：军事设施、学校、幼儿园、社会福利机构、医疗机构。

同步练习

【1-单选】甲公司委托某施工企业建造一幢办公楼，工程于2019年12月完工，2020年1月办妥（竣工）验收手续，4月付清全部工程价款。根据房产税法律制度的规定，甲公司对此幢办公楼房产税的纳税义务发生时间是（　　）。

A. 2019年12月　　B. 2020年1月

C. 2020年2月　　D. 2020年4月

【2-单选】甲商贸公司位于市区，实际占用面积为5 000平方米，其中办公区占地4 000平方米，生活区占地1 000平方米，甲商贸公司还有一个位于农村的仓库，租给公安局使用，实际占地面积为1 500平方米，已知城镇土地使用税适用税额为每平方米5元，甲商贸公司全年应缴纳城镇土地使用税税额的下列算式中，正确的是（　　）。

A. 5 000×5=25 000（元）

B. （5 000+1 500）×5=32 500（元）

C. （4 000+1 500）×5=27 500（元）

D. 4 000×5=20 000（元）

【3-判断】建设直接为农业生产服务的生产设施占用税法规定的农用地的，不征收耕地占用税。（　　）

答案及解析

1. 【答案】C

【解析】纳税人委托施工企业建设的房屋，从办理验收手续之“次月”起，缴纳房产税。

2. 【答案】A

【解析】城镇土地使用税的纳税人，是指在城市、县城、建制镇、工矿区范围内使用土地的单位和个人，不包括农村。

3. 【答案】√

【解析】该说法正确。

第二节　房地权属转移

本节考点

1. 契税（掌握契税的征税范围）
2. 土地增值税（掌握土地增值税的计税依据）
3. 印花税（熟悉印花税税收优惠）

【考点1】契税★★★

契税是指土地、房屋权属转移时，国家按照当事人双方签订的契约（合同）以及所确定权属转让价格的一定比例，向其财产承受人征收的一种税。

（一）契税的纳税人

契税的纳税人，是指在我国境内承受土地、房屋权属转移的单位和个人（如图6－8所示）。

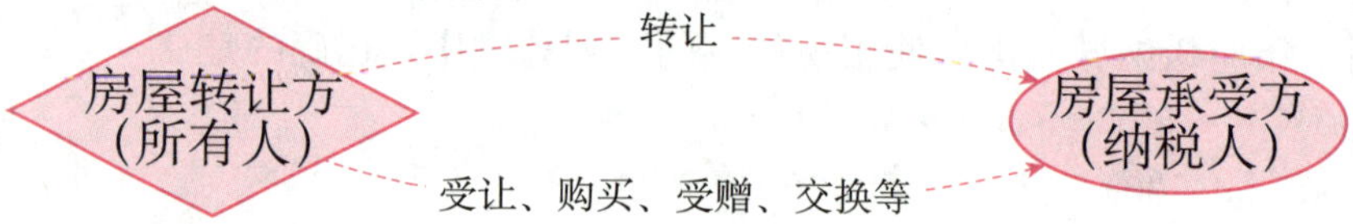

图6－8　契税的纳税人

（二）契税的征税范围

契税的征税范围如表6－9所示。

表6－9　契税的征税范围

项目	相关规定
征税范围	（1）国有土地使用权出让 （2）土地使用权转让（包括以出售、赠与、交换等方式将土地使用权转移给其他单位和个人） （3）房屋买卖、赠与、交换 （4）视同应税行为： 1）以土地、房屋权属：a. 作价投资；b. 作价入股；c. 抵债 2）以获奖方式承受土地、房屋权属 3）以预购方式或者预付集资建房款方式承受土地、房屋权属 4）土地使用权受让人通过完成与土地使用权转让方约定的投资额度或投资特定项目，以此获取低价转让或无偿赠与土地使用权的（计税依据由征收机关参照纳税义务发生时当地的市场价格核定）
不征税范围	（1）土地、房屋权属未发生转移的，不征收契税 （2）土地使用权的转让不包括农村集体土地承包经营权的转移 （3）土地、房屋权属的典当、继承、分拆（分割）、出租以及抵押等行为

小贴士

注意区分土地使用权的出让和转让

出让：土地所有权人（国家）将土地一定年限的使用权有偿让与集体或个人的行为（俗称土地一级市场）。

转让：土地使用权人将土地剩余年限的使用权转给其他集体或个人的行为（俗称土地二级市场）。

国家是唯一的土地所有权人，土地从国家到其他企业或个人，称为“出让”；土地在企业或个人之间流转，称为“转让”。

注意区分土地、房屋权属的抵债和抵押

抵债：企业破产清算时，若需要以土地、房屋权属抵偿债务的，证明权属需要转移，此时承受方（债权人）需要缴纳契税。

抵押：指抵押人和债权人订立合同约定，不转移抵押土地或房屋的所有权，将该财产作为债权的担保，结果分为以下两种情况：

（1）抵押人能按约定履行债务的，此时不涉及权属转移，不需要缴纳契税。

（2）抵押人不能按约定履行债务的，债权人有权依法以该财产折价或者以拍卖、变卖该财产的价款优先受偿，此时涉及权属转移，由承受方缴纳契税。

（三）契税应纳税额的计算

契税应纳税额计算的具体内容如表 6－10 所示。

表 6－10 契税应纳税额的计算

项目	相关规定
税率	实行 3%～5%的幅度比例税率（各省、自治区、直辖市人民政府按本地区实际情况确定，以适应不同地区纳税人的负担水平和房地产市场发展等情况）
应纳税额的计算	应纳税额＝计税依据×税率
计税依据	（1）国有土地使用权出让、土地使用权转让、房屋买卖→成交价格（不含增值税） （2）土地使用权、房屋赠与→市场价格（由征收机关参照核定） （3）土地使用权、房屋等价交换的，免征契税；不等价交换的，多支付对价的一方按照差额缴纳契税 （4）以划拨方式取得土地使用权→补缴的土地使用权出让费用或者土地收益（由房地产转让者补缴契税） 为了防止纳税人隐瞒、虚报成交价格以偷、逃税款，对成交价格明显低于市场价格而无正当理由的，或所交换的土地使用权、房屋价格的差额明显不合理并且无正当理由的，征收机关参照市场价格核定计税依据

（四）契税的税收优惠

契税税收优惠的具体内容如表 6－11 所示。

表 6-11　契税的免税项目

项目	相关规定
免税	(1) 国家机关、事业单位、社会团体、军事单位承受土地、房屋用于办公、教学、医疗、科研和军事设施的 (2) 城镇职工按规定第一次购买公有住房的 (3) 纳税人承受荒山、荒沟、荒丘、荒滩土地使用权，用于农、林、牧、渔业生产的 (4) 按照规定的驻华机构及其外交人员承受土地、房屋权属的，经外交部确认，可以免征契税 (5) 因不可抗力住房灭失而重新购买住房的，酌情准予减征或免征契税，不一定是免税 (6) 土地、房屋被县级以上人民政府征用、占用后，重新承受土地、房屋权属的，是否减征或者免征契税，由省、自治区、直辖市人民政府确定

（五）契税的征收管理

契税征收管理的内容包括纳税义务发生时间、纳税期限和纳税地点，具体如图 6-9 所示 。

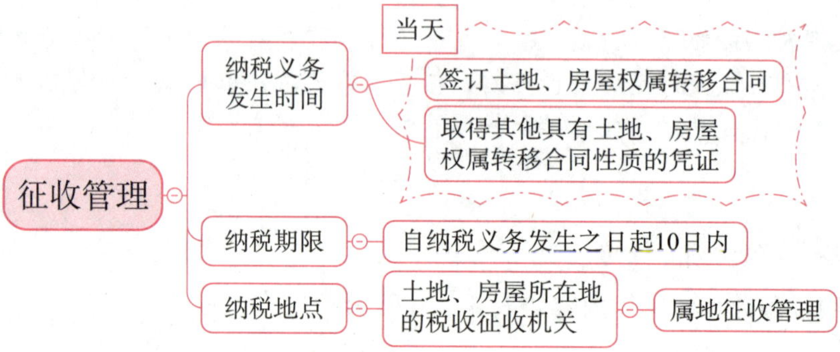

图 6-9　契税的征收管理

【例题】 2018 年，蔡某获得单位奖励房屋一套，税务机关核定奖励蔡某的房屋价值 18 万元。蔡某得到该房屋后又将其与崔某拥有的一套房屋进行交换。经过房地产评估机构评估蔡某获奖房屋价值为 20 万元，崔某房屋价值 28 万元。两人协商之后，蔡某实际向崔某支付房屋交换价格差额款 8 万元。已知当地规定的契税税率为 4%。

要求：计算蔡某应缴纳的契税税额。

【解析】

(1) 以获奖方式取得房屋权属的应视同房屋赠与征收契税，计税依据为税务机关参照市场价格核定的价格，即 18 万元。

蔡某获奖承受房屋权属应缴纳的契税税额=180 000×4%=7 200（元）

(2) 房屋交换且交换价格不相等的，应由多支付货币的一方缴纳契税，计税依据为所交换的房屋价格的差额，即 8 万元。

蔡某交换房屋行为应缴纳的契税税额=80 000×4%=3 200（元）

(3) 蔡某实际应缴纳的契税税额=7 200+3 200=10 400（元）。

【考点 2】 土地增值税★★★

土地增值税是指转让国有土地使用权、地上的建筑物及其附着物并取得收入的单位和个人，以转让所取得的收入包括货币收入、实物收入和其他收入减除法定扣除项目金额后的增值额为计税依据向国家缴纳的一种税，不包括以继承、赠与方式无偿转让房地产的行为。

（一）土地增值税的纳税人

土地增值税的纳税人为转让国有土地使用权、地上建筑物及其附着物的单位和个人。

小贴士

注意与契税纳税人区分

契税的纳税人是指在我国境内承受土地、房屋权属的单位和个人。

契税和土地增值税都适用于国有土地使用权、地上建筑物及其附着物权属转移的情形，但契税由承受方缴纳、土地增值税由转让方缴纳。

（二）土地增值税的征税范围

土地增值税的征税范围包括一般规定和特殊规定，具体如表 6－12 所示。

表 6－12　土地增值税的征税范围

情形	具体规定
一般规定	土地增值税只对转让国有土地使用权的行为征税，对出让国有土地的行为不征税
	土地增值税既对转让国有土地使用权的行为征税，也对转让地上建筑物及其附着物产权的行为征税
	土地增值税只对有偿转让的房地产征税，对以继承、赠与等方式无偿转让的房地产，不予征税。不征土地增值税的房地产赠与行为包括以下两种情况： （1）房产所有人、土地使用权所有人将房屋产权、土地使用权赠与直系亲属或承担直接赡养义务人的行为 （2）房产所有人、土地使用权所有人通过中国境内非营利的社会团体、国家机关将房屋产权、土地使用权赠与教育、民政和其他社会福利、公益事业的行为
特殊规定	企业改制重组，暂不征土地增值税
	房地产开发企业将开发部分房地产转让企业自用或用于出租等商业用途时，如果产权未发生转移，不征收增值税
	房地产的交换，属于土地增值税的征税范围。 个人之间互换自由居住用房产的，经当地税务机关核实，可以免征土地增值税
	合作建房，建成后按比例分房自用的，暂免征收土地增值税，建成后转让的，应征收土地增值税
	房地产的出租，出租人虽取得了收入，但没有发生房产产权、土地使用权的转让，因此，不属于土地增值税的征税范围
	房地产的抵押，在抵押期间并没有发生权属的变更，不征收土地增值税。待抵押期满后，视该房地产是否转移占有而确定是否征收土地增值税

续表

情形	具体规定
特殊规定	房地产的代建行为，虽取得收入，但没有发生房地产权属转移，因此不属于土地增值税的征税范围
	房地产的重新评估，因其既没有发生房地产权属转移，房产产权、土地使用权也未取得收入，所以不属于土地增值税的征税范围
	土地使用者转让、抵押或置换土地，只要其享有占有、使用、收益或处分该土地的权利，且有合同等证据表明其实际转让、抵押或置换土地并取得相应的经济利益，土地使用者及其对方当事人就应依税法规定纳税

小贴士

土地增值税的缴纳

是否缴纳土地增值税，关键看房地权属是否发生实质性的转移。

（三）土地增值税的税率

土地增值税的具体税率如表 6－13 所示。

表 6－13　土地增值税的税率

级数	增值额与扣除项目金额的比率	税率（%）	速算扣除系数（%）
1	不超过 50%的部分	30	0
2	超过 50%至 100%的部分	40	5
3	超过 100%至 200%的部分	50	15
4	超过 200%的部分	60	35

（四）土地增值税的计税依据

1. 应税收入的确定

纳税人转让房地产取得的应税收入，应包括转让房地产的全部价款及有关的经济收益。从收入形式来看，包括货币收入、实物收入和其他收入（纳税人转让房地产取得的收入为不含增值税收入）。

2. 扣除项目及金额

土地增值税的扣除项目及金额如图 6－10 所示。

（1）新房转让。

1）取得土地使用权所支付的金额。

a. 纳税人为取得土地使用权所支付的地价款。

b. 纳税人在取得土地使用权时按国家统一规定缴纳的有关费用和税金。

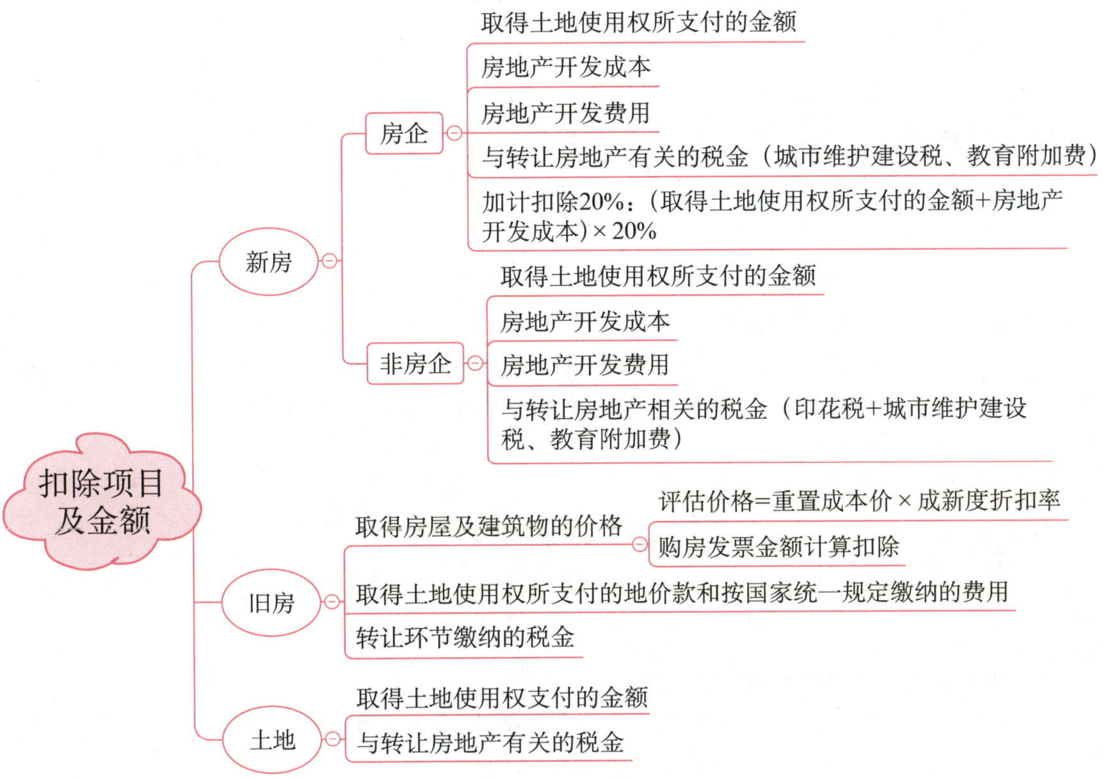

图 6-10　土地增值税扣除项目及金额

2）房地产开发成本。

它包括土地征用及拆迁补偿费、前期工程费、建筑安装工程费、基础设施费、公共配套设施费和开发间接费用等。

3）房地产开发费用。

它是指与房地产开发项目有关的销售费用、管理费用和财务费用，具体又可分为以下两类。

a. 能分摊且能证明。

财务费用中的利息收入，凡能够按转让房地产项目计算分摊并提供金融机构证明的，可据实扣除，但最高不得超过按商业银行同类同期贷款利率计算的金额。

其他房地产开发费用，按规定（即取得土地使用权所支付的金额和房地产开发成本，下同）计算的金额之和的 5%以内可以计算扣除。

$$\text{允许扣除的房地产开发费用}=\text{利息}+\left(\text{取得土地使用权所支付的金额}+\text{房地产开发成本}\right)\times\text{省级政府确定的比例}$$

b. 不能分摊或证明。

财务费用中的利息支出，凡不能按转让房地产项目计算分摊利息支出或不能提供金融机构证明的，房地产开发费用按规定计算的金额之和的 10%以内计算扣除。

$$\text{允许扣除的房地产开发费用}=\left(\text{取得土地使用权所支付的金额}+\text{房地产开发成本}\right)\times\text{省级政府确定的比例}$$

小贴士

利息的上浮幅度按国家的有关规定执行，超过上浮幅度的部分不允许扣除。
对于超过贷款期限的利息部分和加罚的利息不允许扣除。

4）与转让房地产有关的税金。

a. 与转让房地产有关的税金，是指在转让房地产时缴纳的城市维护建设税、印花税。因转让房地产缴纳的教育费附加，也可视同税金予以扣除。

b. 根据有关规定土地增值税扣除项目涉及的增值税进项税额，允许在销项税额中抵扣的，不计入扣除项目，不允许在销项税额中抵扣的，可以计入扣除项目。

小贴士

房地产开发企业的印花税

房地产开发企业转让时缴纳的印花税已列入管理费用当中，故不允许单独再扣除。

5）财政部确定的其他扣除项目。

对从事房地产开发的纳税人可按规定计算的金额之和，加计20%的扣除（此优惠只适用于从事房地产开发的纳税人，除此之外其他不适用）。

（2）旧房及建筑物的扣除项目。

旧房及建筑物的扣除项目内容如图6－11所示。

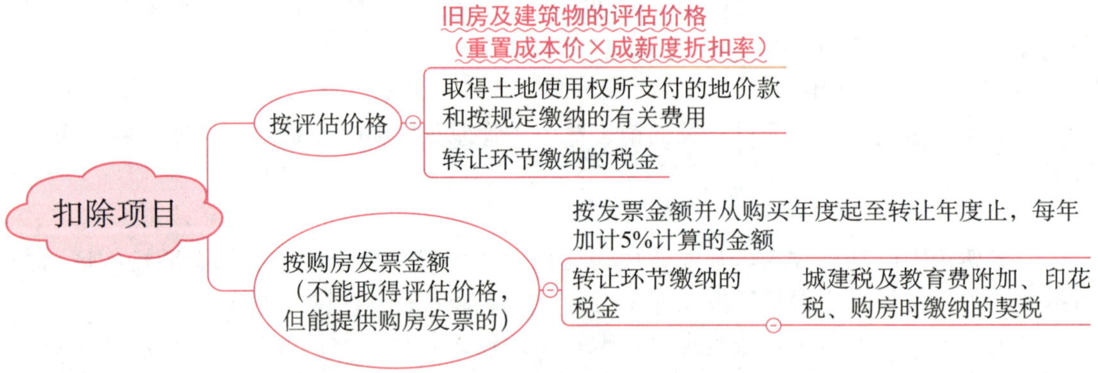

图6－11 旧房及建筑物的扣除项目

（3）计税依据的特殊规定。

1）对于纳税人隐瞒、虚报房地产成交价格的，应由评估机构参照同类房地产的市场交易价格进行评估，税务机关根据评估价格确定转让房地产的收入。

2）对于纳税人申报扣除项目金额不实的，税务机关对计算的房屋成本价和取得土地使用权时的基准地价进行评估，根据评估价格确定的房产扣税项目金额＋用该房产所坐落土地取得时的基准价或标准地价确定的土地的扣除项目金额＝该房地产的扣除项目金额。

3）转让房地产的成交价格低于房地产评估价格，又无正当理由的，应按评估的市场交易价确定其实际成交价，并以此作为转让房地产的收入计算征收土地增值税。

4）非直接销售和自用房地产收入按下列方法和顺序确认：一是按本企业在同一地区、同一年度销售的同类房地产的平均价格确定；二是由主管税务机关参照当地当年、同类房地产的市场价格或评估价值确定。

（五）土地增值税应纳税额的计算

扫码看视频

1. 计算公式

应纳税额＝增值额×税率－扣除项目金额×速算扣除系数

2. 应纳税额的计算步骤

应纳税额的计算步骤如图 6－12 所示。

1 计算增值额（=房地产转让收入-扣除项目金额）

2 计算增值率（=增值额÷扣除项目金额×100%）

3 确定适用税率

4 计算应纳税额

图 6－12 土地增值税应纳税额的计算步骤

（六）土地增值税的税收优惠

（1）纳税人建造普通标准住宅出售，增值额未超过扣除项目金额 20％的，予以免税；超过 20％的，应按全部增值额缴纳土地增值税。对于纳税人既建普通标准住宅又进行其他房地产开发的，应分别核算增值额。不分别或不能准确核算增值税额的，不能适用免税规定。

【提示】高级公寓、别墅、度假村等不属于普通标准住宅。

（2）因城市实施规划、国家建设的需要而被政府批准征用的房产或收回的土地使用权，免征土地增值税。需要搬迁，由纳税人自行转让原房地产的，免征土地增值税。

（3）企事业单位、社会团体以及其他组织转让旧房作为廉租住房、经济适用房房源且增值额未超过扣除项目金额 20％的，免征土地增值税。

（4）自 2008 年 11 月 1 日起，居民个人转让住房的，一律免征土地增值税。

（七）土地增值税征收管理

1. 纳税申报

纳税人应在转让房地产合同签订后 7 日内，到房地产所在地主管税务机关办理纳税申报，并提交有关资料，然后在税务机关规定的期限内缴纳土地增值税。

2. 纳税清算

（1）土地增值税的清算条件。

土地增值税的清算条件具体如图 6－13 所示。

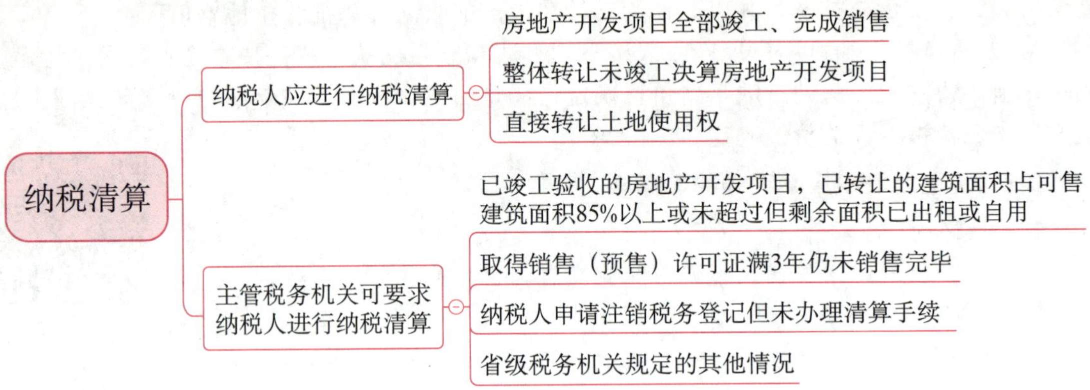

图 6－13　土地增值税的纳税清算

（2）土地增值税的核定征收。

房地产开发企业有图 6－14 所示情形之一的，税务机关可以参照与其开发规模和收入水平相近的当地企业的土地增值税税负情况，按不低于预征率的征收率核定土地增值税。

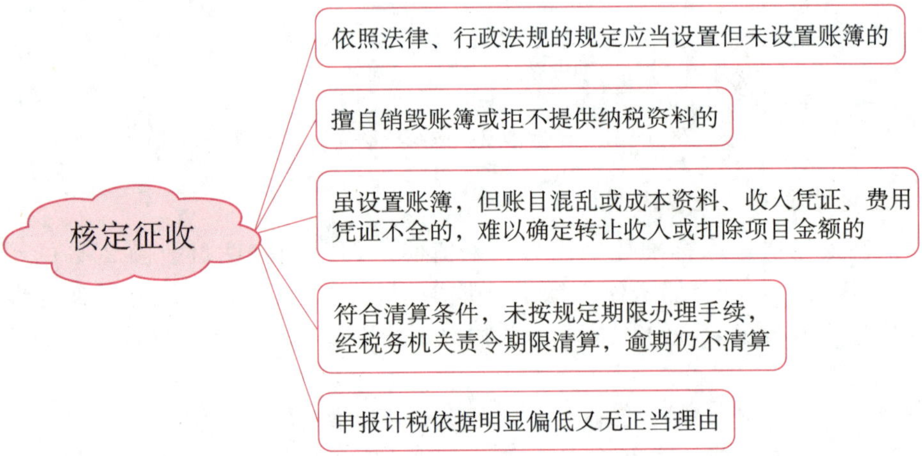

图 6－14　土地增值税的核定征收

3. 纳税地点

土地增值税纳税人发生应税行为应向房地产所在地（坐落地）主管税务机关缴纳税款。

纳税人转让的房地产坐落在两个或两个以上地区的，应按房地产所在地分别申报纳税。

【例题】甲房地产公司 2018 年销售自行开发的商业房地产项目，取得收入 20 000 万元，准予从房地产转让收入额减除的扣除项目金额 12 000 万元。已知土地增值税税率为 40%，速算扣除系数为 5%。

要求：计算甲房地产公司该笔业务应缴纳的土地增值税税额。

【解析】土地增值税应纳税额＝增值额×适用税率－扣除项目金额×速算扣除系数。

甲房地产公司该笔业务应缴纳土地增值税税额＝（20 000－12 000）×40%－12 000×5%＝2 600（万元）。

【考点3】 印花税★★

印花税是对经济活动和经济交往中订立、领受具有法律效力的凭证的行为所征收的一种税。

（一）印花税纳税人

印花税纳税人，指的是中国境内书立、领受、使用税法所列举凭证的单位和个人。

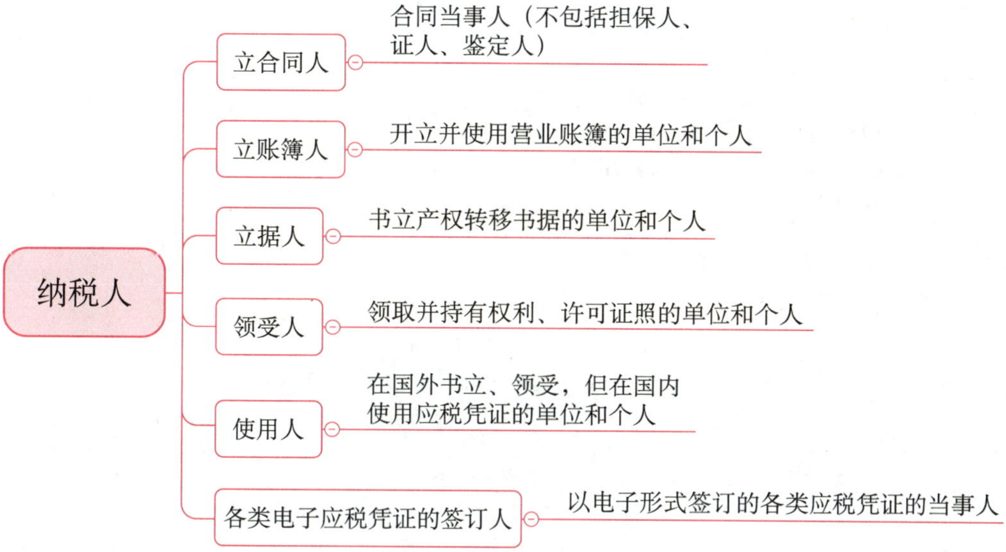

图6－15　印花税纳税人

小贴士

如果一份合同或应税凭证是由两方或两方以上当事人共同签订，签订合同或应税凭证的各方都是纳税人，应各就其所持合同或应税凭证的计税金额履行纳税义务。

（二）印花税征税范围及税率

印花税征税范围及税率如表6－14所示。

表6－14　印花税征税范围及税率

税目		税率	备注
合同	买卖合同	支付价款的0.3‰	——
	借款合同	借款金额的0.05‰	不包括银行同业拆借
	融资租赁合同	租金的0.05‰	——
	租赁合同	租金的1‰	——
	承揽合同	支付报酬的0.3‰	——
	建设工程合同	支付价款的0.3‰	——
	运输合同	按运输费用的0.3‰	不包括管道运输合同

续表

税目		税率	备注
合同	技术合同	支付价款、报酬或使用费的0.3‰	包括技术开发、转让、咨询、服务等合同
	保管合同	保管费的1‰	——
	仓储合同	仓储费的1‰	——
	财产保险合同	保险费的1‰	不包含再保险合同
产权转移书据	土地使用权出让和转让书据；房屋等建筑物、构筑物所有权、股权（不含上市和挂牌公司股票）、商标专用权、著作权、专利权、专有技术使用权转让书据	支付价款的0.5‰	——
权利、许可证照	不动产权证书、营业执照、商标注册证、专利证书	每件5元	——
营业账簿		实收资本（股本）、资本公积合计金额的0.25‰	——
证券交易		成交金额的1‰	对证券交易的出让方征收，不对证券交易的受让方征收

小贴士

(1) 具有合同性质的凭证（如契约、合约、单据、确认书等）应视同合同征税。

(2) 不论合同是否兑现或能否按期兑现，都应当缴纳印花税。

(3) 如果既书立合同，又开立单据，只就合同贴花；凡不书立合同，只开立单据，以单据作为合同适用的，其使用的单据应按规定贴花。

（三）印花税计税依据

印花税的计税依据如表6-15所示。

表6-15　印花税的计税依据

类别	计税依据	
	包括	不包括
买卖合同、建设工程合同	合同价款	——
承揽合同	报酬、承揽收入	委托方提供的材料
租赁合同、融资租赁合同	租金	租赁财产价值
运输合同	运费	装卸费等其他杂费

续表

类别	计税依据	
	包括	不包括
仓储合同	仓储费	——
保管合同	保管费	——
证券交易	成交金额	——
证券交易（非集中）	过户前一个交易日收盘价	——
	证券面值（无收盘价）	
借款合同	借款金额	利息
财产保险合同	保费	被保险物价值
技术合同	价款、报酬、使用费	——
营业账簿	以“实收资本”与“资本公积”两项的合计金额为计税依据	
其他账簿	免税	
权利、许可证照	应税凭证件数（5 元/件）	

（四）印花税应纳税额的计算

印花税应纳税额的计算如图 6－16 所示。

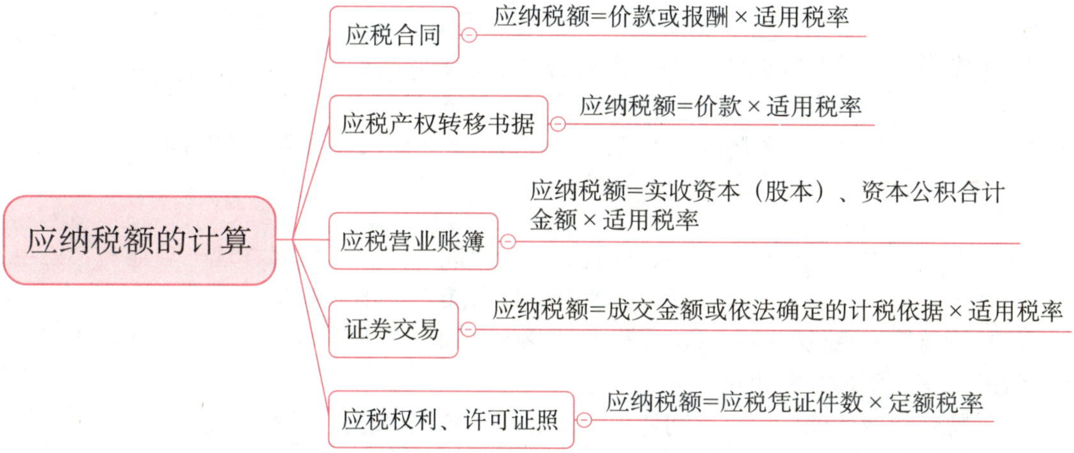

图 6－16 印花税应纳税额的计算

小贴士

载有两个或两个以上应适用不同税目税率经济事项的同一凭证，如分别记载金额的，应分别计算应纳税额；未分别记载金额的，按税率高的计算应纳税额。

（五）印花税税收优惠

（1）图 6－17 所示的法定凭证免税。

扫码看视频

法定凭证免税项目

- 应税凭证的副本或者抄本
- 农民、农民专业合作社、农村集体经济组织、村民委员会购买农业生产资料或销售自产农产品订立的买卖合同和农业保险合同
- 无息或者贴息借款合同、国际金融组织向我国提供优惠贷款订立的借款合同、金融机构与小型微型企业订立的借款合同
- 财产所有权人将财产赠与政府、学校、社会福利机构订立的产权转移书据
- 军队、武警部队订立、领受的应税凭证（仅限其他个人，不含个体工商户）
- 转让、租赁住房订立的应税凭证
- 国务院规定免征或者减征印花税的其他情形

图 6－17　法定凭证免税项目

（2）免税额。应纳税额不足 1 角的，免征印花税。

（3）特定情形免税。有图 6－18 所示情形之一的，免征印花税。

特定情形

- 对商店、门市部的零星加工修理业务开具的修理单，不贴印花
- 对铁路、公路、航运、水路承运快件行李、包裹开具的托运单据，暂免贴花
- 对企业车间、门市部、仓库设置的不属于会计核算范围的账簿，不贴印花

图 6－18　免税的特定情形

（4）单据免税。对运输、仓储、保管、财产保险、银行借款等办理一项业务，既书立合同，又开立单据的，只就合同贴花，所开立的各类单据不再贴花。

（5）特殊情形免税。纳税人已履行并贴花的合同，发现实际结算金额与合同所载金额不一致的，一般不再补贴印花。

（6）特殊货运凭证免税。下列特殊货运凭证，免征印花税：

1）抢险救灾物资运输结算凭证。

2）为新建铁路运输施工所属物料，使用工程临管线专用运费结算凭证。

7. 铁路企业特定凭证免税。铁路总公司所属单位的下列凭证，不征印花税：

1）铁路总公司层层下达的基建计划，不贴花。

2）企业内部签订有关铁路生产经营设施基建、更新改造、大修、维修的协议或责任书，不贴花。

3）在铁路内部无偿调拨固定资产的调拨单据，不贴花。

4）由铁路总公司全额拨付事业费的单位，其营业账簿，不贴花。

（8）其他免税情形。

书、报、刊合同免税；外国运输企业免税；租赁承包经营合同免税；物资调拨单免

税；同业拆借合同免税；借款展期合同免税；合同、书据免税；国库业务账簿免税；委托代理合同免税；日拆性贷款合同免税；企业兼并并入资金免税；电话和联网购货免税；股权转让免税。

（六）印花税征收管理

印花税征收管理的规定如表 6－16 所示。

表 6－16 印花税征收管理的规定

项目	征收管理
纳税义务发生时间	印花税应当在书立或领受时贴花；具体是指在合同订立时、账簿启用时和证照领受时贴花。 如果合同是在国外签订，且不便在国外贴花的，应在将合同带入境时办理贴花纳税
纳税地点	单位纳税人应当在其机构所在地的主管税务机关申报缴纳印花税 个人纳税人应向应税凭证订立、领受地或居住地的税务机关申报缴纳印花税 纳税人出让或转让不动产产权的，应向不动产所在地的税务机关申报缴纳印花税 证券交易印花税的扣缴义务人应当向其机构所在地的主管税务机关缴纳扣缴的税款
纳税期限	按季、按年：季度、年末终了之日起15 日内申报并缴纳税款 按次计征：纳税义务发生之日起15 日内申报并缴纳税款

【例题】甲公司向乙公司租赁 2 台起重机并签订租赁合同，合同注明起重机总价值为 80 万元，租期为 2 个月，每台每月租金 2 万元。已知租赁合同适用印花税税率为 1‰。根据印花税法律制度的规定，要求计算甲公司和乙公司签订该租赁合同共计应缴印花税。

【解析】租期内全部租金＝2×2×2＝8（万元），租赁合同应当以凭证所载租金作为计税依据，又由于签订合同的各方当事人都是印花税的纳税人，因此，该租赁合同双方当事人甲公司和乙公司共计应缴印花税＝80 000×1‰×2＝160（元）。

同步练习

【1－多选】根据契税法律制度的规定，下列各项中，属于契税征税范围的有（　　）。

A. 国有土地使用权出让

B. 房屋交换

C. 农村集体土地承包经营权转移

D. 土地使用权赠与

【2－单选】根据土地增值税法律制度的规定，下列各项中，免征土地增值税的是（　　）。

A. 企业以房地产抵债而发生权属转移的房地产

B. 企业之间交换房地产

C. 由一方出地，另一方出资金，企业双方合作建房，建成后转让的房地产

D. 因城市实施规划、国家建设的需要而搬迁，企业自行转让的房地产

【3－单选】甲公司与乙公司签订买卖合同，合同约定丙为担保人，丁为鉴定人。下列关于该合同印花税纳税人的表述中，正确的是（　　）。

A. 甲、乙、丙和丁为纳税人　　B. 甲、乙和丁为纳税人

C. 甲、乙为纳税人　　D. 甲、乙和丙为纳税人

答案及解析

1.【答案】ABD

【解析】农村集体土地承包经营权转移，不属于契税的征税范围。

2.【答案】D

【解析】选项A、B、C，照章征收土地增值税；选项D，因国家建设需要依法征用、收回的房地产，免征土地增值税；因城市实施规划、国家建设的需要而搬迁，由纳税人自行转让原房地产的，免征土地增值税。

3.【答案】C

【解析】印花税的纳税人是指书立合同的当事人（甲和乙），不包括合同的担保人（丙）、证人和鉴定人（丁）。

第三节　关于车船的小税种

本节考点

1. 车船税（熟悉车船税的计税依据和税收优惠）
2. 车辆购置税（了解车辆购置税的纳税人及征税范围）

【考点1】车船税★★

车船税是指对在中国境内车船管理部门登记的车辆、船舶，根据其种类，按照规定的计税依据和年税额标准计算征收的一种财产税。

（一）车船税纳税人

车船税的纳税人是指在中华人民共和国境内属于法律规定的车辆、船舶的所有人或管理人。车船税的纳税人和扣缴义务人如图6－19所示。

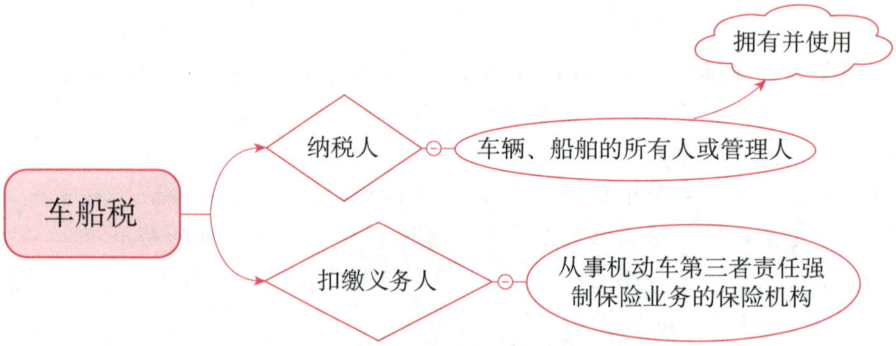

图6－19　车船税纳税人和扣缴义务人

（二）车船税征税范围

车船税征税范围是指在中华人民共和国境内属于车船税法所规定的应税车辆和船舶。它具体包括：

（1）依法应当在车船登记部门登记的机动车辆和船舶。

（2）依法不需要在车船登记管理部门登记的在单位内部场所行驶或者作业的机动车辆和船舶。

小贴士

注意区分车船税和车辆购置税

（1）车辆购置税在“购置”时考虑，一次征收；车船税在“拥有”时考虑，每年都要交。

（2）对“船舶”而言，只有车船税的问题，不会有车船购置税的问题。

（三）车船税税目

车船税的税目如图6－20所示。

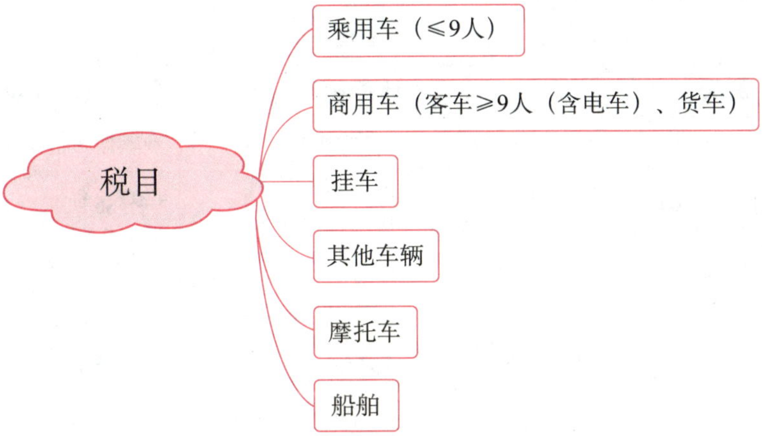

图6－20　车船税税目

车船税税目分为6大类：乘用车、商用车、挂车、其他车辆、摩托车和船舶。

（1）货车包括半挂牵引车、挂车、客货两用汽车、三轮汽车和低速载货汽车等。

（2）其他车辆包括专用作业车和轮式专用机械车等(不包括拖拉机)。

（3）船舶包括机动船舶、非机动驳船、拖船和游艇。

（4）挂车。它是指就其设计和技术特性而言需要由汽车或拖拉机牵引才能正常使用的一种无动力的道路车辆。

（四）车船税税率

车船税采用定额税率，车船税的税目税额如表6－17所示。

表 6－17　车船税税目和计税单位

税目		计税单位
乘用车		每辆
商用车	客车	每辆
	货车	整备质量每吨
挂车		整备质量每吨
其他车辆	专用作业车	整备质量每吨
	轮式专用机械车	
摩托车		每辆
船舶	机动船舶	净吨位每吨
	游艇	艇身长度每米

（五）车船税应纳税额的计算

1. 基本规定

车船税应纳税额的计算如表 6－18 所示。

表 6－18　车船税应纳税额的计算

税目	计税依据	应纳税额
乘用车、客车和摩托车	辆数（≤1.6 升减半）	＝辆数×适用年基准税额
货车、专用作业车和轮式专用机械车（不包括拖拉机）	整备质量吨位数	＝整备质量（自重）吨位数×适用年基准税额
机动船舶	净吨位	＝净吨位数×适用年基准税额
非机动驳船、拖船		＝净吨位数×适用年基准税额×50%
游艇	艇身长度	＝艇身长度×适用年基准税额

2. 购置新车船

购置当年应纳税额自纳税义务发生的当月起按月计算。

计算公式为：

应纳税额＝使用年基准税额÷12×应纳税月份数

（六）车船税税收优惠

1. 免征车船税

车船税的免征项目如图 6－21 所示。

- 免征车船税
  - 捕捞、养殖渔船
  - 军队、武装警察部队专用车船
  - 警用车船
  - 悬挂应急救援专用号牌的国家综合性消防救援车辆和国家综合性消防救援船舶
  - 依照法规应予以免税的外国驻华使领馆、国际组织驻华代表机构及其有关人员的车船
  - 使用新能源的车船
  - 临时入境的外国车船和香港特别行政区、澳门特别行政区、台湾地区的车船
  - 按照规定缴纳船舶吨税的机动船舶
  - 依法不需要在车船登记管理部门登记的机场、港口、铁路站场内部行驶或作业的车船

（以上最后两项）自《车船税法》实施之日起5年内免征车船税

图 6－21　免征车船税项目

小贴士

外国、港、澳、台临时入境车船、纯电动乘用车和燃料电池乘用车不属于车船税的征税范围，对其不征收车船税。

免征车船税的新能源汽车是指纯电动商用车、插电式（含增程式）混合动力汽车、燃料电池商用车。非新能源的救护车、市政公务车、公共汽车不免征车船税。

2. 车船税其他税收优惠

（1）对节约能源车船(1.6 升以下小排量)、拖船、非机动驳船、挂车，减半征收车船税。(应当符合相关规定)

（2）对受地震、洪涝等严重自然灾害影响纳税困难以及其他特殊原因确需减免税的车船，可以在一定期限内减征或者免征车船税。

（3）省、自治区、直辖市人民政府根据当地实际情况，可以对公共交通车船，农村居民拥有并主要在农村地区使用的摩托车、三轮汽车和低速载货汽车定期减征或者免征车船税。

（七）车船税征收管理

1. 纳税义务发生时间

取得车船所有权或者管理权的当月（以购买车船的发票或其他证明文件所载日期的当月为准）。

2. 纳税地点

车船税的纳税地点为车船登记地或者车船税扣缴义务人所在地。

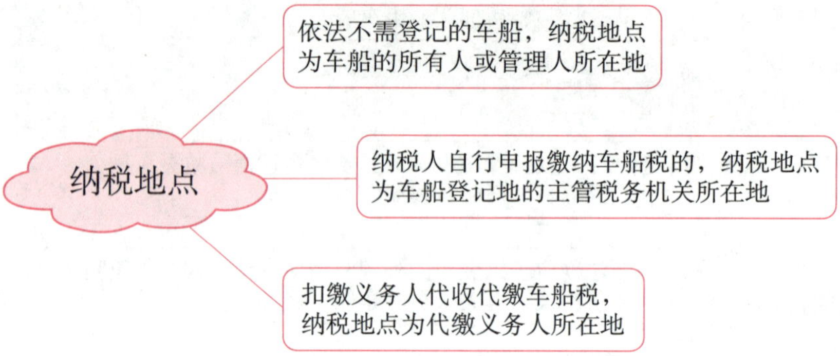

图 6-22　车船税纳税地点

3. 纳税申报

车船税按年申报，分月计算，一次性缴纳。纳税年度为公历 1 月 1 日至 12 月 31 日。

（1）纳税义务人没有按规定期限缴纳车船税的，扣缴义务人在代收代缴税款时，可一并代收代缴欠缴税款的滞纳金。

（2）已缴纳车船税的车船在同一纳税年度内办理转让过户的，不另纳税，也不退税。

（3）扣缴义务人已代收代缴车船税的，纳税人不再向车船登记地的主管税务机关申报缴纳车船税。

小贴士

购置的新车船，购置当年的应纳税额自纳税义务发生之日起按月计算。应纳税额＝年应纳税额÷12×应纳税月份数。

在一个纳税年度内，已完税的车船被盗抢、报废、灭失的，纳税人可以凭有关管理机关出具的证明和完税凭证，向纳税所在地的主管税务机关申请退还自被盗抢、报废、灭失月份起至该纳税年度终了期间的税款。

已办理退税的被盗抢车船失而复得的，纳税人应当从公安机关出具相关证明的当月起计算缴纳车船税。

【例题】甲公司 2018 年拥有机动船舶 10 艘，每艘净吨位为 150 吨，非机动驳船 5 艘，每艘净吨位为 80 吨，已知机动船舶适用年基准税额为每吨 3 元。

要求：计算甲公司当年应缴纳车船税税额。

【解析】非机动驳船的车船税税额按照机动船舶税额的 50%计算。

甲公司当年应缴纳车船税税额＝10×150×3＋5×80×3×50%＝5 100（元）。

【考点 2】 车辆购置税★

车辆购置税是对在我国境内购置应税车辆的单位和个人征收的一种税。

（一）车辆购置税纳税人

车辆购置税纳税人为在中华人民共和国境内购置汽车、有轨电车、汽车挂车、排气量超过 150 毫升的摩托车的单位和个人。

购置包括购买、进口、自产、受赠、获奖或以其他方式取得并自用应税车辆的行为。

(二) 车辆购置税征税范围

车辆购置税征税范围包括汽车、有轨电车、汽车挂车、排气量超过 150 毫升的摩托车。

(三) 车辆购置税税率

车辆购置税的税率为10%的比例税率。

(四) 车辆购置税应纳税额及计税依据

1. 车辆购置税应纳税额的计算

车辆购置税实行从价定率的方法计算应纳税额。

应纳税额＝计税依据×税率

进口应税车辆应纳税额＝(关税完税价格＋关税＋消费税)×税率

2. 车辆购置税的计税依据

车辆购置税的计税依据如表 6－19 所示。

表 6－19　车辆购置税计税依据

情形	计税依据
购买自用	纳税人购买应税车辆而支付给销售者的全部价款，不包括增值税税款
进口自用	计税价格＝关税完税价格＋关税＋消费税
自产自用	按照纳税人生产的同类应税车辆的销售价格确定，不包括增值税税额
受赠、获奖或其他方式	按照购置应税车辆时相关凭证载明的价格确定，不包括增值税税额
纳税人申报的应税车辆计税价格明显偏低，又无正当理由	由税务机关按法律规定核算其应纳税额 纳税人以外汇结算应税车辆价款的，按照申报纳税之日的人民币汇率中间价折合成人民币计算缴纳税款

(五) 车辆购置税税收优惠

车辆购置税税收优惠内容如图 6－23 所示。

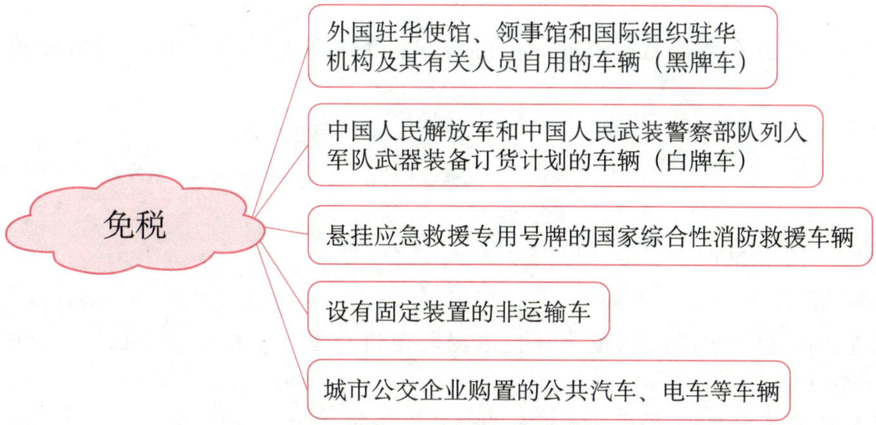

图 6－23　车辆购置税税收优惠

（六）车辆购置税征收管理

车辆购置税征收管理的具体内容如表 6－20 所示。

表 6－20 车辆购置税征收管理

纳税申报	一次征收，一次缴清。其中，对购置已征车辆购置税的车辆，不再征收车辆购置税
	车辆购置税由税务机关负责征收。车辆购置税纳税义务发生时间为纳税人购置应税车辆的当日。纳税人应当自纳税义务发生之日起60 日内申报缴纳车辆购置税
纳税环节	（1）纳税人应当在向公安机关车辆管理部门办理车辆登记注册前，缴纳车辆购置税 （2）免税、减税车辆因转让、改变用途等原因不再属于免税、减税范围的，应当自办理车辆过户手续前或办理变更车辆登记注册手续前缴纳车辆购置税。计税价格以免税、减税车辆初次办理纳税申报时确定的计税价格为基准，每满 1 年扣减 10% （3）公安交通管理部门办理车辆注册登记，应当根据税务机关提供的应税车辆完税或者免税电子信息对纳税人申请登记的车辆信息进行核对，核对无误后依法办理车辆注册登记
纳税地点	需要登记注册的，纳税地点为车辆登记注册地的主管税务机关
	不需要办理车辆登记注册手续的，向纳税人所在地的主管税务机关申报

【例题】甲企业进口自用小汽车一辆，海关审定的关税完税价格为 60 万元，缴纳关税 15 万元，消费税 25 万元。已知车辆购置税税率为 10%。要求计算甲企业进口小汽车应缴纳车辆购置税税额。

【解析】进口应税车辆应纳税额＝计税依据×税率＝（关税完税价格＋关税＋消费税）×税率＝（60＋15＋25）×10%＝10（万元）。

同步练习

【1－多选】根据车船税法律制度的规定，下列有关车船税计税依据的表述中，正确的有（　　）。

A. 商用客车以辆数为计税依据

B. 机动船舶以整备质量吨位数为计税依据

C. 游艇以艇身长度为计税依据

D. 商用货车以净吨位数为计税依据

【2－单选】根据车辆购置税法律制度的规定，下列费用中计入车辆购置税价外费用的是（　　）。

A. 保管费　　B. 车辆购置税

C. 车辆牌照费　　D. 代办保险而向购买方收取的保险费

答案及解析

1. 【答案】AC

【解析】机动船舶以净吨位数为计税依据，商用货车以整备质量吨位数为计税依据。

2. 【答案】A

【解析】价外费用是指销售方价外向购买方收取的基金、集资费、违约金、手续费、包装费、优质费、运输装卸费、保管费以及其他各种性质的价外收费；不包括销售方代办保险等而向购买方收取的保险费，以及向购买方收取的代购买方缴纳的车辆购置税、车辆牌照费。

第四节　海关负责征收

本节考点

1. 关税（熟悉关税应纳税额计算）
2. 船舶吨税（熟悉船舶吨税的税收优惠）

【考点1】关税★★

关税是进出口商品经过一国关境时，由政府所设置的海关向其进出口商所征收的税收。

扫码看视频

（一）关税纳税人

关税纳税人包括贸易性商品的纳税人和物品的纳税人，具体内容如图 6 - 24 所示。

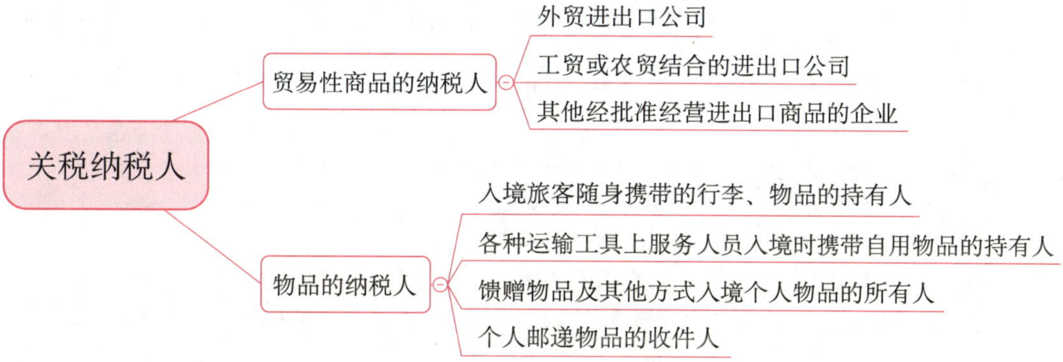

图 6 - 24　关税纳税人

小贴士

关税的课税对象是进出境的货物、物品。

（二）关税税率的种类

1. 关税的税率分为进口税率和出口税率两种。

2. 进口货物适用的关税税率是以进口货物原产地为依据，进口税率的具体分类如图 6 - 25所示。

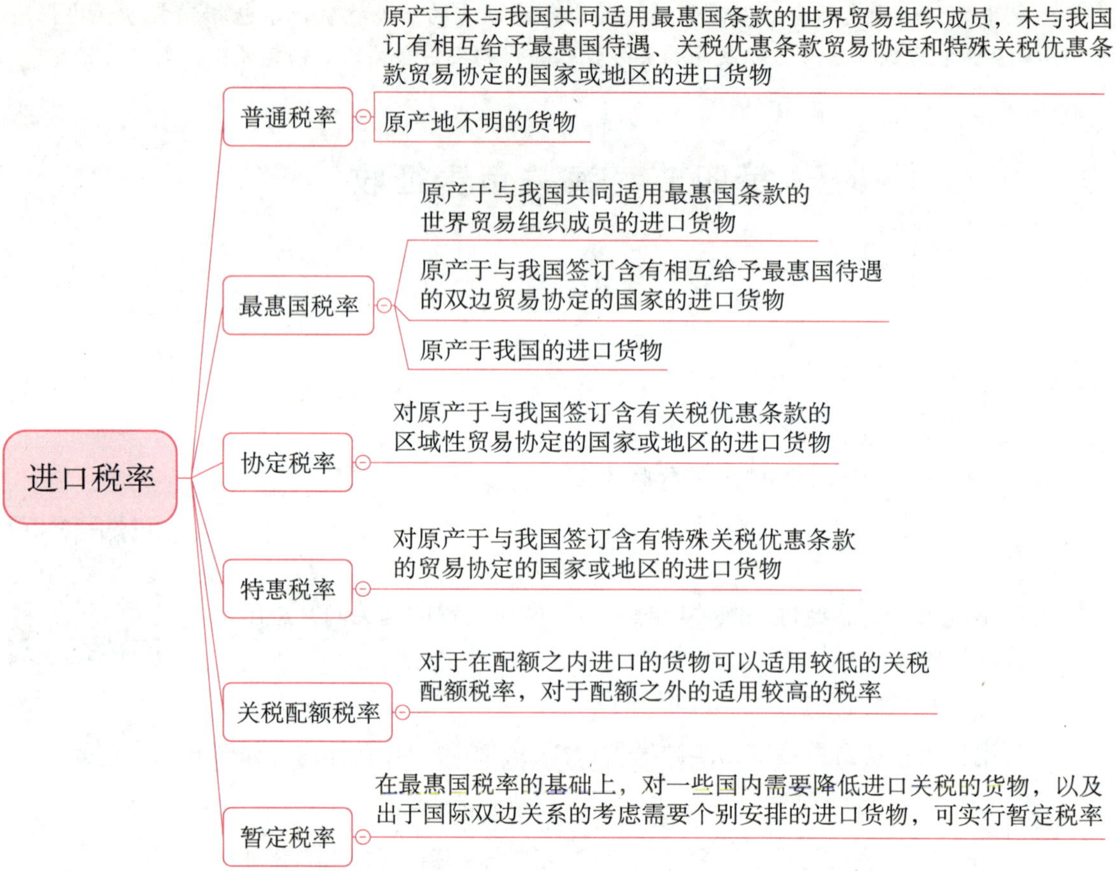

图 6-25　关税税率的种类

小贴士

关税的税目、税率都是由《海关进出口税则》规定。

凡准许进出口的货物，除国家另有规定外，均应**由海关征收**进口关税或出口关税。

对从境外采购进口的原产于中国境内的货物，也应按规定（最惠国税率）征收进口关税。

（三）税率的确定

（1）进出口货物，应该按照收发货人或者其代理人**申报进口或出口之日实施**的税率征税。

（2）进口货物到达之前，经过海关核准先行申报的，应该按照**装载该货物的运输工具申报进境之日**实施的税率征税。

（3）进出口货物的补税和退税，使用**该进出口货物原申报进口或出口之日**所实施的税率，另有规定的除外。

（四）关税计税依据

1．进口货物的完税价格

（1）一般贸易项下进口的货物。

以海关审定的成交价格为基础的到岸价格作为完税价格。

在货物成交过程中，进口人在成交价格外另支付给卖方的佣金，应计入成交价格，而向境外采购代理人支付的买方佣金则不能列入，如已包括在成交价格中则应予以扣除【卖方佣金√，买方佣金×】。

小贴士

特殊规定

卖方付给进口人的正常回扣，应从成交价格中扣除。

卖方违反合同规定延期交货的罚款，卖方在货价中冲减时，罚款不能从成交价格中扣除。

到岸价格的内容如图 6－26 所示。

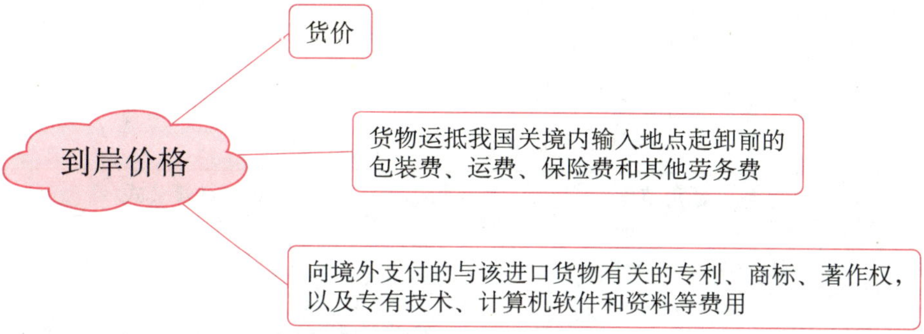

图 6－26　到岸价格的内容

（2）特殊贸易下进口货物的完税价格

特殊贸易下进口货物的完税价格的内容如表 6－21 所示。

表 6－21　特殊贸易下进口货物的完税价格

特殊贸易下进口货物	完税价格
运往境外加工的货物	出境时已向海关报明，并在海关规定期限内复运进境的，以境外加工费和料件费以及复运进境的运输及相关费用的保险费审查确定完税价格
运往境外修理的机械器具、运输工具或其他货物的完税价格	出境时已向海关报名并在海关规定期限内复运进境的，以经海关审定的修理费和料件费作为完税价格
租借、租赁方式进境的货物	以海关审查确定的货物租金作为完税价格
对国内单位留购的进口货样、展览品和广告陈列品	以留购价格作为完税价格
逾期未出境的暂进口货物	按原货进口时的到岸价格确定
转让或出售进口减免税货物的完税价格	原入境到岸价格×［1－实际使用月份÷(管理年限×12)］

2. 出口货物的完税价格

出口货物以海关审定的货物售予境外的离岸价格，扣除出口关税后作为完税价格。

出口货物完税价格＝离岸价格÷(1＋出口税率)

3．进出口货物完税价格的审定

进出口货物完税价格审定的具体内容如图 6－27 所示。

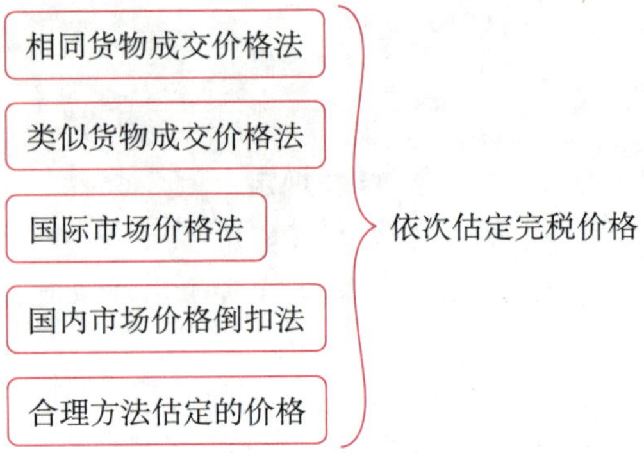

图 6－27　进出口货物完税价格的审定

（五）关税应纳税额的计算

关税应纳税额计算的具体内容如表 6－22 所示。

表 6－20　关税应纳税额的计算

计算方法	适用范围	计算公式
从价税	一般的进（出）口货物	应纳税额＝应税进（出）口货物数量×单位完税价格×适用税率
从量税	进口啤酒、原油等	应纳税额＝应税进口货物数量×关税单位税额
复合税	**进口广播用录像机、放像机、摄像机等**	应纳税额＝应税进口货物数量×关税单位税额＋应税进口货物数量×单位完税价格×适用税率
滑准税	进口规定适用滑准税的货物	进口商品**价格越高，（比例）税率越低**；税率与商品进口价格反方向变动

（六）关税税收优惠

（1）经海关**审查无误后可以**免税的情形（法定性减免税）如图 6－28 所示。

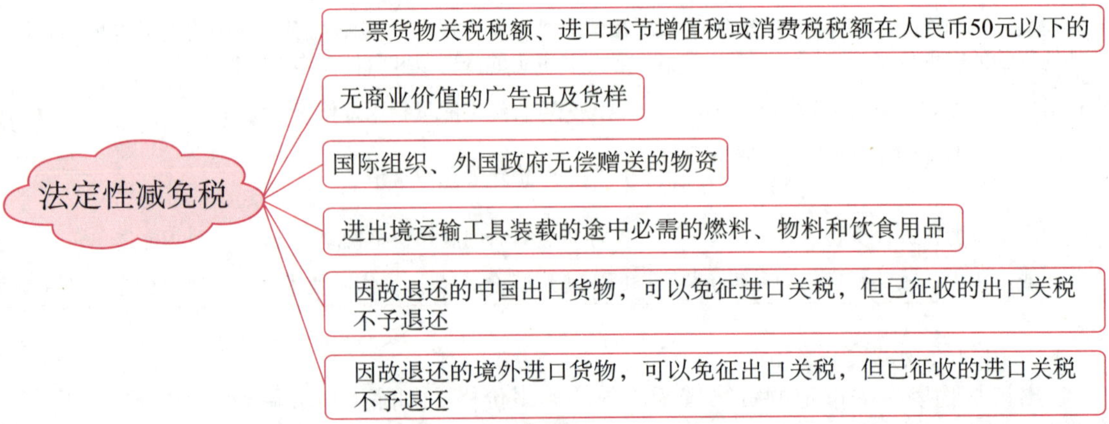

图 6－28　法定性减免税项目

（2）可以酌情减免税（政策性减免税）的情形如图 6－29 所示。

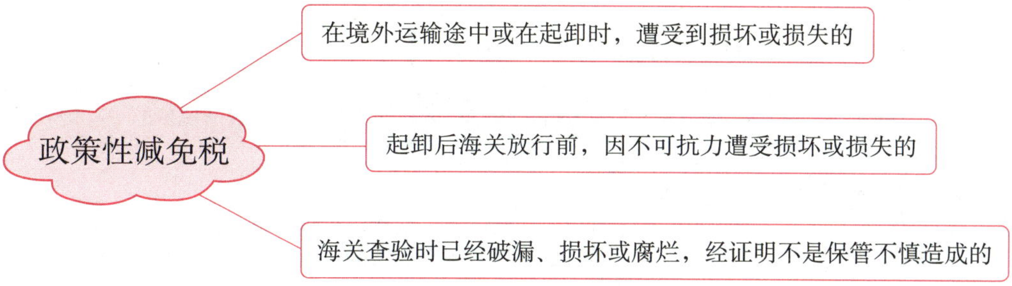

图 6－29　政策性减免税项目

（七）关税的征收管理

1. 关税的征收时间

关税是在货物实际进出境时，即在纳税人按进出口货物通关规定向海关申报后、海关放行前一次性缴纳。

2. 海关暂不予放行旅客行李物品的有关事项

旅客携运进出境的行李物品有图 6－30 所示情形之一的，海关暂不予放行。

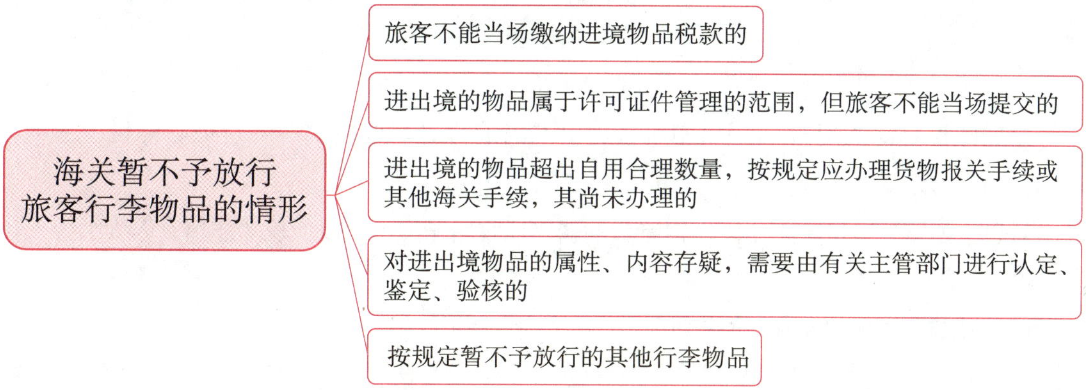

图 6－30　海关暂不予放行旅客行李物品的情形

3. 税款的退还、补征与追征

（1）税款的退还。

1）税款退还适用的情形如图 6－31 所示。

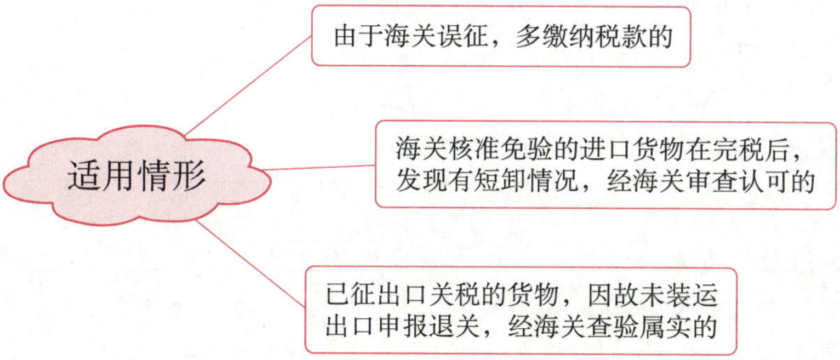

图 6－31　税款退还的情形

2）纳税人可以从缴纳税款之日起的1年内申请退税，逾期不予受理。

（2）税款的补征和追征。

税款的补征和追征的具体内容如图6－32所示。

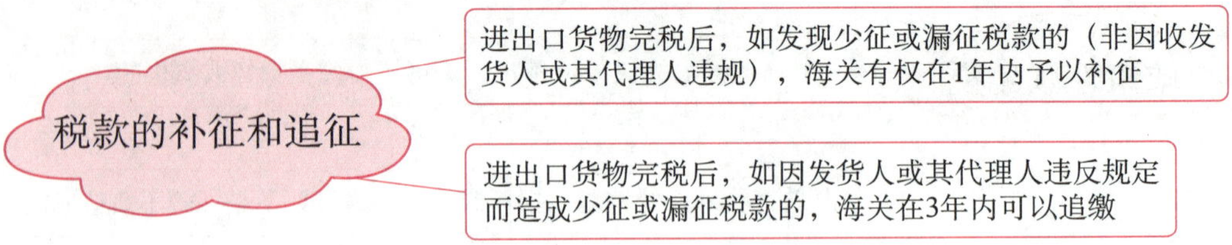

图6－32　税款的补征和追征的规定

【例题】2019年6月，甲公司进口一批货物。海关核定的货价为90万元，货物运抵我国关境内输入地点起卸前的包装费2万元，运费5万元，保险费0.3万元。已知关税税率为10％。要求计算甲公司当月进口该批货物应缴纳关税税额。

【解析】一般贸易项下进口货物以海关审定的“成交价格”为基础的“到岸价格”作为完税价格。到岸价格是指包括货价以及货物运抵我国关境内输入地点起卸前的包装费、运费、保险费和其他劳务费等费用构成的一种价格。

甲公司进口该批货物应纳关税税额＝（90＋2＋5＋0.3）×10％＝9.73（万元）

【考点2】船舶吨税★★

船舶吨税是海关对外国籍船舶航行进出本国港口时，按船舶净吨位征收的税。

（一）船舶吨税纳税人

对自中国境外港口进入中国境内港口的船舶征收船舶吨税，以应税船舶负责人为纳税人。

（二）船舶吨税税目税率

（1）税目：按船舶净吨位来划分。

（2）税率：定额税率，具体设置为优惠税率和普通税率（按执照期限划分为30日、90日和1年三种不同税率）。

（三）船舶吨税计税依据

船舶吨税的计税依据为船舶净吨位。拖船按照发动机功率每千瓦折合净吨位0.67吨，无法提供净吨位证明文件的游艇按照发动机功率每千瓦折合净吨位0.05吨。其中，拖船和非机动驳船按相同净吨位船舶税率的50％计征。

（四）船舶吨税应纳税额的计算

应纳税额＝应税船舶净吨位×适用税率

小贴士

海关根据船舶负责人的申报，审核其申报吨位与其提供的船舶吨位证明和船舶国籍证书或海事部门签发的船舶国籍证书收存证明相符后，按其申报执照的期限计征吨税，并填发缴款凭证交船舶负责人缴纳税款。

（五）船舶吨税税收优惠

船舶吨税税收优惠的具体内容如图 6－33 所示。

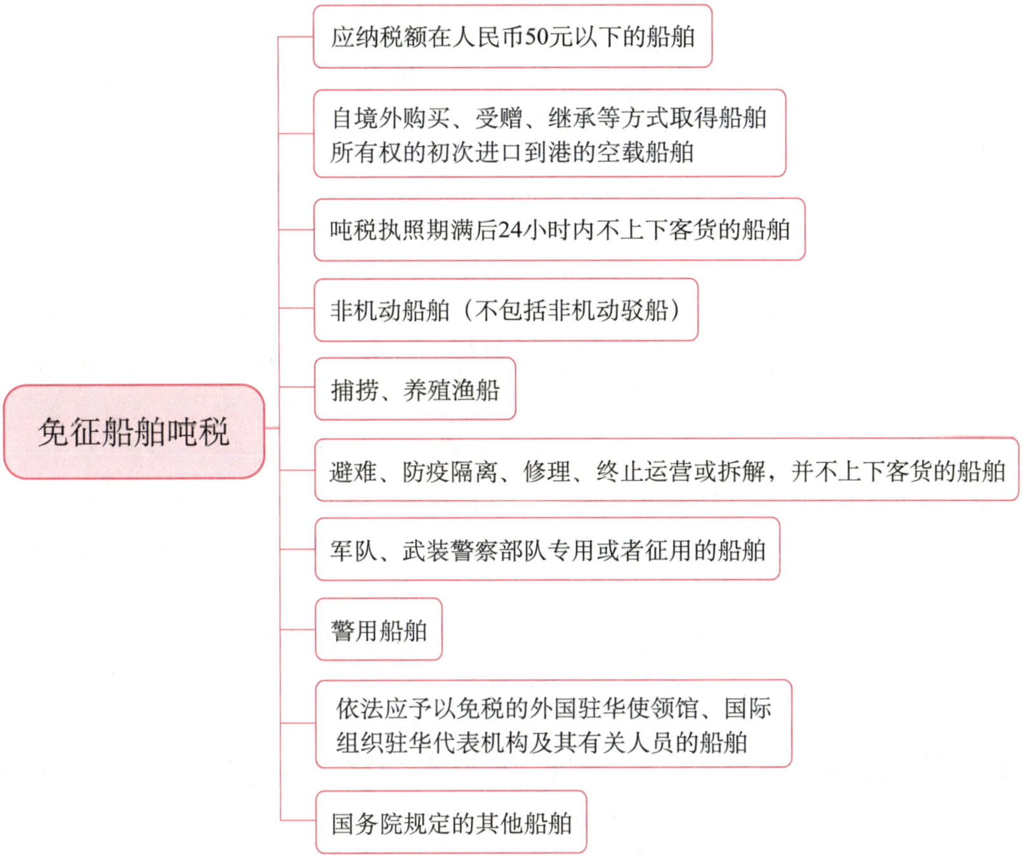

图 6－33　免征船舶吨税的项目

（六）船舶吨税征收管理

1. 纳税义务发生时间

船舶吨税纳税义务发生的时间为应税船舶进入境内港口的当日。应税船舶在吨税执照期满后尚未离开港口的，应申领新的吨税执照，自上一执照期满的次日起续缴吨税。

2. 纳税期限

应税船舶负责人应自海关填发吨税缴款凭证日起15日内缴清税款。没有按照规定期限缴清税款的，自滞纳税款之日起至缴清税款之日止，按日加收滞纳税款万分之五的税收滞纳金。

3. 其他相关规定

船舶吨税由海关负责征收，具体情况如图 6－34 所示。

图 6-34　船舶吨税的其他相关规定

【例题】根据船舶吨税法律制度的规定，下列船舶中，不予免征船舶吨税的是（　　）。

A. 捕捞渔船　　B. 非机动驳船　　C. 养殖渔船　　D. 军队专用船舶

【答案】B

【解析】拖船和非机动驳船按相同净吨位船舶税率的 50%计征。

同步练习

【1-单选】根据关税法律制度的规定，原产地不明的进口货物适用的关税税率是（　　）。

A. 普通税率　　B. 特惠税率　　C. 最惠国税率　　D. 协定税率

【2-单选】根据船舶吨税法律制度的规定，应税船舶负责人应当自海关填发吨税缴款凭证之日起的一定期限内缴纳税款，该期限是（　　）。

A. 30 日　　B. 3 日　　C. 15 日　　D. 10 日

答案及解析

1. 【答案】A

【解析】对原产于未与我国共同适用最惠国条款的世界贸易组织成员方，未与我国订有相互给予最惠国待遇、关税优惠条款贸易协定的特殊关税优惠条款贸易协定的国家或者地区的进口货物，以及原产地不明的货物，按照普通税率征税。

2. 【答案】C

【解析】《船舶吨税法》第 12 条规定："应税船舶负责人应当自海关填发吨税缴款凭证之日起十五日内缴清税款。"

第五节　关于资源的小税种

本节考点

1. 资源税（熟悉资源税征税范围和计税依据）
2. 环境保护税（了解环境保护税征税范围及计税依据）
3. 烟叶税（了解烟叶税征税范围及计税依据）

【考点1】资源税★★

资源税是以各种应税自然资源为课税对象、为了调节资源级差收入并体现国有资源有偿使用而征收的一种税。

（一）资源税纳税人

资源税纳税人，是指中华人民共和国领域及管辖海域开采规定的矿产品或生产盐的单位和个人。

收购未税矿产品的单位（独立矿山、联合企业和其他单位）为资源税的扣缴义务人。

（二）资源税征税范围

资源税征税范围的具体内容如表6－23所示。

表6－23　资源税征税范围

项目		是否征税
原油	天然原油	征
	人造石油	不征
	开采原油过程中用于加热、修井的原油	免税
天然气	专门或与原油同时开采	征
	煤矿生产的天然气	不征
煤炭	原煤、未税原煤加工的洗选煤	征
	已税原煤加工煤炭制品	不征
金属矿	铁矿、金矿、铜矿、稀土等	征
海盐	—	征
其他非金属矿	井矿盐、石灰石、石墨、湖盐、井矿盐、提取地下卤水晒制盐等	征
“水”河北试点征收，其他地区暂不征收		

小贴士

纳税人开采或生产应税产品

自用于连续生产应税产品的，不缴纳资源税；自用于其他方面的，视同销售，缴纳资源税。

（三）资源税税目及税率

资源税税目及税率如表 6－24 所示。

表 6－24　资源税税目及税率

税目		税率
原油		比例税率
天然气		
煤炭		
其他非金矿	石墨、硅藻土、萤石、硫铁矿、石灰石、煤层（成）气等	
	黏土、砂石	每吨或每立方米 0.1～5 元
	未列举名称的其他非金属矿产品	从量税率每吨或每平方米不超过 30 元，从价税率不超过 20%的，由省级人民政府确定计征方式
金属	矿铁矿、金矿、铜矿、稀土等	比例税率
海盐		

小贴士

资源税的征收方式

表 6－25　资源税的征收方式

要点	征收方式
基本规定	从价定率或从量定额（黏土、砂石）计征
伴采矿产品税率	共伴生矿与主矿产品销售额分开核算的，对共伴生矿暂不计征资源税
	没有分开核算的，共伴生矿按主矿产品的税目和适用税率计征资源税
独立矿山、联合企业收购未税矿产品的单位	按照本单位应税产品税额（率）标准，代扣代缴资源税
其他单位	税务机关核定

（四）资源税应纳税额及计税依据

1. 资源税应纳税额的计算

资源税应纳税额的计算如表 6－26 所示。

表 6-26　资源税应纳税额的计算

方式	计算公式
从价定率	应纳税额＝应税产品的销售额×适用的比例税率
从量定额	应纳税额＝应税产品的销售数量×适用的定额税率
代扣代缴	代扣代缴应纳税额＝收购未税矿产品的数量×适用的定额税率

2. 资源税的计税依据

（1）销售额。

销售额是指纳税人销售应税产品向购买方收取的全部价款和价外费用，不包括收取的增值税销项税额和运杂费用。价外费用和运杂费用的具体内容如图 6-35 所示。

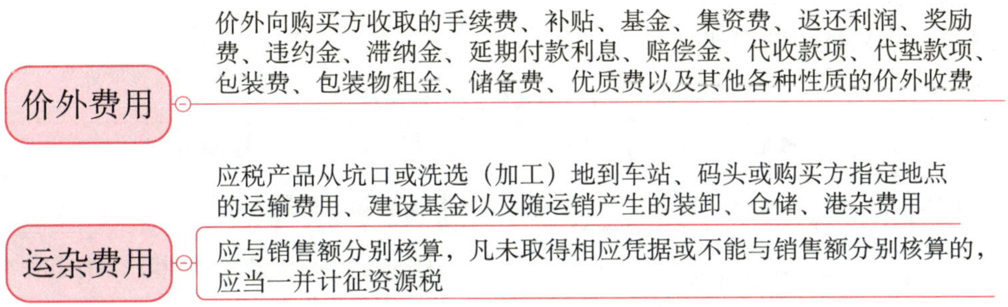

图 6-35　价外费用和运杂费用的具体内容

纳税环节的具体内容如图 6-36 所示。

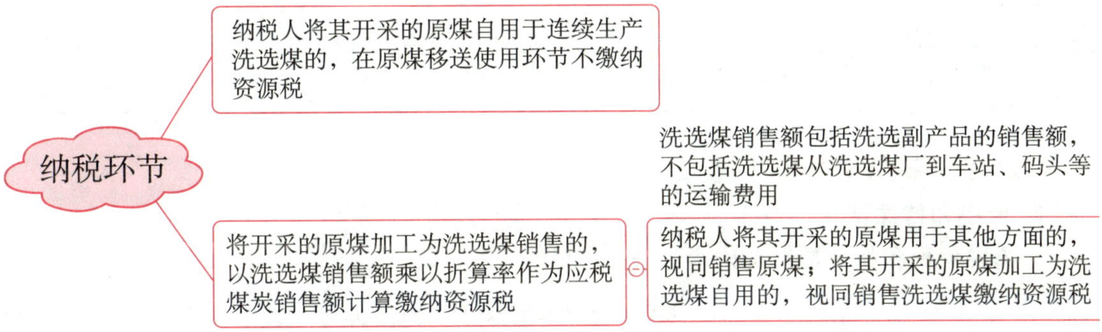

图 6-36　纳税环节的具体内容

征税对象的分类及纳税处理如图 6-37 所示。

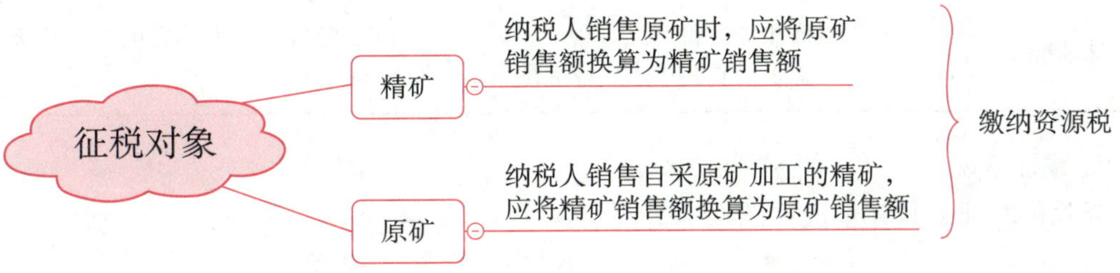

图 6-37　征税对象的分类及纳税处理

纳税人申报的应税产品销售额明显偏低并且无正当理由的、有视同销售应税产品行为而无销售额的，除财政部、国家税务总局另有规定外，应按图 6-38 所示顺序确定销售额。

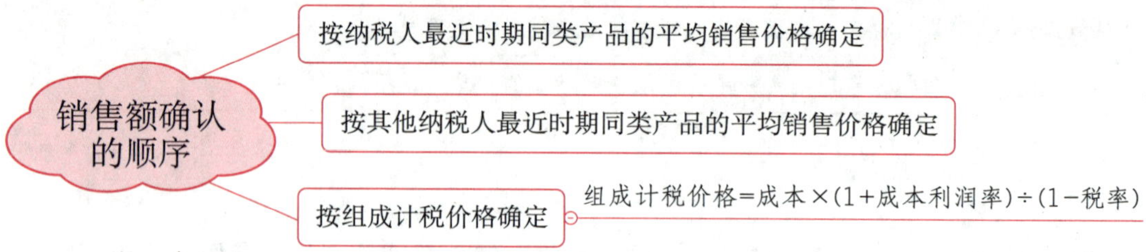

图 6-38　确定销售额的顺序

(2) 销售数量（从量定额）。

资源税销售数量的确定如表 6-27 所示。

表 6-27　销售数量的具体规定

情形	具体规定
纳税人开采或生产应税产品销售的	以实际销售数量为销售数量
纳税人开采或生产应税产品自用的	以移送的自用数量（包括生产自用和非生产自用）为销售数量
纳税人不能准确提供应税产品销售数量或移送使用数量的	以应税产品的产量或按主管税务机关确定的折算比换算成的数量为计征资源税的销售数量
纳税人将其开采的矿产品原矿自用于连续生产精矿产品，无法提供移送使用原矿数量的	可将其精矿按选矿比折算成原矿数量的，以此作为销售数量

(五) 资源税税收优惠

1. 免税和特殊情况

资源税免税和特殊情况的内容如表 6-28 所示。

表 6-28　资源税免税和特殊情况的有关规定

税收优惠	主要规定
免税	开采原油过程中用于加热、修井的原油
特殊情况	纳税人开采或者生产应税产品过程中，因意外事故或者自然灾害等原因遭受重大损失的，由省、自治区、直辖市人民政府酌情决定减税或者免税

2. 减征情况

资源税减征的具体情况如图 6-39 所示。

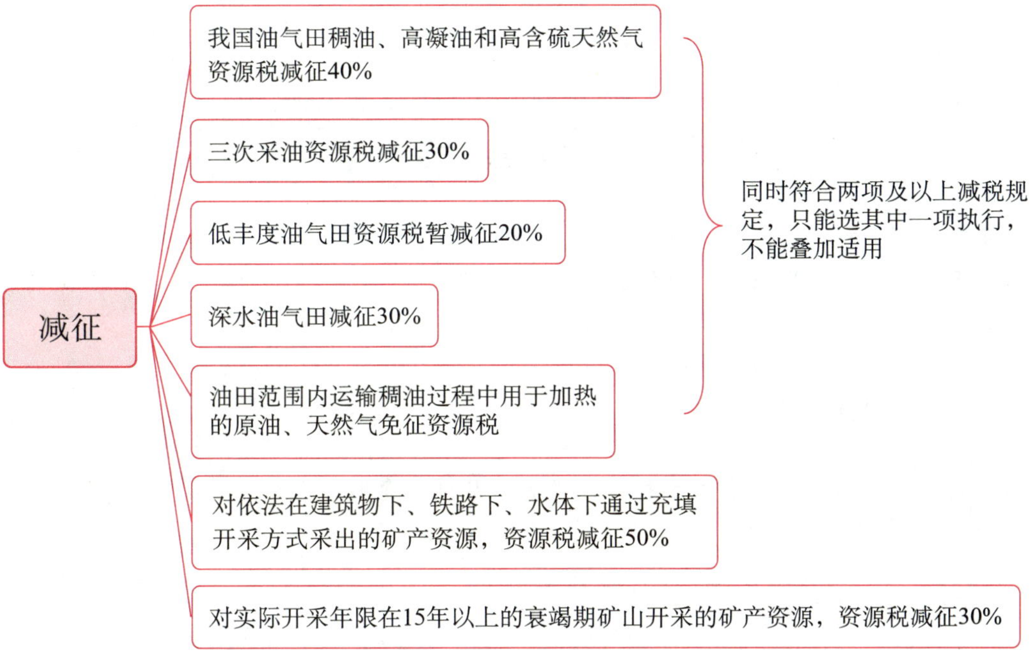

图 6－39　资源税的减征情况

小贴士

纳税人的减税、免税项目，应当单独核算销售额和销售数量；未单独核算或不能准确提供销售额和销售数量的，不予减税或免税。

（六）资源税征收管理

1. 纳税义务发生时间

资源税纳税义务发生时间如表 6－29 所示。

表 6－29　资源税纳税义务发生时间

具体情形	纳税义务发生时间
采取分期收款结算方式销售应税产品的	销售合同规定的收款日期的当天
采取预收货款结算方式销售应税产品的	发出应税产品的当天
采取其他结算方式销售应税产品的	收讫销售款或取得索取销售款凭据的当天
纳税人自产自用应税产品	移送使用应税产品的当天
扣缴义务人代扣代缴税款的	支付首笔货款或首次开具支付货款凭据的当天

2. 纳税期限和纳税地点

资源税纳税期限和纳税地点的规定如表 6－30 所示。

表 6-30 资源税纳税期限和纳税地点

征收管理	主要规定
纳税期限	1、3、5、10、15 日或 1 个月，期满之日起 10 日内申报纳税
纳税地点	开采地、生产地、收购地主管税务机关

【例题】根据资源税法律制度的规定，下列各项中，免征资源税的有（　　）。

A. 开采原油过程中用于加热的原油

B. 开采原油过程中用于修井的原油

C. 开采后出口的原油

D. 开采后销售的原油

【答案】AB

【解析】开采原油过程中用于加热、修井的原油，免税，开采后出口和销售的原油正常纳税。

【考点 2】环境保护税★★

环境保护税是指对造成环境污染的企业和单位征收一定的税收，这部分的税收将会用来改善环境和绿化环境。

（一）环境保护税纳税人

环保税的纳税人，是指在中华人民共和国领域和由中华人民共和国管辖的其他海域，直接向环境排放应税污染物的企事业单位和其他生产经营者。

小贴士

其他生产经营者，是指从事生产经营活动的个体工商户和其他组织，不包括个人。对于按照规定征收环境保护税的纳税人，不再征收排污费。

（二）征税范围

环境保护税的征税范围包括大气污染物、水污染物、固体废物、噪声。

有图 6-40 所示情形之一的，不属于直接向环境排放污染物，不缴纳相应污染物的环境保护税。

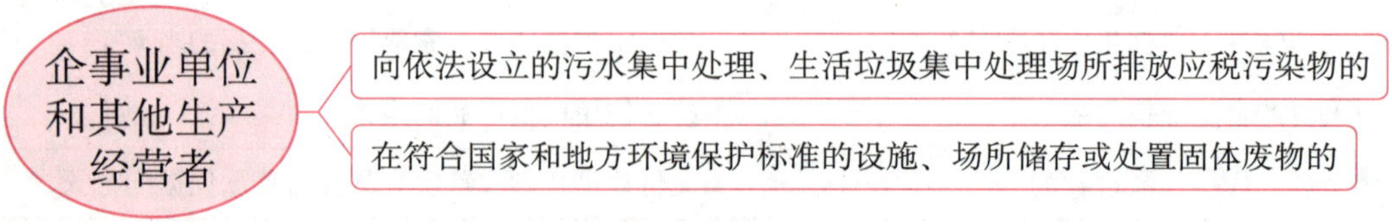

图 6-40 不缴纳环境保护税的情形

小贴士

缴纳环境保护税的情形

依法设立的城乡污水集中处理、生活垃圾集中处理场所超过国家和地方规定的排放标准向环境排放应税污染物的，应缴纳环境保护税。

企业事业单位和其他生产经营者储存或处置固体废物不符合国家和地方环境保护标准的，应当缴纳环境保护税。

（三）环境保护税税率及其计税依据

环境保护税税率及其计税依据如表6-31所示。

表6-31　环境保护税税率及其计税依据

税目	计税单位	税额	计税依据
大气污染物	每污染当量	定额税率（考试时题目会给出）	污染物排放量折合的污染当量数
水污染物	每污染当量		污染物排放量折合的污染当量数
固体废物	每吨		固体废物的排放量
工业噪声	超标分贝		超过国家规定标准的分贝数

（四）环境保护税应纳税额的计算

环境保护税应纳税额的计算如图6-32所示。

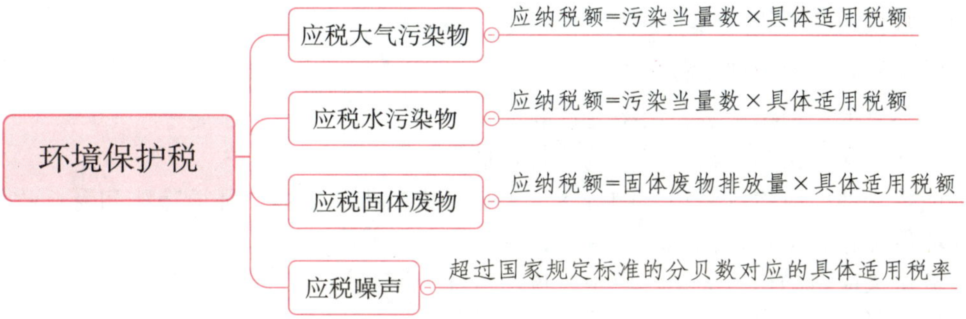

图6-32　环境保护税应纳税额的计算

小贴士

应税大气污染物、水污染物、固体废物的排放量和噪声的分贝数，按照下列方法和顺序计算：

（1）纳税人安装使用符合国家规定和监测规范的污染物自动监测设备的，按照**污染物自动监测设备数据**计算。

（2）纳税人未安装使用污染物自动监测设备的，按照**监测机构出具的**符合国家有关规定和监测规范的监测数据计算。

（3）因排放污染物种类多等原因不具备检测条件的，按照国务院环境保护主管部门规定的**排污系数、物料衡算方法**计算。

（4）不能按上述（1）～（3）规定的方法计算的，按照省、自治区、直辖市人民政府环境保护主管部门规定的**抽样测算**的方法核定计算。

（五）环境保护税税收优惠

1. 图 6－33 所示情形，暂予免征环境保护税。

税收优惠
- 农业生产（不包括规模化养殖）排放应税污染物
- 机动车、铁路机车、非道路移动机械、船舶和航空器等流动污染源排放应税污染物
- 依法设立的城乡污水集中处理、生活垃圾集中处理场所排放相应应税污染物，不超过国家和地方规定的排放标准
- 纳税人综合利用的固体废物，符合国家和地方环境保护标准的
- 国务院批准免税的其他情形

图 6－33　暂予免征环境保护税的情形

2. 减税政策

纳税人排放应税大气污染物或水污染物的浓度低于国家和地方规定的污染物排放标准30％的，**减按 75％**征收环境保护税。

纳税人排放应税大气污染物或水污染物的浓度低于国家和地方规定的污染物排放标准50％的，**减按 50％**征收环境保护税。

（六）环境保护税征收管理

（1）环境保护税由税务机关依法征收。

（2）环境保护机关与税务机关的信息互通：

环境主管部门应将排污单位的排污许可、污染物排放数据、环境违法和受行政处罚情况等环境保护相关信息，定期交送税务机关。

税务机关应将纳税人的纳税申报、税款入库、减免税额、欠缴税款以及风险疑点等环境保护税涉税信息，定期交送环境保护主管部门。

（3）纳税义务发生时间为纳税人**排放应税污染物的当日**。

（4）纳税地点。纳税人应向**应税污染物排放地**的税务机关申报缴纳环境保护税。

（5）纳税期限。

1）环境保护税**按月计算，按季申报缴纳**，不能按固定期限计算缴纳的，可以按次申报缴纳。

2）纳税人按季申报缴纳的，应自季度终了之日起 15 日内，向税务机关办理纳税申报并缴纳税款。

3）纳税人按次缴纳的，应自纳税义务发生之日起 15 日内，向税务机关办理纳税申报并缴纳税款。

【例题】下列各项中，不征收环境保护税的是（　　）。

A. 光源污染　　B. 噪声污染　　C. 水污染　　D. 大气污染

【答案】A

【解析】《环境保护税法》所称的应税污染物，是指规定的大气污染物、水污染物、固

体废物和噪声，不包括光源污染。

【考点3】 烟叶税★

烟叶税是一个小税种，它是对在中国境内收购晾晒烟叶、烤烟叶的单位征收的一种税。

（一）烟叶税纳税人

在中华人民共和国境内收购烟叶的单位为烟叶税的纳税人（非烟农），一般是有权收购烟叶的烟草公司或受其委托收购烟叶的单位。

（二）烟叶税征税范围

烟叶税的征税范围是晾晒烟叶和烤烟叶（不包括烟丝）。晾晒烟叶包括列入晾晒烟名录的晾晒烟叶和未列入晾晒烟叶名录的其他晾晒烟叶。

（三）烟叶税税率

烟叶税实行比例税率，税率为**20%**。

（四）烟叶税计税依据

烟叶税的计税依据为纳税人收购烟叶实际支付的价款总额，具体包括纳税人支付给烟叶销售者的烟叶收购价款和价外补贴。

价外补贴统一暂按烟叶税收购价款的10%来计入收购的金额中。

价款总额＝收购价款×(1＋10%)

（五）烟叶税应纳税额的计算

应纳税额（以人民币计算）＝价款总额×税率

＝收购价款×(1＋10%)×税率

小贴士

答题时，题目给出的若是价款总额，直接乘以税率即可算出税额，若给出的是收购价款，则要注意乘以（1＋10%）。

（六）烟叶税征收管理

烟叶税征收管理的具体内容如图6-34所示。

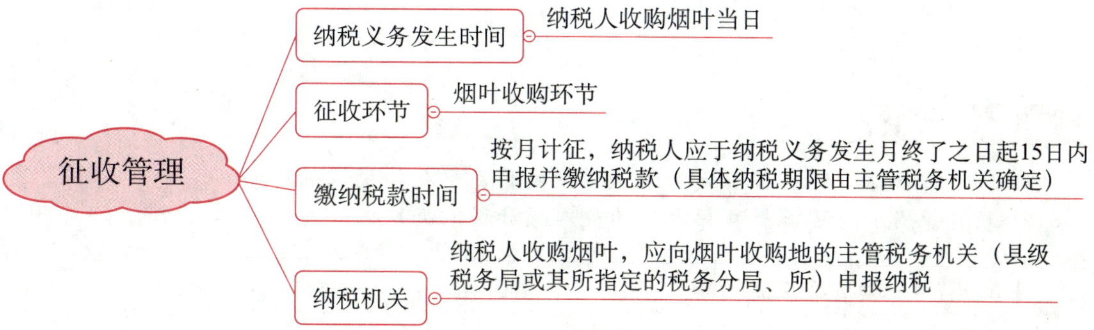

图6-34　烟叶税征收管理

【例题】根据烟叶税法律制度的规定，下列属于烟叶税纳税人的是（　　）。

A. 生产烟叶的个人　　B. 收购烟叶的单位

C. 销售香烟的单位　　D. 消费香烟的个人

【答案】B

【解析】烟叶税的纳税人为在中华人民共和国境内收购烟叶的单位。

同步练习

【1-单选】甲煤矿为增值税一般纳税人，2019 年 10 月开采原煤 1 000 吨，将其中 600 吨对外销售，含增值税单价 452 元/吨。已知原煤增值税税率为 13%，资源税税率为 8%。下列计算甲煤矿当月上述业务应缴纳资源税税额的算式中，正确的是（　　）。

A. 600×452×8%＝21 696（元）

B. 600×452÷（1＋13%）×8%＝19 200（元）

C. 1 000×452÷（1＋13%）×8%＝32 000（元）

D. 1 000×452×8%＝36 160（元）

【2-多选】根据《环境保护税法》的相关规定，下列各项中，属于环境保护税征税范围的有（　　）。

A. 噪声　　B. 固体废物　　C. 大气污染物　　D. 水污染物

【3-多选】根据烟叶税法律制度规定，下列各项中属于烟叶税征收范围的有（　　）。

A. 晾晒烟叶　　B. 烟丝　　C. 卷烟　　D. 烤烟叶

答案及解析

1. 【答案】B

【解析】从价计征资源税按照实际销售数量计算（全部价款＋价外费用，不包括增值税销项税额和运杂费用）。

2. 【答案】ABCD

【解析】环境保护税的征税范围：大气污染物、水污染物、固体废物和工业噪声。

3. 【答案】AD

【解析】烟叶税的征税范围包括晾晒烟叶和烤烟叶，烟丝和卷烟不属于烟叶税的征税范围。

第六节　城市维护建设税及教育费附加

本节考点

1. 城市维护建设税（了解城市维护建设税的税率及计税依据）
2. 教育费附加（了解教育费附加的税率及计税依据）

【考点1】 城市维护建设税★

城市维护建设税（简称“城建税”），是以纳税人实际缴纳的增值税、消费税的税额为计税依据，依法计征的一种税。

（一）城市维护建设税的纳税人

城市维护建设税的纳税人，是指实际缴纳增值税、消费税的单位和个人（包含外商投资企业、外国企业、外籍个人）。

（二）税率

（1）城市维护建设税实行地区差别比例税率，具体如表6-32所示。

表6-32　城市维护建设税税率

地区	税率
市区	7%
县城、镇	5%

（2）由受托方代扣代缴、代收代缴增值税、消费税的单位和个人，其代扣代缴、代收代缴的城市维护建设税按受托方所在地适用税率执行。

（3）流动经营等无固定纳税地点的单位和个人，在经营地缴纳增值税、消费税的，其城市维护建设税的缴纳按经营地适用税率执行。

（三）计税依据

计税依据，是纳税人实际缴纳的增值税、消费税税额，以及出口货物、劳务或跨境销售服务、无形资产增值税免抵税额。

（四）应纳税额的计算

$$应纳税额=\begin{matrix}实际缴纳的增值税、消费税税额和出口货物、\\劳务或者跨境销售服务、无形资产增值税免抵税额\end{matrix}\times 适用税率$$

对实行增值税期末留抵退税的纳税人，允许其从城市维护建设税的计税依据中扣除退还的增值税税额。

（五）税收优惠

1. 进口不征，出口不退

对进口货物或者境外单位和个人向境内销售劳务、服务、无形资产缴纳的增值税、消费税的，不征收城市维护建设税。

对出口货物、劳务和跨境销售服务、无形资产以及因优惠政策退还增值税、消费税的，不退还已缴纳的城市维护建设税。

2. 对增值税、消费税实行先征后返、先征后退、即征即退办法的，除另有规定外，对随增值税、消费税附征的城市维护建设税，一律不予退（返）还。

（六）征收管理

1. 纳税义务发生时间

城市维护建设税纳税（扣缴）义务发生时间为缴纳（扣缴）增值税、消费税的当日。

2. 纳税地点

城市维护建设税纳税地点为实际缴纳增值税、消费税的地点。扣缴义务人应当向其机构所在地或者居住地的主管税务机关申报缴纳其扣缴的税款。特殊情况如下：

代扣代缴、代收代缴增值税、消费税的单位和个人，同时也是城市维护建设税的代扣代缴、代收代缴义务人，其纳税地点为代扣代收地。

对流动经营等无固定纳税地点的单位和个人，应随同增值税、消费税在经营地纳税。

3. 纳税期限

城市维护建设税按月或按季计征。不能按固定期限计征的，可以按次计征。

实行按月或按季计征的，纳税人应于月度或季度终了之日起 15 日内日申报纳税。实行按次计征的，纳税人应于纳税义务发生之日起 15 日内申报纳税。

扣缴义务人解缴税款的期限，依照上述规定执行。

【例题】2019 年 12 月，M 市甲厂受托为 N 县乙厂加工一批烟丝，取得不含增值税加工费 3 000 元，乙厂提供烟叶成本 60 000 元，甲厂无同类烟丝销售价格。已知烟丝消费税税率为 30%；M 市和 N 县适用的城市维护建设税税率分别为 7%和 5%。

要求：计算甲厂当月该笔业务应代收代缴城市维护建设税税额。

【解析】城建税的计算，以实缴增值税、消费税之和为计税依据。结合委托加工考查，由受托方代征、代扣两税，城建税适用“受托方所在地”税率（本题中 7%），本题适用委托加工从价定率。

方法一：组成计税价格＝（材料成本＋加工费）÷（1－消费税比例税率）＝（60 000＋3 000）÷（1－30%）＝90 000（元），应交消费税＝90 000×30%＝27 000（元），甲厂当月该笔业务应代收代缴城市维护建设税税额＝27 000×7%＝1 890（元）。

方法二：甲厂当月该笔业务应代收代缴城市维护建设税税额＝（60 000＋3 000）÷（1－30%）×30%×7%＝1 890（元）。

【考点 2】 教育费附加★

教育费附加是由税务机关负责征收，同级教育部门统筹安排，同级财政部门监督管理，专门用于发展地方教育事业的预算外资金。其基本内容如图 6－35 所示。

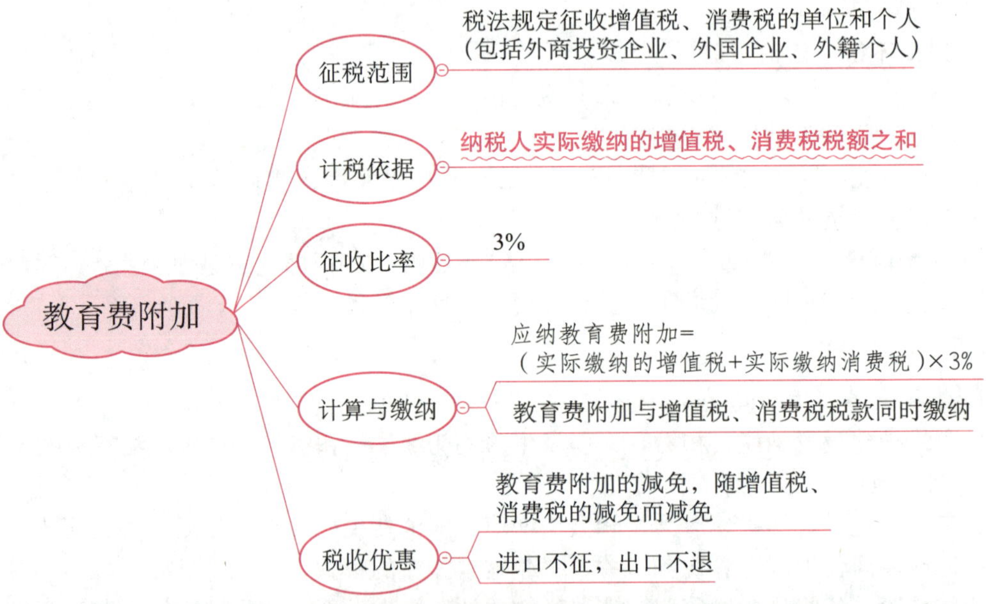

图 6－35　教育费附加基本内容

小贴士

（1）除征收比率不同以外，教育费附加的其他规定与城市维护建设税一致。

（2）对由于减免增值税、消费税而发生退税的，可同时退还已征收的教育费附加。

【例题】2019 年 12 月甲机构向税务机关应缴纳增值税 30 万元，实际缴纳 20 万元；向税务机关应缴纳消费税 28 万元，实际缴纳 12 万元。已知教育费附加征收比率为 3%。

要求：计算甲企业当月应当缴纳教育费附加。

【解析】纳税人实缴的“两税”（增值税、消费税）税额为教育费附加的计税依据。

甲企业当月应当缴纳教育费附加＝（20＋12）×3%＝0.96（万元）

同步练习

【1-单选】甲企业位于 A 市。本月应缴纳的增值税为 7 000 元，实际缴纳的增值税为 6 000 元；本月应缴纳的消费税为 5 000 元，实际缴纳的消费税为 4 000 元。该企业本月应该缴纳的城市维护建设税为（　　）。

A.（7 000＋5 000）×7%　　B.（6 000＋4 000）×7%

C.（7 000＋5 000）×5%　　D.（6 000＋4 000）×5%

【2-判断】城建税、教育费附加与增值税和消费税税款同时缴纳。（　　）

答案及解析

1.【答案】B

【解析】城市维护建设税的计税依据是纳税人实际缴纳的增值税、消费税税额；纳税人所在地为市区的，城建税税率为 7%。所以本题正确答案为 B 选项。

2.【答案】√

【解析】根据相关规定，城建税、教育费附加应与增值税和消费税税款同时缴纳。

第七章

税收征收管理法律制度

章节简介

本章分值约 5 分，一般考查单项选择题、多项选择题和判断题，本章属于税收程序法的内容，考查内容不多，较容易掌握。

- 税收征收管理法律制度
  - 税收征收管理法概述
    - 税收征收管理法的概念★
    - 税收征收管理法的适用范围★
    - 征纳双方的权利和义务★
  - 税务管理
    - 税务管理的概念★
    - 税务登记★
    - 账簿和凭证管理★
    - 发票管理★★
    - 纳税申报★★
  - 税款征收与税务检查
    - 税款征收★★★
    - 税务检查★★
  - 税务行政复议
    - 税务行政复议概念★
    - 税务行政复议范围★★
    - 税务行政复议管辖★
    - 税务行政复议申请与受理★
    - 税务行政复议审查和决定★
  - 税收法律责任
    - 税务管理相对人违反税务管理基本规定的法律责任★
    - 逃税行为的法律责任★★
    - 欠税行为的法律责任★
    - 抗税行为的法律责任★
    - 骗税行为的法律责任★
    - 纳税人、扣缴义务人不配合税务检查的法律责任★
    - 重大税收违法失信案件信息公布★

考情分析

近三年题型题量分析表

年度	单项选择题		多项选择题		判断题		不定项选择题		合计
	数量	分值	数量	分值	数量	分值	数量	分值	
2019年	2	3	2	4	1	1	0	0	8
2018年	2	3	1	2	0	0	0	0	5
2017年	2	3	2	4	0	0	0	0	7

第一节　税收征收管理法概述

本节考点

1. 税收征收管理法的概念（了解税收征收管理法的概念）
2. 税收征收管理法的适用范围（了解税收征收管理法的适用范围）
3. 征纳双方的权利和义务（了解征纳双方的权利和义务）

【考点1】 税收征收管理法的概念★

税收征收管理法（以下简称“征管法”），是指调整税收征收与管理过程中所发生的社会关系的法律规范的总称，包括国家权力机关制定的税收征管法律、国家权力机关授权行政机关制定的税收征管行政法规和有关税收征管的规章制度等。

【考点2】 税收征收管理法的适用范围★

税收征收管理法的适用范围如图 7－1 所示。

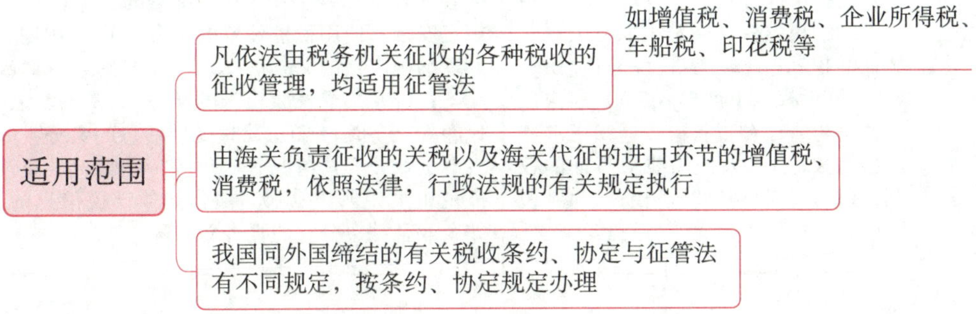

图 7－1　税收征收管理法的适用范围

【考点3】 纳税双方的权利和义务★

征纳双方在税收征收管理中既享有各自的权利，也须承担各自的义务，它们共同构成了税收法律关系的内容。

征税主体的权利和义务的主要内容如图7－2所示。

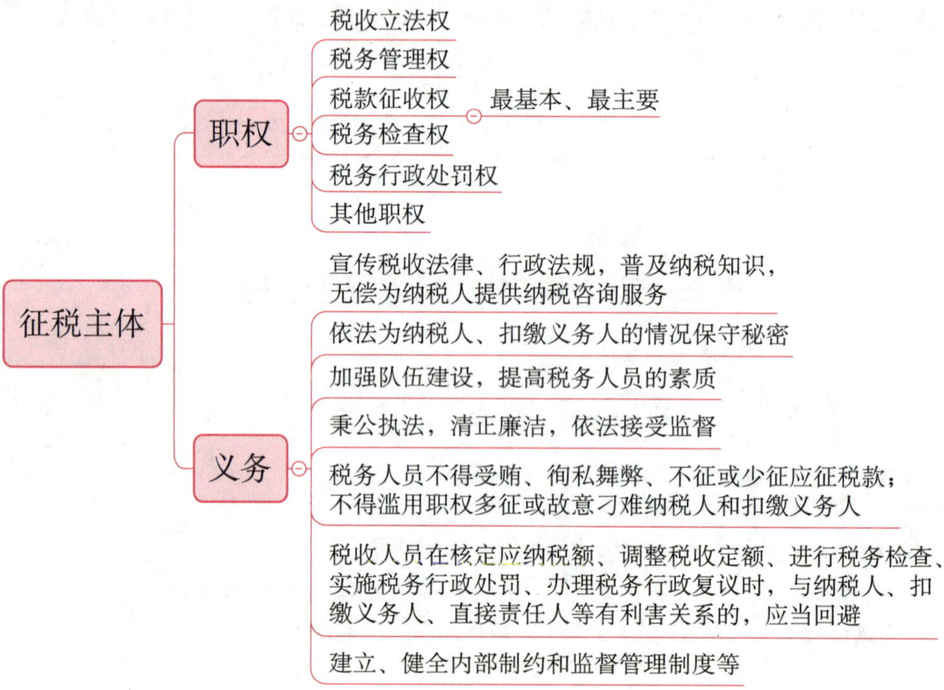

图7－2 征税主体的权利和义务

纳税主体的权利和义务如表7－1所示。

表7－1 纳税主体的权利和义务

	权利	义务
纳税主体	（1）知情权；（2）要求保密权；（3）依法享受税收优惠权；（4）申请退还多缴税款权；（5）申请延期申报权；（6）纳税申报方式选择权；（7）申请延期缴纳税款权；（8）索取有关税收凭证的权利；（9）委托税务代理权；（10）陈诉权、申辩权；（11）对未出示税务检查证和税务检查通知书的拒绝检查权；（12）依法要求听证的权利；（13）税收法律救济权；（14）税收监督权	（1）按期办理税务登记，及时核定应纳税种、税目；（2）依法设置账簿、保管账簿和有关资料以及依法开具、使用、取得和保管发票的义务；（3）财务会计制度和会计核算软件备案的义务；（4）按照规定安装、使用税控装置的义务；（5）按期、如实办理纳税申报的义务；（6）按期缴纳或解缴税款的义务；（7）接受税收检查的义务；（8）代扣、代收代缴的义务等；（9）及时提供信息的义务，如纳税人有歇业、经营情况有变化等特殊情况，应及时向征税机关说明；（10）报告其他涉税信息的义务，如企业合并、分立的报告义务等

同步练习

【多选】下列各项中，属于税务机关职权的有（ ）。

A. 税务管理权
B. 税款征收权
C. 税务检查权
D. 税收法律、法规和规章的知情权

答案及解析

【答案】ABC

【解析】根据征管法的规定，税务管理权、税款征收权和税务检查权是税务机关的职权，而税收法律、法规和规章的知情权是纳税主体的权利。

第二节 税务管理

本节考点

1. 税务管理的概念（了解税务管理的概念）
2. 税务登记（了解税务登记申请人的内容）
3. 账簿和凭证管理（了解账簿和凭证的内容）
4. 发票管理（了解发票的类型及开具使用）
5. 纳税申报（熟悉纳税申报的方式和要求）

【考点1】税务管理的概念★

税务管理是指税收征收管理机关为了贯彻、执行国家税收法律制度，加强税收工作，协调征税关系而开展的一项有目的的活动。

税务管理是税收征收管理的重要内容，是税款征收的前提和基础性工作。税务管理主要包括税务登记、账簿和凭证管理、纳税申报等方面的管理。

【考点2】税务登记★

税务登记是税务机关依据税法规定，对纳税人的生产、经营活动进行登记管理的一项法定制度，也是纳税人依法履行纳税义务的法定手续。

（一）税务登记申请人

税务登记申请人的内容如图7-3所示。

（二）税务登记主管机关

县以上（含本级，下同）税务局（分局）是税务登记的主管机关，负责税务登记的设

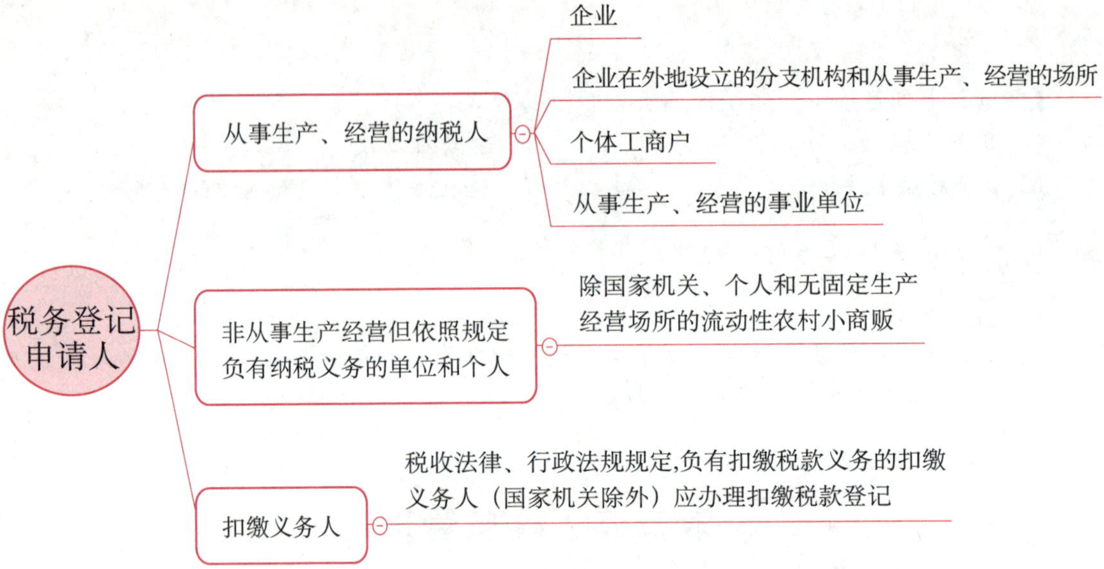

图 7-3　税务登记申请人

立登记、变更登记、注销登记以及非正常户处理、报验登记等有关事项。

县以上税务局（分局）按照国务院规定的税务征收管理范围实施属地管理，办理税务登记。有条件的城市，可以按照“各区分散受理、全市集中处理”的原则办理税务登记。

（三）“多证合一”登记制度改革

自 2015 年 10 月 1 日起，登记制度改革在全国推行，改革路径如图 7-4 所示。

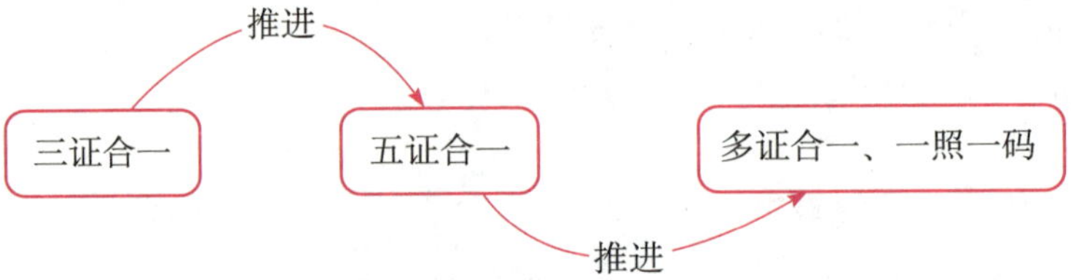

图 7-4　“多证合一”登记制度改革路径

在全面实施企业、农民专业合作社工商营业执照登记、组织机构代码证、税务登记证、社会保险登记证、统计登记证“五证合一、一照一码”登记制度改革和个体工商户工商营业执照、税务登记证“两证整合”的基础上，将涉及企业、个体工商户和农民专业合作社（统称企业）登记、备案等有关事项和各类证照进一步整合到营业执照上，实现“多证合一、一照一码”。

【例题】企业在外地设立从事生产、经营的场所不需要办理税务登记。（　　）

【答案】×

【解析】企业在外地设立从事生产、经营的场所，应当办理税务登记。

【考点 3】 账簿和凭证管理★

账簿和凭证是纳税人进行生产经营活动和核算财务收支的重要资料，也是税务机关对纳税人进行征税、管理、核查的重要依据。账簿和凭证管理的主要内容如图 7－5 所示。

账簿和凭证管理

- 从事生产、经营的纳税人应自领取营业执照或纳税义务之日起15日内，按国家有关规定设置账簿
- 生产、经营规模小又确无建账能力的纳税人，可聘请经批准从事会计代理记账业务的专业机构或税务机关认可的财会人员代为建账和办理账务
- 扣缴义务人应自税收法律、行政法规规定的扣缴义务发生之日起10日内，按所代扣、代收的税种,分别设置代扣代缴、代收代缴税款账簿
- 纳税人使用计算机记账的,纳税人建立的会计电算化系统应符合国家有关规定，并都能正确、完整核算其收入或所得
- 账簿、会计凭证和报表应使用中文。民族自治地方可同时使用当地通用的一种民族文字。外商投资企业和外国企业可以同时使用一种外国文字
- 账簿、记账凭证、报表、完税凭证、发票、出口凭证以及其他涉税资料应当保存10年；法规、行政法规另有规定的除外

图 7－5　账簿和凭证管理

【例题】根据税收征收管理法律制度的规定，从事生产、经营的纳税人应当自领取营业执照或者发生纳税义务之日起的一定期限内，按照国家规定设置账簿，该期限为（　　）。

A. 90 日　　B. 60 日　　C. 30 日　　D. 15 日

【答案】D

【解析】从事生产、经营的纳税人应当自领取税务登记证件之日起 15 日内，将其财务、会计制度或者财务、会计处理办法，报送主管税务机关备案。

【考点 4】 发票管理★★

扫码看视频

发票是指一切单位和个人在购销商品、提供或接受服务以及从事其他经营活动中，所开具和收取的业务凭证，是会计核算的原始依据，也是审计机关、税务机关执法检查的重要依据。

（一）发票的类型和适用范围

1. 发票的类型

发票的类型主要是增值税专用发票和增值税普通发票，还有特定范围继续使用的其他发票，具体如图 7－6 所示。

2. 发票的适用范围

发票的适用范围如图 7－7 所示。

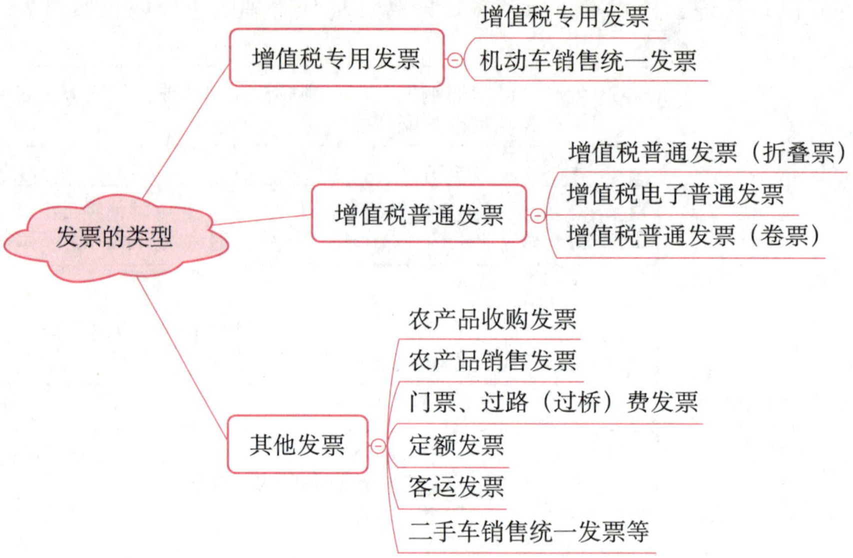

图 7－6　发票的类型

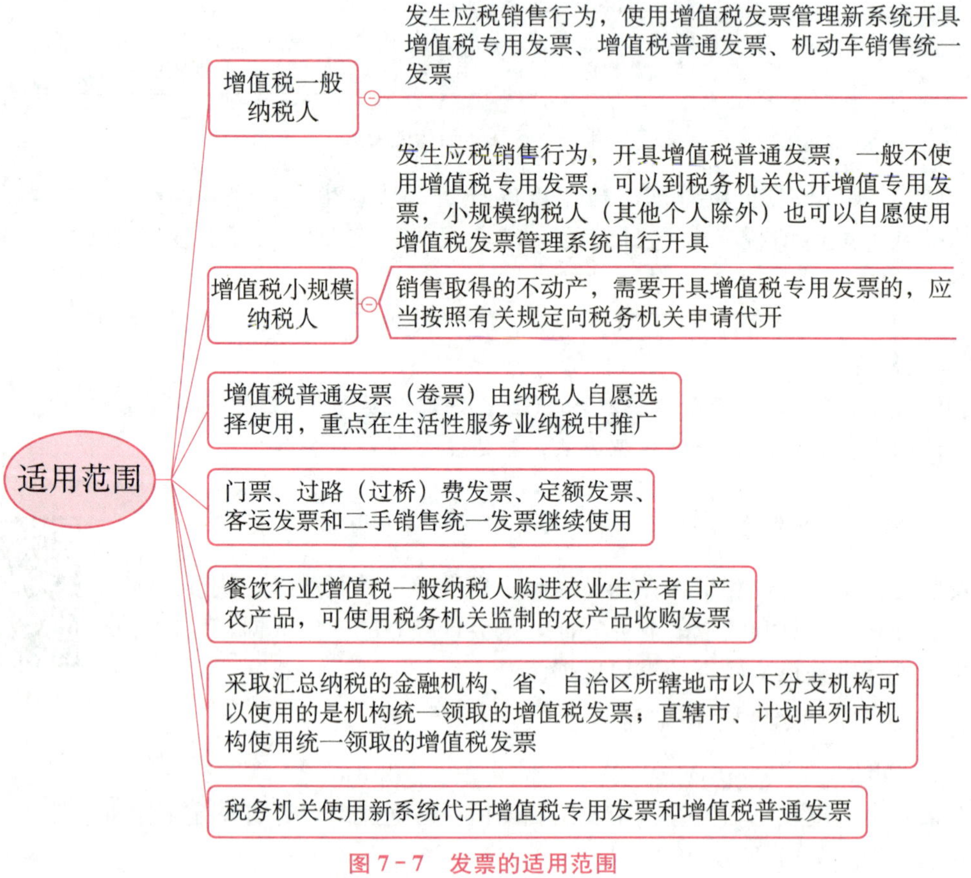

图 7－7　发票的适用范围

（二）发票的开具和使用

1. 发票的开具

（1）开具发票的相关规定如图 7－8 所示。

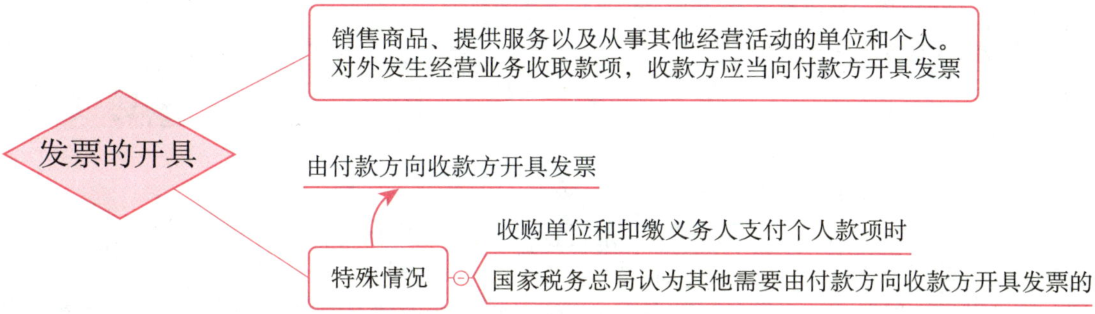

图 7－8　发票的开具

（2）取得发票时，不得要求变更品名和金额。

（3）任何单位和个人不得有如图 7－9 所示的虚开发票行为。

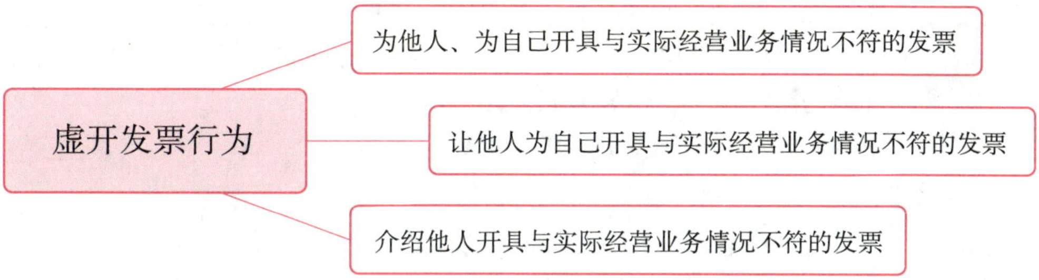

图 7－9　虚开发票行为

2. 发票的使用和保管

发票的使用和保管的具体规定如图 7－10 所示。

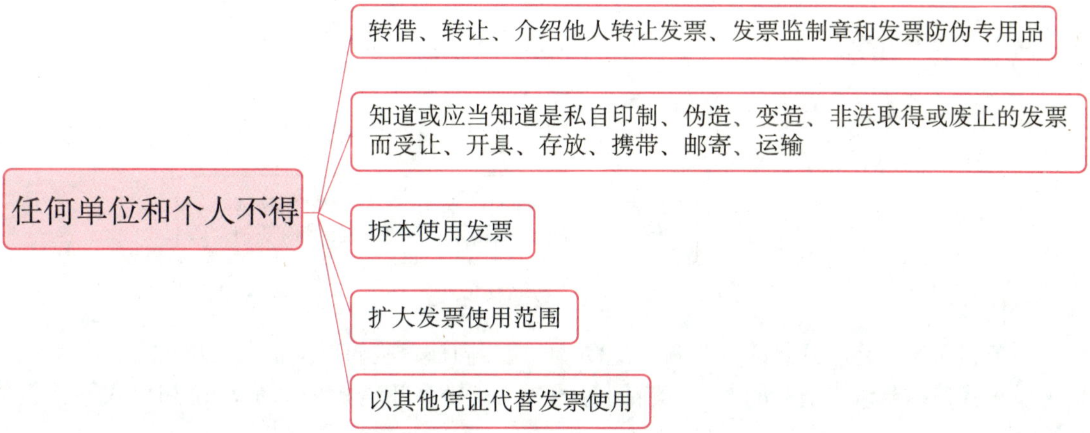

图 7－10　发票的使用和保管

小贴士

已开具发票的单位和个人应当建立发票使用登记制度，设置发票登记簿，并定期向主管税务机关报告发票的使用情况。

已经开具的**发票存根联和发票登记簿**，**应当保存5年**。保存期满，报经税务机关查验后销毁。

（三）增值税发票开具和使用的特别规定

（1）纳税人应当及时完成增值税发票税控开票软件升级和自身业务系统调整，并按照更新后的《商品和服务税收分类编码表》开具增值税发票。

（2）自2017年7月1日起，购买方为企业的，索取增值税普通发票，应向销售方提供纳税人识别号或统一社会信用代码；销售方为其开具增值税普通发票时，应在“购买方纳税人识别号”栏填写购买方的纳税人识别号或统一社会信用代码。

（3）销售方开具增值税发票时，发票内容应按实际销售情况开具，不得根据购买方要求填开与实际交易不符的内容。不符合规定的发票，不得作为税收凭证。

（4）进一步扩大增值税发票网上申领适用范围，已实现办税人员实名信息采集和验证的纳税人，可以自愿选择使用网上申领方式领用发票。

（5）积极推进增值税发票领用分类分级管理。

（四）发票的检查

税务机关在发票管理中有权进行如图7－11所示的检查。

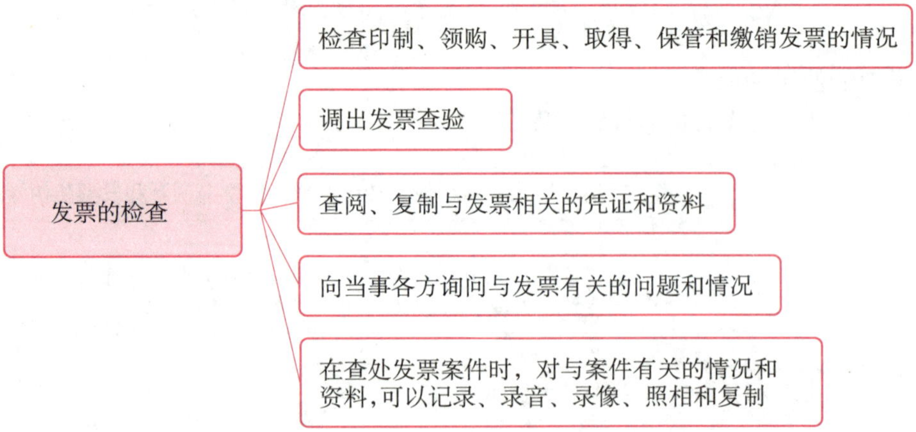

图7－11　发票的检查

税务机关需要将已开具的发票调出查验时，应当向被查验的单位和个人开具发票换票证。发票换票证与调出查验的发票具有同等的效力；被调出查验发票的单位和个人不得拒绝接受。

税务机关需要将空白发票调出查验时，应当开具收据；经查无问题的，应当及时返还。

【例题】根据税收征收管理法律制度的规定，开具发票的单位和个人应当依照税务机关的规定存放和保管发票，已经开具的发票存根联和发票登记簿应当至少保存一定期限，该期限为（　　）。

A. 20 年　　B. 15 年　　C. 10 年　　D. 5 年

【答案】D

【解析】已开具的发票存根联和发票登记簿应当保存 5 年；保存期满，报经税务机关查验后销毁。

【考点 5】 纳税申报★

纳税申报是指纳税人按照税法规定的期限和内容向税务机关提交有关纳税事项书面报告的法律行为，是纳税人履行纳税义务、承担法律责任的主要依据，是税务机关税收管理信息的主要来源和税务管理的一项重要制度。

（一）纳税申报的内容

纳税申报的内容主要明确在各税种的纳税申报表和代扣代缴、代收代缴税款报告表内，还有的部分是随纳税申报表附报的财务报表和有关纳税资料。

纳税人、扣缴义务人的纳税申报和代扣代缴、代收代缴税款报告的主要内容包括：税种、税目、应纳税项目或者应代扣代收税款项目，适用税率或者单位税额，计税依据，抵扣项目、扣除项目及标准，应纳税额或者代扣、代收税额、税款所属期限等。

（二）纳税申报的方式

纳税申报的方式如图 7－12 所示。

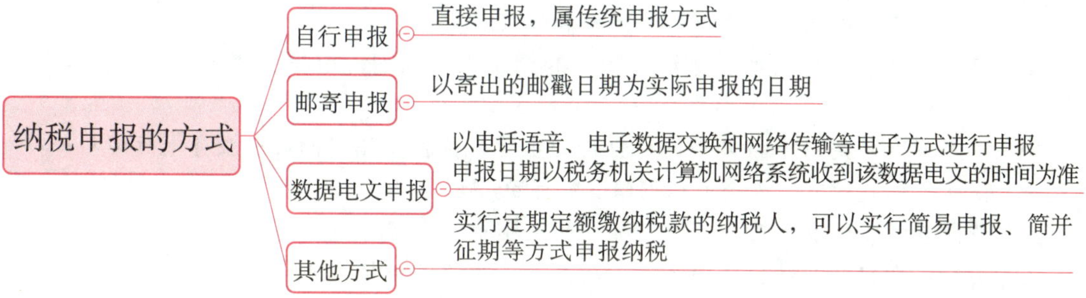

图 7－12　纳税申报的方式

（三）纳税申报的其他要求

纳税申报的其他要求如图 7－13 所示。

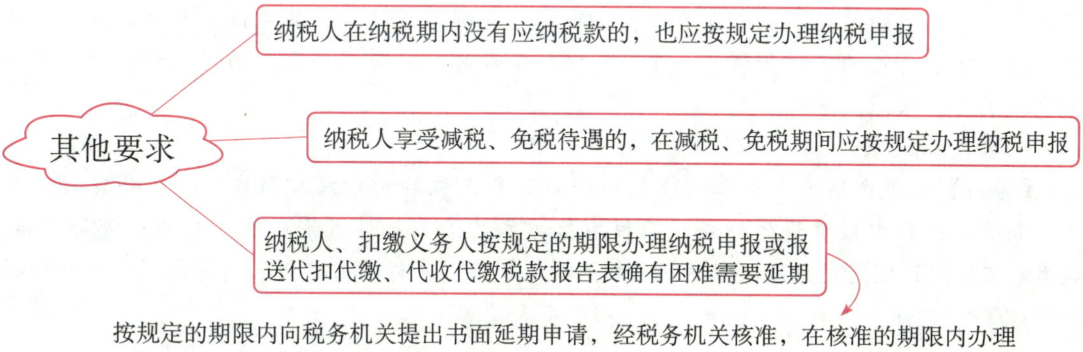

图 7－13　纳税申报的其他要求

小贴士

纳税人、扣缴义务人因不可抗力，不能按期办理纳税申报或报送代扣代缴、代收代缴税款报告的，可延期办理；但应在不可抗力情况消除后立即向税务机关报告。税务机关应当查明事实，予以核准。

经核准延期办理纳税申报、报送事项的，应当在纳税期内按照上期实际缴纳的税额或税务机关核定的税额预缴税款，并在核准的延期内办理税款核算。

【例题】纳税人在纳税期内没有应纳税款，可以不办理纳税申报。（　　）

【答案】×

【解析】纳税人在纳税期内没有应纳税款的，也应当按照规定办理纳税申报。

同步练习

【1-多选】根据税收征收管理法律制度的规定，下列各项中，属于税务机关发票管理权限的有（　　）。

A. 检查印制、领购、开具、取得、保管和缴销发票的情况

B. 查阅、复制与发票有关的凭证、资料

C. 调出发票查验

D. 向当事各方询问与发票有关的问题和情况

【2-多选】根据税收征收管理法律制度的规定，下列纳税申报方式中，符合法律规定的有（　　）。

A. 甲企业在规定的申报期限内，自行到主管税务机关指定的办税服务大厅申报

B. 经税务机关批准，丙企业以网络传输方式申报

C. 经税务机关批准，乙企业使用统一的纳税申报专用信封，通过邮局交寄

D. 实行定期定额缴纳税款的个体工商户，采用简易申报方式申报

答案及解析

1. 【答案】ABCD

【解析】税务机关在发票管理中有权进行下列检查：检查印制、领购、开具、取得、保管和缴销发票的情况；调出发票查验；查阅、复制与发票有关的凭证、资料；向当事各方询问与发票有关的问题和情况；在查处发票案件时，对与案件有关的情况和资料，可以记录、录音、录像、照相和复制。

2. 【答案】ABCD

【解析】纳税申报方式是指纳税人和扣缴义务人在纳税申报期限内，依照规定到指定的税务机关进行申报纳税的形式。纳税申报方式主要有以下几种：自行申报；邮寄申报；数据电文申报；实行定期定额缴纳税款的纳税人，可以实行简易申报、简并征期等方式申报纳税。

第三节　税款征收与税务检查

本节考点

1. 税款征收（掌握税款征收措施）
2. 税务检查（熟悉税务检查的内容）

扫码看视频

【考点1】 税款征收★★★

税款征收是税务机关依照税收法律、行政法规的规定，将纳税义务人依法应缴纳的工商各税组织征收入库的一系列活动的总称，在整个税收征收管理工作中占有极其重要的地位。税款征收是税务机关依法征税和纳税人依法纳税过程的统一。

（一）税款征收的方式

税款征收方式是税务机关在组织税款入库过程中采取的具体计算征收税款的方法和形式。税款征收方式具体如表 7－2 所示。

表 7－2　税款征收的方式

征收方式	解释	适用情况
查账征收	指税务机关根据纳税人的会计账册资料，依照税法规定计算征收税款的一种方式	财务会计制度健全、能够如实核算和提供生产经营情况，并能正确计算应纳税额和如实履行纳税义务的纳税人
查定征收	指税务机关根据纳税人的从业人员、生产设备、耗用原材料等因素，查定核实其在正常生产经营条件下，应税产品的产量、销售额，并据以征收税款的一种征收方式	生产经营规模较小、产品零星、税源分散、会计账册不健全，但能控制原材料或进项货物
查验征收	指税务机关对纳税人应纳商品通过查验数量，按照市场一般销售单价计算其收入并据以征收税款的一种方式	纳税人财务制度不健全、生产经营不固定、零星分散、流动性大的税源
定期定额征收	指税务机关根据纳税人自报及有关单位评议情况，核定其一定时期应税收入及应纳税额并分月征收的一种征收方式	生产、经营规模小，达不到规定设置账簿标准，难以查账征收，不能准确计算计税依据的个体工商户（含个人独资企业）

（二）应纳税额的核定和调整

1. 核定应纳税额的情形

纳税人有图 7－14 所示情形之一的，税务机关有权核定其应纳税额。

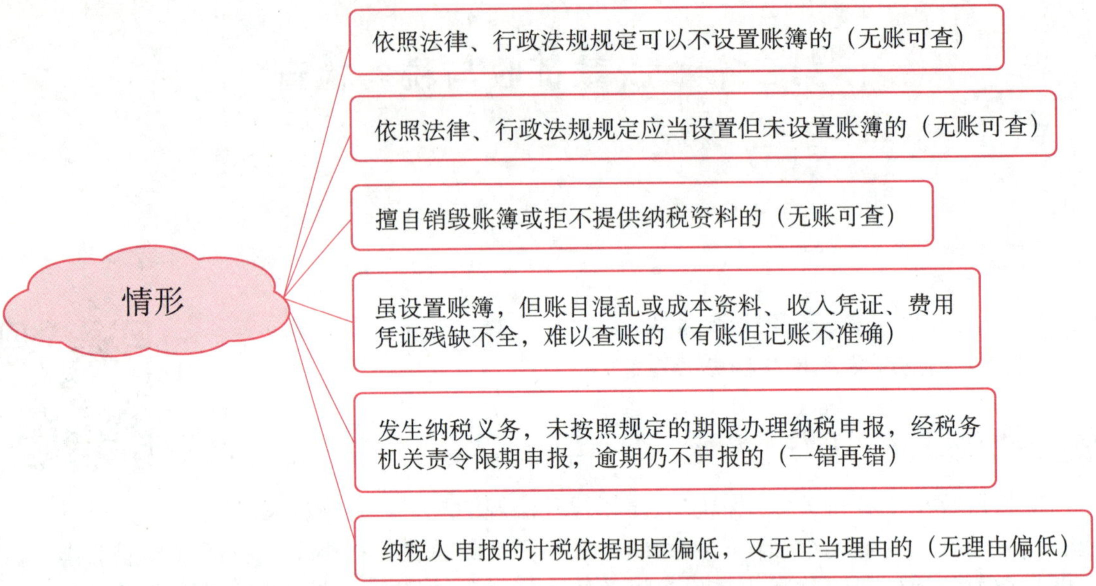

图 7-14　税务机关有权核定纳税人应纳税额的情形

2. 核定应纳税额的方法

为了减少核定应纳税额的随意性，使核定的税额更接近纳税人实际情况和法定负担水平，税务机关有权采用图 7-15 所示的任何一种方法核定应纳税额。

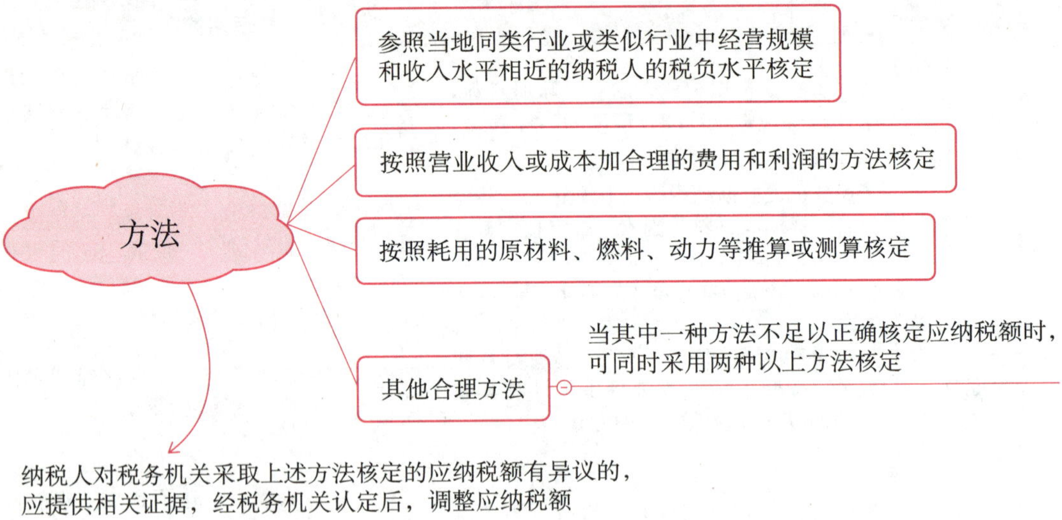

图 7-15　核定应纳税额的方法

（三）税款征收措施

税款征收措施的具体内容如表 7-3 所示。

表 7-3　税款征收措施的具体内容

措施	项目	具体内容
责令缴纳	适用情形	应税未税（纳税人、扣缴义务人、担保人）、未按照规定办理税务登记的、有根据认为可能逃税的
	不缴后果	税务机关可以扣押其相当于应纳税款的商品、货物，扣押后仍不缴纳的，可以依法拍卖或变卖
	滞纳金	滞纳金＝应纳税款×滞纳天数×0.5‰ 滞纳天数：自纳税期限届满之次日起至实际缴纳税款之日止
纳税担保	范围	税款、滞纳金和实现税款、滞纳金的费用
	方式	保证、抵押、质押
	情形	税务机关有根据认为纳税人有逃避纳税义务行为，在规定的纳税期限之前经责令其限期缴纳税款，在限期内发现纳税人有明显的转移、隐匿财产的迹象 欠缴税款、滞纳金的纳税人或者其法定代表人需要出境 纳税人同税务机关在纳税上发生争议而未缴清税款，需要申请行政复议 【提示】对罚款不服申请行政复议无须提供担保
税收保全	前提	税务机关责令具有税法规定情形的纳税人提供纳税担保而纳税人拒绝或不能提供担保
	具体措施	书面通知冻结金额相当于应纳税款的存款（陷阱：冻结全部资金） 扣押、查封价值相当于应纳税款的商品、货物或其他财产，其他财产包括纳税人的房地产、现金、有价证券等不动产和动产 【提示】并非全部财产
	期限	一般最长不得超过6个月；重大案件需要延长的，应当报国家税务总局批准
强制执行	前提	从事生产经营的纳税人、扣缴义务人未按照规定的期限缴纳或者解缴税款，纳税担保人未按照规定的期限缴纳所担保的税款，由税务机关责令限期缴纳，逾期仍未缴纳
	具体措施	书面通知从其存款中扣缴税款 扣押、查封、依法拍卖或者变卖价值相当于应纳税款的商品、货物或者其他财产，以拍卖或者变卖所得抵缴税款 【提示】强制执行的金额包括滞纳金（无罚款）
阻止出境		出境前未按规定结清应纳税款、滞纳金或者提供纳税担保的，税务机关可以通知出境管理机关阻止出境

适用拍卖、变卖的情形如图 7-16 所示。

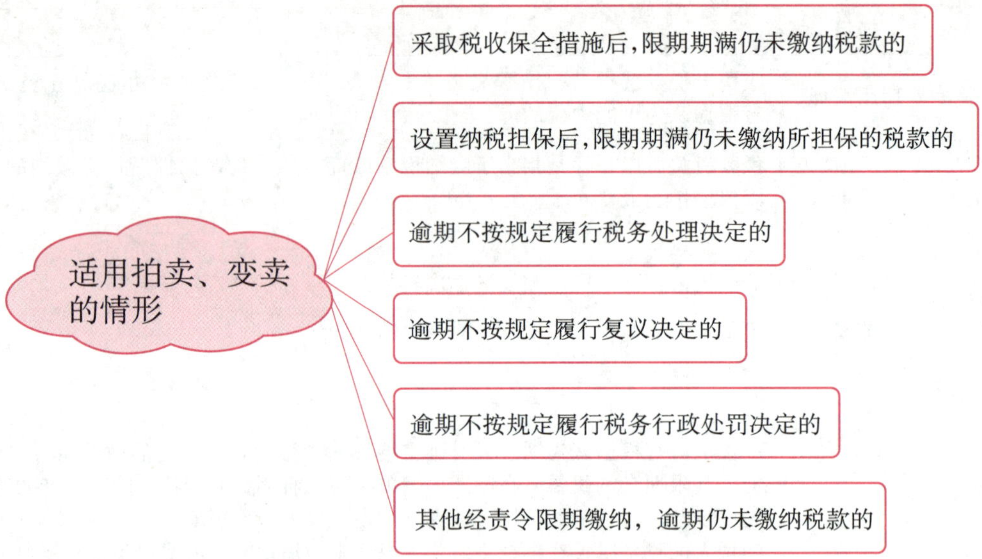

图 7-16　适用拍卖、变卖的情形

小贴士

表 7-4　税收保全与强制执行的共性

项目	内容
批准人	县以上税务局（分局）局长
不适用情形	个人及其所扶养家属维持生活必需的住房和用品，单价 5 000 元以下的其他生活用品（个人及其所扶养家属维持生活必需的住房和用品不包括机动车辆、金银饰品、古玩字画、豪华住宅或一处以外的住房；个人所扶养家属，是指与纳税人共同居住生活的配偶、直系家属以及无生活来源并由纳税人扶养的其他家属）

【例题】根据税收征收管理法律制度的规定，下列费用中，不属于纳税担保范围的是（　　）。

A. 罚款　　B. 税款

C. 实现税款的费用　　D. 税收滞纳金

【答案】A

【解析】纳税担保范围包括税款、滞纳金和实现税款、滞纳金的费用。

【考点 2】 税务检查★★

税务检查是税务机关对内和对外检查监督的统称。对内检查是指各级税务机关根据国家的税收政策法规、税收管理体制和税务人员管理制度，对下级税务机关及税务人员贯彻执行税收政策、法规、体制情况进行检查监督的一种方式。

（一）税务机关在税务检查中的职权和职责

（1）税务机关有权进行如图 7－17 所示的税务检查。

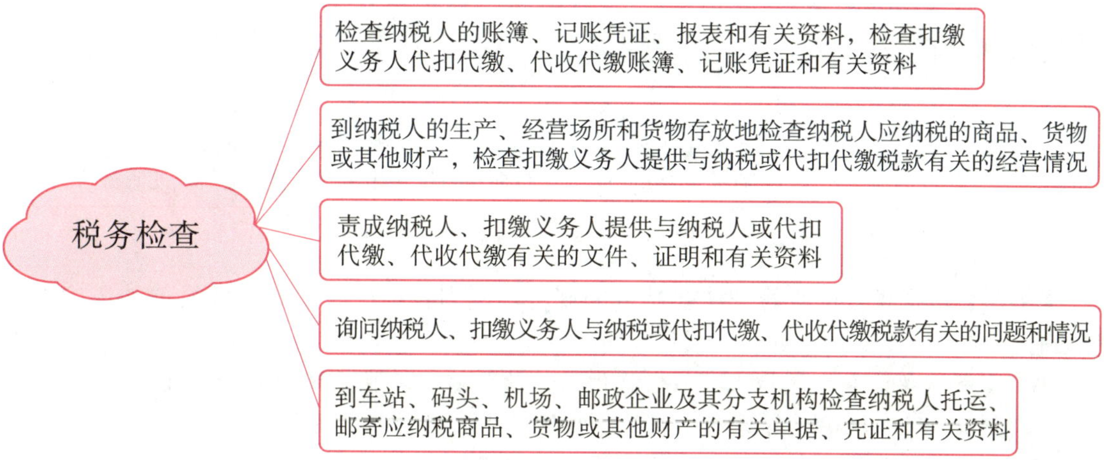

图 7－17　税务机关有权进行税务检查的情形

> **小贴士**
>
> 税务机关有权查询从事生产、经营的纳税人在银行或其他金融机构的存款账户，并有责任为被检查人保守秘密。税务机关查询所获得的资料，不得用于税收以外的用途。

（2）税务机关可以按照《税收征收管理法》规定的批准权限采取税收保全措施或强制执行措施。税务机关采取税收保全措施的期限一般**不得超过 6 个月**，重大案件需要延长的，应报国家税务总局批准。

（3）税务机关在税务检查中的职权和职责，如图 7－18 所示。

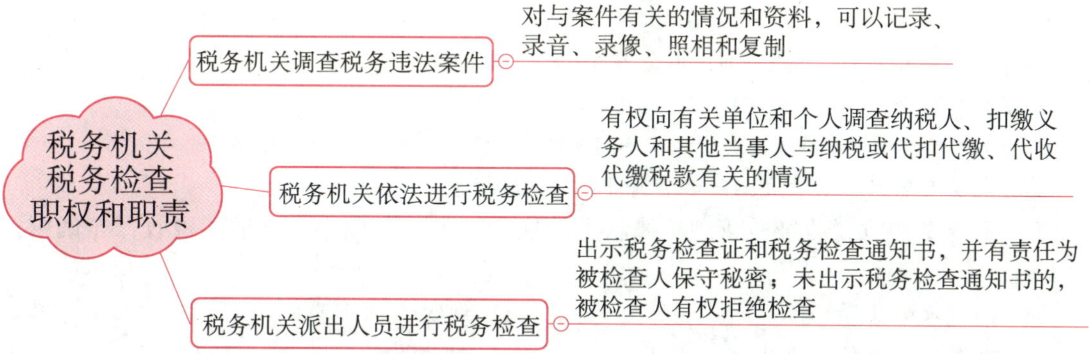

图 7－18　税务机关在税务检查中的职权和职责

（二）被检查人的义务

被检查人的义务如图 7－19 所示。

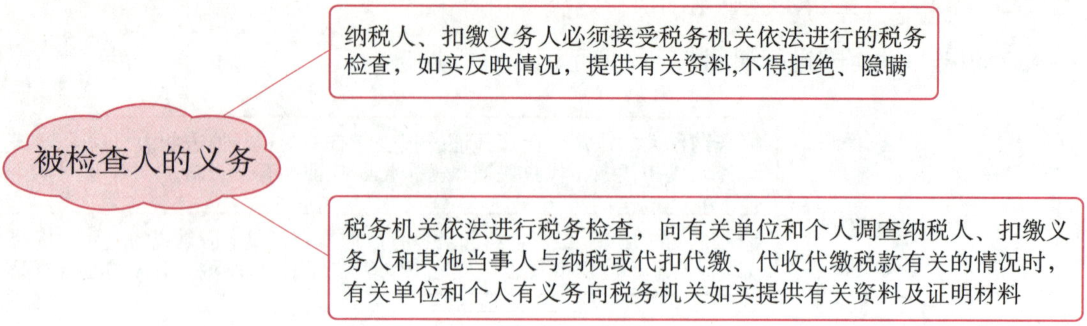

图 7-19　被检查人的义务

【例题】 根据税收征收管理法律制度的规定，下列各项中，属于税务机关纳税检查职权的有（　　）。

A. 检查扣缴义务人代扣代缴、代收代缴税款账簿、记账凭证和有关资料

B. 检查纳税人托运、邮寄应税商品、货物或者其他财产的有关单据

C. 检查纳税人存放在生产、经营场所的应纳税的货物

D. 检查纳税人的账簿、记账凭证、报表和有关资料

【答案】ABCD

【解析】税务机关的纳税检查职权包括：检查扣缴义务人代扣代缴、代收代缴税款账簿、记账凭证和有关资料；检查纳税人托运、邮寄应税商品、货物或者其他财产的有关单据；检查纳税人存放在生产、经营场所的应纳税的货物；检查纳税人的账簿、记账凭证、报表和有关资料。

同步练习

【1-单选】 按照规定，甲公司最晚应于 2019 年 5 月 15 日缴纳应纳税款，甲公司迟迟未缴纳，主管税务机关责令其于当年 6 月 30 日前缴纳，并加收滞纳金，甲公司最终于 7 月 14 日缴纳税款。下列关于主管税务机关对甲公司加收滞纳金的起止时间的表述中，正确的是（　　）。

A. 2019 年 6 月 15 日至 2019 年 7 月 15 日

B. 2019 年 6 月 30 日至 2019 年 7 月 15 日

C. 2019 年 5 月 16 日至 2019 年 7 月 14 日

D. 2019 年 7 月 1 日至 2019 年 7 月 14 日

【2-单选】 根据税收征收管理法律制度的规定，下列各项中，不适用税收保全的财产是（　　）。

A. 纳税人的古董　　B. 纳税人的别墅

C. 纳税人的豪华小汽车　　D. 纳税人的家庭唯一普通住房

【3-多选】 根据税收征收管理法律制度的规定，下列各项中，可以适用税收保全的财产有（　　）。

A. 金银首饰　　B. 古玩字画　　C. 豪华住宅　　D. 小汽车

【4-判断】 纳税人对税务检查人员未出示税务检查证和税务检查通知书的，有权拒绝

检查。（ ）

答案及解析

1.【答案】C

【解析】加收滞纳金的起止时间，自税款法定缴纳期限届满次日起（5 月 16 日）至纳税人、扣缴义务人实际缴纳或者解缴税款之日止（7 月 14 日）。

2.【答案】D

【解析】个人及其所扶养家属维持生活必需的住房和用品，不在税收保全措施的范围之内；生活必需的住房和用品不包括机动车辆、金银饰品、古玩字画、豪华住宅或者一处以外的住房。

3.【答案】ABCD

【解析】个人及其所扶养的家属维持生活必需的住房和用品，不在税收保全措施范围之内。个人及其所扶养家属维持生活必需的住房和用品不包括机动车辆、金银饰品、古玩字画、豪华住宅或一处以外的住房，因此四个选项均属于可以适用税收保全措施的财产。

4.【答案】√

【解析】税务检查人员未出示税务检查证和税务检查通知书的，被检查人有权拒绝检查。

第四节 税务行政复议

本节考点

1. 税务行政复议的概念（了解税务行政复议的概念）
2. 税务行政复议范围（熟悉税务行政复议范围）
3. 税务行政复议管辖（了解税务行政复议管辖的一般和特殊规定）
4. 税务行政复议申请与受理（了解税务行政复议申请与受理）
5. 税务行政复议审查和决定（了解税务行政复议审查和决定）

【考点 1】 税务行政复议概念★

税务行政复议是我国行政复议制度的一个重要组成部分。税务行政复议是指当事人（纳税人、扣缴义务人、纳税担保人及其他税务当事人）不服税务机关及其工作人员作出的税务具体行政行为，依法向上一级税务机关（复议机关）提出申请，复议机关经审理对原税务机关具体行政行为依法作出维持、变更、撤销等决定的活动。

【考点 2】 税务行政复议范围★★

对如图 7 - 20 所示具体行为不服，可以提出行政复议申请。

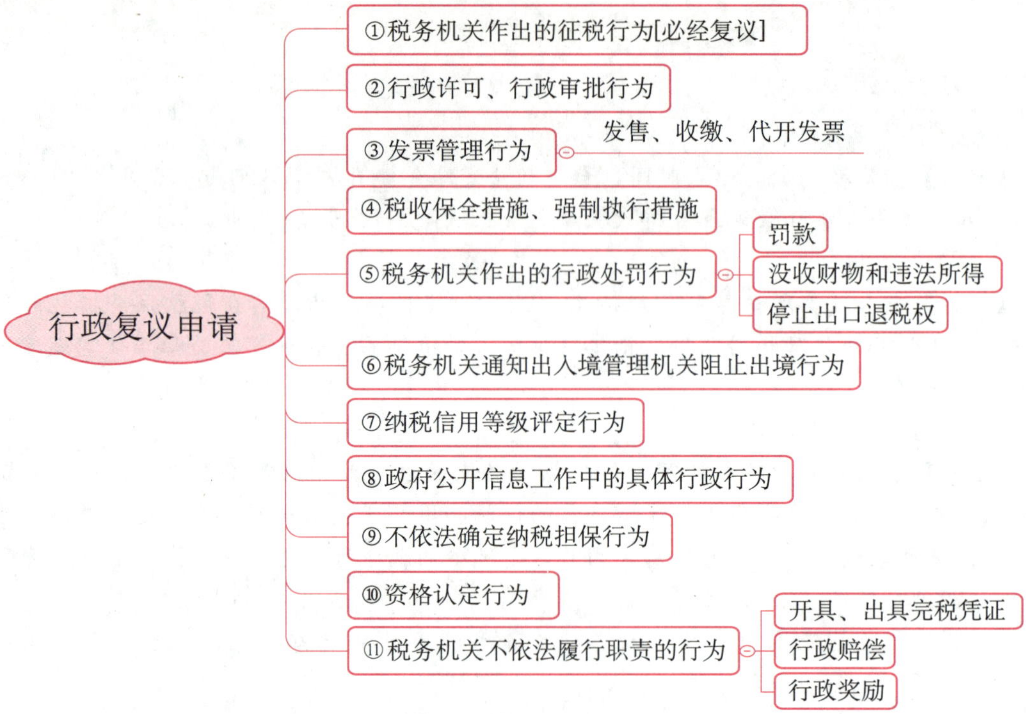

图 7－20　可以提出行政复议申请的情形

小贴士

税务机关作出的行政行为的内容

上述可提出复议范围中的第①项——税务机关作出的征税行为，包括：确认纳税主体、征税对象、征税范围、减税、免税、退税、抵扣税款、适用税率、计税依据、纳税环节、纳税期限、纳税地点和税款征收方式等具体行政行为，征收税款、加收滞纳金，扣缴义务人、受税务机关委托的单位和个人作出的代扣代缴、代征行为等（必经复议）。

税务机关不依法履行职责的行为

上述可提出复议范围中的第⑪项——税务机关不依法履行职责的行为，包括：不依法开具、出具完税凭证、外出经营活动税收管理证明。不依法行政赔偿；不依法行政奖励；其他不依法履行职责的行为。

特殊说明

申请人对复议范围中第①项规定行为不服的，应当先向复议机关申请行政复议，对行政复议决定不服的，应先向复议机关申请行政复议，对行政复议决定不服的可以再向人民法院提起行政诉讼（必经复议）。

申请人对复议范围中第②～⑪项规定的具体行政行为不服的，可以申请行政复议，也可以直接向人民法院提起行政诉讼（选择复议）。

【例题】根据税收征收管理法律制度的规定，税务机关作出的下列行政行为中，纳税人不服时可以选择申请税务行政复议或者直接提起行政诉讼的有（　　）。

A. 加收滞纳金　　　　　　　　　　　　B. 罚款

C. 没收财物和违法所得　　　　　　　　D. 征收税款

【答案】BC

【解析】选项 A、D 属于税务机关作出的征税行为，应该先向复议机关申请行政复议；对复议决定不服的，可以再向人民法院提起行政诉讼。

【考点 3】 税务行政复议管辖★

（一）复议管辖的一般规定

复议管辖的一般规定如图 7－21 所示。

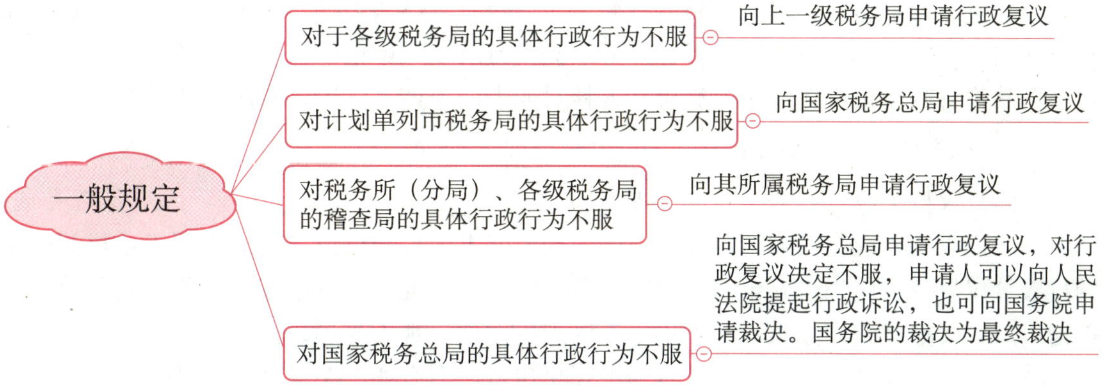

图 7－21　复议管辖的一般规定

（二）复议管辖的特殊规定

复议管辖的特殊规定如表 7－5 所示。

表 7－5　复议管辖的特殊规定

具体情形	申请主体
对两个以上税务机关共同作出具体行政行为不服	共同上一级税务机关
对税务机关与其他行政机关共同作出具体行政行为不服	共同上一级行政机关
对被撤销的税务机关在撤销以前所作出具体行政行为不服	继续行使其职权的税务机关的上一级税务机关
对逾期不缴纳罚款而加处罚款不服	作出行政处罚决定的税务机关
对已处罚款和加处罚款都不服	作出行政处罚决定的税务机关的上一级税务机关

【例题】对国家税务总局的具体行政行为不服的，向国务院申请行政复议。（　　）

【答案】×

【解析】对国家税务总局作出的具体行政行为不服的，向国家税务总局申请行政复议。对行政复议决定不服，申请人可以向人民法院提起行政诉讼，也可以向国务院申请裁决。国务院的裁决为“终局裁决”。

【考点4】税务行政复议申请与受理★

（一）税务行政复议申请

（1）申请人可以在知道税务机关作出具体行政行为之日起60日内提出行政复议申请；因不可抗力因素或者被申请人设置障碍等原因耽误法定申请期限的，申请期限的计算应当扣除被耽误时间。

（2）申请人对税务机关作出逾期不缴纳罚款加处罚款的决定不服的，应当先缴纳罚款和加处罚款，再申请行政复议。

（3）申请人申请行政复议，可以书面申请，也可以口头申请。书面申请的，可以采取当面递交、邮寄、传真或者电子邮件等方式提出行政复议申请。口头申请的，复议机关应当当场制作行政复议申请笔录，交申请人核对或者向申请人宣读，并向申请人确认。

（二）税务行政复议受理

（1）复议机关收到行政复议申请后，应当在5个工作日内进行审查，决定是否受理；对不符合规定的行政复议申请，决定不予受理，并书面告知申请人；对不属于本机关受理的行政复议申请，应当告知申请人向有关行政复议机关提出。行政复议机关收到行政复议申请以后未按照规定期限审查并作出不予受理决定的，视为受理。

（2）行政复议期间，具体行政行为不停止执行。但有如图7－22所示情形之一的，可以停止执行。

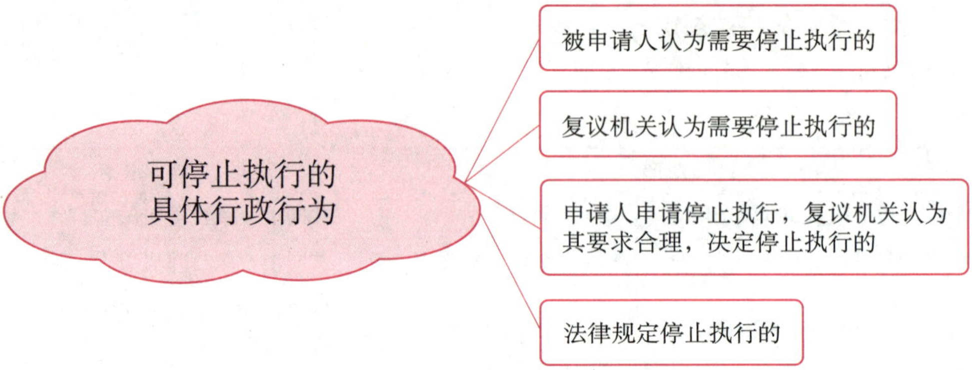

图7－22　行政复议期间可以停止执行的具体行政行为

【例题】根据税收征收管理法律制度的规定，纳税人申请税务行政复议的法定期限是（　　）。

A. 在税务机关作出具体行政行为之日起60日内

B. 在税务机关作出具体行政行为之日起3个月内

C. 在知道税务机关作出具体行政行为之日起3个月内

D. 在知道税务机关作出具体行政行为之日起60日内

【答案】D

【解析】复议期限：申请人可以在知道具体行政行为之日起60日内提出。

【考点5】税务行政复议审查和决定★

（一）税务行政复议审查

税务行政复议审查的具体内容如图7－23所示。

- 税务行政复议审查
  - 行政复议机构审理行政复议案件，应由2名以上行政复议工作人员参加
  - 对重大、复杂的案件，申请人提出要求或行政复议机构认为有必要时，可以采取听证方式审理
    - 听证应公开举行，涉及国家秘密、商业秘密或个人隐私的除外。行政复议听证人员不得少于2人。第三人不参加听证的，不影响听证的举行
  - 行政复议机关应当全面审查被申请人的具体行政行为所依据的事实证据、法律程序、法律依据和设定的权利义务内容的合法性、适当性
  - 申请人在行政复议决定作出以前撤回行政复议申请的，经行政复议机构同意，可撤回
    - 申请人撤回行政复议申请的，不得再以同一事实和理由提出行政复议申请，申请人能证明撤回行政复议申请违背其真实意思表示的除外
  - 行政复议期间，被申请人改变原具体行政行为的，不影响行政复议案件的审理，但申请人依法撤回行政复议申请的除外
  - 行政复议机关审查被申请人的具体行政行为时，认为其依据不合法，本机关有权处理的，应在30日内依法处理;无权处理的，应在7个工作日内按法定程序逐级转送有权处理的机关依法处理

图7－23　税务行政复议审查的具体规定

（二）税务行政复议决定

行政复议机构应当对被申请人的具体行政行为提出审查意见，经行政复议机关负责人批准，按照图7－24所示的规定作出行政复议决定：

- 税务行政复议决定
  - 具体行政行为认定事实清楚、证据确凿，适用依据正确，程序合法，内容适当的，决定维持
  - 被申请人不履行法定职责的，决定其在一定期限内履行
  - 具体行政行为有下列情形之一的，决定撤销、变更或者确认该具体行政行为违法
    - 主要事实不清、证据不足
    - 适用依据错误
    - 违反法定程序
    - 超越或滥用职权
    - 具体行政行为明显不当
  - 被申请人不按规定提出书面答复，提交当初作出具体行政行为的证据、依据和其他有关材料，视为该具体行政行为没有证据、依据，决定撤销该具体行政行为

图7－24　税务行政复议决定

小贴士

特殊规定

（1）复议机关应当自**受理申请之日起 60 日内**作出行政复议决定。情况复杂、不能在规定期限内作出行政复议决定的，经复议机关负责人批准，可以适当延期，并告知申请人和被申请人；但**延期不得超过 30 日**。

（2）复议机关作出行政复议决定，应当制作行政复议决定书，并加盖印章。行政复议决定书**一经送达**，即**发生法律效力**。

【例题】根据税收征收管理法律制度的规定，下列关于税务行政复议决定的表述中，不正确的是（　　）。

A. 复议机关应当自受理申请之日起 180 日内作出行政复议决定

B. 具体行政行为认定事实清楚，证据确凿，适用依据正确，程序合法，内容适当的，行政复议机构作出维持的复议决定

C. 具体行政行为适用依据错误的，行政复议机构作出撤销、变更该具体行政行为的复议决定

D. 被申请人不履行法定职责的，行政复议机构作出要求被申请人在一定期限内履行的复议决定

【答案】A

【解析】复议机关应当自受理申请之日起 60 日内作出行政复议决定。

同步练习

【1-单选】根据税收征收管理法律制度的规定，税务机关作出的下列具体行政行为中，纳税人不服时可以选择申请税务行政复议或者直接提起行政诉讼的是（　　）。

A. 加收滞纳金

B. 征收税款

C. 确认纳税主体

D. 没收财物和违法所得

【2-单选】根据税收征收管理法律制度的规定，税务机关作出的下列具体行政行为中，申报人不服，应当先向复议机关申请行政复议，对行政复议决定不服的，可以再向人民法院提起行政诉讼的是（　　）。

A. 行政处罚行为

B. 税收保全行为

C. 征收税款行为

D. 发票管理行为

【3-多选】根据税收征收管理法律制度的规定，纳税人对税务机关作出的下列具体行政行为不服，可以提出行政复议申请的有（　　）。

A. 确认计税依据

B. 加收滞纳金

C. 征收税款

D. 确认纳税主体

答案及解析

1. 【答案】D

【解析】选项 A、B、C 属于征税行为，纳税人不服的，必须先申请行政复议，对行政复议决定不服的，可以向人民法院提起行政诉讼；选项 D 不属于征税行为，纳税人不服的，可以申请行政复议，也可以直接向人民法院提起行政诉讼。

2. 【答案】C

【解析】选项 C 属于征税行为，纳税人不服的，必须先申请行政复议，对行政复议决定不服的，可以向人民法院提起行政诉讼；选项 A、B、D 不属于征税行为，纳税人不服的，可以申请行政复议，也可以直接向人民法院提起行政诉讼。

3. 【答案】ABCD

【解析】税务机关作出的征税行为，包括确认纳税主体、征税对象、征税范围、减税、免税、退税、抵扣税款、适用税率、计税依据、纳税环节、纳税期限、纳税地点和税款征收方式等具体行政行为，征收税款、加收滞纳金，扣缴义务人、受税务机关委托的单位和个人作出的代扣代缴、代收代缴、代征行为等。

第五节　税收法律责任

本节考点

1. 税务管理相对人违反税务管理基本规定的法律责任（了解该行为的法律责任）
2. 逃税行为的法律责任（了解逃税行为的法律责任）
3. 欠税行为的法律责任（了解欠税行为需要承担的法律责任）
4. 抗税行为的法律责任（了解抗税行为需要承担的法律责任）
5. 骗税行为的法律责任（了解骗税行为需要承担的法律责任）

【考点1】 税务管理相对人违反税务管理基本规定的法律责任★

（一）纳税人违反税务管理的法律责任

（1）纳税人有下列行为之一的，由税务机关责令限期改正，可以处 2 000 元以下的罚款；情节严重的，处 2 000 元以上 1 万元以下的罚款：

1）未按规定设置、保管账簿或保管记账凭证和有关资料。

2）未按规定将财务、会计制度或财务、会计处理办法和会计核算软件报送税务机关备查的。

3）未按规定将其全部银行账号向税务机关报告。

4）未按规定安装、使用税控装置，或损毁、擅自改动税控装置的。

（2）其他违反税务管理规定的行为及处罚如图 7－25 所示。

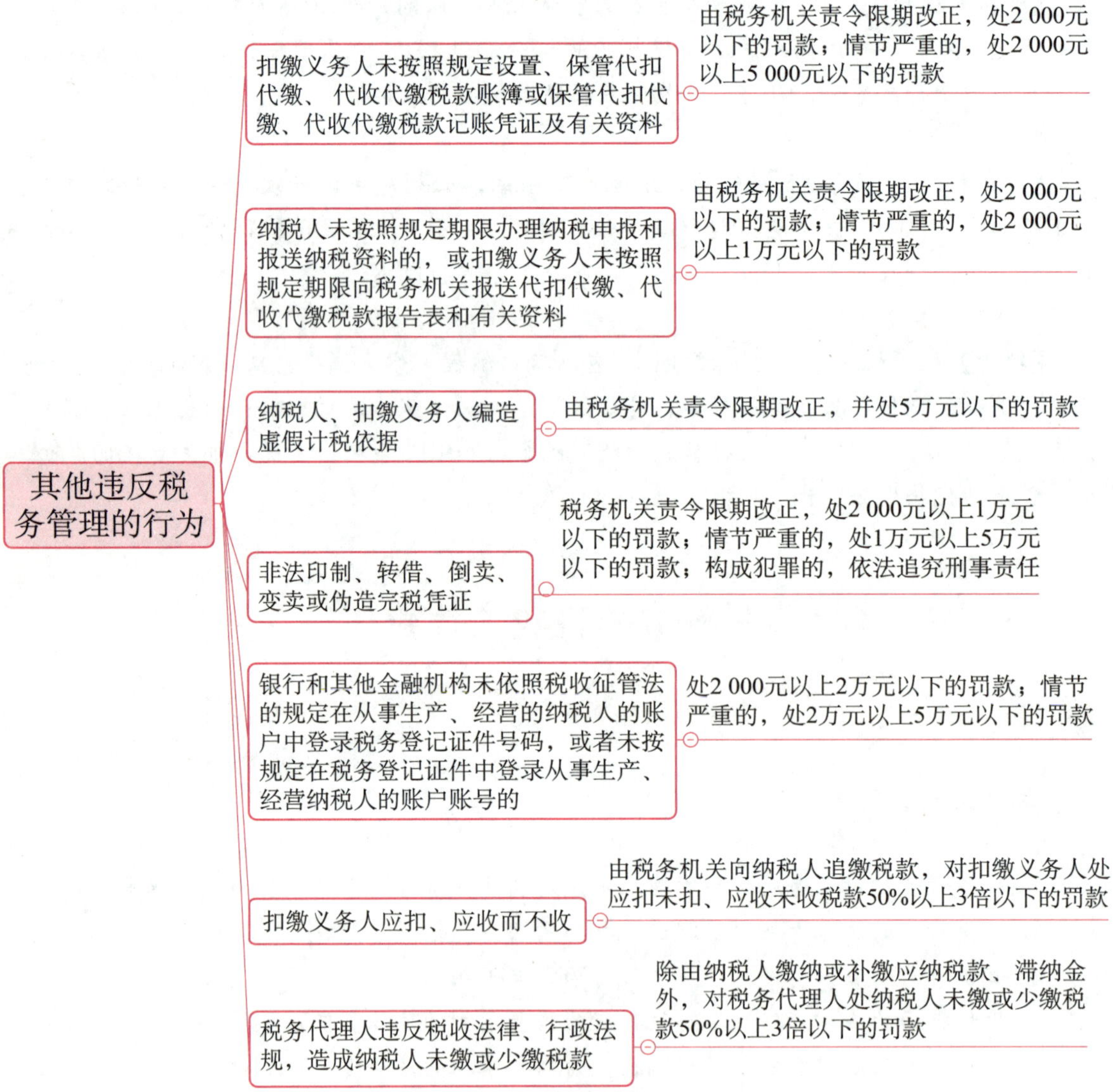

图 7－25　其他违反税务管理的行为及处罚

【考点2】逃税行为的法律责任★★

逃税行为是指纳税人采取欺骗、隐瞒手段进行虚假纳税申报或者不申报，逃避缴纳税款的行为。逃税行为的具体内容及相关处置如表7－6所示。

表7－6　逃税行为的法律责任

具体内容	相关处罚
纳税人采取伪造、变造、隐匿、擅自销毁账簿、记账凭证，或者在账簿上多列支出或者不列、少列收入，或者经税务机关通知申报而拒不申报或者进行虚假的纳税申报的手段，不缴或者少缴应纳税款	由税务机关追缴其不缴或者少缴的税款、滞纳金，并处不缴或者少缴的税款、滞纳金，并处不缴或少缴50%以上5倍以下的罚款
纳税人采取欺骗、隐瞒手段进行虚假纳税申报或不申报，逃避缴纳税款数额较大并且占应纳税额10%以上	处3年以下有期徒刑或拘役，并处罚金
数额巨大并且占应纳税额30%以上	处3年以上7年以下有期徒刑，并处罚金
【提示】对多次实施前述行为，未经处理的，按累计数额计算	
有逃税行为，经税务机关依法下达追缴通知后	补缴应纳税额，缴纳滞纳金，已受行政处罚的，不予追究刑事责任；但5年内因逃避缴纳税款受过刑事处罚或被税务机关给予2次以上的行政处罚的除外
扣缴义务人采取上述手段，不缴或少缴已扣、已收税款，由税务机关追缴其不缴或少缴的税款、滞纳金，并处不缴或少缴的税款50%以上5倍以下的罚款；构成犯罪的，依法追究刑事责任	

【例题】下列属于税法规定的逃税手段的有（　　）。

A. 伪造变造账簿、记账凭证　　B. 以暴力拒不缴纳税款

C. 隐匿、擅自销毁账簿和记账凭证　　D. 转移或者隐匿财产

【答案】AC

【解析】逃税，是指纳税人采取欺骗、隐瞒手段进行虚假纳税申报或者不申报，逃避缴纳税款，采取伪造、变造、隐匿、擅自销毁账簿、记账凭证，或者在账簿上多列支出或者不列、少列收入，或者经税务机关通知申报而拒不申报或者进行虚假的纳税申报的手段，不缴或者少缴应纳税款的行为。

【考点3】欠税行为的法律责任★

欠税是指纳税人欠缴应纳税款、采取转移或隐匿财产的手段，妨碍税务机关追缴欠缴的税款的行为。

纳税人欠税的，由税务机关追缴欠缴的税款、滞纳金，并处欠缴税款50%以上5倍以下的罚款；构成犯罪的，依法追究刑事责任。

【考点4】 抗税行为的法律责任★

抗税是指应该交纳税费，但纳税人、扣缴义务人以暴力、威胁方法拒不缴纳税款的行为。对抗税行为，除由税务机关追缴其拒缴的税款、滞纳金外，依法追究刑事责任；情节轻微，未构成犯罪的，由税务机关追缴其拒缴的税款、滞纳金，并处拒缴税款1倍以上5倍以下的罚款。

【考点5】 骗税行为的法律责任★

骗税是指纳税人用假报出口等虚构事实或隐瞒真相的方法，经过公开的合法的程序，利用国家税收优惠政策，骗取减免税或者出口退税的行为。

骗税主要有两种表现形式：骗取减免税和骗取出口退税。

与偷税相比，骗税具有明显的公开欺骗性，它以公开欺骗的手段，骗得税务机关信任，非法占有国家税款，并在表面上具有合法性。

纳税人有骗税行为，由税务机关追缴其骗取的退税款，并处骗取税款**1倍以上5倍以下**的罚款；构成犯罪的，依法追究刑事责任。

【例题】根据税收征收管理法律制度的规定，纳税人有骗税行为，由税务机关追缴其骗取的退税款，并处骗取税款一定倍数的罚款，该倍数为（　　）。

A. 5倍以上10倍以下　　B. 1倍以上5倍以下

C. 10倍　　D. 10倍以上15倍以下

【答案】B

【解析】纳税人有骗税行为，由税务机关追缴其骗取的退税款，并处骗取税款1倍以上5倍以下的罚款；构成犯罪的，依法追究刑事责任。

【考点6】 纳税人、扣缴义务人不配合税务检查的法律责任★

税务检查期间，纳税人、扣缴义务人发生不配合税务机关进行税务检查的如图7－26所示行为，由税务机关责令改正，处1万元以下的罚款；情节严重的，处1万元以上5万元以下的罚款。

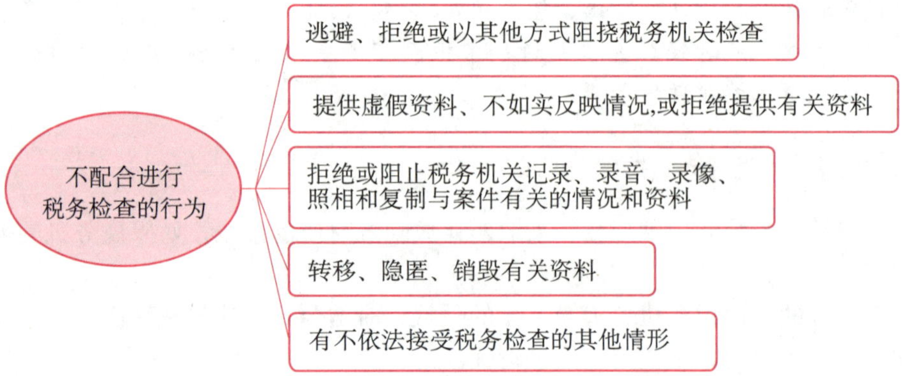

图7－26　纳税人、扣缴义务人不配合税务检查的行为

【考点7】 重大税收违法失信案件信息公布★

税务机关依照规定，向社会公布重大税收违法失信案件信息，并将信息通报相关部门，共同实施严格监管和惩戒。

（一）重大税收违法失信案件的范围

重大税收违法失信案件是指符合图7－27所示标准之一的案件。

重大税收违法失信案件的范围

- 纳税人伪造、变造、隐匿、擅自销毁账簿、记账凭证，或者在账簿上多列支出或者不列、少列收入，或者经税务机关通知申报而拒不申报或者进行虚假的纳税申报，不缴或者少缴应纳税款100万元以上，且任一年度不缴或者少缴应纳税款占当年各税种应纳税总额10%以上的
- 纳税人欠缴应纳税款，采取转移或者隐匿财产的手段，妨碍税务机关追缴欠缴的税款，欠缴税款金额10万元以上的
- 骗取国家出口退税款的
- 以暴力、威胁方法拒不缴纳税款的
- 虚开增值专用发票或者虚开用于骗取出口退税、抵扣税款的其他发票的
- 虚开增值税普通发票100份或者金额40万元以上的
- 私自印制、伪造、变造发票，非法制造发票防伪专用品，伪造发票监制章的
- 具有偷税、逃避追缴欠税、骗取出口退税、抗税、虚开发票等行为，经税务机关检查确认走逃（失联）的
- 其他违法情节严重、有较大社会影响的

图7－27　重大税收违法失信案件的范围

（二）重大税收违法失信案件信息公布的内容

重大税收违法失信案件信息公布的主要内容如图7－28所示。

重大税收违法失信案件信息公布的内容

- 对法人或者其他组织，公布名称、注册地址、法定代表人等相关基本信息
- 对自然人，公布其姓名、性别、身份证号码
- 主要违法事实
- 走逃（失联）情况
- 适用相关法律依据
- 税务处理、税务行政处罚等情况
- 实施检查的单位
- 公布的对重大税收违法失信案件负有直接责任的涉税专业服务机构及从业人员的相关信息

图7－28　重大税收违法失信案件信息公布的主要内容

（三）案件信息公布程序

当事人在法定期间内没有申请行政复议或者提起行政诉讼，或者经行政复议或者法院裁判对此案件最终确定效力后，依法向社会公布；未作出决定的案件，经税务机关查证处理，进行公告30日后，依法向社会公布。

小贴士

符合上述标准的重大税收违法失信案件当事人，在公布前缴清税款、滞纳金和罚款的，经实施检查的税务机关确认，只将案件信息录入相关税务信息管理系统，不需向社会公布该案件信息；在公布后缴清的，税务机关确认后，应停止公布并从公告栏中撤出，并将缴清税款、滞纳金和罚款情况通知相关部门。

（四）案件信息公布管理

省以下机关应及时将符合公布标准的案件信息录入相关税务信息管理系统，通过省税务机关门户网站、公告栏、广播、报纸、电视、网络媒体等形式向社会公布。

（1）案件信息一经录入相关税务信息管理系统，作为当事人的税收信用记录永久保存。

（2）重大税收违法失信案件信息自公布之日起满3年的，停止公布并从公告栏中撤出。

（3）重大税收违法失信案件信息实行动态管理，案件信息撤出或者发生变化的，税务机关应当及时向同级参与联合惩戒和管理的部门提供更新信息。

同步练习

【1-多选】根据税收征收管理法律制度的规定，行政复议机构决定撤销、变更或者确认被申请人具体行政行为违法的情形有（　　）。

A. 被申请人的具体行政行为超越职权的

B. 被申请人的具体行政行为证据不足的

C. 被申请人的具体行政行为适用依据错误的

D. 被申请人的具体行政行为明显不当的

【2-单选】根据税收征收管理法律制度的规定，下列关于税务行政复议审查的表述中，不正确的是（　　）。

A. 对重大案件，申请人提出要求或者行政复议机构认为必要时，可以采取听证的方式审理

B. 行政复议机构审理行政复议案件，应当由2名以上行政复议人员参加

C. 对国家税务总局的具体行政行为不服申请行政复议的案件，由国务院提出书面答复

D. 行政复议原则上采用书面审查的办法

【3-判断】纳税人有骗税行为的，由税务机关追缴其骗取的退税款并按规定处以罚款，构成犯罪的，依法追究刑事责任。（　　）

答案及解析

1.【答案】ABCD

【解析】具体行政行为有下列情形之一的，行政复议机关应决定予以撤销、变更或者确认其违法：主要事实不清、证据不足的；适用依据错误的；违反法定程序的；超越或者滥用职权的；具体行政行为明显不当的。

2.【答案】C

【解析】对国家税务总局的具体行政行为不服的，向国家税务总局申请行政复议。

3.【答案】√

【解析】纳税人有骗税行为，由税务机关追缴其骗取的退税款并处以骗取税款1倍以上5倍以下的罚款，构成犯罪的，依法追究刑事责任。

第八章

劳动合同与社会保险法律制度

章节简介

本章分值约 15 分，考查不定项选择题的频率较高，难度居中。本章内容为考试重点，劳动合同中的劳动仲裁与第一章中的经济仲裁有所联系，且该小节的常考点较多，需要对比理解并掌握记忆各个考点，特别注意本章变动的内容。

- 劳动合同与社会保险法律制度
  - 劳动合同法律制度
    - 劳动关系与劳动合同★
    - 劳动合同的订立★★
    - 劳动合同的主要内容★★★
    - 劳动合同的履行和变更★
    - 劳动合同的解除和终止★★
    - 集体合同与劳务派遣★★★
    - 劳动争议的解决★★★
    - 违反劳动合同法律制度的法律责任★
  - 社会保险法律制度
    - 社会保险概述★
    - 基本养老保险★★★
    - 基本医疗保险★★★
    - 工伤保险★★
    - 失业保险★★
    - 社会保险征缴与管理★
    - 违反社会保险法律制度的法律责任★

考情分析

近三年题型题量分析表

年度	单项选择题		多项选择题		判断题		不定项选择题		合计
	数量	分值	数量	分值	数量	分值	数量	分值	
2019年	2	3	2	4	1	1	0	0	8
2018年	3	4.5	3	6	1	1	0	0	11.5
2017年	3	4.5	2	4	1	1	1	8	17.5

第一节　劳动合同法律制度

本节考点

1. 劳动关系与劳动合同（了解劳动合同法的适用范围）
2. 劳动合同的订立（熟悉劳动合同订立的形式）
3. 劳动合同的主要内容（掌握劳动合同的主要内容）
4. 劳动合同的履行和变更（了解劳动合同的履行和变更）
5. 劳动合同的解除和终止（掌握劳动合同的解除和终止）
6. 集体合同与劳务派遣（掌握劳务派遣）
7. 劳动争议的解决（掌握劳动仲裁）
8. 违反劳动合同法律制度的法律责任（了解违反劳动合同法的法律责任）

【考点1】 劳动关系与劳动合同★

（一）概念

劳动关系是指劳动者与用人单位之间签订劳动合同后产生的法律关系。其中，劳动合同是劳动者和用人单位之间依法确立劳动关系，明确双方权利义务的协议。

劳动者与用人单位的关系如图8-1所示。

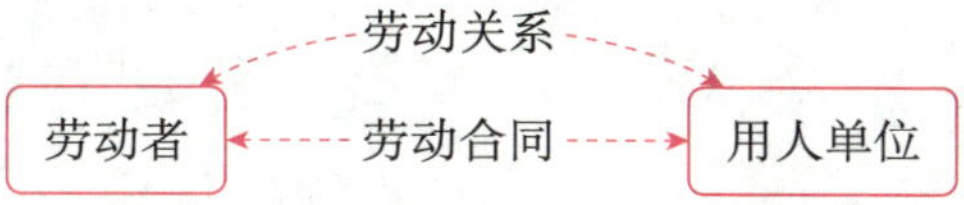

图8-1　劳动者与用人单位的关系

用人单位管理劳动者，安排劳动者工作；劳动者成为用人单位的成员，从用人单位领取劳动报酬和受劳动保护。

(二) 劳动关系的特征

(1) 劳动关系的主体具有特定性。劳动关系主体的一方是劳动者，另一方是用人单位。

(2) 劳动关系的内容具有较强的法定性。

(3) 劳动者在签订和履行劳动合同时的地位是不同的，具体如图 8-2 所示。

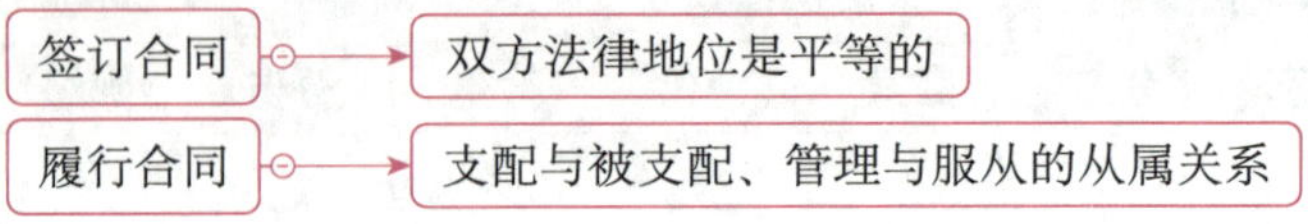

图 8-2 签订和履行劳动合同时的地位

(三)《劳动合同法》的适用范围

根据《劳动合同法》的规定，《劳动合同法》有一定的适用范围，具体如图 8-3 所示。

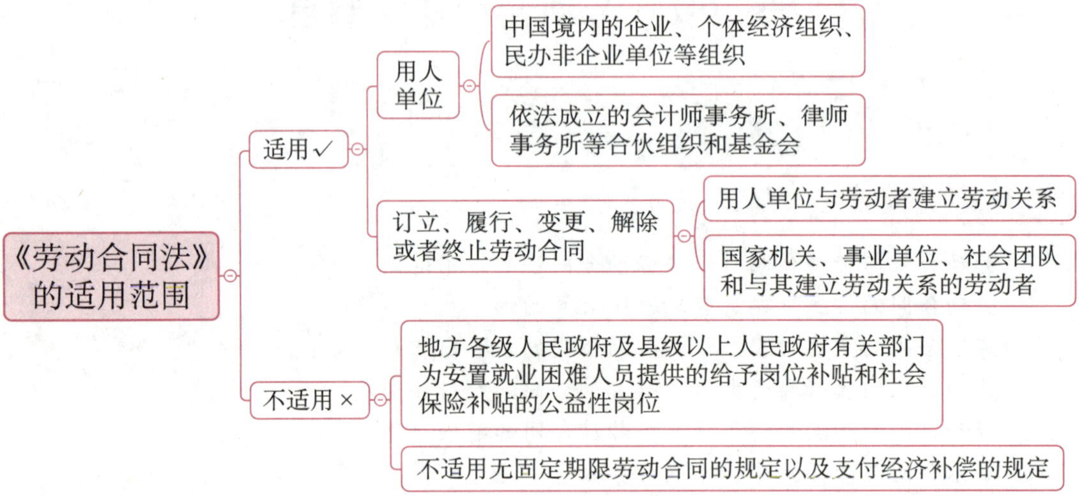

图 8-3 《劳动合同法》的适用范围

【考点 2】 劳动合同的订立★★

扫码看视频

(一) 劳动合同订立的原则

订立劳动合同，应当遵循如图 8-4 所示的原则。

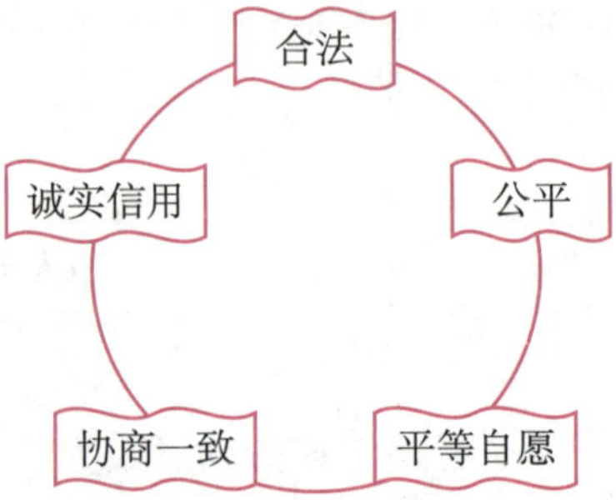

图 8-4 劳动合同订立的原则

（二）劳动合同订立的主体

1. 劳动合同订立主体的资格要求

劳动合同订立主体的资格要求如图 8－5 所示。

劳动者	用人单位
有劳动权利能力和行为能力	有用人权利能力和行为能力，运用劳动力组织生产劳动，且向劳动者支付工资等劳动报酬
（1）必须招用大于16周岁的劳动者。其中，文艺、体育和特种工艺单位招用未满16周岁的未成年人，必须依照国家有关规定，履行审批手续，并保障其接受义务教育的权利	（1）依法取得营业执照或者登记证书的→可以作为用人单位与劳动者订立劳动合同
（2）不因民族、种族、性别、宗教信仰不同而受歧视	（2）未依法取得营业执照或者登记证书的→受用人单位委托可以与劳动者订立劳动合同

图 8－5　劳动合同订立主体的资格要求

2. 劳动合同订立主体的义务

劳动合同订立主体须遵循的义务如图 8－6 所示。

用人单位招用劳动者时

应当如实告知工作内容、工作条件、工作地点、职业危害、安全生产状况、劳动报酬，以及劳动者要求了解的其他情况；不得扣押劳动者的居民身份证和其他证件，不得要求劳动者提供担保或者以其他名义向劳动者收取财物

劳动者签订劳动合同时

用人单位有权了解劳动者与劳动合同直接相关的基本情况，劳动者应当如实说明

图 8－6　劳动合同订立主体须遵循的义务

用人单位违反《劳动合同法》的规定，扣押劳动者居民身份证等证件的，由劳动行政部门责令限期退还劳动者本人，并依照有关法律规定给予处罚。

用人单位以担保或者其他名义向劳动者收取财物的，由劳动行政部门责令限期退还劳动者本人，并以每人**500 元以上 2 000 元以下**的标准处以罚款；给劳动者造成损害的，应当承担赔偿责任。

（三）劳动关系建立的时间

无论是否在用工前签订劳动合同，劳动关系均自用工之日起建立。用人单位应当建立职工名册备查。职工名册备查的相关规定如图 8－7 所示。

职工名册备查
- 劳动者姓名、性别、公民身份号码、户籍地址及现住址、联系方式、用工方式、用工起始时间、劳动合同期限等内容
- 违反《劳动合同法》规定的
  - 责令限期改正
  - 逾期不改正→2 000元≤罚款≤2万元

图 8－7　职工名册备查的相关规定

小贴士

劳动关系的建立

劳动关系的建立认准用工之日即可。

（四）劳动合同订立的形式

1. 书面形式

建立劳动关系，应当订立书面劳动合同。已建立劳动关系，但未同时订立书面劳动合同的，自用工之日起1个月内订立书面合同。相关规定见表8-1。

表8-1　已建立劳动关系未订立劳动合同的有关规定

期限	未签订后果		工资	经济补偿
用工之日起≤1个月	劳动者不签→终止劳动关系		支付劳动报酬（单倍）	×
1个月≤用工之日起<1年	单位不签→补签合同		支付双倍工资	√
	劳动者不签→终止关系			√
1年≤用工之日起	单位不签	单位严重违规→视为已订立无固定期限合同、立即补订合同	支付11个月双倍工资	√

小贴士

双倍工资起算与截止时间（最高补偿11个月）

（1）起算时间：用工之日起满1个月的次日。

（2）截止时间：补订书面劳动合同的前1日。

相关内容见图8-8。

图8-8　劳动者与用人单位建立劳动关系的时间轴

2. 口头形式

非全日制用工双方当事人可以订立口头协议。其相关内容如表8-2所示。

表 8－2　非全日制用工的具体内容

项目	具体内容
定义	指以小时计酬为主，日均工作≤4 小时，周工作≤24 小时
权利	从事非全日制用工的劳动者可以签订一个以上劳动合同，但后订立的劳动合同不得影响先订立合同的履行
相关规定	不得约定试用期 双方任何一方都可随时通知对方终止用工、终止无经济补偿 用工小时计酬标准不得低于用人单位所在地人民政府规定的最低小时工资标准 用人单位可以按小时、日或周为单位结算工资，但报酬结算周期不得超过 15 日【不允许按月结算】 可与多家订立劳动合同，但后订立劳动合同不能影响先订立劳动合同的履行

（五）劳动合同的效力

1. 劳动合同的生效

劳动合同生效的具体内容如图 8－9 所示。

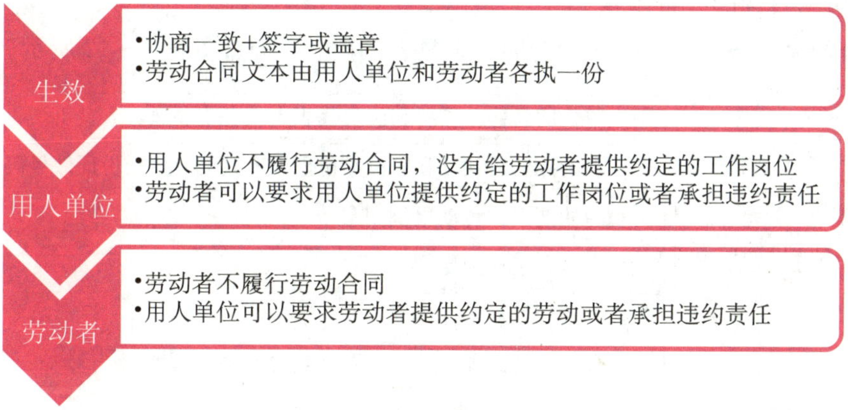

图 8－9　劳动合同生效的具体内容

如果因一方不履行劳动合同，造成另一方损失的，违约方还应赔偿对方相应的损失。

2. 无效劳动合同

无效劳动合同的具体情形如图 8－10 所示。

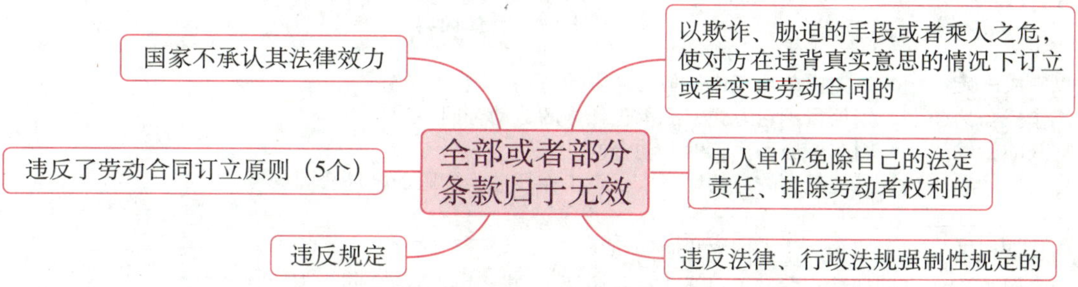

图 8－10　无效劳动合同的具体内容

对劳动合同的无效或者部分无效有争议的，由劳动争议仲裁机构或者人民法院确认。

3. 无效劳动合同的法律后果

无效劳动合同产生的法律后果主要有两种，具体如图 8－11 所示。

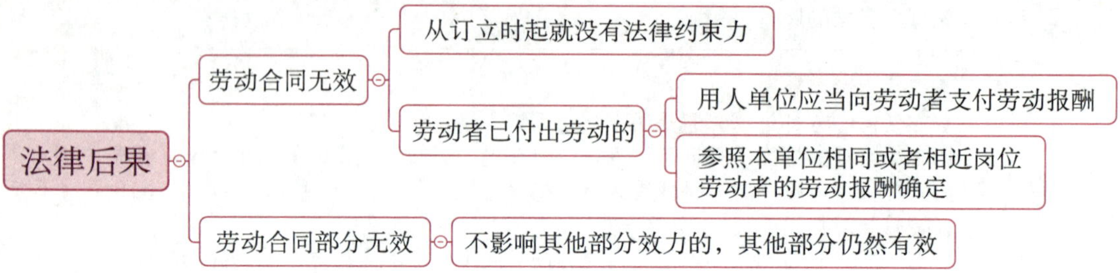

图 8－11　无效劳动合同的法律后果

劳动合同被确认无效，给对方造成损害的，有过错的一方承担赔偿责任。

【考点 3】 劳动合同的主要内容★★★

（一）劳动合同的必备条款

劳动合同的必备条款是指劳动合同必须具备的内容，具体如图 8－12 所示。

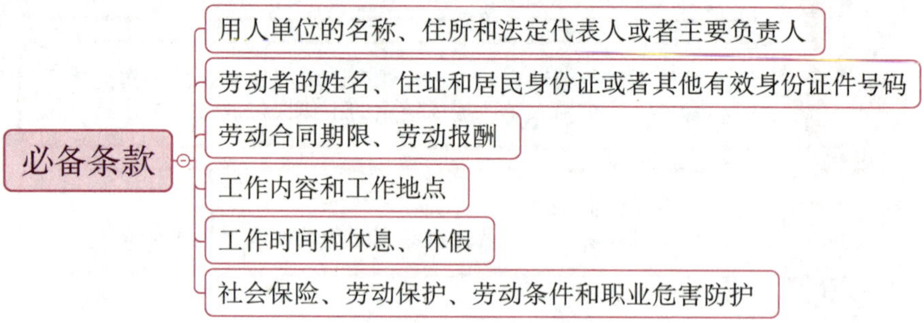

图 8－12　劳动合同的必备条款

1. 劳动合同期限

劳动合同分为固定期限劳动合同、无固定期限劳动合同和以完成一定工作任务为期限的劳动合同，具体内容如表 8－3 所示。

表 8－3　劳动合同期限的具体内容

种类	具体内容
以完成一定工作任务为期限的劳动合同	（1）以完成单项工作任务为期限的劳动合同 （2）以项目承包方式完成承包任务的劳动合同 （3）因季节原因用工的劳动合同 （4）其他双方约定的以完成一定工作任务为期限的劳动合同
固定期限劳动合同	双方明确约定合同终止时间 合同期满→劳动关系终止；若协商一致→续订劳动合同

续表

种类	具体内容	
无固定期限劳动合同	定义	指双方约定无确定终止时间的劳动合同
	应当	劳动者在该用人单位连续工作满10年的
		用人单位初次实行劳动合同制度或者国有企业改制重新订立劳动合同时，劳动者在该用人单位连续工作满10年且距法定退休年龄不足10年的
		连续订立2次固定期限劳动合同且劳动者没有下列法定情形，续订合同的： （1）严重违反用人单位的规章制度的 （2）严重失职，营私舞弊，给用人单位造成重大损害的 （3）劳动者同时与其他用人单位建立劳动关系，对完成本单位的工作任务造成严重影响，或者经用人单位提出，拒不改正的 （4）劳动者以欺诈、胁迫的手段或者乘人之危，使用人单位在违背真实意思的情况下订立或者变更劳动合同，致使劳动合同无效的 （5）被依法追究刑事责任的 （6）劳动者患病或者非因工负伤，在规定的医疗期满后不能从事原工作，也不能从事由用人单位另行安排的工作的 （7）劳动者不能胜任工作，经过培训或者调整工作岗位，仍不能胜任工作的
	视为	用人单位自用工之日起满1年不与劳动者订立书面劳动合同的，视为满1年当日已经与劳动者订立无固定期限劳动合同
	不适用	地方各级人民政府及县级以上地方人民政府有关部门为安置就业困难人员提供的给予岗位补贴和社会保险补贴的公益性岗位

小贴士

工作年限的确定

（1）连续工作满10年的起始时间，应当自用人单位用工之日起计算，包括《劳动合同法》施行前的工作年限。

（2）劳动者非因本人原因从原用人单位被安排到新用人单位工作的，劳动者在原用人单位的工作年限合并计算为新用人单位的工作年限。

原用人单位已经向劳动者支付经济补偿的，新用人单位在依法解除、终止劳动合同计算支付经济补偿的工作年限时，不再计算劳动者在原用人单位的工作年限。

2. 工作时间和休息、休假

（1）工作时间。

目前我国实行的工时制度主要有标准工时制、不定时工作制和综合计算工时制三种类型，具体如图8－13所示。

标准工时制	8小时/日、40小时/周
不定时工作制	≤8小时/日、≤40小时/周、每周至少休息1天
综合计算工时制	以周、月、季、年为周期综合计算工作时间 但平均工作时间同标准工时制

图8－13　工作时间的有关规定

小贴士

用人单位与工会和劳动者协商后可延长工作时间。

一般：天≤1 小时。

特殊：天≤3 小时，月≤36 小时。

（2）休息、休假。

1）休息。

休息是指劳动者在任职期间，在国家规定的法定工作时间以外，无须履行劳动义务而自行支配的时间。休息的分类如图 8－14 所示。

- 工作日内的间歇时间 → 如午休
- 工作日之间的休息时间 → 如晚间
- 公休假日（周休息日）→ 如周末

图 8－14　休息的分类

2）休假。

a. 法定假日：包括元旦、春节、清明节、劳动节、端午节、中秋节、国庆节等。

b. 年休假：是指职工工作满一定年限，每年可享有的保留工作岗位、带薪连续休息的时间。国家法定休假日、休息日不计入年休假假期。带薪年休假的具体内容如表 8－4 所示。

表 8－4　带薪年休假的基本内容

职工累计工作年限 X	假期	不享受当年年休假情形	
1 年≤X<10 年	5 天	病假累计 2 个月以上	享受寒暑假超过年休假天数的；带薪事假累计 20 天以上的
10 年≤X<20 年	10 天	病假累计 3 个月以上	
20 年≤X	15 天	病假累计 4 个月以上	
【提示】年休假在 1 个年度内可以集中安排，也可以分段安排，一般不跨年度安排。确实有必要的，可以跨 1 个年度安排；换单位当年度休假天数按在本单位剩余日历天数折算确定，折算后不足 1 整天的部分不享受年休假			

3. 劳动报酬

（1）劳动报酬与支付。

1）工资应当以法定货币支付，不得以实物及有价证券替代货币支付。

2）约定支付工资的日期遇节假日或休息日的，应提前在最近的工作日支付。

3）工资至少每月支付一次，实行周、日、小时工资制的可按周、日、小时支付工资。

4）对完成一次性临时劳动或某项具体工作的劳动者，用人单位应按有关协议或合同规定在其完成劳动任务后即支付工资。

5）劳动者在法定休假日和婚丧假期间以及依法参加社会活动期间，用人单位应当依法支付工资。

6）在部分公民放假的节日期间（妇女节、青年节），对参加社会活动或单位组织庆祝活动和照常工作的职工，单位应支付工资报酬，但不支付加班工资。如果该节日恰逢星期六、星期日，单位安排职工加班工作，则应当依法支付休息日的加班工资。

（2）加班工资。

用人单位在劳动者完成劳动定额或者规定的工作任务后，根据实际需要安排劳动者在法定标准工作时间以外工作的，应当按照表 8－5 所示的标准支付高于劳动者正常工作时间工资的工资报酬。

表 8－5 加班工资的有关规定

加班时间	支付工资	能否通过调休替代加班费
日标准工作时间以外加班	150％	×
休息日加班	不安排调休的→200％	√
法定休假日加班	300％	×
责任	责令限期支付；逾期按应付金额的 50％～100％加付赔偿金	

（3）最低工资制度。

用人单位支付劳动者的工资不得低于当地最低工资标准。

因劳动者本人原因给用人单位造成经济损失的，用人单位可按照劳动合同的约定要求其赔偿经济损失，可从劳动者本人的工资中扣除。但每月扣除的部分不得超过劳动者当月工资的**20％**，且扣除后的剩余工资部分不得低于当地月最低工资标准。

用人单位低于当地最低工资标准支付劳动者工资的，由劳动行政部门责令限期支付其差额部分；逾期不支付的，按应付金额的 50％～100％向劳动者加付赔偿金。

（二）劳动合同的可备条款

除劳动合同必备条款外，用人单位与劳动者还可以在劳动合同中约定可备条款，具体如图 8－15 所示。

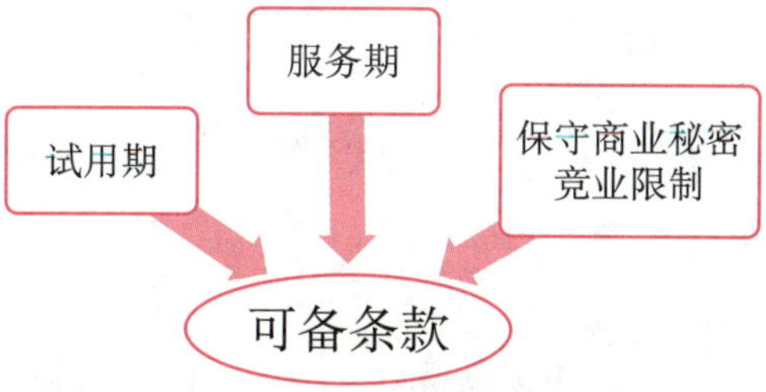

图 8－15 劳动合同的可备条款

劳动合同可备条款不能违反法律、行政法规的强制性规定，否则该条款无效。

1. 试用期

试用期的有关规定如表 8－6 所示。

表 8-6 试用期的有关规定

劳动合同期限 X	试用期 Y
非全日制用工	不得约定试用期
以完成一定工作任务为期限	
$X<3$ 个月	
3 个月 $\leqslant X<1$ 年	$Y\leqslant 1$ 个月
1 年 $\leqslant X<3$ 年	$Y\leqslant 2$ 个月
3 年 $\leqslant X$	$Y\leqslant 6$ 个月
无固定期限	

此外，关于试用期还有如下的规定：

（1）同一用人单位与同一劳动者只能约定一次试用期；试用期包含在劳动合同期限内。

（2）试用期工资不得低于本单位相同岗位最低档工资或者劳动合同约定工资的80%，并不得低于用人单位所在地的最低工资标准。

（3）用人单位违反试用期规定的，由劳动行政部门责令改正；违法的约定已经履行的，由用人单位以劳动者试用期满月工资为标准，按已经履行的超过法定试用期的期间向劳动者支付赔偿金。

2. 服务期。

（1）适用范围（见图 8-16）。

用人单位为劳动者提供专项培训费用，对其进行专业技术培训的，可以与该劳动者约定服务期，但不影响按照正常的工资调整机制提高劳动者在服务期内的劳动报酬。

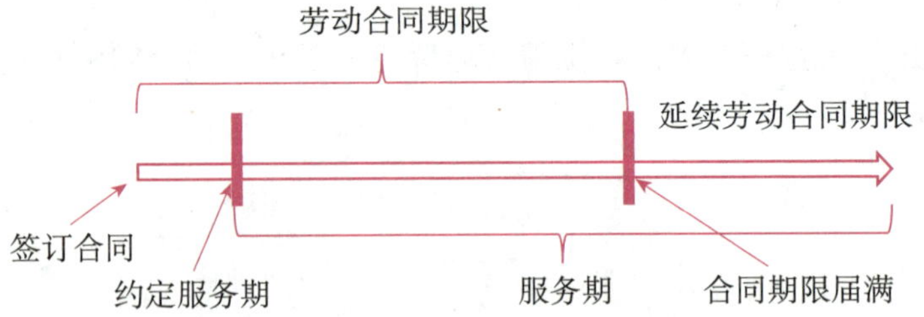

图 8-16 服务期的适用范围

（2）劳动者的违约责任（见表 8-7）。

劳动者违反服务期约定的，应当按照约定向用人单位支付违约金，即尚未履行部分所应分摊的培训费用。违约金的数额不得超过用人单位提供的培训费用。

表 8-7　劳动者的违约责任

违反服务期约定，支付违约金	不属于违反服务期约定的情形
1）劳动者在服务期内提出解除劳动关系的 2）劳动者因下列违纪等重大过错行为而被用人单位解除劳动关系的： a. 劳动者严重违反用人单位的规章制度的 b. 劳动者严重失职、营私舞弊，给用人单位造成重大损害的 c. 劳动者同时与其他用人单位建立劳动关系，对完成本单位的工作任务造成严重影响，或者经用人单位提出，拒不改正的 d. 劳动者以欺诈、胁迫的手段或者乘人之危，使用人单位在违背真实意思的情况下订立或者变更劳动合同的 e. 劳动者被依法追究刑事责任的	1）用人单位未按照劳动合同约定提供劳动保护或者劳动条件的 2）用人单位未及时足额支付劳动报酬的 3）用人单位未依法为劳动者缴纳社会保险费的 4）用人单位的规章制度违反法律、法规的规定，损害劳动者权益的 5）用人单位以欺诈、胁迫的手段或者乘人之危，使劳动者在违背真实意思的情况下订立或者变更劳动合同的 6）用人单位在劳动合同中免除自己的法定责任、排除劳动者权利的 7）用人单位违反法律、行政法规强制性规定的 8）法律、行政法规规定劳动者可以解除劳动合同的其他情形

3. 保守商业秘密和竞业限制

竞业限制的对象是高级管理人员、高级技术人员和其他负有保密义务的人员（非所有劳动者）；内容包括竞业限制的范围、地域、期限，由用人单位与劳动者约定，不得违反法律、法规的规定。

竞业限制的有关规定如表 8-8 所示。

表 8-8　竞业限制的有关规定

行为	具体约定情形	竞业限制是否有效
订立	约定补偿金	√
	未约定补偿金	×
	约定的竞业限制期限超过**2 年**	**超过部分无效**
履行	未约定经济补偿但劳动者实际履行，可要求按合同解除“前 12 个月平均工资的 30%”“合同履行地最低工资标准”两者中**较高者**按月支付经济补偿	√
	劳动者不履行，单位要求**支付违约金**、**赔偿金**后还可要求**继续履行**	√
	单位原因未支付补偿金时间**不满 3 个月**，劳动者可要求支付，此时不可以要求解除约定	√
	单位原因导致**3 个月**不支付补偿金，劳动者可要求支付，同时可以要求解除约定	**解除**
	竞业限制期限内，单位主张解除协议，劳动者可要求单位支付**额外 3 个月**的经济补偿金	**解除**

【例题】用人单位与劳动者签订了 4 年劳动合同，试用期不得超过（　　）个月。

A. 1　　B. 3　　C. 6　　D. 2

【答案】C

【解析】劳动合同期限大于等于 3 年，试用期不得超过 6 个月。

【考点4】劳动合同的履行和变更★

劳动合同生效之后，双方应当按照劳动合同的约定，履行各自义务，实现订立合同的目的。

劳动合同的履行和变更的具体内容如表8-9所示。

表8-9 劳动合同的履行和变更的具体内容

要点	内容
履行	用人单位与劳动者按照劳动合同的约定，全面履行各自的义务
	用人单位应当向劳动者及时支付劳动报酬，拖欠报酬的，劳动者可依法向当地人民法院申请支付令
	用人单位不得强迫或者变相强迫劳动者加班，安排加班的，应当支付加班费
	劳动者拒绝违章指挥、强令冒险作业的，不视为违反劳动合同。 劳动者对危害生命安全和身体健康的劳动条件，有权对单位提出批评、检举和控告
	用人单位变更名称、法定代表人以及合并分立等不影响劳动合同的履行
设定规章	对用人单位和劳动者均具有法律约束力
	制定直接涉及劳动者切身利益的规章，应当经职工代表大会或全体职工讨论协商确定
	用人单位应当将涉及劳动者切身利益的规章制度公示或者告知，未经公示或告知，该规章制度对劳动者不生效；公示或告知可以采用张贴通告、员工手册送达、会议精神传达等方式
	规章制度违反法律、法规规定的，由劳动行政部门责令改正，给予警告；给劳动者造成损害的，应当承担赔偿责任
变更	用人单位与劳动者协商一致，可以变更劳动合同约定的内容
	变更合同应采用书面形式；变更后的合同文本由双方各执一份
	未采用书面形式，但已实际履行了口头变更超过1个月，且变更后的劳动合同内容不违法，当事人未以书面形式为由主张合同变更无效的，则变更有效

【例题】2018年10月，张某到甲公司工作。2019年11月，甲公司与张某口头商定将其月工资由原来的4 500元提高至5 400元。双方实际履行3个月后，甲公司法定代表人变更。新任法定代表人认为该劳动合同内容变更未采用书面形式，变更无效，决定仍按原每月4 500元的标准向张某支付工资，张某表示异议并最终提起诉讼。关于双方口头变更劳动合同效力的下列表述中，正确的是（　　）。

A. 双方口头变更劳动合同且实际履行已超过1个月，该劳动合同变更有效

B. 劳动合同变更在实际履行3个月期间有效，此后无效

C. 因双方未采取书面形式，该劳动合同变更无效

D. 双方口头变更劳动合同但实际履行未超过6个月，该劳动合同变更无效

【答案】A

【解析】变更劳动合同未采用书面形式，但已经实际履行了口头变更的劳动合同超过1

个月，且变更后的劳动合同内容不违反法律、行政法规、国家政策以及公序良俗，当事人以未采用书面形式为由主张劳动合同变更无效的，人民法院不予支持；用人单位变更名称、法定代表人等事项，不影响劳动合同的履行。

【考点 5】 劳动合同的解除和终止★★

（一）劳动合同的解除

1. 劳动合同解除的概念

劳动合同解除是指在劳动合同有效订立后，因双方协商或因出现法定的情形，在劳动合同期限届满之前提前结束劳动关系的法律行为。劳动合同解除包括协商解除和法定解除。

2. 协商解除

协商解除又称合意解除、意定解除，是指用人单位与劳动者协商一致，解除劳动合同。

协商解除劳动合同的有关规定如表 8-10 所示。

表 8-10　协商解除劳动合同的有关规定

情形	经济补偿
用人单位提出解除劳动合同→与劳动者协商一致	√
劳动者主动辞职→与用人单位协商一致	×

3. 法定解除

法定解除是指因出现法定的情形时，不需要当事人协商一致，其中一方当事人即可决定解除劳动合同。

（1）劳动者可单方面解除劳动合同的情形如图 8-17 所示。

- 提前通知解除→无经济补偿×
  - 劳动者提前30日以书面形式通知用人单位
  - 劳动者在试用期内提前3日通知用人单位
  - （以上）必须履行通知程序，否则造成单位损失须赔偿
- 随时通知解除→有经济补偿√
  - 用人单位未按照劳动合同约定提供劳动保护或者劳动条件的
  - 用人单位未及时足额支付劳动报酬的
  - 用人单位未依法为劳动者缴纳社会保险费的
  - 用人单位的规章制度违反法律、法规的规定，损害劳动者权益的
  - 用人单位以欺诈、胁迫的手段或者乘人之危，使劳动者在违背真实意思的情况下订立或者变更劳动合同的
  - 用人单位在劳动合同中免除自己的法定责任、排除劳动者权利的
  - 用人单位违反法律、行政法规强制性规定的
  - 法律、行政法规规定劳动者可以解除劳动合同的其他情形

- 不需要事先告知即可解除→有经济补偿√
  - 用人单位以暴力、威胁或者非法限制人身自由的手段强迫劳动者劳动的
  - 用人单位违章指挥、强令冒险作业危及劳动者人身安全的
  - （以上两项）立即解除，无须事先告知

图 8－17　劳动者可单方面解除劳动合同的情形

（2）用人单位可单方面解除劳动合同的情形。

用人单位可单方面解除劳动合同的情形如图 8－18 所示。

- 因劳动者过错→随时通知解除→无须支付经济补偿×
  - 劳动者在试用期间被证明不符合录用条件的
  - 劳动者严重违反用人单位的规章制度的
  - 劳动者严重失职、营私舞弊，给用人单位造成重大损害的
  - 劳动者同时与其他用人单位建立劳动关系，对完成本单位的工作任务造成严重影响，或者经用人单位提出，拒不改正的
  - 劳动者以欺诈、胁迫的手段或者乘人之危，使用人单位在违背真实意思的情况下订立或者变更劳动合同，致使其劳动合同无效的
  - 劳动者被依法追究刑事责任的
- 无过失性辞退→需要支付经济补偿√
  - 劳动者患病或者非因工负伤，在规定的医疗期满后不能从事原工作，也不能从事由用人单位另行安排的工作的
  - 劳动者不能胜任工作，经过培训或者调整工作岗位，仍不能胜任工作的
  - 劳动合同订立时所依据的客观情况发生重大变化，致使劳动合同无法履行，经用人单位与劳动者协商，未能就变更劳动合同内容达成协议的
  - （以上三项）提前30日通知解除或额外支付劳动者1个月工资后解除
- 经济性裁员→需要支付经济补偿√
  - 依照《企业破产法》规定进行重整的
  - 生产经营发生严重困难的
  - 企业转产、重大技术革新或者经营方式调整，经变更劳动合同后，仍需裁减人员的
  - 其他因劳动合同订立时所依据的客观经济情况发生重大变化，致使劳动合同无法履行的

图 8－18　用人单位可单方面解除劳动合同的情形

企业经济性裁员时，具有法定情形之一，需要裁员**20 人以上或者裁减不足 20 人但占企业职工总数 10%以上**的，用人单位需要**提前 30 日**向工会或者全体职工说明情况，听取工会或者职工的意见后，向劳动行政部门报告裁员方案，即可裁减人员。

裁员时，应当优先留用下列人员：

1）与本单位订立较长期限的固定期限劳动合同的。

2）与本单位订立无固定期限劳动合同的。

3）家庭无其他就业人员，有需要扶养的老人或者未成年人的。

【提示】用人单位裁减人员后，在**6个月内重新招用**人员的，应当通知被裁减的人员，并在**同等条件下优先招用被裁减的人员**。

（二）劳动合同的终止

劳动合同终止是指因法定事实出现，导致用人单位与劳动者之间的劳动关系消灭。劳动合同终止的情形如图8-19所示。

终止情形

- 劳动合同期满的
- 劳动者开始依法享受基本养老保险待遇的
- 劳动者达到法定退休年龄的
- 劳动者死亡，或者被人民法院宣告死亡或者宣告失踪的
- 用人单位被吊销营业执照、责令关闭、撤销或者用人单位决定提前解散的
- 用人单位被依法宣告破产的

——不得约定其他劳动合同终止条件

图8-19　劳动合同终止的情形

（三）对劳动合同解除和终止的限制性规定

劳动者有下列情形之一的，用人单位既不得适用无过失性辞退或经济性裁员解除劳动合同，也不得终止劳动合同，劳动合同应当续延至相应的情形消失时终止：

（1）从事接触职业病危害作业的劳动者未进行离岗前职业健康检查，或者疑似职业病病人在诊断或者医学观察期间的。

（2）在本单位患职业病或者因工负伤并被确认丧失或者部分丧失劳动能力的。

（3）患病或者非因工负伤，在规定的医疗期内的。

（4）女职工在孕期、产期、哺乳期的。

（5）在本单位连续工作满15年，且距法定退休年龄不足5年的。

【提示】若符合因**劳动者过错**解除劳动合同的情形，则不受上述限制性规定的影响。

（四）劳动合同解除和终止的经济补偿

1. 用人单位应当向劳动者支付经济补偿的情形

（1）劳动者符合随时通知解除和不需事先通知即可解除劳动合同规定情形而解除劳动合同的。

（2）由用人单位提出解除劳动合同并与劳动者协商一致而解除劳动合同的。

（3）用人单位符合**提前30日**以书面形式通知劳动者本人或者额外支付劳动者**1个月工资后**，可以解除劳动合同规定情形而解除劳动合同的。

（4）用人单位符合可裁减人员规定而解除劳动合同的。

（5）除用人单位维持或者提高劳动合同约定条件续订劳动合同，劳动者不同意续订的情形外，劳动合同期满终止固定期限劳动合同的。

（6）用人单位被依法宣告破产或者被吊销营业执照、责令关闭、撤销或者用人单位决

定提前解散而终止劳动合同的。

(7) 以完成一定工作任务为期限的劳动合同因任务完成而终止的。

2. 经济补偿的支付

经济补偿，是指根据劳动者在用人单位的工作年限和工资标准来计算具体金额，并以货币形式支付给劳动者。经济补偿的具体规定如表 8-11 所示。

表 8-11 经济补偿的规定

项目	条件	工资
年限	满 1 年	支付 1 个月工资
	6 个月以上不满 1 年的按 1 年计算	
	不满 6 个月的	支付半个月工资
公式	经济补偿金＝工作年限×月工资	
	月工资是劳动合同解除或者终止前 12 个月的平均工资，不满 12 个月的，按照实际工作的月数计算平均工资	
基数	最低工资标准≤月平均工资≤上年度职工月平均工资 3 倍	
	超过上年度职工月平均工资 3 倍的，按职工月平均工资 3 倍的数额支付，支付经济补偿的年限最高不超过 12 年	

小贴士

表 8-12 补偿金与违约金、赔偿金的比较

类型	适用条件	性质	支付主体
竞业限制补偿金	单位与劳动者有竞业限制约定	法定＋约定（竞业限制约定生效的必要条件）	单位
经济补偿金	劳动关系的解除和终止过程中除劳动者主动辞职或试用期外，劳动者无过错的	法定（不以过错为条件，无惩罚性，是一项社会义务）	单位
违约金	劳动者违反了服务期和竞业禁止的规定（仅上述两项可约定）	法定＋约定（以过错为构成要件，具有惩罚性和赔偿性）	劳动者
赔偿金	用人单位和劳动者由于自己的过错给对方造成损害	法定＋约定（以过错为构成要件，具有惩罚性和赔偿性）	单位或劳动者

（五）劳动合同解除或终止的法律后果及双方义务

劳动合同解除和终止后，用人单位和劳动者双方不再履行劳动合同，劳动关系消灭。劳动者应当按照双方的约定办理工作交接。劳动合同解除或中止时双方义务及未履行后果如表 8-13 所示。

表 8-13　劳动合同解除或中止时双方义务及未履行后果

劳动合同解除或终止时双方义务	未履行后果
用人单位应当出具解除或者终止劳动合同的证明，并在 15 日内为劳动者办理档案和社会保险关系转移手续	责令改正；给劳动者造成损害的，应当承担赔偿责任
用人单位扣押劳动者档案或者其他物品的	责令限期退还劳动者本人，并处 500 元≤罚款≤2 000 元；给劳动者造成损害的，应当承担赔偿责任
用人单位应当向劳动者支付经济补偿的，在办结工作交接时支付	责令限期支付经济补偿；逾期不支付的，应付金额 50%≤加付赔偿金≤应付金额 100%
用人单位违反规定解除或者终止合同，劳动者要求继续履行的，用人单位应当继续履行。 劳动者不要求继续履行或者合同已经不能继续履行的，用人单位应当依照规定的经济补偿标准的 2 倍向劳动者支付赔偿金。 【提示】用人单位支付了赔偿金的，不再支付经济补偿	
劳动者违反规定解除劳动合同	给用人单位造成损失的，应当承担赔偿责任

【例题】甲公司通过签订服务期协议，提供 10 万元专项培训费用将尚有 4 年劳动合同期限的职工刘某派出参加 6 个月的专业技术培训。双方约定，刘某培训结束后须在甲公司工作满 5 年，否则应向公司支付违约金。刘某培训结束工作 2 年时因个人原因向公司提出解除劳动合同。下列关于刘某服务期约定及劳动合同解除的表述中，正确的是（　　）。

A. 双方不得在服务期协议中约定违约金

B. 5 年服务期的约定因超过劳动合同剩余期限而无效

C. 刘某可以解除劳动合同，但甲公司有权要求其支付违约金

D. 服务期约定限制了刘某的自主择业权的

【答案】C

【解析】劳动者本人违反服务期约定的，应当支付违约金。

【考点 6】 集体合同与劳务派遣★★★

（一）集体合同

1. 集体合同的概念和种类

集体合同是工会代表企业职工一方与企业签订的书面协议。未建立工会的用人单位，可以由上级工会指导劳动者推举的代表与用人单位订立集体合同。

集体合同的种类：专项集体合同、行业性集体合同、区域性集体合同。

2. 集体合同的订立

集体合同内容由双方各自派出集体协商代表通过集体协商（会议）的方式协商确定。

集体协商双方的代表人数应当对等，**每方至少 3 人，并各确定 1 名首席代表**。

职工代表大会或者全体职工讨论集体合同草案，应当有 **2/3 以上**职工代表或者职工**出席**，且须经全体职工代表**半数**以上或者全体职工半数以上**同意**，方获通过。通过后，由集体协商双方首席代表签字。

集体合同订立后，应当报送劳动行政部门；劳动行政部门自收到集体合同文本之日起15日内未提出异议的，集体合同即行生效。

小贴士

合同中劳动报酬和劳动条件等标准的规定

用人单位与劳动者订立劳动合同的标准≥集体合同的标准≥当地人民政府规定的最低标准。

（二）劳务派遣

1. 劳务派遣的概念和特征

劳务派遣是指由劳务派遣单位与劳动者订立劳动合同，把劳动者派向其他用工单位，再由用工单位向劳务派遣单位支付服务费用的一种用工形式。对劳务派遣概念的理解如图 8-20 所示。

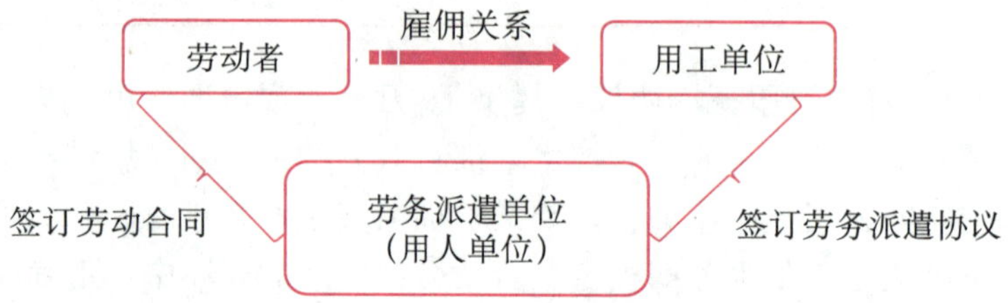

图 8-20　劳务派遣的概念

劳务派遣最显著的特征是劳动力的雇佣与劳动力的使用是分离的，被派遣劳动者不与用工单位签订劳动合同、发生劳动关系，而是与派遣单位存在劳动关系。

2. 劳务派遣的适用范围

劳动合同用工是我国的企业基本用工形式，劳动派遣用工是补充形式。劳动派遣的适用范围如表 8-14 所示。

表 8-14　劳务派遣的适用范围

项目	具体内容
企业用工基本形式	临时性工作岗位：岗位存续时间≤6个月
	辅助性工作岗位：指为主营业务岗位提供服务的非主营业务岗位
	替代性工作岗位：指用工单位的劳动者因个人原因无法工作的一定期间内，可以由其他劳动者替代工作的岗位
派遣单位（用人、输出）对劳动者的义务	（1）与劳动者订立2年以上的固定期限劳动合同，按月支付劳动报酬 （2）劳动者无工作期间，派遣单位应按最低工资标准按月支付报酬 （3）将派遣协议的内容告知劳动者，不得克扣报酬 （4）不得设立劳务派遣单位向本单位或者所属单位派遣劳动者 （5）不得向劳务派遣者收取费用 （6）不得以非全日制用工形式招用被派遣劳动者 【提示】与劳动者建立劳动关系、支付报酬、缴纳保险、支付离职补偿均为用人单位责任

续表

项目	具体内容
用工单位（输入）的义务	（1）$\frac{\text{派遣员工}}{\text{正式员工}+\text{派遣员工}} \leqslant 10\%$ （2）不得将连续用工期限分割订立数个短期劳务派遣协议 （3）不得将被派遣劳动者再派遣到其他用人单位 （4）不得向劳务派遣者收取费用
劳动者的权利	（1）享有与用工单位的劳动者同工同酬的权利 （2）有权在劳务派遣单位或用工单位依法参加或者组织工会，维护自身的合法权益

【例题】 甲公司（劳务派遣公司）与乙公司签订劳务派遣协议，将张某派遣到乙公司工作，下列关于张某劳动合同签订的表述中，正确的是（　　）。

A. 乙公司应当与张某签订劳动合同

B. 甲公司应当与张某签订劳动合同

C. 甲公司和乙公司应在劳务派遣协议中约定，由甲公司或乙公司与张某签订劳动合同

D. 甲公司和乙公司应当分别与张某签订劳动合同

【答案】B

【解析】劳务派遣单位（用人单位）与劳动者签订劳动合同，劳务派遣单位（用人单位）和用工单位签订劳务派遣协议。

【考点7】劳动争议的解决★★★

（一）劳动争议及解决方法

1. 劳动争议适用范围

劳动争议是指劳动者与所在单位之间因劳动关系中的权利义务而发生的纠纷，其具体适用范围如图 8-21 所示。

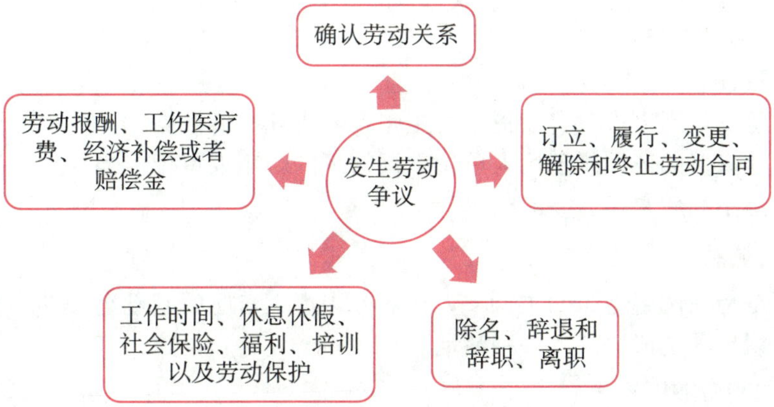

图 8-21　劳动争议的适用范围

2. 劳动争议的解决原则和方法

（1）基本原则。

解决劳动争议应当遵循合法、公正、及时、着重调解的原则，依法保护当事人的合法权益。

（2）基本方法。

劳动争议解决的基本方法有协商、调解、劳动仲裁和民事诉讼，具体如图 8－22 所示。

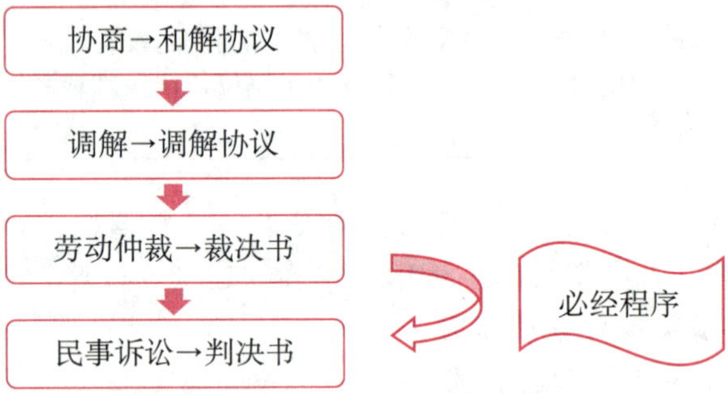

图 8－22　劳动争议解决的基本方法

1）发生劳动争议，劳动者可以与用人单位协商，也可以请工会或者第三方共同与用人单位协商，达成和解协议。

2）当事人不愿意协商、协商不成或者达成和解协议后不履行的，可以向调解组织申请调解。

3）不愿调解、调解不成或者达成调解协议后不履行的，可以向劳动争议仲裁机构申请仲裁。

4）对仲裁裁决不服的，除《调解仲裁法》另有规定的以外，可以向人民法院提起诉讼。

小贴士

用人单位违反规定，拖欠或者未足额支付劳动报酬，或者拖欠工伤医疗费、经济补偿或者赔偿金的，劳动者可以向劳动行政部门投诉，劳动行政部门应当依法处理。

（3）举证责任。

发生劳动争议，当事人对自己提出的主张，有责任提供证据。

与争议事项有关的证据属于用人单位掌握管理的，用人单位应当提供；用人单位不提供的，应当承担不利后果。

（二）劳动调解

劳动调解是指在调解组织的主持下，在双方当事人自愿的基础上，劝导当事人化解矛盾，自愿就争议事项达成协议的一种活动。

1. 劳动争议调解组织

（1）企业劳动争议调解委员会（由职工代表和企业代表组成）。

（2）依法设立的基层人民调解组织。

（3）在乡镇、街道设立的具有劳动争议调解职能的组织。

2. 劳动调解程序

劳动争议发生后，当事人需要通过劳动调解方式解决劳动争议，具体程序如图 8－23 所示。

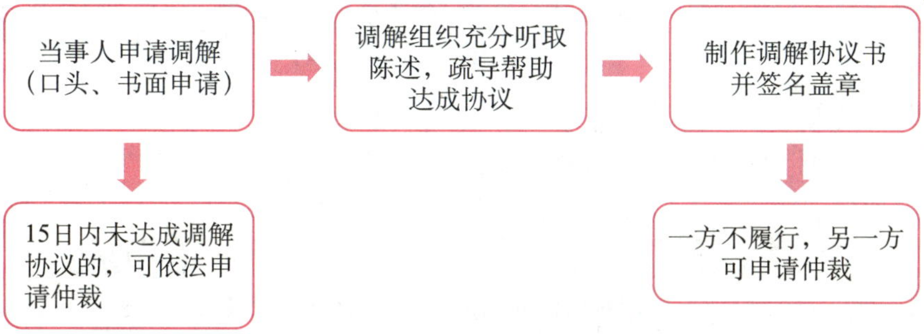

图 8－23　劳动调解程序

（三）劳动仲裁

劳动仲裁是指仲裁机构根据规定对劳动争议事项依法作出裁决，从而解决劳动争议的一项劳动法律制度。

1. 劳动仲裁机构、参加人和管辖

（1）劳动仲裁机构。

1）劳动仲裁机构是劳动人事争议仲裁委员会（简称“仲裁委员会”）。

2）仲裁委员会不按行政区划层层设立。

3）仲裁委员会下设实体化的办事机构，称为劳动人事争议仲裁院（简称“仲裁院”）。

4）劳动争议仲裁不收费。仲裁委员会的经费由财政予以保障。

（2）劳动仲裁参加人。

劳动仲裁参加人如图 8－24 所示。

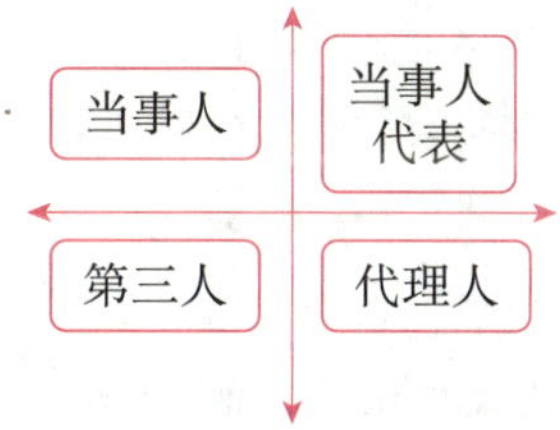

图 8－24　劳动仲裁参加人

1）当事人。

根据发生劳动争议的具体情形，当事人可分为表 8－15 所示的几种。

表 8－15　当事人的规定

具体情形	当事人
劳动者和用人单位发生劳动争议的	劳动者和用人单位为双方当事人
劳务派遣单位或者用工单位与劳动者发生劳动争议的	劳务派遣单位和用工单位为共同当事人

续表

具体情形	当事人
发生争议的用人单位未办理营业执照、被吊销营业执照、营业执照到期继续经营、被责令关闭、被撤销以及用人单位解散、歇业，不能承担相关责任的	用人单位和其出资人、开办单位或者主管部门为共同当事人
劳动者与个人承包经营者发生争议	发包的组织和个人承包经营者为共同当事人

2）当事人代表。

当事人代表具体情形如表 8－16 所示。

表 8－16　当事人代表的规定

具体情形	当事人代表
发生争议的劳动者一方在10 人以上，并有共同请求	劳动者可以推举3～5 名代表人
因履行集体合同发生的劳动争议，经协商解决不成的	工会
因履行集体合同发生的劳动争议，尚未建立工会的	由上级工会指导劳动者推举产生的代表
【提示】代表人参加仲裁的行为对其所代表的当事人发生效力，但代表人变更、放弃或者承认对方当事人的仲裁请求，进行和解，必须经被代表的当事人同意	

3）第三人。

与劳动争议案件的处理结果有利害关系的第三人，可以申请参加仲裁活动或者由仲裁委员会通知其参加仲裁活动。

4）代理人。

当事人可以委托代理人参加仲裁活动。

丧失或者部分丧失民事行为能力的劳动者，由其法定代理人代为参加仲裁活动；无法定代理人的，由仲裁委员会为其指定代理人。

劳动者死亡的，由其近亲属或者代理人参加仲裁活动。

（3）劳动争议仲裁案件的管辖。

劳动争议仲裁委员会负责管辖本区域内发生的劳动争议。劳动争议由劳动合同履行地或者用人单位所在地管辖，具体情形如表 8－17 所示。

表 8－17　劳动争议仲裁案件的管辖地

具体情形	管辖地
双方当事人分别向劳动合同履行地和用人单位所在地的仲裁委员会申请仲裁的	由劳动合同履行地的仲裁委员会管辖
有多个劳动合同履行地的	由最先受理的仲裁委员会管辖
劳动合同履行地不明确的	由用人单位所在地的仲裁委员会管辖
案件受理后，劳动合同履行地或者用人单位所在地发生变化的	不改变争议仲裁的管辖

2．申请和受理

（1）仲裁时效。

1）劳动争议申请仲裁的时效期间为1 年。仲裁时效期间从当事人知道或者应当知道其权利被侵害之日起计算。

劳动关系存续期间因拖欠劳动报酬发生争议的，劳动者申请仲裁不受 1 年仲裁时效期间的限制；但是，劳动关系终止的，应当自劳动关系终止之日起 1 年内提出。

2）仲裁时效的中断和中止。

仲裁时效可按有关规定中断或者终止，具体如表 8－18 所示。

表 8－18 仲裁时效的中断和中止的情形

中断	中止
a. 因当事人一方向对方当事人主张权利（通过协商、申请调解等方式） b. 向有关部门请求权利救济（通过向有关部门投诉，向仲裁委员会申请仲裁，向人民法院起诉或者申请支付令等） c. 对方当事人同意履行义务	a. 因不可抗力 b. 其他正当理由（无民事行为能力或者限制民事行为能力劳动者的法定代理人未确定等） c. 当事人不能在仲裁时效期间申请仲裁的
从中断时起（中断事由消除时起），仲裁时效期间重新计算	从中止时效的原因消除之日起，仲裁时效期间继续计算

（2）仲裁申请。

申请人申请仲裁应当提交书面仲裁申请，并按照被申请人人数提交副本。

书写仲裁申请确有困难的，可以口头申请，由仲裁委员会记入笔录，经申请人签名、盖章等确认。

（3）仲裁受理。

仲裁委员会收到仲裁申请之日起5 日内，认为符合受理条件的，应当予以受理，并通知申请人；认为不符合受理条件的，应当书面通知申请人并说明理由。

对仲裁委员会逾期未作出决或者不予受理的，申请人可以就该争议事项向人民法院提起诉讼。

仲裁受理程序具体如图 8－25 所示。

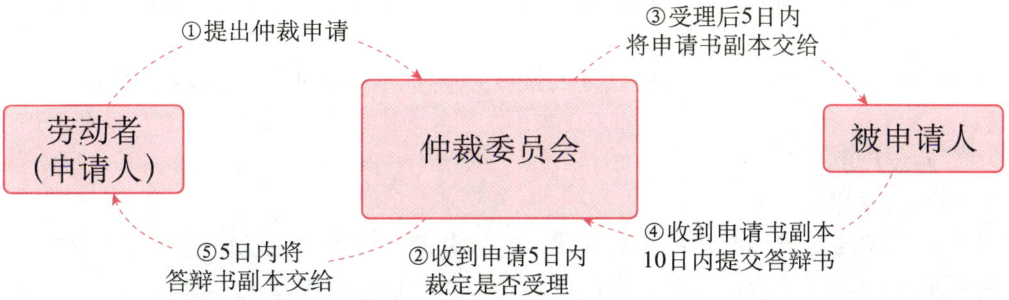

图 8－25 仲裁受理程序

【提示】被申请人未提交答辩书的，不影响仲裁程序的进行。

3. 开庭和裁决

（1）仲裁基本制度。

仲裁基本制度主要包括先行调解原则、仲裁公开原则及例外、仲裁庭制和回避制度，具体如表 8-19 所示。

表 8-19　仲裁基本制度的具体内容

制度	具体内容
先行调解原则	仲裁庭在作出裁决前，应当先行调解。调解达成协议的，仲裁庭应当制作调解书并经双方当事人签收后，发生法律效力。
仲裁公开原则及例外	劳动争议仲裁公开进行，但当事人协议不公开或者涉及商业秘密和个人隐私的，经相关当事人书面申请，仲裁委员会应当不公开审理
仲裁庭制	仲裁庭由3名仲裁员组成，设首席仲裁员；简单劳动争议案件可以由1名仲裁员独任仲裁
回避制度	仲裁员有下列情形之一的，应当回避，当事人也有权以口头或者书面方式提出回避申请： 1）是本案当事人或者当事人、代理人的近亲属的 2）与本案有利害关系的 3）与本案当事人、代理人有其他关系，可能影响公正裁决的 4）私自会见当事人、代理人，或者接受当事人、代理人请客送礼的

（2）仲裁特殊情况。

仲裁委员会应当在受理仲裁申请之日起5日内组成仲裁庭，并将仲裁庭的组成情况书面通知当事人。仲裁庭应当在开庭5日前，将开庭日期、地点书面通知双方当事人。当事人如有正当理由可以在开庭3日前请求延期，由仲裁委员会根据实际情况决定是否延期。

仲裁开庭后的特殊情况如图 8-26 所示。

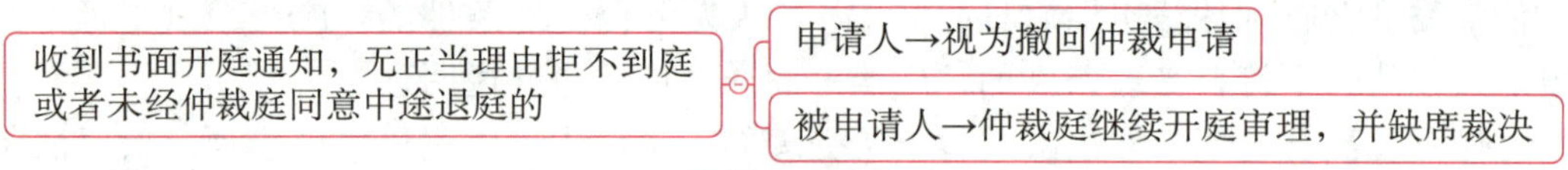

图 8-26　仲裁开庭后的特殊情况

仲裁庭裁决劳动争议案件，应当自仲裁委员会受理仲裁申请之日起45日内结束。

案情复杂需要延期的，经仲裁委员会主任批准，可以延期并书面通知当事人，但是延长期限不得超过15日。

逾期未作出仲裁裁决的，当事人可以就该劳动争议事项向人民法院提起诉讼。

【提示】上述规定中的“3日”“5日”“10日”指工作日，“15日”“45日”指自然日。

（3）仲裁裁决。

1）裁决的规则。

裁决应当按照多数仲裁员的意见作出，少数仲裁员的不同意见应当记入笔录。

仲裁庭不能形成多数意见时，裁决应当按照首席仲裁员的意见作出。

仲裁庭裁决劳动争议案件时，其中一部分事实已经清楚，可以就该部分先行裁决。

2）一裁终局的案件。

下列劳动争议，除另有规定外，仲裁裁决为终局裁决，裁决书自作出之日起发生法律效力：

a. 追索劳动报酬、工伤医疗费、经济补偿或者赔偿金，不超过当地月最低工资标准12个月金额的争议。

小贴士

如果仲裁裁决涉及数项，对单项裁决数额不超过当地最低工资标准12个月金额的事项，应当适用终局裁决。

b. 因执行国家的劳动标准在工作时间、休息休假、社会保险等方面发生的争议。

（4）仲裁裁决的撤销。

用人单位有证据证明上述一裁终局的裁决有下列情形之一的，可以自收到仲裁裁决书之日起30日内向仲裁委员会所在地的中级人民法院申请撤销裁决：

1）适用法律、法规确有错误的。

2）劳动争议仲裁委员会无管辖权的。

3）违反法定程序的。

4）裁决所根据的证据是伪造的。

5）对方当事人隐瞒了足以影响公正裁决的证据的。

6）仲裁员在仲裁该案时有索贿受贿、徇私舞弊、枉法裁决行为的。

4. 执行

（1）仲裁庭对追索劳动报酬、工伤医疗费、经济补偿或者赔偿金的案件，根据当事人的申请，可以裁决先予执行，移送人民法院执行。仲裁庭裁决先予执行的，应当符合下列条件：

1）当事人之间权利义务关系明确。

2）不先予执行将严重影响申请人的生活。

【提示】劳动者申请先予执行的，可以不提供担保。

（2）当事人对发生法律效力的调解书、裁决书，应当依照规定的期限履行。一方当事人逾期不履行的，另一方当事人可以依照《民事诉讼法》的有关规定向人民法院申请执行。

小贴士

表8-20　经济仲裁和劳动仲裁的区别

事项	经济仲裁	劳动仲裁
申请程序	事先或事后达成仲裁协议	不要求当事人达成仲裁协议
仲裁协议	书面仲裁协议	不涉及仲裁协议
原则	或裁或审	先裁后审
仲裁委员会	都不按行政区划层层设立	
管辖	不实行地域管辖，仲裁委员会由当事人协议选定	劳动争议由劳动合同履行地或者用人单位所在地的劳动争议仲裁委员会管辖
程序	开庭不公开	开庭又公开
是否收费	收费	不收费
口头申请	×	√
一裁终局	√	终局裁决的劳动争议： 1）劳动者不服，15日内起诉 2）用人单位不能提起劳动诉讼；裁决符合撤销情形的，可以申请撤销
		其他劳动争议：15日内起诉

（四）劳动诉讼

针对不同情形，当事人可提起劳动诉讼的规定如表 8－21 所示。

表 8－21　提起劳动诉讼的情形

具体情形	提起诉讼
对仲裁委员会不予受理或者逾期未作出决定的	申请人可以就该争议事项向人民法院提起诉讼
劳动者对劳动争议的终局裁决不服的	可以自收到仲裁裁决书之日起15日内向人民法院提起诉讼
当事人对终局裁决情形之外的其他劳动争议案件的仲裁裁决不服的	
终局裁决被人民法院裁定撤销的	

【例题】根据劳动争议调解仲裁法律制度的规定，下列关于劳动仲裁申请的表述中，正确的是（　　）。

A. 当事人应当先申请调解，调解不成的方可申请劳动仲裁

B. 当事人应当在劳动争议发生后达成仲裁协议，方可申请劳动仲裁

C. 当事人应当向劳动合同履行地或者用人单位所在地的仲裁委员会申请劳动仲裁

D. 当事人应当事先达成仲裁协议，方可申请劳动仲裁

【答案】C

【解析】和解、调解不是劳动仲裁的必经程序，选项 A 错误；劳动仲裁不涉及仲裁协议（区分经济仲裁），选项 B、D 错误；劳动仲裁实行地域管辖（劳动争议由劳动合同履行地或者用人单位所在地仲裁委员会管辖），选项 C 正确。

【考点 8】违反劳动合同法律制度的法律责任★

（一）用人单位违反《劳动合同法》的法律责任

（1）用人单位规章制度违反法律规定的法律责任如表 8－22 所示。

表 8－22　用人单位规章制度违反法律规定的法律责任

违反法律规定	法律责任
直接涉及劳动者切身利益的规章制度违反法律、法规规定的	责令改正，给予警告；给劳动者造成损害的，应当承担赔偿责任
违反《劳动合同法》有关建立职工名册规定的	责令限期改正；逾期不改正的，由劳动行政部门处 2 000 元≤罚款≤2 万元

（2）用人单位订立劳动合同违反法律规定的法律责任如表 8－23 所示。

表 8－23　用人单位订立劳动合同违反法律规定的法律责任

违反法律规定	法律责任
提供的劳动合同文本未载明劳动合同必备条款或者用人单位未将劳动合同文本交付劳动者的	责令改正；给劳动者造成损害的，应当承担赔偿责任
自用工之日起 1 个月≤未订立书面劳动合同＜1 年	向劳动者每月支付 2 倍的工资

续表

违反法律规定	法律责任
违反规定不与劳动者订立无固定期限劳动合同的	自应当订立无固定期限劳动合同之日起向劳动者每月支付2倍的工资
违反规定与劳动者约定试用期的	责令改正；违法约定的试用期已经履行的，由用人单位以劳动者试用期满月工资为标准，按已经履行的超过法定试用期的期间向劳动者支付赔偿金
违反规定，扣押劳动者居民身份证等证件的	责令限期退还劳动者本人，并依照有关法律规定给予处罚
违反规定，以担保或者其他名义向劳动者收取财物的	责令限期退还劳动者本人，并处每人500元≤罚款≤2 000元；给劳动者造成损害的，应当承担赔偿责任
劳动合同依照法律规定被确认无效	给劳动者造成损害的，用人单位应当承担赔偿责任

（3）用人单位履行劳动合同违反法律规定的法律责任如表8－24所示 。

表8－24　用人单位履行劳动合同违反法律规定的法律责任

违反法律规定	法律责任
1）以暴力、威胁或者非法限制人身自由的手段强迫劳动的 2）违章指挥或者强令冒险作业危及劳动者人身安全的 3）侮辱、体罚、殴打、非法搜查或者拘禁劳动者的 4）劳动条件恶劣、环境污染严重，给劳动者身心健康造成严重损害的	依法给予行政处罚；构成犯罪的，依法追究刑事责任；给劳动者造成损害的，应当承担赔偿责任
1）未按照劳动合同的约定或者国家规定及时足额支付劳动者劳动报酬的 2）低于当地最低工资标准支付劳动者工资的 3）安排加班不支付加班费的	责令限期支付劳动报酬、加班费；逾期不支付的，责令用人单位按应付金额50%以上100%以下加付赔偿金
按规定应当向劳动者每月支付2倍的工资或者应当向劳动者支付赔偿金而未支付的	责令用人单位支付

（4）用人单位违反法律规定解除和终止劳动合同的法律责任如表8－25所示。

表8－25　用人单位违反法律规定解除和终止劳动合同的法律责任

违反法律规定	法律责任
违反规定解除或者终止劳动合同的	应当按规定的经济补偿标准的2倍向劳动者支付赔偿金
解除或者终止劳动合同，未按规定向劳动者支付经济补偿的	责令限期支付经济补偿；逾期不支付的，责令用人单位按应付金额50%以上100%以下加付赔偿金
未向劳动者出具解除或者终止劳动合同的书面证明	责令改正；给劳动者造成损害的，应当承担赔偿责任
用人单位扣押劳动者档案或者其他物品的	责令限期退还劳动者本人，并处每人500元≤罚款≤2 000元；给劳动者造成损害的，应当承担赔偿责任

（5）其他法律责任如表 8－26 所示。

表 8－26 其他法律责任

违反法律规定	法律责任
用人单位招用与其他用人单位尚未解除或者终止劳动合同的劳动者	给其他用人单位造成损失的，应当承担连带赔偿责任
劳务派遣单位、用工单位违反有关劳务派遣规定的	责令限期改正；逾期不改正的，以每人5 000 元≤罚款≤1万元，对劳务派遣单位，吊销其劳务派遣业务经营许可证；用工单位给被派遣劳动者造成损害的，劳务派遣单位与用工单位承担连带赔偿责任
对不具备合法经营资格的用人单位的违法犯罪行为	依法追究法律责任；劳动者已经付出劳动的，该单位或者其出资人应当按规定向劳动者支付劳动报酬、经济补偿、赔偿金；给劳动者造成损害的，应当承担赔偿责任
个人承包经营违反规定招用劳动者	给劳动者造成损害的，发包的组织与个人承包经营者承担连带赔偿责任

（二）劳动者违反劳动合同法律制度的法律责任

（1）劳动合同被确认无效，给用人单位造成损失的，有过错的劳动者应当承担赔偿责任。

（2）劳动者违反规定解除劳动合同，给用人单位造成损失的，应当承担赔偿责任。

（3）劳动者违反劳动合同中约定的保密义务或者竞业限制，劳动者应当按照劳动合同的约定，向用人单位支付违约金。给用人单位造成损失的，应当承担赔偿责任。

（4）劳动者违反培训协议，未满服务期解除或者终止劳动合同的，或者因劳动者严重违纪，用人单位与劳动者解除约定服务期的劳动合同的，劳动者应当按照劳动合同的约定，向用人单位支付违约金。

同步练习

【1－多选】根据劳动合同法律制度的规定，下列关于非全日制用工的表述中，正确的是（　　）。

A. 双方当事人任何一方都可以随时通知对方终止用工

B. 双方当事人可以约定试用期

C. 劳动报酬结算支付周期最长不得超过 15 日

D. 双方当事人可以订立口头协议

【2－单选】甲公司依法安排职工魏某于 2018 年 9 月 23 日（周日）加班 1 天，事后未安排补休，9 月 24 日（中秋节）加班 1 天。已知甲公司实行标准工时制，魏某日工资 300 元。下列计算甲公司依法应支付魏某 9 月最低加班工资的算式中，正确的是（　　）。

A. 300×150%×1+300×200%×1=1050（元）

B. 300×200%×2=1200（元）

C. 300×200%×1+300×300%×1=1500（元）

D. 300×150%×1+300×300%×1=1350（元）

【3-单选】根据劳动合同法律制度的规定，劳动合同解除的下列情形中，用人单位有权依照约定要求劳动者支付违约金的是（　　）。

A. 劳动者同时与其他用人单位建立劳动关系，经用人单位提出拒不改正而由用人单位解除劳动合同的

B. 劳动者因用人单位未及时足额支付劳动报酬而解除劳动合同的

C. 劳动者严重违反用人单位规章制度而由用人单位解除劳动合同的

D. 劳动者违反服务期的约定解除劳动合同的

【4-单选】根据劳动争议调解仲裁法律制度的规定，劳动者与用人单位因确认劳动关系发生劳动争议的，应当自知道或应当知道其权利被侵害之日起一定期限内提出仲裁申请，该期限为（　　）。

A. 3年　　B. 6个月

C. 1年　　D. 2年

答案及解析

1.【答案】ACD

【解析】非全日制用工不可以约定试用期，B选项错误。

2.【答案】C

【解析】周日安排加班未安排补休，按照日工资的200%向劳动者支付工资，法定假日（中秋）不能安排补休，按照日工资的300%向劳动者支付工资。

3.【答案】D

【解析】用人单位仅可在“服务期”及“竞业限制”中与劳动者约定违约金。

4.【答案】C

【解析】劳动争议申请仲裁的时效期间为1年，仲裁时效期间从当事人知道或者应当知道其权利被侵害之日起计算。

第二节　社会保险法律制度

本节考点

1. 社会保险概述（了解社会保险的内容）
2. 基本养老保险（熟悉基本养老保险的组成和计算缴纳）
3. 基本医疗保险（熟悉基本医疗保险的计算缴纳和医疗期）

4. 工伤保险（熟悉工伤保险的工伤认定和工伤待遇）
5. 失业保险（熟悉失业保险的待遇）
6. 社会保险费征缴与管理（了解社会保险费征缴与管理）
7. 违反社会保险法律制度的法律责任（了解违反社会保险法律制度的法律责任）

【考点1】 社会保险概述★

社会保险主要是通过筹集社会保险基金，并在一定范围内对社会保险基金实行统筹调剂至劳动者遭遇劳动风险时给予必要的帮助，社会保险对劳动者提供的是基本生活保障，只要劳动者符合享受社会保险的条件，即或者与用人单位建立了劳动关系，或者已按规定缴纳各项社会保险费，即可享受社会保险待遇。社会保险是社会保障制度中的核心内容。

【考点2】 基本养老保险★★★

（一）基本养老保险的含义

国家基本养老保险是按国家法律法规政策规定，强制实施的为保障广大离退休人员基本生活需要的一种养老保险制度。养老保险费用来源，一般由国家、单位和个人三方或单位和个人双方共同负担，并实现广泛的社会互济。基本养老保险是社会保险制度中最重要的险种之一。

（二）基本养老保险的覆盖范围

1. 基本养老保险制度组成

我国基本养老保险制度由如表 8－27 所示的几项保险制度组成。

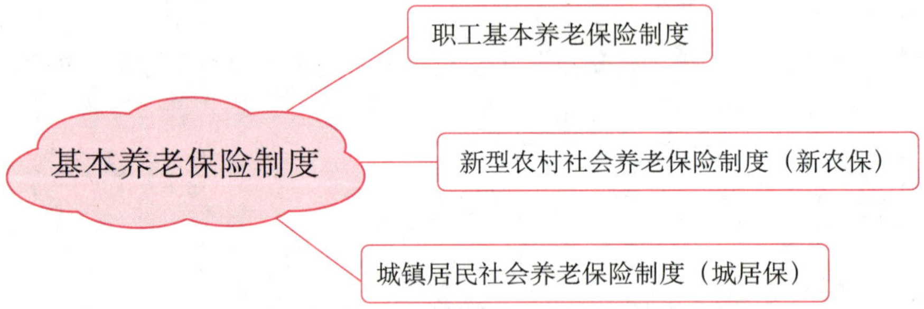

图 8－27 基本养老保险制度组成

2. 职工养老保险

（1）职工基本养老保险费的征缴范围为：国有企业、城镇集体企业、外商投资企业、城镇私营企业和其他城镇集体企业、外商投资企业、城镇私营企业和其他城镇企业及其职工，实行企业化管理的事业单位及其职工（主体部分）。基本养老保险费由用人单位和职工共同缴纳。

（2）无雇工的个体工商户、未在用人单位参加基本养老保险的非全日制从业人员以及其他灵活人员可以参加基本养老保险，由个人缴纳基本养老保险费。

(3) 公务员和参加公务员管理的工作人员养老保险的办法由国务院规定。对于按照《公务员法》管理的单位，参加《公务员法》管理的机关（单位）、事业单位及其编制内的工作人员，实行统筹与个人账户相结合的基本养老保险制度。

(三) 基本养老保险基金的组成和来源

基本养老保险基金由用人单位和个人缴费以及政府补贴等组成（见图 8－28）。基本养老保险实行社会统筹与个人账户结合。

用人单位应当按照国家规定的本单位职工工资总额的比例缴纳基本养老保险费——计入养老保险统筹基金

职工按国家规定的本人工资的比例缴纳基本养老保险费——计入个人账户

基本养老保险基金出现支付不足时，政府给予补贴

图 8－28　基本养老保险基金的组成

无雇工的个体工商户、未在用人单位参加养老保险的非全日制从业人员以及其他灵活就业人员参加基本养老保险的，应当按照国家规定缴纳基本养老保险费，分别记入基本养老保险统筹基金和个人账户。

小贴士

基本养老保险基金的有关规定

(1) 个人账户不得提前支取，记账利率不得低于银行定期存款利率，免征利息税。

(2) 参加职工基本养老保险的个人死亡后，其个人账户中的余额可以全部依法继承。

(3) 个人跨统筹地区就业的，其基本养老保险关系随本人转移，缴费年限累计计算。

(4) 个人达到法定退休年龄的，基本养老分段计算、统一支付。

(四) 职工基本养老保险费的缴纳

1. 单位缴费

用人单位应当按照国家规定的本单位职工工资总额的比例缴纳基本养老保险，计入基本养老保险统筹基金（职工基本养老保险单位缴费比例各省、自治区、直辖市不同，通常为 16%，目前低于 16%的地区，要研究提出过渡办法）。

2. 个人缴费

(1) 职工个人按本人月缴费工资的8%缴费，计入个人账户。

(2) 缴费工资的确定如图 8－29 所示。

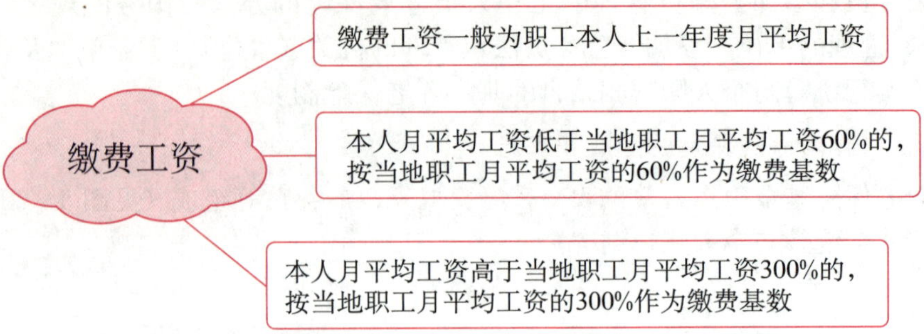

图 8－29　缴费工资的确定

【提示】各省应以本省城镇非私营和私营单位就业人员平均工资加权计算的全口径城镇单位就业人员平均工资，核定社保个人缴费基数上下限。

（3）个人缴费不计征个人所得税，在计算个人所得税的应税收入时，应当扣除个人缴纳的养老保险费。

（4）个人账户使用的相关规定如图 8－30 所示。

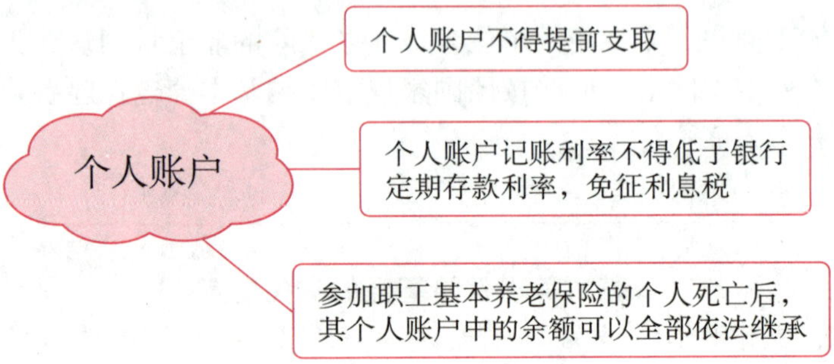

图 8－30　个人账户

3. 城镇个体工商户和灵活就业人员缴费

城镇个体工商户和灵活就业人员按照核定的社保个人缴费基数上下限，允许缴费人在60%～300%的范围内选择适当的缴费基数。缴费比例为 20%，其中**8%计入个人账户**。

职工基本养老保险实行**社会统筹与个人账户相结合**，基本养老保险基金由用人单位和个人缴费以及政府补贴（基本养老保险基金出现支付不足时，政府给予补贴）等组成，具体如图 8－31 所示。

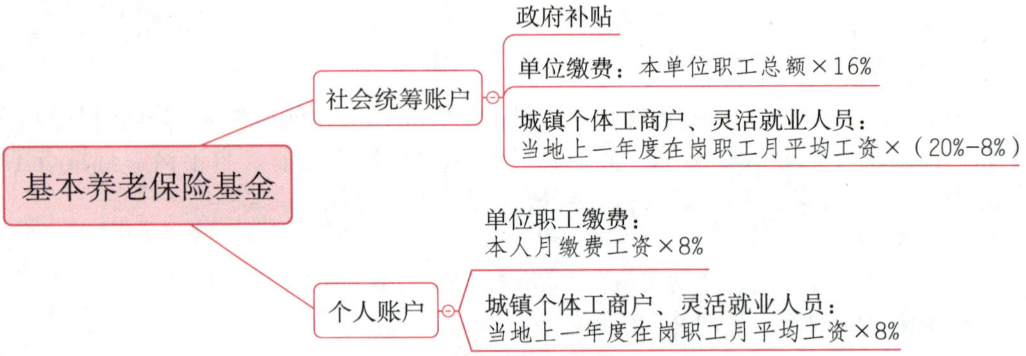

图 8－31　基本养老保险基金的组成

（五）职工基本养老保险享受条件与待遇

1. 职工基本养老保险享受条件

职工达到基本养老保险享受条件的，可按月领取基本养老金，具体如图 8－32 所示。

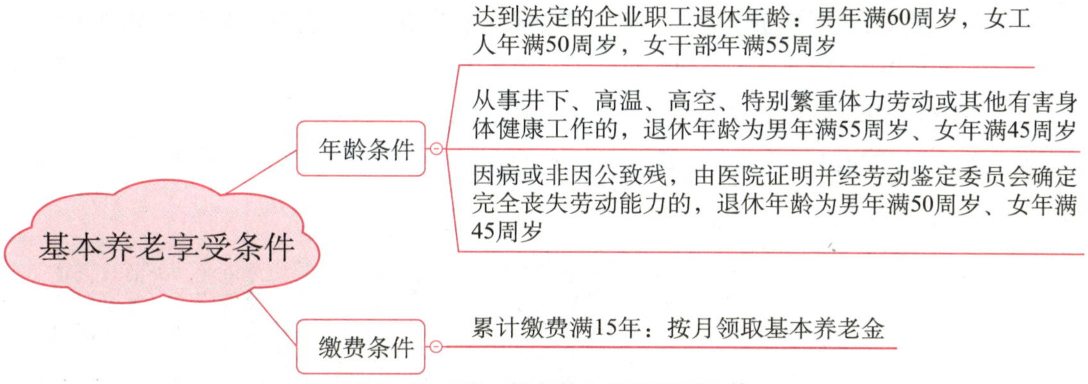

图 8－32　职工基本养老保险享受条件

2. 职工养老保险待遇

职工达到退休条件后，可享受职工养老保险待遇，具体如图 8－33 所示。

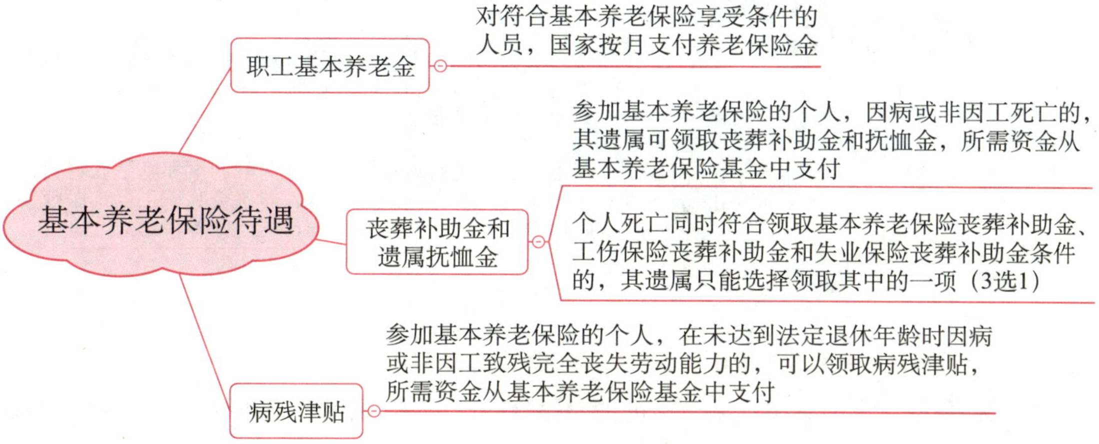

图 8－33　职工养老保险待遇

【例题】甲公司职工孙某已参加职工基本养老保险，月工资 15 000 元。已知甲公司所在地职工月平均工资为 4 000 元，月最低工资标准为 2 000 元。下列计算甲公司每月应从孙某工资中扣缴基本养老保险费的算式中，正确的是（　　）。

A. 4 000×3×8%＝960（元）

B. 2 000×3×8%＝480（元）

C. 15 000×8%＝1 200（元）

D. 4 000×8%＝320（元）

【答案】A

【解析】职工个人按照本人缴费工资的 8%缴费，记入个人账户。本人月平均工资高于当地职工月平均工资 300%的，按当地职工月平均工资的 300%作为缴费基数。

【考点3】 基本医疗保险★★★

（一）基本医疗保险的含义

基本医疗保险是为补偿劳动者因疾病风险造成的经济损失而建立的一项社会保险制度，是社会保障体系中重要的组成部分，由政府制定、用人单位和职工共同参加的一种社会保险。

（二）基本医疗保险的覆盖范围

基本医疗保险的覆盖范围包括职工基本医疗保险和城乡居民基本医疗保险，具体如图8－34所示。

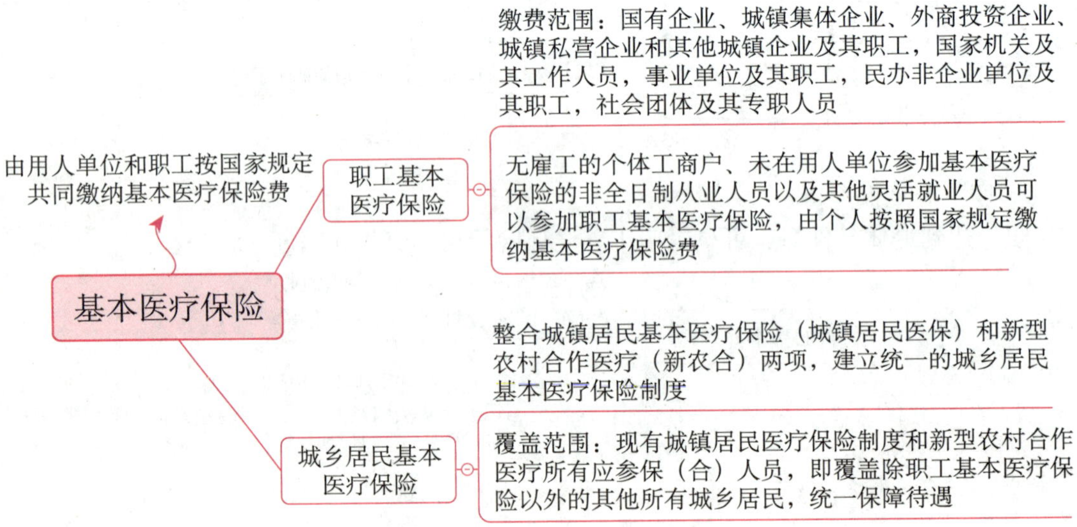

图8－34　基本医疗保险的覆盖范围

（三）全面推进生育保险和职工基本医疗保险合并实施

根据国务院印发的有关意见，推进失业保险和职工基本医疗保险合并实施，统一参保登记，即参加职工基本医疗保险的在职职工同步参加生育保险。

（1）统一基金征缴和管理，生育保险基金并入职工基本医疗保险。

（2）按照用人单位参加两项保险的缴费比例之和确定新的用人单位职工基本医疗保险费率。

（3）个人不缴纳生育保险。

（4）两项保险合并实施后实行统一定点医疗服务管理，统一经办和信息服务。

（5）确保职工生育期间的生育保险待遇不变。

（四）基本医疗保险费的缴纳

基本医疗保险采用统账结合模式，即分别设立社会统筹基金和个人账户基金，基本医疗保险基金由统筹基金和个人账户构成。

1. 单位缴费

单位缴费的相关规定如图8－35所示。

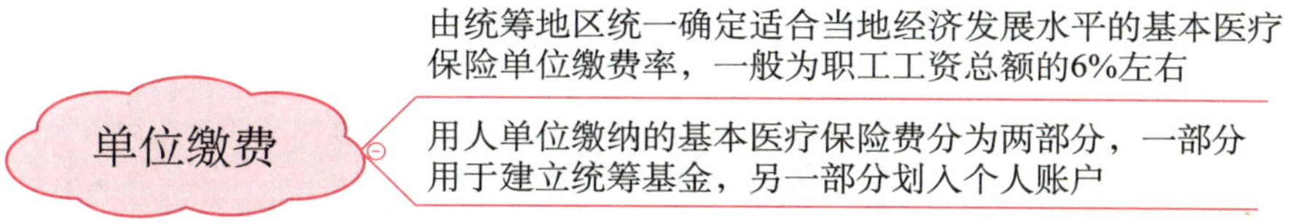

图 8－35　单位缴费的相关规定

2. 基本医疗保险个人账户的资金来源

基本医疗保险个人账户的资金主要来源于个人缴费部分和用人单位缴费的划入部分，具体规定如表 8－27 所示。

表 8－27　基本医疗保险个人账户的资金来源

项目	具体内容
个人缴费部分	由统筹地区统一确定适合当地职工负担水平的基本医疗保险个人缴费率，一般为本人工资收入的**2%**
用人单位缴费的划入部分	由统筹地区根据个人医疗账户的支付范围和职工年龄等因素确定用人单位所交医疗保险费划入个人医疗账户的具体比例，一般为**30%左右**

3. 基本医疗保险关系转移接续制度

个人跨统筹地区就业的，其基本医疗保险关系随本人转移，缴费年限累计计算。

4. 退休人员基本医疗保险费的缴纳

退休人员基本医疗保险费的缴纳如图 8－36 所示。

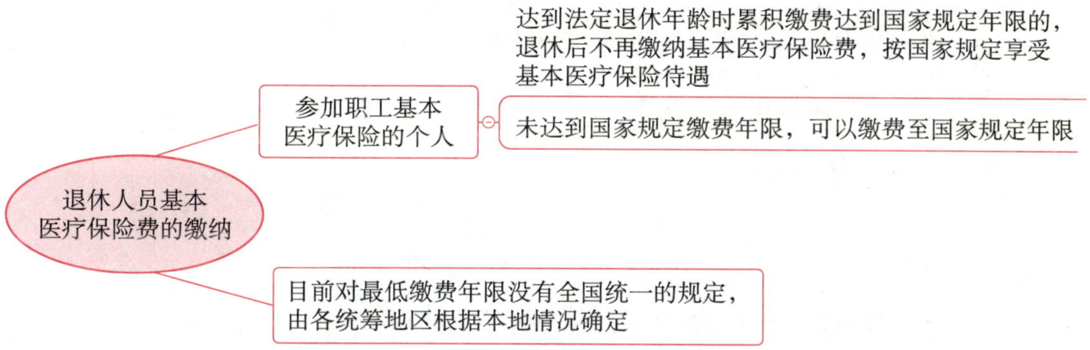

图 8－36　退休人员基本医疗保险费的缴纳

（五）职工基本医疗费用的结算

参保人员符合基本医疗保险条件的，可享受基本医疗待遇。

要享受基本医疗保险待遇，一般要符合以下条件：

（1）参保人员必须到基本医疗保险的定点医疗机构就医、购药或定点零售药店购买药品。

（2）参保人员在看病就医过程中所发生的医疗费用必须符合基本医疗保险药品目录、诊疗项目、医疗服务设施标准的范围和给付标准。

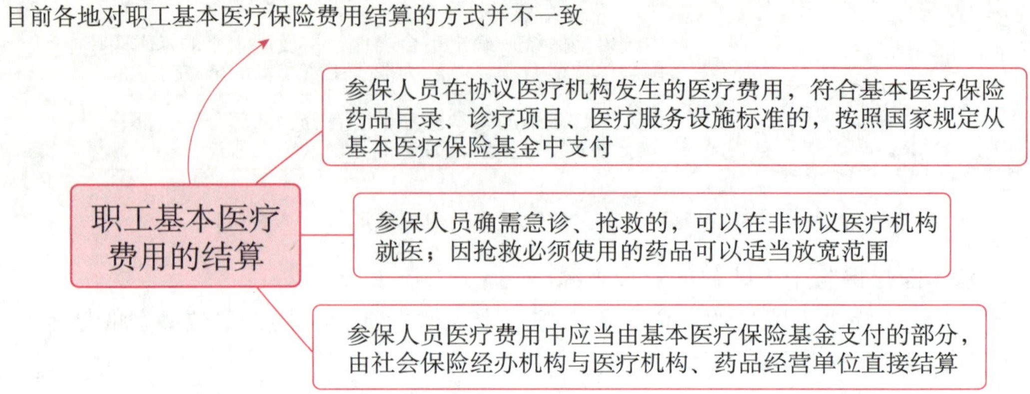

图 8-37　职工基本医疗费用的结算

小贴士

参保人员符合基本医疗保险支付范围的医疗费用中在社会医疗统筹基金起付标准以上与最高支付限额以下的费用部分，由社会医疗统筹基金按一定比例支付。

起付标准，又称起付线，一般为当地职工年平均工资的**10%左右**。最高支付限额，又称封顶线，一般为**当地职工年平均工资的6倍左右**。支付比例一般为**90%**。

基本医疗保险支付范围的相关说明如图 8-38 所示。

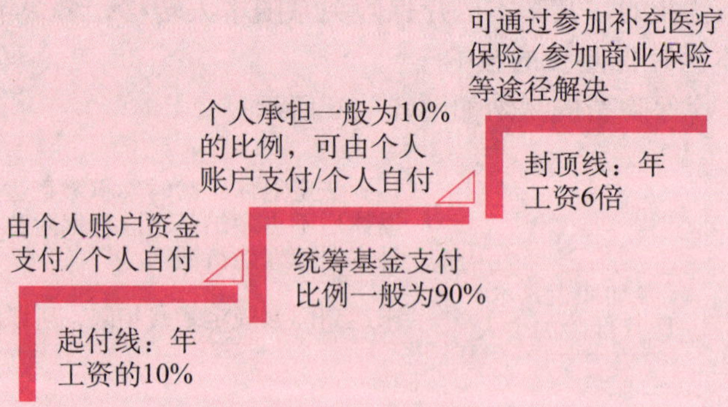

图 8-38　基本医疗保险支付范围的相关说明

（六）基本医疗保险基金不支付的医疗费用

不纳入基本医疗保险基金支付范围的情况如图 8-39 所示。

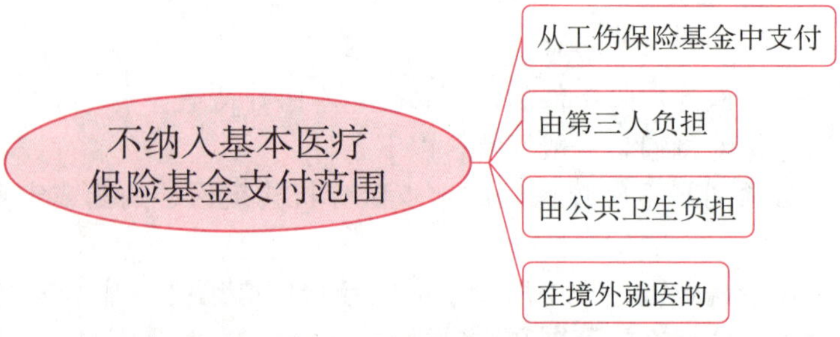

图 8-39　基本医疗保险基金不支付医疗费用的范围

医疗费用应当由第三人负担，第三人不支付或无法确定第三人的，由基本医疗保险基金先行支付。基本医疗保险基金先行支付后，有权向第三人追偿。

（七）医疗期

法律上，医疗期是指企业职工因患病或非因公负伤停止工作，治病休息，但不得解除劳动合同的时限，医疗期的长短有法定标准。

> **小贴士**
>
> 病休期间，公休、假日和法定节日包括在医疗期期限内。
>
> 对某些患特殊疾病（如癌症、精神病、瘫痪等）的职工，在24个月内尚不能痊愈的，经企业和劳动主管部门批准，可以适当延长医疗期。

1. 医疗期的时限

企业职工因患病或非因工负伤，需要停止工作，进行医疗时，根据本人实际参加工作年限和在本单位工作年限，给予3个月到24个月的医疗期，具体如表8-28所示。

表8-28　医疗期

<table>
<tr><th>实际工作年限</th><th>在本单位工作年限</th><th>医疗期间</th><th>累计病休时间计算方法</th></tr>
<tr><td rowspan="2"><10年</td><td><5年</td><td>3个月</td><td>6个月内</td></tr>
<tr><td>≥5年</td><td rowspan="2">6个月</td><td rowspan="2">12个月内</td></tr>
<tr><td rowspan="5">≥10年</td><td><5年</td></tr>
<tr><td>5年≤年限<10年</td><td>9个月</td><td>15个月内</td></tr>
<tr><td>10年≤年限<15年</td><td>12个月</td><td>18个月内</td></tr>
<tr><td>15年≤年限<20年</td><td>18个月</td><td>24个月内</td></tr>
<tr><td>≥20年</td><td>24个月</td><td>30个月内</td></tr>
</table>

2. 医疗期的计算方法

医疗期的计算方法如图8-40所示。

3个月的按6个月内累计病休时间计算

6个月的按12个月内累计病休时间计算

9个月的按15个月内累计病休时间计算

12个月的按18个月内累计病休时间计算

18个月的按24个月内累计病休时间计算

24个月的按30个月内累计病休时间计算

医疗期的计算从病休的第一天开始，累计计算

图8-40　医疗期的计算方法

3. 医疗期内的待遇

医疗期内的待遇如图 8－41 所示。

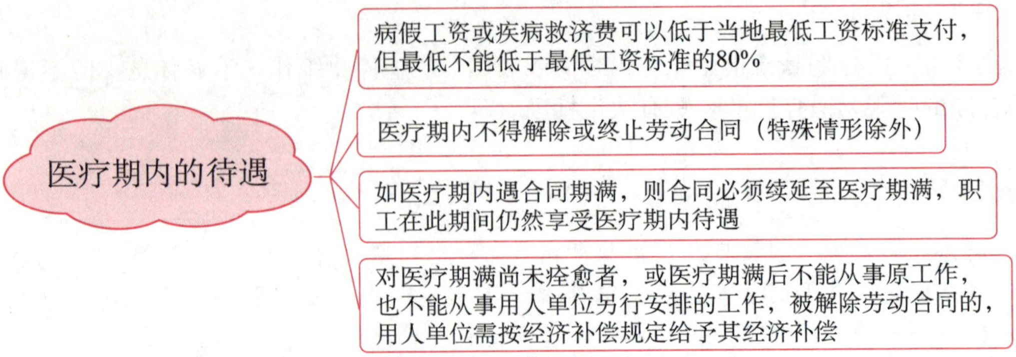

图 8－41　医疗期内的待遇

上述“医疗期内不得解除或终止劳动合同”，是指医疗期内，除劳动者有以下情形外，用人单位不得解除或终止劳动合同：

（1）在试用期间被证明不符合录用条件的。

（2）严重违反用人单位的规章制度的。

（3）严重失职，营私舞弊，给用人单位造成重大损害的。

（4）劳动者同时与其他用人单位建立劳动关系，对完成本单位的工作任务造成严重影响，或经用人单位提出，拒不改正的。

（5）以欺诈、胁迫的手段或者乘人之危，使用人单位在违背真实意思的情况下订立或变更劳动合同致使劳动合同无效的。

（6）被依法追究刑事责任的。

小贴士

劳动者在试用期的工资不得低于本单位相同岗位最低档工资或劳动合同约定工资的80%，并不得低于用人单位所在地的最低工资标准。

【例题】2011 年张某初次就业到甲公司工作。2018 年初，张某患重病向公司申请病休。关于张某享受医疗期待遇的下列表述中，正确的有（　　）。

A. 医疗期内，甲公司应按照张某病休前的工资待遇向其支付病假工资

B. 张某可享受不超过 6 个月的医疗期

C. 公休、假日和法定节日不包括在医疗期内

D. 医疗期内，甲公司不得单方面解除劳动合同

【答案】BD

【解析】企业职工在医疗期内，其病假工资、疾病救济费和医疗待遇按照有关规定执行。病假工资或疾病救济费可以低于当地最低工资标准支付，但最低不能低于最低工资标准的 80%；公休、假日和法定节日包括在医疗期内。

【考点4】 工伤保险★★

（一）工伤保险的含义

工伤保险，是指劳动者在工作中或在规定的特殊情况下，遭受意外伤害或患职业病导致暂时或永久丧失劳动能力以及死亡时，劳动者或其遗属从国家和社会获得物质帮助的一种社会保险制度。

（二）工伤保险费的缴纳和工伤保险基金

1. 工伤保险费的缴纳

用人单位应当为职工缴纳工伤保险费，具体如图 8－42 所示。

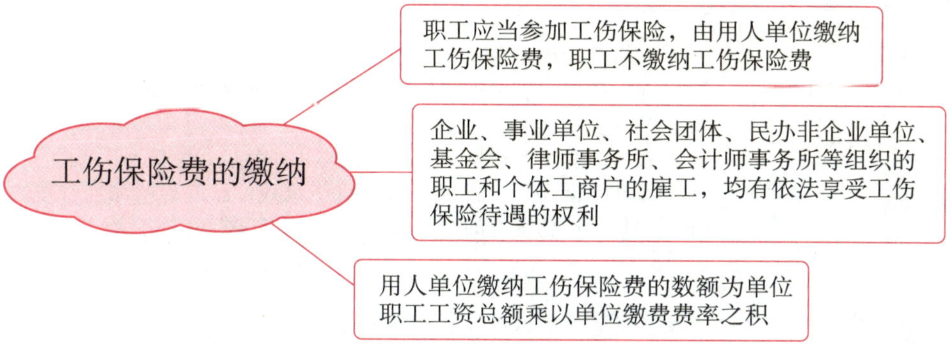

图 8－42　工伤保险费的缴纳

2. 工伤保险基金

工伤保险基金是指工伤职工能够得到及时的救助和享受工伤保险待遇而筹集的资金。工伤保险基金的有关规定如图 8－43 所示。

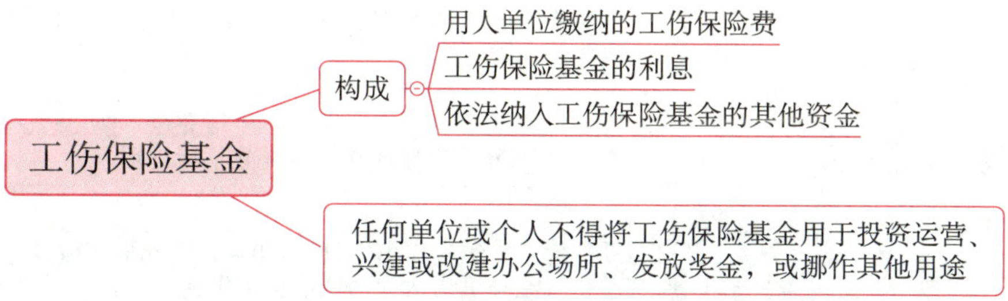

图 8－43　工伤保险基金的有关规定

（三）工伤认定与劳动能力鉴定

1. 工伤认定

工伤的认定有应当认定工伤和视同工伤两种情形，具体如表 8－29 所示。

表 8-29　工伤认定与否的有关规定

分类	具体内容
应当认定工伤的情形	与工作有直接因果关系： （1）在工作时间和工作场所内，因工作原因受到事故伤害的 （2）工作时间前后在工作场所内，从事与工作有关的预备性或收尾性工作受到事故伤害的 （3）在工作时间和工作场所内，因履行工作职责受到暴力等意外伤害的 （4）患职业病的 （5）因工外出期间，由于工作原因受到伤害或者发生事故下落不明的 （6）在上下班途中，受到非本人主要责任的交通事故或者城市轨道交通、客运轮渡、火车事故伤害的
视同工伤的情形	与工作有间接因果关系： （1）在工作时间和工作岗位，突发疾病死亡或者在48小时内经抢救无效死亡的（此疾病非工作造成） （2）在抢险救灾等维护国家利益、公共利益活动中受到伤害的 （3）原在军队服役，因战、因公负伤致残，已取得革命伤残军人证，到用人单位后旧伤复发的
不认定的情形	故意犯罪；醉酒或者吸毒；自残或者自杀

2. 劳动能力鉴定

劳动能力鉴定包括劳动功能障碍程度鉴定和生活自理障碍程度鉴定，具体如图 8-44 所示。

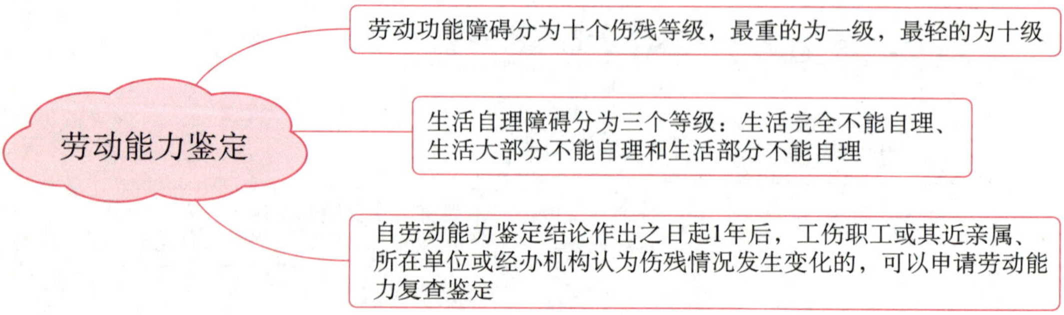

图 8-44　劳动能力鉴定的内容

（四）工伤保险待遇

职工因工作原因受到事故伤害或者患职业病，且经工伤认定的，享受工伤保险待遇；其中经鉴定丧失劳动能力的，享受伤残待遇，具体如图 8-45 所示。

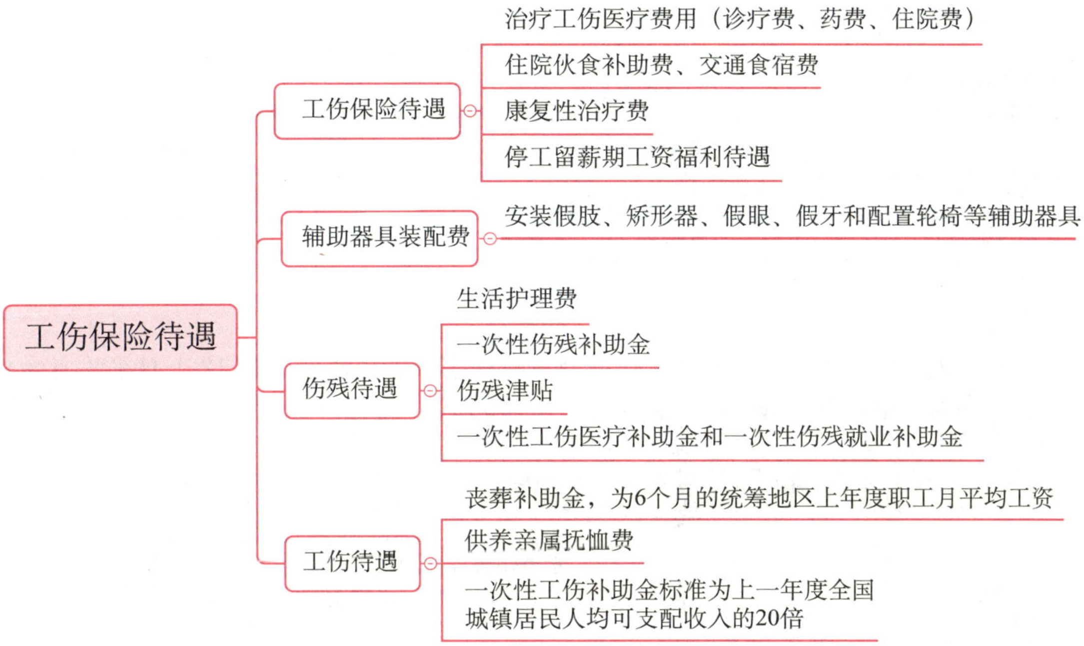

图 8－45　工伤保险待遇

小贴士

关于**停工留薪期**福利待遇：

（1）职工因工作遭受事故伤害或患职业病需要暂停工作接受工伤医疗的，在停工留薪期内，原工资福利**待遇不变**，由所在单位按月支付。

（2）生活不能自理的工伤职工在停工留薪期需要护理的，由所在单位负责。

（3）停工留薪期一般不超过 12 个月。伤情严重或者情况特殊，可以适当延长，**延长不得超过 12 个月**。

（4）评定伤残等级后，转为享受伤残待遇。

（5）停工留薪期满后仍需治疗，继续享受工伤医疗待遇。

（6）工伤职工治疗非工伤引发的疾病，不享受工伤医疗待遇，按照基本医疗保险办法处理。

（五）工伤保险待遇负担

因工伤发生的费用，按照国家规定由工伤保险基金支付或者由用人单位支付，具体如表 8－30 所示。

表 8－30　工伤保险的负担

由工伤保险基金支付的费用	（1）治疗工伤的医疗费用和康复费用 （2）住院伙食补助费 （3）到统筹地区以外就医的交通食宿费 （4）安装配置伤残辅助器具所需费用 （5）生活不能自理的，经劳动能力鉴定委员会确认的生活护理费

续表

由工伤保险基金支付的费用	(6) 一次性伤残补助金和一至四级伤残职工按月领取的伤残津贴 (7) 终止或解除劳动合同时，应当享受的一次性医疗补助金 (8) 因工死亡的，其遗属领取的丧葬补助金、供养亲属抚恤金和因工死亡补助金 (9) 劳动能力鉴定费
由用人单位支付的费用	(1) 治疗工伤期间的工资福利 (2) 五级、六级伤残

(六) 特别规定

(1) 本人工资是指工伤职工因工作遭受事故伤害或者患职业病前 12 个月平均月缴费工资。工伤保险中本人工资的特别规定如图 8-46 所示。

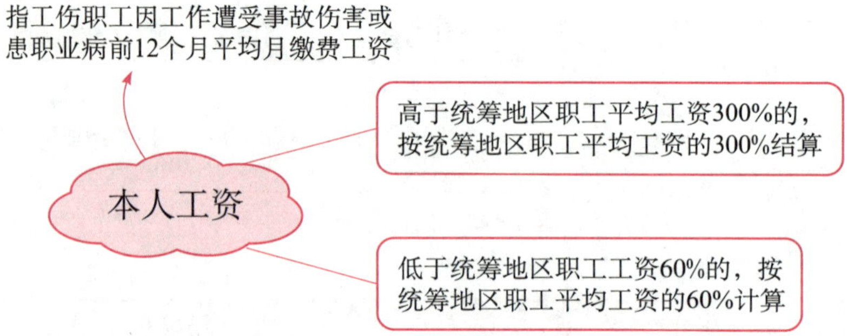

图 8-46 工伤保险中本人工资的特别规定

(2) 工伤职工有如图 8-47 所示情形之一的，停止享受工伤待遇。

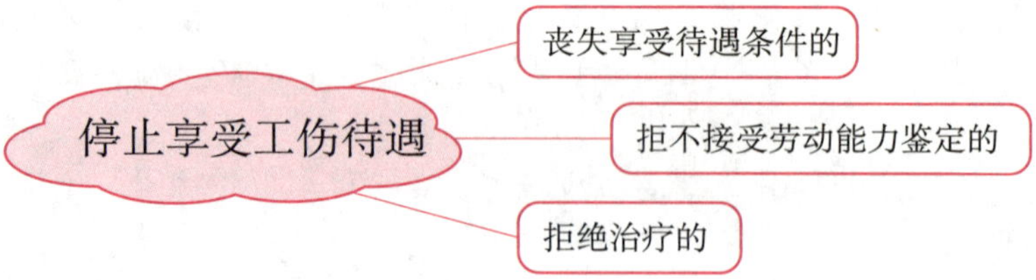

图 8-47 停止享受工伤待遇的情形

(3) 工伤职工符合领取基本养老基金条件的，停发伤残津贴，享受基本养老保险待遇。基本养老保险待遇低于伤残津贴的，由工伤保险基金补足差额。

(4) 工伤保险的特别规定如图 8-48 和图 8-49 所示。

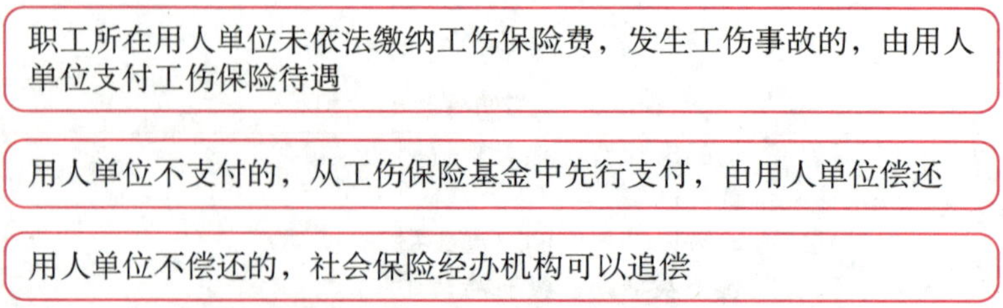

图 8-48 工伤保险的特别规定 (1)

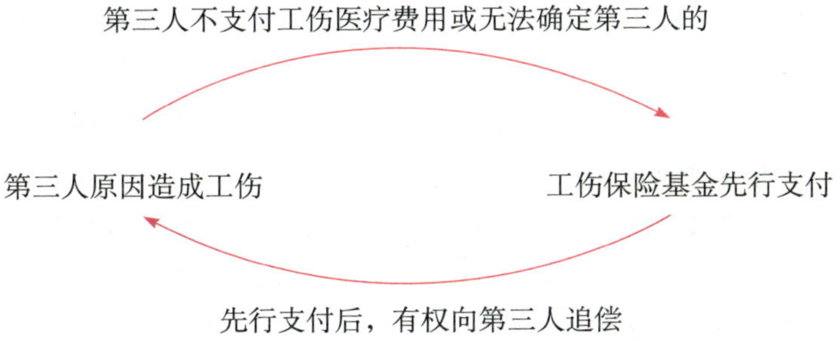

图 8-49　工伤保险的特别规定（2）

（5）职工（包括非全日制从业人员）在两个或两个用人单位同时就业的，各用人单位应当分别为职工缴纳工伤保险费。职工发生工伤，由职工受到伤害时工作的单位依法承担工伤保险责任。

【例题】根据社会保险法律制度的规定，职工发生伤亡的下列情形中，应当认定为工伤或者视同工伤的有（　　）。

A. 在抢险救灾等维护国家利益、公共利益活动中受到伤害的

B. 因工外出期间，由于工作原因受到伤害的

C. 在工作时间和工作岗位，突发疾病 72 小时后死亡的

D. 工作时间前在工作场所内，从事与工作有关的预备性工作受到事故伤害的

【答案】ABD

【解析】选项 A 视同工伤；选项 B、D 应当认定为工伤；在工作时间和工作岗位，突发疾病死亡或者在 48 小时内经抢救无效死亡的视同工伤，故选项 C 错误。

【考点 5】 失业保险★★

（一）失业保险的含义

失业保险是指国家通过立法强制实行的，由社会集中建立基金，对因失业而暂时中断生活来源的劳动者提供物质帮助的制度。它是社会保障体系的重要组成部分，是社会保险的主要项目之一。

（二）失业保险费的缴纳

职工应当参加失业保险，由用人单位和职工按照国家规定共同缴纳失业保险费。失业保险费的缴纳如图 8-50 所示。

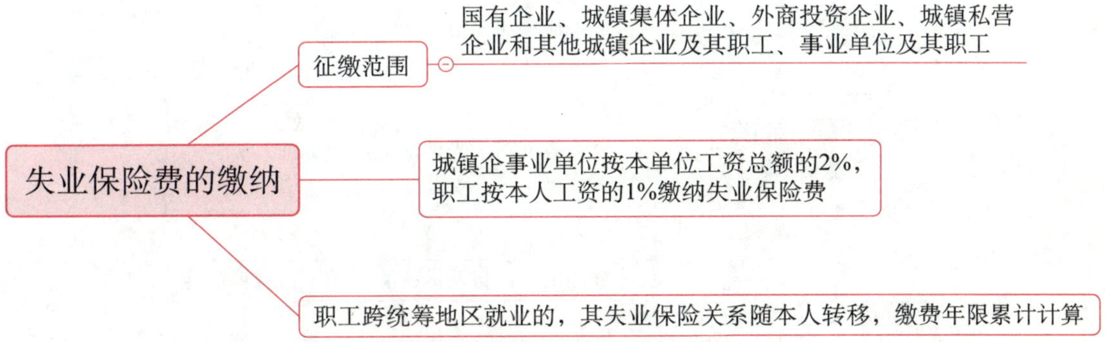

图 8-50　失业保险费的缴纳

（三）失业保险待遇

1. 失业保险费待遇的享受条件

失业人员符合下列条件，可申请领取失业保险金并享受其他失业保险待遇：

（1）失业前用人单位和本人已经缴纳失业保险费满 1 年的。

（2）非因本人意愿中断就业的，包括：劳动合同终止；被用人单位解除劳动合同；被用人单位开除、除名和辞退；用人单位以暴力、威胁或者非法限制人身自由的手段强迫劳动，劳动者解除劳动合同的；用人单位未按照劳动合同约定支付劳动报酬或者提供劳动条件，劳动者解除劳动合同的；法律、法规、规章规定的其他情形。

（3）已经进行失业登记，并有求职要求的。

2. 失业保险的领取期限

失业保险金领取期限自办理失业登记之日起计算，具体如表 8－31 所示。

表 8－31　失业保险的领取期限

失业前用人单位和本人累计缴费	领取失业保险金的最长期限
满 1 年不足 5 年（1 年≤X<5 年）	12 个月
满 5 年不足 10 年（5 年≤X<10 年）	18 个月
10 年以上	24 个月

【提示】用人单位应将失业人员的名单自终止或解除劳动关系之日起**7 日**内告知社会保险经办机构。

小贴士

（1）重新就业后，再次失业的，缴费时间重新计算，领取失业保险金的期限与前次失业应当领取而尚未领取的失业保险金的期限合并计算，最长不超过 24 个月。

（2）失业人员因当期不符合失业保险金领取条件的，原有缴费时间予以保留，重新就业并参保的，缴费时间累计计算。

3. 失业保险金的发放标准

失业保险金的发放标准如图 8－51 所示。

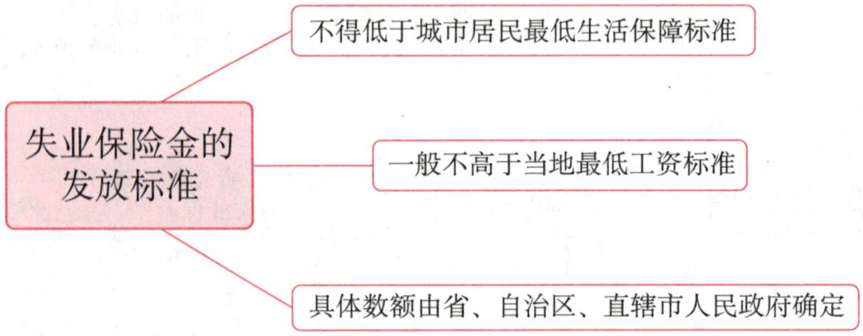

图 8－51　失业保险金的发放标准

4. 失业保险待遇

失业人员符合条件可以享受失业保险待遇，具体如图 8－52 所示。

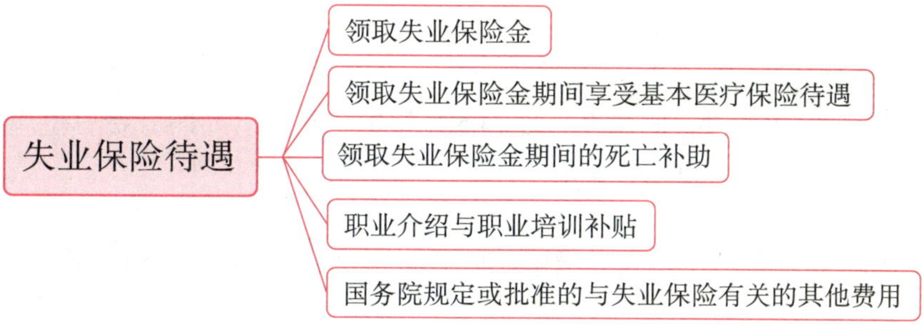

图 8－52　失业保险待遇

失业人员在领取失业保险金期间，参加职工基本医疗保险，享受基本医疗保险待遇。失业人员应当缴纳的基本医疗保险费从失业保险基金中支付，个人不缴纳基本医疗保险费。

（四）停止享受失业保险待遇的情形

失业人员在领取失业保险金期间有如图 8－53 所示情形之一的，停止领取失业保险金，并同时停止享受其他失业保险待遇。

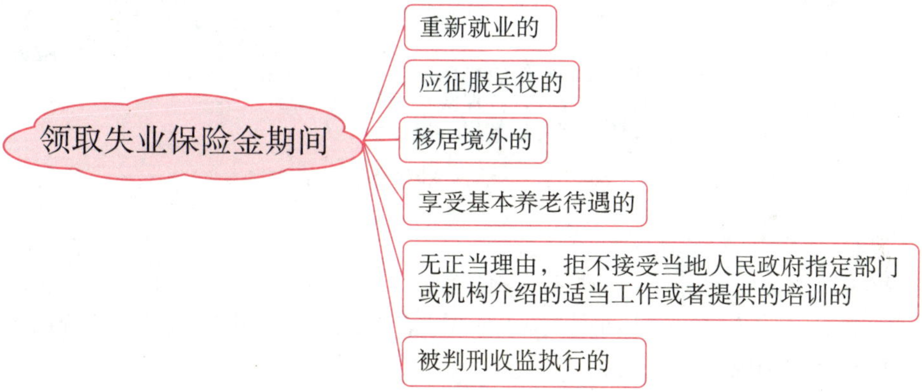

图 8－53　停止享受失业保险待遇的情形

【例题】下列（　　）人员不可再继续领取失业保险金。

A. 重新就业　　　　B. 依法享受基本养老保险

C. 服兵役　　　　D. 移民国外

【答案】ABCD

【解析】失业人员在领取失业保险金期间有下列情形之一的，停止领取失业保险金，并同时停止享受其他失业保险待遇：重新就业的（选项 A）；应征服兵役的（选项 C）；移居境外的（选项 D）；享受基本养老保险待遇的（选项 B）；被判刑收监执行的；无正当理由，拒不接受当地人民政府指定部门或者机构介绍的适当工作或者提供的培训的。

【考点6】 社会保险征缴与管理★

（一）社会保险登记

1. 用人单位的社会保险登记

企业在办理登记注册时，同步办理社会保险登记。企业以外的缴费单位应当自成立之日起30日内，向当地社会保险经办机构申请办理社会保险登记。

2. 个人的社会保险登记

用人单位应自用工之日起30日内为职工向社会保险经办机构申请办理社会保险登记。

（二）社会保险费的缴纳

社会保险费应按规定进行缴纳，具体如图8－54所示。

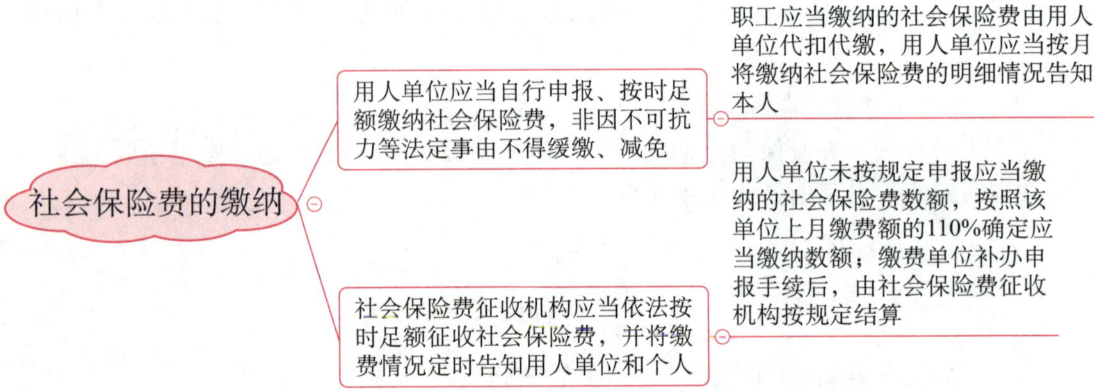

图8－54　社会保险费的缴纳

（三）社会保险基金管理

（1）按照社会保险险种分别建账，分账核算，执行国家统一的会计制度。

（2）专款专用，任何组织和个人不得侵占或者挪用，存入财政专户，按照统筹层次设立预算，通过预算实现收支平衡。

（3）全国社会保障基金由全国社会保障基金管理运营机构负责管理运营，在保证安全的前提下实现保值增值，不得违规投资运营，不得用于平衡其他政府预算，不得用于兴建、改建办公场所和支付人员经费、运行费用、管理费用，或违反法律、行政法规规定挪作其他用途。

【例题】根据社会保险法律制度的规定，下列关于社会保险费征缴的表述中，正确的有（　　）。

A. 已在用人单位参加社会保险的非全日制从业人员可以直接向社会保险费征收机构缴纳社会保险费

B. 职工应缴纳的社会保险费由用人单位代扣代缴

C. 用人单位应当自用工之日起30日内为其职工向社会保险经办机构申请办理社会保险登记

D. 用人单位未按时足额缴纳社会保险费的，由社会保险费征收机构责令其限期缴纳或者补足

【答案】BCD

【解析】未在用人单位参加社会保险的非全日制从业人员以及其他灵活就业人员，可以直接向社会保险费征收机构缴纳社会保险费；职工应当缴纳的社会保险费由用人单位代扣代缴；用人单位应当自用工之日起 30 日内为其职工向社会保险经办机构申请办理社会保险登记；用人单位未按时足额缴纳社会保险费的，由社会保险费征收机构责令其限期缴纳或者补足。

【考点7】违反社会保险法律制度的法律责任★

（一）用人单位违反社会保险法的法律责任

（1）用人单位不办理社会保险登记的，由社会保险行政部门责令限期改正；逾期不改正的，对用人单位处应缴社会保险费数额**1 倍以上 3 倍以下**的罚款，对其直接负责的主管人员和其他直接责任人员处**500 元以上 3 000 元以下**的罚款。

（2）用人单位未按时足额缴纳社会保险费的，由社会保险费征收机构责令限期缴纳或者补足，并自欠缴之日起，**按日加收 0.05%的滞纳金**；逾期仍不缴纳的，由有关行政部门处**欠缴数额 1 倍以上 3 倍以下**的罚款。

（3）用人单位拒不出具终止或者解除劳动关系证明的，由劳动行政部门**责令改正**；给劳动者造成损害的，应当承担赔偿责任。

（二）骗保行为的法律责任

骗保行为的法律责任如图 8－55 所示。

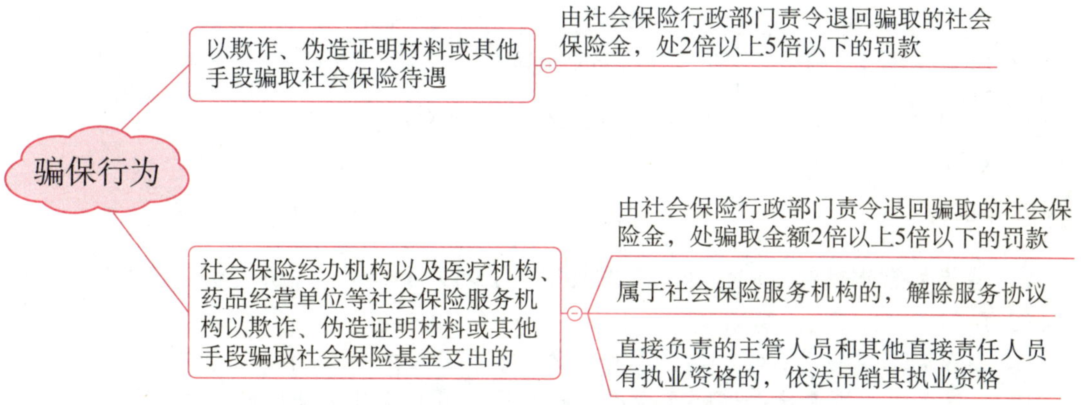

图 8－55　骗保行为的法律责任

（三）社会保险经办机构、社会保险费征收机构等机构的法律责任

（1）社会保险经办机构及其工作人员有如图 8－56 所示行为之一的，由社会保险行政部门责令改正；给社会保险基金、用人单位或个人造成损失的，依法承担赔偿责任；对直接负责的主管人员和其他直接人员依法给予处分。

（2）社会保险费征收机构擅自更改社会保险费基数、费率，导致少收或多收社会保险费的，由有关行政部门责令其追缴应当缴纳的社会保险费或退还不应当缴纳的社会保险费；对直接负责的主管人员和其他直接责任人员依法给予处分。

未履行社会保险法定职责的
未将社会保险基金存入财政专户的
克扣或拒不按时支付社会保险待遇的
丢失或篡改缴费记录、享受社会保险待遇记录等社会保险数据、个人权益记录的
有违反社会保险法律、法规的其他行为的
→ 法律责任

图 8-56　社会保险经办机构的法律责任

（3）其他行为的法律责任如图 8-57 所示。

违反社会保险法规定，隐匿、转移、侵占、挪用社会保险基金或违规投资运营的，由社会保险行政部门、财政部门、审计机关责令追回；有违法所得的，没收违法所得；对直接负责的主管人员和其他直接责任人员依法给予处分
社会保险行政部门和其他有关行政部门、社会保险经办机构、社会保险费征收机构及其工作人员泄露用人单位和个人信息的，对直接负责的主管人员和其他直接责任人员依法给予处分；给用人单位或个人造成损失的，应承担赔偿责任
国家工作人员在社会保险管理、监督工作中滥用职权、玩忽职守、徇私舞弊的，依法给予处分
违反社会保险法规定，构成犯罪的，依法追究刑事责任
→ 其他行为

图 8-57　其他违反社会保险法律制度行为的法律责任

同步练习

【1-多选】根据社会保险法律制度的规定，下列关于职工基本养老保险待遇的表述中，正确的有（　　）。

A. 参保职工因病死亡的，其遗属可以领取丧葬补助金

B. 对符合职工基本养老保险享受条件的人员，国家按月支付基本养老金

C. 参保职工在未达到法定退休年龄时因病致残而完全丧失劳动能力的，可以领取病残津贴

D. 参保职工非因工死亡的，其遗属可以领取抚恤金

【2-单选】甲公司职工王某实际工作 8 年，在甲公司工作 3 年，因患病住院治疗，王某可享受的医疗期间为（　　）。

A. 9 个月　　B. 6 个月　　C. 12 个月　　D. 3 个月

【3-判断】用人单位未按时足额缴纳社会保险费的，由社会保险费征收机构责令限期缴纳或者补足，并自欠缴之日起按日加收滞纳金。（　　）

答案及解析

1. 【答案】ABCD

【解析】根据国家相关规定，对符合基本养老保险享受条件的人员，国家按月支付基本养老金；参加基本养老保险的个人，因病或者非因工死亡的，其遗属可以领取丧葬补助金和抚恤金；参加基本养老保险的个人，在未达到法定退休年龄时因病或者非因工致残完全丧失劳动能力的，可以领取病残津贴。

2. 【答案】D

【解析】实际工作年限10年以下的，在本单位工作年限5年以下的，医疗期为3个月。

3. 【答案】√

【解析】用人单位未按时足额缴纳社会保险费的，由社会保险费征收机构责令限期缴纳或者补足，并自欠缴之日起，按日加收0.05%的滞纳金。

图书在版编目（CIP）数据

经济法基础/环球网校会计学院组编．-- 北京：中国人民大学出版社，2020.1
ISBN 978-7-300-27761-5

Ⅰ.①经… Ⅱ.①环… Ⅲ.①经济法-中国-教材 Ⅳ.①D922.29

中国版本图书馆 CIP 数据核字（2019）第 282215 号

经济法基础
环球网校会计学院　组编
Jingjifa Jichu

出版发行	中国人民大学出版社		
社　　址	北京中关村大街 31 号	**邮政编码**	100080
电　　话	010－62511242（总编室）		010－62511770（质管部）
	010－82501766（邮购部）		010－62514148（门市部）
	010－62515195（发行公司）		010－62515275（盗版举报）
网　　址	http://www.crup.com.cn		
经　　销	新华书店		
印　　刷	北京七色印务有限公司		
规　　格	185 mm×260 mm　16 开本	**版　　次**	2020 年 1 月第 1 版
印　　张	24.25	**印　　次**	2020 年 1 月第 1 次印刷
字　　数	582 000	**定　　价**	59.00 元